Das Buch

»In Trümmern und in Flammen/erwächst ein neues Ziel ...« Walter Bauer schrieb diese Zeilen als Kriegsgefangener im Juli 1945 in sein Tagebuch. Gemeinsam mit seinen Kameraden sang er das ›Lied von Povoletto‹, das »von unserer Wirklichkeit und von unsern Hoffnungen, die sehr zart waren, ein zartes Grün auf den Trümmern, ein Schein im Abgrund« berichtet. Es ist einer der Beiträge in der vorliegenden Anthologie, an denen das Schlagwort von der Stunde Null für die ersten Nachkriegsjahre überprüft werden soll. Die ausgewählten Erzählungen, Reportagen und Essays – von Heinrich Böll, Wolfdietrich Schnurre, Wolfgang Weyrauch und vielen anderen – lassen diese Jahre weit eher als eine Zeit des Aufbruchs und der versuchten Erneuerung erscheinen. Stichworte wie Frieden ohne Waffen, kulturelle Autonomie, Natur und Technik haben die erste Nachkriegsgeneration offenbar nicht weniger beschäftigt als die Jugend heute. So werden junge Leser in diesem Buch ebenso viele Neuentdeckungen machen wie ältere Leser Wiederentdekkungen.

Die Herausgeber

Bernd Schmidt, geboren 1958, Studium der Germanistik und Theaterwissenschaft, lebt als Mitarbeiter verschiedener Zeitungen in Berlin.
Hannes Schwenger, geboren 1941, lebt als Autor und Herausgeber in Berlin. Veröffentlichungen u. a.: ›Schriftsteller und Gewerkschaft‹ (1974), ›Literaturproduktion zwischen Selbstverwirklichung und Vergesellschaftung‹ (1979).

Die Stunde Eins
Erzählungen, Reportagen, Essays aus der Nachkriegszeit

Herausgegeben von Bernd Schmidt und
Hannes Schwenger

Deutscher
Taschenbuch
Verlag

dtv

Originalausgabe
Mai 1982
Deutscher Taschenbuch Verlag GmbH & Co. KG,
München

Umschlaggestaltung: Celestino Piatti
Gesamtherstellung: C. H. Beck'sche Buchdruckerei,
Nördlingen
Printed in Germany · ISBN 3-423-01780-5

Inhalt

ANONYM: Schulaufsatz 1946 7
CLAUS HUBALEK: Unsre jungen Jahre 8
WALTER BAUER: Das Lied von Povoletto 12
ISAAC DEUTSCHER: Bayerische Landstraßen 21
HILDEGARD AHEMM: Am Rande der Stadt und der Zeit . . 26
GEORG HENSEL: Begegnung – tief unten 29
KURT HUHN: Protokoll einer Straße 38
MARIE LUISE KASCHNITZ: Von der Verwandlung 42
ERNST WIECHERT: Über Kunst und Künstler 47
KURT J. FISCHER: US-Zone 1947 57
HEINRICH BÖLL: Der Mann mit den Messern 89
LUISE RINSER: Die rote Katze 99
GÜNTER EICH: Züge im Nebel 105
WOLFGANG BORCHERT: Im Mai, im Mai schrie der Kukkuck 113
BASTIAN MÜLLER: Fangen wir an 129
WOLFGANG WEYRAUCH: Die Davidsbündler 140
GOTTFRIED BENN: Der Radardenker 176
ALFRED REINHOLD BÖTTCHER: Brot und Suppe 189
WOLFDIETRICH SCHNURRE: Man sollte dagegen sein 234
HANS ERICH NOSSACK: Bericht eines fremden Wesens über die Menschen 258
KURT KUSENBERG: Der Große Wind 262
ERNST SCHNABEL: Um diese Zeit 267

Nachwort 273
Autoren 276

Anonym
Schulaufsatz 1946

Es war Ende März 1945, als ich mit meiner Mutter und meinem Bruder in Tiefenpölz ankam. Ich trat dann am 2. April bei Frau L. ins Pflichtjahr. Wir hörten im Radio, wie die Amerikaner immer näher an die Stadt Bamberg heranrückten. Wir zitterten, wenn Jabos* über das kleine Dörfchen hinwegrasten. Als es dann am 12. April hieß, Bamberg ist gefallen, hatten wir auch kein Licht mehr. An diesem Tage hatten wir es notwendig. Wir packten das ganze Geschirr ein und trugen es in den Keller. Alles was uns wertvoll erschien, wurde im Keller verstaut. In der Nacht schliefen wir angezogen auf dem Fußboden. Meine Mutter schaute manchmal zum Fenster hinaus, wenn der Kanonendonner stärker anschwoll. Als die Sonne im Osten aufging, waren wir schon auf den Beinen. Zu unserem großen Schreck waren ums Dorf 8 Kanonen aufgestellt. Wir gingen um ½10 in den Keller, und dann brach die Hölle los. Drei Granaten flogen ins Dorf, ohne Schaden anzurichten. Einmal trat Gefechtspause ein. Da meinten die Bauern, die deutschen Soldaten wären abgezogen, und stellten im Pfarrgarten die weiße Fahne auf. Ich saß am Eingang des Kellers, als ein SS-Mann auf den Keller zukam und mir das Gewehr auf die Brust setzte und schrie: »Der ganze Keller ist verhaftet, und es wird sofort alles erschossen.« Diese Panik! 50 Menschen waren im Keller. Ich konnte mich nicht mehr bewegen. In der letzten Not kamen Amerikaner und befreiten uns aus der kritischen Lage. Wir wollten ja nicht sterben, sondern leben! leben! leben!

* Jagdbomber.

Claus Hubalek
Unsre jungen Jahre

6. Mai 1945

Am Straßenrand hockt eine Frau. Sie verrichtet ihre Notdurft. Neben ihr sitzt auf einem Munitionskasten ein kleines Kind. Es spielt mit einem leergeschossenen Maschinengewehrgurt, als ob es eine Klapper in den Händen hielte.

Auf der Straße laufen Soldaten ohne Stahlhelm, ohne Gewehr. Sie strömen der Elbe zu.

Unser Wagen ruckt an.

Im Dorf steige ich aus. Trete unter ein Haustor.

Lastwagen rattern über die Straße. »Der Krieg ist aus!« Ein Soldat beugt sich aus dem LKW. Einen Augenblick lang sehe ich sein gerötetes Gesicht. Die Augen leuchten, der Mund ist im Schrei aufgerissen. »Der Krieg ist aus!« Ich möchte in dieses Gesicht hineinschlagen. Meine Faust in den Mund bohren, der diese Worte schreit.

Wagen rattern, Soldaten, Frauen, Kinder, alte Männer, junge Mädchen ziehen die Dorfstraße entlang. Weit entfernt ist ab und zu ein Einschlag, ein Abschuß zu hören. Ich sehe in die Gesichter. Einige tragen den Ausdruck von Hunden, die einen Schlag erwarten. Andere sind stumpf, daß kein Leid mehr eine Bewegung auf ihnen hervorrufen könnte. Manche lachen, doch hinter diesem Lachen kauert die Furcht vor der nächsten Sekunde. Plötzlich teilt sich der Menschenstrom. Fließt seitwärts ab in ein großes Gehöft, sickert in dünnen Rinnsalen durch die Türen.

Der Krieg ist aus. Ich vermag nicht zu fassen, was das heißt.

Krieg. – Solange ich zurückdenken kann, hat mich dieses Wort begleitet. Es gehörte zu meinem Leben wie der Löffel, mit dem ich aß.

Vor mir steht ein Offizier. Er brüllt einen Soldaten an. Der schlägt den Offizier mit der geballten Faust in das Gesicht. Blut stürzt dem Geschlagenen aus der Nase, fällt auf die Uniform. Der Soldat dreht sich um, geht mit wiegenden Schritten auf das Gehöft zu. Der Offizier taumelt. Die Auszeichnungen auf seiner Feldbluse sind blutüberströmt.

Der Krieg ist aus –.

Drüben aus dem Gehöft dringen Schreie. Menschen strömen

aus dem Tor. Bleiben stehen. Ein Offizier, anscheinend ein Zahlmeister, will das Tor verriegeln. Ein Schuß fällt. Der Zahlmeister sackt zusammen. Über ihn hinweg dringen die Menschen in das Haus. Dort ist ein Verpflegungslager.

Das Gehöft zieht mich an. Es hält mich nicht mehr auf meinem Platz. Nur irgend etwas tun. Etwas Sinnloses, etwas, das gestern noch bestraft wurde.

Langsam überquere ich die Straße.

Vor dem Tor liegt der Zahlmeister. Er ist tot. Ich will über ihn hinwegsteigen. Da drängt sich eine Frau aus dem Tor, rempelt mich an. Ich stolpere, trete dem Toten mit voller Wucht in den Leib. Blutige Blasen schäumen auf dessen Lippen.

Aus dem Innern des Gehöftes schlagen mir schrille Stimmen entgegen. Menschen drängen sich um die Regale, reißen Pakete auseinander, schlitzen Säcke auf. Vollbeladen strömen sie an mir vorbei.

Der Krieg ist aus –.

Unter meinen Füßen knirscht es. Mehlstaub legt sich auf die Uniform. Ich stopfe mir die Taschen voll.

Die Scheiben klirren. Ein dunkler Rauchpilz wächst aus der Straße. Ich werde geschoben, hinausgedrängt und von der Furcht der anderen gepackt. Nur jetzt nicht mehr sterben, nur jetzt am Leben bleiben!

Ich lasse mich von dem Menschenstrom treiben. Als wir aus dem Dorf heraus sind, ertönt über uns ein helles Brummen.

»Tiefflieger!« ruft eine Frau; und die Menschen pressen sich an die Erde.

Da hacken auch schon die ersten Garben in das Pflaster. Ein Kind schreit auf. Menschen stöhnen.

Vor mir liegt eine Frau. Das Mehlsäckchen ist beim Hinlegen aufgeplatzt. Weiß deckt das Mehl die Straße. Ein dünner, roter Streifen frißt sich durch das Mehl, verbreitet sich und verwandelt es in einen blutigroten Brei.

Als die Flieger vorbei sind, beugt sich ein Soldat zu der Frau herab. Er hebt ihren Arm an, der kraftlos auf das Pflaster zurückfällt.

»Die ist fertig.« Er sieht mich mit glotzenden Augen an. »Mal sehen, was sie bei sich hat.« Er durchwühlt die Taschen der Frau, holt Keksschachteln hervor, ein Päckchen Butter, Zigaretten. Alles betrachtet er. Dann stutzt er. Sieht genauer auf eine Schachtel. Sie ist blutig. Vorsichtig wischt er das Blut mit dem Ärmel ab, lacht und reißt die Schachtel auf. Ganz langsam setzt er die Zigarette in Brand. Sieht noch einmal auf die Frau herab. Pfeifend geht er davon.

Ich setze mich an den Straßengraben. Dicht vor mir liegt die Frau. Ihre Hände sind in das Mehlsäckchen verkrampft.

Plötzlich höre ich eine kreischende Frauenstimme. Nicht weit von mir klettert ein junges Mädchen aus dem Straßengraben und zieht die Bluse über. Ein Soldat folgt ihr. Sein Gesicht ist rot. Er knöpft sich die Hose zu und lacht.

Er kommt an mir vorbei und bleibt stehen.

»Na, Junge«, ich kann sein schadhaftes Gebiß deutlich sehen, »nimm dir doch auch eine.«

Mit den Händen in den Taschen schlendert er davon.

Ein Trupp Soldaten zieht die Straße entlang. Trunken grölen sie, haben Schnapsflaschen in die Koppel gesteckt, tragen sie in den Händen. Einer stimmt johlend das Deutschlandlied an. Die Worte gehen in dem Gebrüll der anderen unter. Ein zweiter schreit eine Zote, beifällig stimmen seine Kameraden ein.

Sie werfen mir eine Flasche zu. Starr bleibe ich sitzen. Klirrend zerschellt die Flasche. Alkohol spritzt mir in das Gesicht. Sie sehen zu mir herüber, lachen und gehen weiter.

Wagen rattern vorbei, hochbepackt. Frauen sitzen darauf, Kinder. Fern hämmert ein Maschinengewehr. In Marschkolonne kommt ein Zug Infanterie. An seiner Spitze läuft ein Offizier. Es sind Fahnenjunker, so alt, wie ich es bin. Der Offizier bleibt plötzlich stehen, als er mich sieht, und kommt auf mich zu. Er beugt sich herab, packt meine Uniformbluse, zerrt mich hoch.

»Feigling!« schreit er. Sein Atem riecht nach Alkohol. »Hier sitzen, desertiert, was?« Er schüttelt mich. »Der Krieg ist noch nicht aus, es gibt noch eine Front!« Er brüllt lauter, da ich nichts erwidere.

Ich sehe zu den Fahnenjunkern hinüber. Ihre Gesichter sind kalt, sie sehen mich an, und in ihren Augen liegt Verachtung.

»Es wird weitergekämpft!« Er reißt so an meiner Feldbluse, daß die Knöpfe abspringen. »Los, mitkommen!« Er zerrt mich aus dem Graben. Stößt mich in die Formation.

»Ein Lied!«, seine Stimme ist schrill.

Die Fahnenjunker beginnen mit heller Stimme.

Wir marschieren, der Offizier läuft vorn.

»Wir sind die neue Zeit.« Der Refrain schlägt gegen mein Trommelfell, schmerzt mich.

Ich denke an die Frau, das blutige Mehl, den Soldaten, der ihr die Taschen leerte. An Heinz, an Kurt, an das zerstörte Berlin, die Luftangriffe, wie wir mit sechzehn Jahren Soldaten wurden.

Am Straßenrand liegen krepierte Pferde, ausgebrannte Wagen, tote Soldaten. Manchmal eine tote Frau.

»Wir sind die neue Zeit.« Die Stimmen klingen hell.

Plötzlich ist wieder das singende Brummen über uns. Und in den Refrain hämmern Maschinengewehrgarben.

Dicht streifen die Flugzeuge über unsere Köpfe.

Schreiend ist der Offizier zusammengesackt. Wir anderen pressen uns dicht an die Erde.

Unaufhörlich tacken die Gewehre der Tiefflieger.

Die Jungen neben mir stöhnen, ab und zu zuckt einer auf. Einige springen hoch, wollen weglaufen, werden getroffen, schlagen auf das Pflaster.

Endlich fliegen die Maschinen ab. Es wird ganz still.

Ich stehe auf, nicht viele erheben sich. Die meisten liegen gekrümmt auf dem Pflaster, verwundet, tot, die jungen Gesichter nach oben gekehrt.

Langsam gehe ich von einem zum anderen.

»Wir sind die neue Zeit.«

Die hier liegen, sind neunzehn oder zwanzig Jahre alt. Sie haben gesungen, bis sie starben, haben geglaubt, bis sie starben, und haben im Sterben noch geglaubt.

Betrunkene Soldaten kommen gelaufen. Sie glotzen auf die Liegenden. Heben vorsichtigt die Beine, steigen über sie hinweg. Sie achten nicht auf die Schreie der Verwundeten.

Tote liegen auf der Straße. Um mich herum sterben Verwundete; und niemand achtet darauf. Man hebt nur noch das Bein, um nicht auf die Sterbenden zu treten. Des einen Gesicht ähnelt Kurt, und ich muß an seine Worte denken.

»Daß man froh ist zu leben ... Wenn alles um einen herum lebt, und froh darüber ist.«

Ein Junge schreit auf, sein Gesicht klatscht auf das Pflaster.

»Wir sind die neue Zeit.«

Ich setze mich in den Straßengraben und schlage die Hände vor das Gesicht.

Walter Bauer
Das Lied von Povoletto

Freitag, den 14. Juli 1945

Heute nacht wachte ich auf und hörte das klopfende Geräusch des Regens. Es klang, als trommelten viele Finger leise an den Zeltwänden, mit unerschöpflicher Geduld. Es war gegen zwei Uhr, wie mir die Uhr sagte. Die Stille war tief. Es gibt Dinge, deren Wesen man nie wird aussprechen können. So war das Schweigen heute nacht. Die Nacht selber schien sich ausgestreckt zu haben, und der Atem ihrer Ruhe vereinigte sich mit den Atemzügen der schlafenden Gefangenen. Es war irgendeine Nacht; später würde ich mich nicht mehr daran erinnern. Das einsame Hallen einer Glocke, aus der Einsamkeit kommend und in der Einsamkeit dieser Nacht verwehend, kam über die Wiesen von Povoletto zu mir, dem das kleine Zelt wie eine Heimat war.

Ich will mich später an diese Nacht erinnern, denn in ihr ruhte ein Augenblick von wundervollem Glanze. Ich lag ausgestreckt in meine Decke gehüllt, und in der tiefen Nacht fühlte ich, daß ich lebte. Ich fühlte mein Leben. Ich war nicht gestorben, nicht zerrissen worden, ich war durchgekommen. Ich lebte. Und dieses Wissen, daß der Tod noch nicht Besitz von mir ergriffen hatte, durchströmte mich mit einer solchen Macht; eine solche Freudigkeit erfaßte mich, daß ich am liebsten aufgestanden und in die Nacht gerannt wäre, um zu spüren, daß ich noch meine Füße hatte, um auf der Erde zu gehen, daß sich an mir noch meine Hände bewegten, daß ich mit ihnen noch etwas Sinnvolles tun konnte; daß ich noch meine Augen hatte, um die unaufhörlich strömende Fülle der Welt in mich eindringen zu lassen. Ich lebte – und das war eine Wahrheit, deren Glanz leuchtender war als der Glanz aller Wahrheiten. Das war eine Wahrheit, die mir helfen konnte, auch diese Zeit, die von vielen im Lager als eine tote Zeit, als eine Zeit ermüdenden Durchgangs empfunden wurde, zur Zeit des Lebens zu erklären. Wir, die dem Sterben entronnen sind, wir, denen das Geschenk des Lebens noch einmal zuteil wurde – welche Kraft konnten wir aus dieser beinahe zu einfachen Wahrheit gewinnen, daß wir noch lebten. Welchen Mut konnten wir mitbringen in die Trümmer.

Sicher werden für uns Tage der Verzweiflung kommen, an denen wir uns wünschen werden, irgendwo auf einem der vielen Felder des Lebens zu liegen. Stumpfheit und Gleichgültigkeit werden das Feuer in uns ersticken wollen. Wir werden achtsam sein müssen, denn die Welt sieht es darauf ab, die Flammen auszulöschen, sie liebt die brennenden Herzen nicht. Und doch müssen wir für die Kraft des Lebens zeugen. Dann müssen wir sagen: wir, die in der Tiefe das Leben noch einmal und nun mit vollem Wissen empfingen, wir sind zurückgekommen. Ihr müßt mit uns rechnen. Arm, entblößt von allem, werden wir das Feuer wachhalten.

Es ist Morgen, da ich dies in mein Heft schreibe. Wie werde ich später darauf zurücksehen? Werde ich mich dann, gebeugt von der Einsicht, daß es nichts Neues gibt, mit einem dunklen Lächeln zum Träumer erklären?

Doch jetzt ist Freudigkeit in mir. Die Freudigkeit, die mich in der Nacht einen Augenblick lang durchströmte, eine leuchtende, alle Räume, alle Adern erhellende Flut – diese Freudigkeit bewegt sich noch in mir. Die Wolken, aus denen der Nachtregen fiel, sind verschwebt. Über den frischen Wiesen tönt das Geflecht der Lerchengesänge. Die Berge schimmern. Ich erkenne jede Schlucht des Monte Grappa; das Licht glänzt auf dem nassen Gestein. Oh, jetzt aufbrechen und auf den schmalen Pfaden emporsteigen in das Licht, das in der Nähe der Gipfel immer reiner und durchsichtiger wird. Sich zu Quellen beugen und das Wasser trinken. Wasser ist das reine, helle Blut der Erde. Von den einfachen Dingen der Erde haben wir unvergeßliche Lehren empfangen. Wir werden zurückkommen und unsere Botschaft in die Trümmer bringen. Wir lagen an der Tür; sie öffnete sich, und wir sahen die feurigen Geheimnisse. Andere empfingen diesen Anblick, der unsere Seelen umschmolz, an anderen Orten – in Gefängnissen, in den Konzentrationslagern, in dem unaussprechlich qualvollen Warten in den Kellern auf den Fall der Bomben. Europa müßte von Wellen der Wiedergeburt durchflutet sein. Alles ist neu. Es liegt an uns, diesen Glanz zu bewahren, unser ganzes Leben von ihm durchstrahlen zu lassen. Wir sind keine Bürger, keine Bauern, keine Proletarier mehr. Wir sind auf dem Wege zu einer neuen Form. Die Arbeit gilt der Befreiung des Menschen.

Wenn wir den Glanz dieser einfachsten Wahrheit: daß wir das Leben behielten – nein: daß wir es neu empfingen – aus unserm Leben verlieren, wenn wir den Tagen, die auf uns warten, um uns müde zu machen, die Möglichkeit geben, den Glanz dieser Wahrheit in uns abzunutzen, dann hat es sich nicht gelohnt, daß wir zurückkamen.

Sonnabend, den 15. Juli

Gestern abend saßen wir am Feuer und sangen. Der kleine L. spielte auf seiner Harmonika. Er ist Schlosser und dreiundzwanzig Jahre alt. Ich weiß nicht, ob ich sagen soll, daß mich die Lieder verdrossen. Es gab so wundervolle Lieder. Aber auch sie waren verschüttet worden. Merkwürdig: und doch hielten diese dürftigen Lieder uns zusammen.

Die Nacht lag dicht hinter dem Kreis der Singenden, und in der Nacht ruhten die Berge. Man konnte sie nicht sehen, aber man fühlte ihr Dasein. Sie waren schweigende Riesen, ruhend in tiefer Gelassenheit. Wenn man auch gelassen werden könnte. Nicht gleichgültig, nicht unbeteiligt sein, doch gelassen. Das Feuer in sich haben und von einem Mittelpunkt her leben – wie zum Beispiel Boëthius in der Einsamheit seines Gefängnisses, oder wie Lewis Alison im ›Quell‹ von Charles Morgan. Alison war mein wirklicher Freund in diesen Jahren. Er sagte mir oft mit seiner ruhigen Stimme Trost und Beschwichtigung. Auch er war auf der Suche nach der »stillness of spirit« – dem Gestilltsein des Geistes im Wirbel der Welt. Wenn ich soweit wäre. Aber dann wäre ich wohl auch jenseits der Schmerzen und Dunkelheiten, die auf mich warten; ich weiß es.

Ich sah die Gesichter der Männer an. Es waren ältere und jüngere Gesichter; das kann man auf den ersten Blick sehen. Aber man kann auch sehen, daß alle Gesichter etwas Gemeinsames haben. Nicht die Erlebnisse der letzten Jahre meine ich, die den Gesichtern einen Zug gegeben haben könnten, der alle eint. Das Gemeinsame ist die Müdigkeit, das Erloschensein. Es ist die Asche der Hoffnungslosigkeit. Jetzt, während sie sangen, hatte sich der Hauch eines Traumes auf die Gesichter gelegt. Er stieg aus dem Lied empor. Oder waren es die Flammen, die ihnen Träume schenkten – von ihren Häusern, die eingestürzt waren und sie wußten es nicht, von Wohnungen, in die sie eintreten würden und sie waren in Wirklichkeit nicht mehr da, von einem Frieden, der sie umfangen würde und den es nicht gab, von Frauen und Kindern, die vielleicht unterdes gestorben oder auf der Wanderung waren? Sicher waren es solche Träume, und sie gewährten Ruhe und Geborgenheit, auch hier. Dies waren die Träume, die in allen Lagern der Welt aufstiegen, zarte, unsichtbare, goldgesäumte Wolken. Das war das Gemeinsame: der Traum. Aber sonst sind alle Einzelne geworden. Der durch Gewalt zusammengepreßte Verband hatte sich aufgelöst. In diesem Verbande waren sie irgendwie aufgehoben. Die Einsichtigen haßten ihn, die Entschlossenen lösten sich davon, viele wehrten sich nicht der Knebelung. Jetzt sitzen wir hier, an einem Feuer aus dürren Hölzern, und singen.

Ich stand auf und ging ein Stück in die Nacht hinein. Ich sah das Feuer. Ich hörte das Knistern der Flammen in den Pausen des Liedes. Ich sah den Kreis von singenden Menschen. Sie glichen einer Schar von Verlorenen, verloren auf der Erde. Sie hatten den Weg verloren – vielmehr: der Weg war zu Ende, und wie die Blinden auf dem Bilde von Brueghel waren sie gestürzt. Man mußte sie aufrichten! Das Feuer, aus dürrem Holz entzündet, genügte nicht. Man muß das niedergesunkene Feuer in den ermatteten Seelen wieder anfachen! Man muß den Menschen in ihnen befreien! Man muß sie aus dem Abgrund herausführen. Aber wer kann es, wem glauben sie noch? Sicher: sie müssen geführt werden. Aber wie müssen die Führer sein? Anders. Aber wie? Sie müssen eine andere Gewalt besitzen als die des Befehls, dessen Macht der Hauptmann von Kapernaum erkannte. Sie müssen die sein, die zuerst die Binden von ihren Augen reißen, die zuerst den Akt der Wiedergeburt vollzogen. Es ist zum Verzweifeln. Aber da ich diesen Satz hinschreibe, frage ich mich schon: ist es zum Verzweifeln? Sie waren Knechte gewesen. Die Regungen ihrer Seelen waren niedergeschlagen worden durch den Unteroffizier, durch den Feldwebel, durch den Beamten, den die Gewohnheit seines Dienstes so leicht dazu brachte, seine Würde und seine Rechte als Mensch zu vergessen. Singen! hatte eine Stimme befohlen. Marschieren! Alles war marschiert, alles hatte auf einen Befehl stillgestanden. Alle hatten geschossen. Der Mensch innen war erstickt worden von Fahnen, Uniformen, Orden. Lebte er noch? Vielleicht werde ich eines Tages darüber belehrt werden, daß ich an eine Narrheit glaubte. Dann werde ich mir sagen, daß sehr viele diese Narrheit für besser und menschlicher hielten und daß sie ihr Leben und alle ihre Kräfte daran gaben. Nein. Der Mensch lebt, auch in ihnen. Aber er lag noch in Fesseln, auch jetzt noch, da keine Stimme ihnen mehr befahl, zu singen, zu marschieren, zu schießen, Häuser anzuzünden. Man muß etwas tun – jetzt schon, in dieser Quarantänestation. Man muß sie daran erinnern, daß es etwas gibt, jenseits der furchtbaren Welt des Gehorsams, daß es Dinge gibt, die das Leben groß, menschlich, lebenswert machen. Und ich sage es beinahe mit einer Art von Freudigkeit: die Gefangenenlager, wo sie auch sein mögen, können die Stätten der Grundlegung und einer neuen Gesinnung sein.

Ich weiß nicht, ob ich das, was ich jetzt aufschreibe, gestern abend auch so gedacht habe. Ich stand in der Nacht und sah die Sterne über den Alpen und über den Wiesen von Povoletto, aus denen der Duft des prangenden Sommers aufstieg, so stark, daß man Sehnsucht hatte – nach allem, nach einer Frau, nach Wein. Da war so vieles. Man konnte vor Sehnsucht schreien. Doch die Sterne glänzten in einem reinen beständigen Licht. Im Zittern ihres Lichtes konnte man etwas wie einen Gruß empfinden. Warum sollte man nicht so denken? Gleichviel, woher man sich den Trost nahm. Wenn man sich nur wieder aufrichtete – und wenn man stand, wenn man wieder Erde unter den Füßen spürte, mußte man helfen, daß alle andern sich wieder erhoben. Wir waren nicht allein auf der Erde. In allen lag Lazarus im Grabe. Du bist es, der ihnen zuruft: Lazarus, ich sage dir, stehe auf!

Ich war mit K. zum Feuer gegangen, und er hatte mich gefragt: Willst du heute abend wieder etwas erzählen? Ich hatte Nein gesagt, weil ich müde war, weil mich irgend etwas gestern verdrossen hatte.

Doch als wir auseinandergingen, sagte ich zu den Männern am Feuer: Morgen abend wollen wir uns hier wieder treffen, ich werde etwas erzählen.

Und heute nacht habe ich darüber nachgedacht. Ich habe in meinem kleinen Zelt gelegen. Man muß etwas tun. Wir müssen die Stille überwinden. Man kann alles fruchtbar machen. Es liegt an uns, ob die Zeit tot ist oder ob ein Strom sie durchrauscht. Ich habe etwas getan. Es ist nicht viel, ich weiß es selbst. Aber jetzt macht es mich froh. Ich schrieb heute nacht ein Lied, und ich nannte es für mich das Lied von Povoletto. Es ist nicht nur eine Reihe von Versen; es ist ein Lebenszeichen, das ich mir selbst gab. Ich bin erwacht. Ich habe die Grabtücher, die meine Schritte hinderten, abgeworfen. Ich weiß wohl, es mag für niemanden etwas bedeuten. Ich habe in der Dunkelheit gelegen und, ohne die Zeilen aufschreiben zu können, ein Lied gemacht. Ich pfiff leise eine Melodie vor mich hin, änderte sie immer wieder. Zuletzt sang ich mit geschlossenem Munde das Lied. Ich allein kenne es. Heute abend werden wir es singen. Ich weiß auch, wovon ich am Feuer erzählen werde: von

Nansen und dem Gesetz der Hilfe. Es ist das einzige Gesetz, das für uns, die wir im Abgrund leben, noch Gültigkeit haben kann.

Sonntag, den 16. Juli 1945

Ich will versuchen, die Bewegung auszudrücken, die heute in mir ist. Es ist ein glücklicher Tag. Auch wenn heute der Regen uns in den durchlässigen Zelten zum Zittern vor Nässe bringen würde – ich würde ihn mit einem Lächeln ertragen. Die Wärme in mir kann heute nicht erstickt werden.

Wir trafen uns am Feuer, als die Dämmerung dicht geworden war. Die Sterne kamen heraus. Der Abendstern in seinem steten Glanz gleicht einem Kundschafter, der auf der Ebene des Himmels erscheint; der den andern Gestirnen vorauseilt, um zu sehen, wieviel Macht noch der Tag hat. Dann folgen die andern; dann erscheint die Fülle. Und dies sind die Sterne über den Wiesen von Povoletto.

Es gibt in der Ebene vor den Bergen ein kleines Dorf, das diesen Namen hat. Die Bauern sind arm, die Häuser schmutzig. Aber dieser Name wird für alle Zeit für mich viel bedeuten. In diesem Sommer liegen wir auf den Wiesen und sehen in der Ferne die Bauern bei der Ernte. Was für meine Kameraden auch diese Zeit bedeuten mag – es ist die Zeit, in der ich mein Leben ordne oder doch wenigstens es versuche. Ich werfe das Überflüssige fort und bereite mich vor. Wie lange es auch dauern mag: die Tür wird aufgehen.

Ich sage: Kameraden. Wir konnten das Wort nicht mehr hören. Alle Worte, alle Begriffe waren verfälscht, mit allen wurden wir betrogen. Vielleicht wäre es gut, über allen Begriffen etwas Stille wachsen zu lassen. Aber zu euch sage ich »Kameraden«. Wir haben einen gemeinsamen Weg vor uns.

Wir saßen am Feuer und sangen. Zuletzt mochten es drei-, vierhundert Menschen sein; es hatte sich herumgesprochen. Ich muß von mir sprechen. Ich stand auf und trat an das Feuer. Ich fühlte die Glut, ich hörte die Stimmen der Flammen. Sie warfen sich empor, als wollten sie sich mit dem Licht der Sterne vereinigen, aber sie verwehten im Reiche der Nacht. Ich sagte, daß ich vom Leben eines Mannes erzählen wollte, der mir immer als ein Held erschienen sei – ein Held, der nicht nach Orden und Ruhm verlangte. Ich wollte das Leben eines Mannes erzählen, der einmal das Gewissen Europas genannt worden sei und der das Gesetz der Hilfe verwirklicht habe.

Während ich sprach, erinnerte ich mich der Zeit, in der ich für ein Buch, das für junge Menschen bestimmt war, das Leben Nansens geschrieben hatte. Es war eine glückliche Zeit. Ich erinnerte mich der Nächte, in denen der Mann für mich sichtbar geworden war, der über den Graben gesprungen war, um in die Eisländer ohne Menschen zu gehen, über denen das Nichts sich mit den Lichtspielen des Himmels unterhält. Er hatte Grönland auf Schneeschuhen durchquert. Er hatte sich mit der »Fram« der nordwärts gerichteten Drift des Packeises anvertraut und dann mit Johannsen den Marsch zum Pol angetreten. Die Sonne des Ruhms war über ihm aufgegangen. Ich sprach von diesen Abenteuern. Er hatte sich dem Wagnis übergeben und das Eis besiegt. In den Ländern des Schweigens hatte er den Mut geprüft, den man brauchte, um das mächtigere Abenteuer zu beginnen: das Eis der menschlichen Trägheit und Gleichgültigkeit zu überwinden.

Hier an diesem Feuer auf den Sommerwiesen von Povoletto, erschien er. Ich hatte ihn zu uns gerufen, damit er den Verlorenen sagen konnte: Ich habe mich vor dem Wagnis nicht gefürchtet, einige hunderttausend Kriegsgefangene, unter denen vielleicht eure Väter und Brüder waren, aus den sibirischen Lagern in ihr Vaterland zurückzubringen. Ich habe gegen die russische Hungersnot des Jahres 1921 gekämpft. Ich versuchte, anderthalb Millionen Flüchtlinge aus der Türkei nach Griechenland zurückzubringen. Er würde nicht gesagt haben: ich – er würde gesagt haben: wir, und hätte alle Mühe seinen Helfern gelassen. Aber er war die Kraft dieser Abenteuer, er war das menschliche Herz des mit Erschöpfung und Blindheit geschlagenen Erdteils.

Er würde zuletzt gesagt haben: Da ich an das Gesetz der Hilfe glaubte, versuchte ich es zu verwirklichen, in einer Welt, deren Leib noch von den Anstrengungen des Krieges zitterte. Wenn ihr euch meines Namens erinnern wollt, so gedenkt allein dieses Gesetzes, das für euch, Verlorene, Verwundete, das Gesetz eures Lebens sein muß, sonst seid ihr verloren.

Die Nacht umringte den Kreis der Männer, und als ich aufhörte zu sprechen, erhob sich der Beifall wie das schnelle Auffliegen eines unsichtbaren Vogelschwarmes mit schwirrenden Flügeln.

Ich sagte dann, ich hätte noch eine Überraschung für alle. Ich habe für euch ein Lied geschrieben, sagte ich, und es soll unser Lied sein. Ich nahm den Zettel vor, auf den ich die Verse am

Morgen geschrieben hatte. Nie werde ich es vergessen. Ich spürte ein Zittern in meiner Stimme, als ich am Feuer stand und diese einfachen Verse vorlas, in denen ich versucht hatte, unsere Hoffnungen auszusprechen.

Als ich zu Ende gelesen hatte, erhob sich der Beifall wieder, aus einer tiefen Stille heraus. Hattet ihr verstanden, was ich sagen wollte? Diese Verse gehörten sicher nicht der Dichtung an. Aber ihr konntet sie als einen Anruf, als ein Zeichen ansehen, der Verzweiflung, wenigstens für diesen Abend, Lebewohl zu sagen.

Ich rief dann den kleinen L., den Harmonikaspieler, Otto, der einen schönen Baß hat, und zwei andere, die bei unserm Bunten Abend gesungen hatten, in den Feuerkreis, und wir sangen das Lied. Ich hatte sie am Vormittag zusammengerufen, und wir hatten es hinter der Küche geübt.

Jetzt sangen wir es, und während ich mitsang, fühlte ich die Nacht des Sommers. Sie war nicht mehr fremd, nicht mehr feindlich. Sie beugte sich zu uns. Die Sterne schienen sich zu bewegen, wenn ich nach oben sah. Aber die Stille des Lauschens war schöner als die Stille der Sterne. Jede Strophe sagte ich, bevor wir sie sangen, und von Strophe zu Strophe sangen immer mehr mit. Es war unser Lied. Es war das Lied von unserer Wirklichkeit und von unsern Hoffnungen, die sehr zart waren, ein zartes Grün auf den Trümmern, ein Schein im Abgrund.

Was wir verloren haben,
ist unermeßlich viel.
In Trümmern und in Flammen
erwächst ein neues Ziel.

O Camp von Povoletto,
du Wiese weit und grün, –
dort sahn wir unsre Hoffnung
zum erstenmal erblühn.

Jetzt sind wir noch vergessen,
fremd in dem fremden Land.
Die Sonne und die Sterne,
die haben uns erkannt.

O Camp von Povoletto,
du Wiese weit und grün, –
dort sahn wir unsre Hoffnung
zum erstenmal erblühn.

So wirst du mich erkennen,
mein Herz, mein Weib, mein Kind.
Zusammen wolln wir gehen,
die noch am Leben sind.

O Camp von Povoletto,
du Wiese weit und grün, –
dort sahn wir unsre Hoffnung
zum erstenmal erblühn.

Noch liegt die Zukunft vor uns,
ein dunkelschweres Meer.
Die alten Sterne schimmern
voll zarter Hoffnung her.

O Camp von Povoletto,
du Wiese weit und grün, –
dort sahn wir unsre Hoffnung
zum erstenmal erblühn.

Kameraden, gebt die Hände
von hier und hier und dort,
und tragt das neue Dasein
in neuen Herzen fort.

O Camp von Povoletto,
du Wiese weit und grün, –
dort sahn wir unsre Hoffnung
zum erstenmal erblühn.

Isaac Deutscher
Bayerische Landstraßen

München, im Juni

Einer der auffallendsten Eindrücke des Reisenden in Süddeutschland ist der schroffe Gegensatz zwischen Stadt und flachem Land. Die Stadt scheint auf einen deutschen Jeremias zu warten, der ihre Trümmer beweint. Die liebliche Landschaft zeigt kaum eine Spur von Zerstörung. Die soliden, geräumig gebauten, sonnenbeschienenen Häuser der Bauern verraten einen Wohlstand und Gedeihen, denen weder Krieg noch Niederlage etwas anhaben können. Die Felder sehen sehr gepflegt aus, das Vieh auf der Weide ist wohlgenährt. Im Korngürtel des Donaubeckens ist das Getreide für die Jahreszeit gut gediehen. Es ist ein Anblick, der Auge und Herz eines Virgil erfreuen könnte, obwohl auch er sich wundern würde, daß so viele Frauen und Kinder so fieberhaft auf den Feldern arbeiten, daß so viele Frauen schwarz gekleidet sind und man so wenig Männer sieht.

Anders geht es auf den bayerischen Landstraßen zu. Dort spürt man stärker noch als in den zerstörten Städten die Folgen einer Sintflut. Jede große Landstraße hier bietet einen Querschnitt der großen Probleme Deutschlands und Europas. Es ist ein chaotisches und zugleich ein einmaliges Bild, denn die Geschichte wird sich so gewiß nicht wiederholen.

Im Süden Münchens, vor dem klar umrissenen Hintergrund der Alpen, kann man das Endstadium der Kapitulation der Wehrmacht beobachten. Lange Lastwagen-Konvois, überladen mit deutschen Soldaten, voran die Offiziere in ihren Dienstautos, fahren in Sammelpunkten und Gefangenenbaracken ein. Die Soldaten sind entwaffnet, einige Offiziere – von der Luftwaffe, der SS, der Infanterie – haben noch ihre Seitengewehre und erteilen den Leuten, in typischer Feldwebelmanier brüllend, ihre letzten Befehle. Die Disziplin der kapitulierenden Heere ist noch immer vorbildlich, zumindest nach außen. Hier und dort gerät ein Konvoi der Wehrmacht mit einem Konvoi der Amerikaner durcheinander, der in entgegengesetzter Richtung rollt. Einen Moment lang herrscht Verwirrung. Verlegene deutsche Offiziere salutieren vor den Siegern. Die Soldaten der beiden Heere betrachten einander mit Neugierde oder Gleichgültigkeit oder, richtiger, sie ignorieren einander, je nach ihrer

Stimmung. Auf den Straßen, die den kapitulierenden Einheiten zugewiesen sind, beaufsichtigt die deutsche Militärpolizei allein oder mit Hilfe der amerikanischen Polizei den Verkehr und hält Ordnung. Sie hilft bei der Entwirrung der Geleitzüge; sie kontrolliert die Papiere der Insassen der Militärautos und entledigt sich auf diese Weise geschäftsmäßig ihrer letzten militärischen Aufgaben. Der Akt der Kapitulation setzt sich hier in detaillierte Verkehrspläne und Verkehrsbestimmungen um, und an einem Kontrollpunkt kann es vorkommen, daß ein kräftiger Bursche aus Texas den Verkehr an der Seite eines mageren Luftwaffenpiloten aus Hannover regelt, der noch seine Auszeichnungen für den Blitzkrieg gegen London und den Einmarsch in das Sudetenland trägt.

Irgendwo am Straßenrand schleppt sich ein Mann in der gestreiften Kleidung eines KZ-Häftlings langsam nach Hause. Kurz zuvor war er von einem SS-Offizier angehalten worden, der mit seinem Adjutanten im Auto vorbeikam. Es kommt zu einem scharfen Wortwechsel und zu Drohungen, von heftigen Gesten begleitet. Da nähert sich ein amerikanischer Jeep, der Streit bricht ab, und das Auto des SS-Offiziers fährt weiter. Der ehemalige Konzentrationslagerhäftling erklärt mit einem gewissen Stolz, daß er Funktionär der Sozialdemokratischen Partei in Breslau war. Ja, es ist wahr, SS-Männer auf den Straßen benehmen sich mitunter noch immer so unverschämt wie in diesem Fall. Aber die Bauern sind freundlich und entgegenkommend; sie nehmen den KZ-Mann über Nacht bei sich auf und stopfen seinen Rucksack mit Lebensmitteln voll, bevor er zu einem langen Tagesmarsch aufbricht. Und dennoch, das Leben ist seltsam – da fährt der SS-Mann selbst noch als Gefangener im Auto herum, während der Unterlegene zu Fuß von Dachau nach Breslau geht. Wird er auch, wenn er zu Hause ist, noch zu den Unterlegenen gehören? Seine Heimat liegt in der russischen Zone, und bevor er ins Konzentrationslager verschleppt wurde, war er in den Augen der Kommunisten dort ein »Sozialfaschist«. Aber er muß nach Hause gehen; und er hat seit Jahren nichts mehr von seiner Familie gehört. Es ist schlimm, daß sich Deutschland nicht aus eigener Kraft vom Nationalsozialismus befreit hat. Das hat sein Schicksal furchtbar kompliziert; und es fördert bei deutschen Antinazis einen Minderwertigkeitskomplex. Ah, eine amerikanische Zigarette? Mit Verbeugungen und einem Lächeln schüchterner Dankbarkeit zieht der Unterlegene seiner Wege.

Entlassene Kriegsgefangene, von der Last schwerer Rucksäkke gebeugt, das Haupt gesenkt, ziehen einzeln oder zu zweit ihrer Heimat entgegen. Es sind freigelassene Bauern, Bergarbeiter oder Transportarbeiter. Vor hundertdreißig Jahren marschierten die Überlebenden der *Grande Armée* vielleicht durch dieselben Straßen, wie es Heine in seinem Gedicht ›Die Grenadiere‹ geschildert hat: »Und als sie kamen ins deutsche Quartier, sie ließen die Köpfe hangen«. Aber die Grenadiere auf der bayerischen Landstraße wiederholen zweifelsohne nicht die stolzen Worte »Was schert mich Weib, was schert mich Kind, mein Kaiser, mein Kaiser gefangen«. Doch wäre es wahrscheinlich verfrüht anzunehmen, daß nicht ein paar Saatkörner für eine Hitlerlegende ausgestreut worden wären, die dann zu einem späteren Zeitpunkt lebendig werden könnte. Sehr wenige unter den Überlebenden seiner Armee scheinen zu glauben, daß der Führer wirklich tot ist.

Auf den Straßen im Norden Regensburgs zwischen Donau und Böhmerwald kann man einen anderen Ausschnitt der gegenwärtigen Völkerwanderung beobachten. Lastautos mit tschechischen und russischen Vertriebenen, mit wehenden roten Bannern und Fahnen in den tschechischen Nationalfarben ziehen in östlicher und nördlicher Richtung. Man winkt einander freudig zu. Auf den Gesichtern russischer, ukrainischer und kaukasischer Bauern zeichnet sich auch der gespannte Ausdruck der Ungewißheit und Unschlüssigkeit ab. Ein freundliches Wort auf russisch läßt in den versunkenen Augen einen Hoffnungsstrahl aufleuchten. Sie wissen nicht, ob sie unmittelbar nach Hause gehen oder lediglich von einem Sammelpunkt zum anderen transportiert werden. Die Russen haben noch mehr Heimweh als die anderen. Aber sie werden auch von Ängsten heimgesucht. Ihre Heimstätten bei Smolensk oder Poltawa gibt es nicht mehr. Viele hatten ihre Familien untergehen sehen, bevor sie nach Deutschland gingen. Und wenn sie jetzt heimkehren, wird man sie in Rußland als unglückliche Mitglieder der Gemeinschaft betrachten, oder wird man sie verächtlich als Verräter abweisen? Wird man ihnen erlauben, sich wieder an den alten, vertrauten Orten niederzulassen, oder wird man sie in ferne sibirische Gegenden verschicken? Solche Fragen stellen sich die Russen auf allen deutschen Straßen. Und dann gibt es noch die Polen, von denen die meisten, wenn auch nicht alle, den Russen selbst in der Gefangenschaft und in den Flüchtlingslagern aus dem Wege gegangen waren. Wird man sie zwingen heimzukehren, fragen sie. Stimmt es, daß die polnische Regierung in London* Land für sie gefunden hat, das sie bewohnen können, nachdem Warschau, Lodz und das übrige Polen bereits Rußland gehören? »Wir brauchen kein solches Land«, erwidert ein polnischer Offizier in unserem Gefangenenlager. »Neunundneunzig Prozent der Leute glauben, daß England gegen Rußland kämpfen und Polen befreien wird.« Die anwesenden polnischen Offiziere nicken alle beifällig und blicken voller Verachtung auf eine alte Bäuerin, die zu ihren Kindern heimkehren will und nichts von Politik weiß.

Aus dem Bayerischen Wald zieht langsam ein Zug anderer Art hinunter in die Donauebene. Er besteht aus zigeunerartigen Fuhrwerken, von Pferden gezogen und vollgestopft mit Menschen, Bettzeug, Säcken und Holzkisten. Die Zigeuner sind Deutsche. Einige von ihnen sind vor den russischen Heeren aus Mähren geflüchtet. Andere sind von den Tschechen aus Dörfern an der Grenze vertrieben worden. Sie sind resigniert und apathisch. Sie haben für sich kein besseres Schicksal erwartet. Einige hoffen, daß sie sich bei entfernten Verwandten in Bayern niederlassen können. Andere haben auch nicht einen Strohhalm, an den sie sich klammern könnten; sie hoffen nur, daß es in Bayern weniger Hunger gebe als im übrigen Deutschland. Sie wollen arbeiten; und das Vaterland der Sieger muß ihnen Beschäftigung geben. Sie sind die abgerissenen Zweige und Blätter vom verwüsteten deutschen Baum, und sie möchten wieder ins deutsche Erdreich verpflanzt werden.

Auf der anderen Seite der Straße bemüht sich eine große, magere Frau, zwei amerikanischen Offizieren etwas in gebrochenem Englisch zu erklären. In ihrer verworrenen, unverständlichen Geschichte kommt immer wieder ein Wort vor: *Gaskammer.* Es stellt sich heraus, daß ihr Kind sieben Jahre zuvor von einem Nazi-Arzt als geistig zurückgeblieben diagnostiziert worden war. Der Hausarzt widersprach dieser Diagnose, aber man gab nichts auf seine Meinung. Gemäß den Rassegesundheitsbestimmungen sollte das Kind vergast werden, das Nazipendant für den Tarpejischen Felsen. Die Mutter versteck-

* Die polnische Exilregierung wurde in London nach der Besetzung Polens aus Vertretern bürgerlicher Parteien unter General Sikorski und später Stanyslaw Mikolajczyk als Ministerpräsidenten gebildet. Sie war antikommunistisch orientiert und kooperierte mit der britischen Regierung Churchill gegen den von den polnischen Kommunisten geführten Polnischen Nationalrat (KRN) und das Polnische Komitee zur Nationalen Befreiung (Lubliner Komitee), die 1944 gegründet und von der Sowjetunion anerkannt wurden.

te es an einem Ort etwa zweihundert Kilometer entfernt. Als sie das Kind zum letzten Mal sah, war es am Verhungern. Würde ihr die Militärregierung jetzt erlauben, es zu holen? Straßenbahnen oder Autobusse fahren nicht, sie würde zu Fuß gehen. Aber es ist ungemein schwierig, an die Militärregierung heranzukommen und um eine Reisegenehmigung nachzusuchen – der deutsche Bürgermeister ist machtlos.

Die Leiden und Ängste eines Dutzends von Nationalitäten haben sich hier mitten auf der sonnigen bayerischen Landstraße eine Weile lang zusammengefunden. Bald werden sie entschwinden, jede wird von einem anderen Wind und in ein anderes Land verweht werden. Aber sie werden nicht rasch und auch nicht leicht Linderung und Heilung finden. Viele Menschen haben überanstrengte, erschütterte Nerven, so daß sie auf lange Zeit für Phobien, hysterische Zustände und andere geistige Störungen anfällig bleiben werden, die das geistige und politische Leben Europas überschatten könnten. Auch wird der Gestank des nationalsozialistischen Kadavers nicht so bald verzogen sein.

Wenn die Straßen Bayerns von dem sprechen könnten, was sie in den letzten Monaten und Wochen gesehen haben, dann würden sie eine Geschichte erzählen, die ebenso umfassend, einfach und bewegend wäre wie Tolstois ›Krieg und Frieden‹, furchtbarer als Dantes Inferno oder die Erscheinungen Edgar Allan Poes und gelegentlich so tragikomisch wie Hašeks ›Der brave Soldat Schwejk‹.

Hildegard Ahemm
Am Rande der Stadt und der Zeit

Jede Nacht stand der Feuerschein röter am Horizont, dämmerte höher hinauf in den Himmel, kündete, heller und grausamer zugleich, nach all den Jahren des Dunkels den Tag. Immer näher kamen die Geräusche des Krieges an die Häuser menschlicher Hoffnung und Angst. Die Sonne ging nicht mehr mühelos und stille über den Mühsamen auf, von allen Seiten brach sie gewaltsam in die Dämmerung ein, voll von Tod und Verderben als Vorhut des endlichen Morgens. Flugzeuge kreisten wie Vögel des Schicksals über Unschuld und Schuld, aus hundert Geschützen, frevelnd genährt von sinnlosen Tränen und Schreien des Sterbens, flogen die Geschosse in blinder Vernichtung über Gerechte und Ungerechte, ertönte die Orgel letzten Gerichts, daß endlich das Dunkel bezwungen, der Tag hell würde, der Frieden zum Lied.

Eine Frau stand zwischen den Trümmern ihrer Wohnung, nahm die Blumentöpfe vom Fenster, stellte sie in den Schutz einer Mauer, trat unters Tor, lauschte auf Ruhe und lief über die Straße in ein anderes Haus, das noch heil war.

Verstörten Kindern gleich, barg man sich im Innern der Häuser, der Keller, der Erde, und ewig schien die Dämmerung vor dem endlichen Tag zu währen. Man zählte nicht mehr die Stunden, die Uhren blieben stehen, die Lampen verloschen, das Wasser versiegte – der Morgen schien ferner denn je. Jede Atempause des dröhnenden Geschehens wurde aufs neue von Heulen und Tosen zerrissen. Jedes Haus war eine Insel im Untergang und preisgegeben, selbst unterzugehen.

Aber die Frau fand immer wieder einen Augenblick, in dem die Fluggeräusche der Todesvögel sich summend verloren, die Geschütze nach neuen Zielen suchten und der Lärm verebbte, um durch die kurze Stille hinüberzuschlüpfen und nach den Pflanzen zu sehen. Einmal meinte sie, sie stünden zu dunkel, ein andermal, sie müßten begossen oder der Mörtel und die Scherben, die sie bedeckten, müßten heruntergenommen werden. Dann tat sie das eine oder andere, suchte nach Wannen, in denen sich noch Reste von Wasser befanden, horchte wohl auch auf die Geräusche von draußen, fühlte aber vor allem die tiefe Ruhe, die sie überkam, sobald sie hier war. Wenn man ihr

Unvorsichtigkeit vorgeworfen hätte, wäre sie über sich selbst verwundert gewesen. Doch es kümmerte sich niemand um sie, und so konnte sie die Ruhe genießen. Langsam schlug das Leben da vor ihr aus feuchter Erde seine rosa Augen auf, Blatt um Blatt entfaltete sich eine Pflanze nach der andern. Jedesmal, wenn sie kam, war ein neues von den kleinen Wundern geschehen, trat eine Spur deutlicher das Grün aus rötlich gezackter Umrandung, bildete sich klarer die Blattform heraus, hatte sich ein Stielchen ein wenig höhergereckt.

Gleichmütig beobachtend, rundeten die Flugzeuge ihre Kreise am Himmel. Die großen Geschütze schwiegen. Die Feuer brannten aus. Maschinengewehre warfen noch dann und wann, beinahe nachlässig, eine Handvoll Samen zwischen die Häuserreihen. Aber aus jeder Nische, jeder Hecke, jedem Baum konnte einer von den einzelnen Gewehrschüssen herausfahren, die plötzlich von allen Seiten Antwort erhielten, als peitschten sie ein vielfältiges Echo aus dem Schweigen. Das Dunkel erlag, der Tag kam herauf. Hart und blau erhob er sich über der verwüsteten Welt, noch immer durchraunt vom fernen Wetter der Nacht und von bebender Spannung.

Jetzt war jeder Mensch auf der Straße ein Ziel, und trotzdem konnte die Frau es nicht lassen, öfter als sonst hinüberzulaufen zu den Pflanzen. Vielleicht war sie der dunklen Keller müde oder der Gespräche, die da immer wieder von ihren Spulen abrollten, oder dem Unsagbaren nicht mehr gewachsen, das hinter all dem oftmals Gehörten verborgen lag. Es war wie ein Zauber, der von den kleinen, grünen Geschöpfen ausging, die unbeirrbar ihrer Vollendung entgegenwuchsen. Schon meinte sie, an ihren Blättern erkennen zu können, welche Pflanze rot, welche gelb blühen würde, dachte wohl auch an die unscheinbaren, überwinterten Knollen und sah die ganze Pracht ihres Sommers voraus.

Und dann fielen keine Schüsse mehr. Die fremden Soldaten gingen durch die Straßen, und die Menschen aus den Kellern wagten sich noch weniger ans Licht als vordem.

Doch der Himmel war hell und klar, hier und da blühte ein Obstbaum zwischen den Ruinen, grünte eine Hecke, sang eine Amsel. Es war nicht nur endlich Tag, es war Frühling geworden. Und alle Hoffnungen müßten sich dieses Frühlings bemächtigen, der wie keiner vorher helfen würde zu vollbringen, was man selber begann, dachte die Frau und ging zum erstenmal seit langem geruhsam über die Straße.

Als sie aber ihre Wohnung betrat, wollte aller gute Mut sie verlassen. Das wenige, was die Gewalten des Krieges verschont hatten, was noch brauchbar gewesen wäre, war verschwunden. Nicht die Hoffnung, aber das Böse war aus seinen Verstecken heraufgekrochen und hatte die Angst des Guten zu nutzen verstanden, hatte Schränke und Kasten erbrochen und davongetragen, worauf es wohl lange schon Lust gehabt hatte. Nur die jungen Begonien standen unversehrt in ihren Töpfen und dachten in ihren gefalteten Herzblättern an die unscheinbaren Knospenkapseln, in denen die vollen, starkfarbigen Blüten sich vorbereiten.

Die Frau lächelte, dankbar, daß Diebe keine Blumenfreunde sind, trug die Pflanzen auf das Fensterbrett des wenigst zerstörten Zimmers und begann aufzuräumen.

Noch immer waren die Tage von Unruhe durchzittert wie von gewittrig flimmernder Wärme. Doch die Menschen begannen, sich an das Licht zu gewöhnen und ihrer eigenen Unsicherheit zu trauen. Verstört und zaghaft, müde und halb noch im Schlaf nahmen sie ihr Leben wieder auf. Hier und dort erklang verlorenes Hämmern und Klopfen, wurde notdürftig instand gesetzt, was man zum Dasein über der Erde gebraucht. Decken und Kleider hingen auf der Leine und atmeten die Kellerluft aus. Zögernd kehrte alles zur Sonne zurück.

Die Belagerungszeit wäre die schlimmste ihres Lebens gewesen, sagten die Leute, wenn sie sich trafen, und jeder erzählte seine Geschichte. Die Frau hörte von ihrem Fenster aus manche, und alle ähnelten sich. Nur ihre eigene war anders. Von vielem seltsam verschont, waren für sie diese Wochen eigentlich nichts als Erwartung und Hoffnung gewesen. Dabei dachte sie vielleicht an die Pflanzen auf ihrem Blumenbrett, die ihr doch nur geholfen hatten, auf eine ihr selbst nicht recht bewußte, größere Hoffnung zu vertrauen.

Georg Hensel
Begegnung – tief unten

Es war dunkel geworden. Ich wollte noch zum Bahnhof gehen, um Zigaretten zu kaufen. Ich hängte den Regenschirm in den obersten Mantelknopf; er pendelte vor meinen Beinen, stieß hin und wieder mit den Knien zusammen, daß die Schirmstäbchen trocken raschelten. Der Mond spielte mit mir Verstecken. Er hüpfte hinter den Ruinen auf der rechten Straßenseite, verbarg sich ein paar Schritte lang hinter unversehrten Mauern, griff plötzlich durch die Fensterhöhlen einer einsamen Hinterwand, deutete lächelnd auf einen rostroten Heizungskörper, einen umgestürzten Gasherd, von dem die Emaillefarbe blätterte, und verschwand. Verschwand ein paar Schritte lang und kam wieder, fand spielend den Weg durch eine ausgebrannte Mietskaserne, durch die lange Reihe vom Regen verwaschener Wohnungen, streifte zerbröckelnde Mauern, glitt über die stumpfen Haufen zusammengebackenen Schutts, blinzelte in den Splittern zersprungener Fensterscheiben und verschwand. Verschwand ein paar Schritte lang und kam wieder, natürlich: Treffpunkt nächste Fensterhöhle, nächste Häuserhöhle, nächste Höhle ganz im allgemeinen, Treffpunkt immer dort, wo Löcher sind, Rendez-vous im Nichts, dort, wo mal was war, wo das Nichts noch ziemlich neu ist. Servus, Anton, wisch mir doch mal das grüne Gemüse vorm Gesicht weg, das Zeug wuchert aus den Mauerritzen, als seien sie mit Mist verklebt, doch wie kommt Kuhdreck aufs Dach, Moment, da steht noch was ... der Schirm rasselt auf den Knien, eins, zwei, drei, vier, fünf, sechs, sieben, acht, neun Schritte eine prima Brandmauer, gut erhalten, lückenlos, ohne Loch und Fenster, marschiert vorüber ... servus, Mond, da bist du wieder, eine Betonmatratze ehemalige Decke parterre, ehemaliger Fußboden erster Stock, wischt dir über die Augen, nicht weinen, mein Bester, geht alles vorüber, geht alles vorbei, sozusagen, sozusingen.

Mein linker Fuß fand keinen Boden, ich kippte nach vorn, klatschte mit beiden Armen platt auf das Pflaster, wurde nach rückwärts geworfen, rutschte durch ein Loch, fiel, schlug irgendwo hart auf. Mein Gesäß schmerzte, meine Hände waren aufgerissen, die Ellbogen geprellt. Ich blickte nach oben: durch den Halbkreis der Öffnung sah ich den Mond. Ich tastete den

Boden ab. Es war schmieriger Lehm, Steinbrocken dazwischen. Basalt, Backstein, Sandstein, Mörtelscheiben, Glas, Tuff, Eisen. Ich fand meinen Schirm, richtete mich auf. Das Loch über mir war so hoch, daß ich nicht hinausklettern konnte. Ich stocherte mit dem Schirm in das Dunkel, fand eine Mauer. Ich ging vorsichtig der Mauer nach, der helle Halbkreis des Loches über mir verschwand. Meine Handflächen brannten, die Ellbogen schwollen an. Die Schirmspitze blickte regelmäßig gegen die Wand, ein dumpfer Geruch hockte in dem Keller. Es kam eine Querwand, dann eine Tür, ich stolperte, fiel zu Boden. Schmieriger Dreck klebte zwischen meinen Fingern. Gebückt, mit kleinen Schritten tastete ich mich vorwärts. Es kamen Wände und Türlöcher, die Luft wurde schwerer. Ich wäre gern zu der Öffnung zurückgegangen, durch die ich gefallen war. Vielleicht hätte mir ein Passant helfen können. Ich hatte die Richtung verloren.

Ich schlug nun mit dem Schirm kleine Halbkreise vor meine Füße und bemerkte so rechtzeitig eine Treppe, die nach unten führte. Es waren vierzehn Stufen. Vom Fuß der Treppe bis zur rückwärtigen Wand zählte ich zehn Schritte; sieben Schritte der Wand entlang bis zur Querwand, vierundzwanzig Schritte an der Querwand entlang, sechzehn Schritte bis zu einer neuen Querwand; diese war wieder vierundzwanzig Schritte lang, dann kamen wieder sieben Schritte bis zur Treppe. Der Raum war rechteckig: 16 zu 24 Schritte. Vom Fuß der Treppe mußte es vierzehn Schritte bis zur gegenüberliegenden Wand sein. Ich hielt den Schirm vor mich, um nicht an ein unerwartetes Hindernis zu stoßen, und ging vorwärts. Genau vierzehn Schritte, es stimmte. Die Mathematik, selbst in ihren niedersten Graden, ist eine hübsche Spielerei.

Als die Schirmspitze gegen eine Wand stieß, klang es metallisch. Ich tastete vorsichtig die Wand ab und fand eine Eisentür. Sie war rauh und kalt. Sie mußte verrostet sein. Ich glitt mit meinen zerschundenen Händen von oben nach unten über die Tür, zog sorgfältig eine Bahn neben die andere, aber ich fand nur acht Nieten, keinen Riegel. Ich schlug mit der Schirmkrükke gegen das Eisen, schlug heftig, es gab ein dumpfes, langweiliges Geräusch.

Langsam drehte ich mich um, stellte mich mit dem Rücken an die Tür, um die Richtung zur Treppe nicht zu verfehlen, da schwang die Tür nach hinten kreischend auf. Irgend jemand stützte mich, eine Lampe war da, ich blinzelte.

»Verzeihen der Herr bitte tausendmal«, sagte der Kellner. »Ich ahnte nicht, daß der Herr durch diese Tür kommen würde.« Er hob die Windlaterne, drückte die Tür zu und verschloß sie mit zwei Riegeln.

Ich folgte ihm durch ein gekalktes Gewölbe. Er trug eine schwarze Hose und ein weißes Jackett. Das spärliche graue Haar war sorgfältig zurückgebürstet. Die Windlaterne schaukelte in seiner erhobenen Rechten, unsere Schatten tanzten.

Wir gelangten in einen geräumigen Keller. An der Decke brannte in einem Drahtkäfig eine kalkbespritzte Birne, warf trübes Licht auf den runden Tisch in der Mitte. Ich setzte mich zögernd, der Kellner machte eine Verbeugung und verschwand in einem Nebenraum. Der Stuhl hatte nur drei Beine, das Rohrgeflecht des Sitzes war zerrissen, so als habe es jemand durchgetreten. Über die Sitzfläche eines Stuhles daneben war eine ungehobelte Latte genagelt. Die Lehne eines dritten, rechts von mir, war abgesplittert. Gegenüber stand ein durchgesessenes Sofa; aus dem zerfetzten Plüsch schraubte sich eine Drahtspirale. Auf der schmutzigen Tischplatte lag die Getränkekarte. Es gab zwei Dutzend verschiedener Weine, Kognak, Liköre und Cocktails.

Der Kellner trat dienstfertig an meinen Tisch und flüsterte: »Was trinken der Herr?«

Ich sagte: »Curaçao.«

Er verbeugte sich und verschwand. Er brachte das Getränk aus dem Nebenraum. Die helle Flüssigkeit schwappte knapp über dem roten Strich des Likörgläschens. Es war gut gemessen.

Er stellte das Glas auf den Tisch, trat einen Schritt zurück und sah mich wartend an.

»Danke«, sagte ich. Er rührte sich nicht. »Sie können gehen«, sagte ich. Zögernd drehte er sich um, holte unter seinem Jackett ein weißes Tuch hervor und begann, mit kurzen nervösen Schlägen das Mobiliar abzustauben. Er fing bei einem rechteckigen Tischchen an, dessen Beine mit Latten zusammengenagelt waren, blickte zwischen zwei Schlägen rasch zu mir her, machte ein paar lange Schritte, ließ das Tuch über der verrosteten Nähmaschine kreisen, bückte sich, warf einen Blick zu mir, hastig, eilte zu dem Gartentisch mit der verschmorten Platte, staubte sie ab, setzte sich endlich auf den zerbrochenen Flügel in der Ecke und starrte mich regungslos an. Der Rumpf des Flügels hing schief auf einem Schutthaufen, die abgeknickten gedrehten Beine lagen auf dem Boden, zeigten stumm zu mir her. Spinnweben schimmerten zwischen dem verbogenen Gestänge der Pedale.

Eine Maus huschte blitzschnell durch den Lichtkreis der Lampe, lief über das Perpendikel der umgestürzten Standuhr, das, grünspanüberzogen, an einer dünnen Stange aus dem zersplitterten Gehäuse ragte, und verschwand. Ein Hügel aus Sand und Dreck und Steinen zog sich im Halbkreis von der Standuhr hinter mir her bis zu dem Gang, durch den wir gekommen waren. Zerbeultes Geschirr, ein Nachttopf, Rostplacken auf der emaillierten Rundung, ein zerquetschtes Ofenrohr lagen zwischen stumm und farblos wuchernden Gewächsen.

»Es ist sehr leer heute abend«, sagte der Kellner. »Die meisten Gäste kommen erst nach der Oper.«

Ich hatte ihn vergessen. Er stand auf und kam langsam näher. Als ich das Likörglas hob und mit einem Schluck austrank, blieb er stehen, vornübergebeugt auf den Zehen, und preßte die Lippen zusammen.

Es schmeckte nach nichts. Es war Wasser.

Der Kellner schob den Kopf vor und fragte: »Wünschen der Herr noch etwas?«

Ich bestellte einen Cocktail.

Als der Kellner aus dem Nebenraum kam, das gefüllte hochstielige Glas auf dem Tablett, hörte ich hinter mir Schritte. Aus dem Gang traten eine Dame, sehr schlank, Pelzmantel, weinrotes Abendkleid darunter, Pelzmütze, blond, sagte: »Guten Abend«, und ein Herr, dunkle gestreifte Hose, schwerer Mantel, steifer Hut, sagte: »Guten Abend.« Der Kellner lächelte, stellte das Glas auf meinen Tisch und half dem Herrn aus dem Mantel. Der Herr hatte den Pelzmantel der Dame an eine Schraube gehängt, die aus der nackten Wand ragte. Der Kellner hängte den Mantel des Herrn darüber.

Die beiden Gäste kamen an meinen Tisch, grüßten und setzten sich: die Dame auf den Stuhl, dessen Sitz mit einer Latte vernagelt war, der Herr auf den Stuhl mit der abgebrochenen Lehne. Der Herr bestellte Wein. Er sagte: »Nummer drei, bitte!« Der Kellner brachte zwei Gläser und eine Flasche. Er goß vorsichtig ein, fing mit einer leichten Drehung den Tropfen auf, der den Flaschenhals herunterlief, und sagte: »Bitte schön!«

Die beiden hoben ihre Gläser, nickten sich zu und tranken. Es war Wasser.

Die Dame sagte: »Nun, er schmeckt ganz gut.«

Der Herr sagte: »Ja, nur ein bißchen säuerlich.« Er verzog

seine leicht vorgewulsteten Lippen. Sein Gesicht war fleischig, die Nase dick.

Die Dame raffte ihr langes Kleid und rückte den Stuhl näher an den Tisch. Sie sagte: »Elsi wird sich sehr freuen über den Puppenwagen.« Sie bewegte ihre Schultern dabei, das spitzwinklige Dreieck des Halsausschnittes wellte sich auf. Es endete zwischen kleinen verbrauchten Brüsten.

Der Herr sagte: »Der Puppenwagen ist wirklich sehr schön.«

»Sehr, sehr schön«, sagte die Dame. Sie beugte sich über den Tisch. Ein großer Leberfleck saß auf ihrem mageren Rücken. »Wir sollten Robert auch etwas schenken.«

Der Herr sagte: »Für einen Puppenwagen ist er ja wohl zu erwachsen.«

Die Dame lachte. »Ja, für einen Puppenwagen ist er zu erwachsen. Er ist richtig erwachsen. Er war sehr männlich das letzte Mal.« Sie drehte sich zu mir und sagte: »Robert ist unser Sohn. Er studiert. Er ist schon Leutnant der Reserve.«

Der Kellner war auf dem Flügel eingeschlafen. Sein Gesicht ruhte auf den Knien, das weiße Tuch lag neben ihm. Die Saiten des Flügels brummten leise. Es rumorte in dem schwarzen Kasten, eine Maus lief um die Lackschuhe des Kellners, verbarg sich zwischen zerbröckelten Steinen, huschte durch den Lichtkreis der Lampe und verschwand in der Standuhr.

Ich sagte: »Es gibt Mäuse hier.«

Die Dame drehte mir ihr Gesicht zu. Sie hatte tiefe Falten unter dem Puder. Das blasse Karmin saß nur noch an den Rändern ihrer schmalen Lippen. Sie sagte leise: »Als Robert das letzte Mal da war, kam er gerade vom Ski-Urlaub. Er war ganz braun gebrannt. Es steht ihm sehr gut, er hat helle Augen wie sein Vater.«

Die Maus lief die Stange des Perpendikels hoch, sie war ein dunkler Fleck auf dem fahl schimmernden Grünspan.

Ich sagte: »Wir haben uns einmal mit Mäusefangen die Zeit vertrieben. Das war während des Krieges in Rußland. Wir waren acht Mann bei einem Peiler.«

Der Herr räusperte sich und sagte zu mir: »Elisabeth hätte am liebsten einen Offizier aus Robert gemacht. Aber ich denke, er soll lieber studieren. Es könnte ja doch mal wieder Krieg geben, da reicht der Reserveleutnant vollauf.«

Ich sagte: »Die Mäuse kommen jetzt herüber zu uns. Wenn Mäuse Hunger haben, werden sie frech. Wir haben sie damals in einer Blechkiste gefangen. Wir haben den Deckel mit einem

Bleistift hochgestellt. An den Bleistift haben wir eine Schnur gebunden und daran gebackene Wursthaut als Köder. Wenn die Maus an der Wursthaut zog, fiel der Bleistift um, und der Dekkel klappte zu.«

Die Dame nickte, holte tief Luft und sagte: »Das Offiziersein hat ihm ja auch wenig Spaß gemacht. Jetzt wird er Schulmeister. Altphilologe. Aber weltfremd ist er deshalb nicht.«

Ich sagte: »Jetzt sind wieder zwei Mäuse zur Standuhr gelaufen. Was sie dort nur wollen? Wir haben damals die Mäuse in leere Flaschen gestopft. Glauben Sie mir, eine Maus kommt ohne Hilfe wieder durch einen Flaschenhals, durch den man sie mit Mühe gezwängt hat.«

Der Herr lachte. Er sah mir vergnügt in die Augen. »Wahrhaftig, weltfremd ist er nicht. Er läuft Ski, er spielt Fußball, er geht paddeln und liest seinen Platon dabei.«

Ich sagte: »Die Maus kauert sich auf den Boden der Flasche, duckt sich, springt plötzlich hoch und hängt oben an der Flasche. Sie stemmt ihre Beinchen gegen das glatte Glas und drückt ihren spitzen Kopf in den Flaschenhals. Aber wir haben ihr immer wieder einen Stups auf die Nase gegeben.«

Die Dame lächelte. Sie spielte mit dem Stiel ihres Glases, blickte mich plötzlich an und sagte: »Die jungen Damen sehen sich auch schon sehr nach ihm um.«

Ich sagte: »Wir haben das mit den Mäusen aus purer Langeweile gemacht. Wir haßten uns. Einer den andern. Acht Mann eingeschneit in einer winzigen Hütte, fünfzehn Kilometer von der nächsten Stadt entfernt. Wir hatten nichts zu tun. Die Peilungen stimmten doch nie im Winter. Weiß der Teufel, womit das zusammenhängt. Wir haßten uns bis aufs Messer. Man hat doch so etwas auch schon in Romanen gelesen.«

Der Herr blinzelte mich freundlich an. »Das mit den Mädchen«, sagte er, »wird schon nicht so schlimm sein. Wenn er nur das Arbeiten darüber nicht vergißt.«

Aus der Standuhr schlüpfte ein halbes Dutzend Mäuse. Sie rannten hin und her, überkugelten sich und kamen quiekend näher.

Die Dame sagte: »Ach, ich habe solche Angst. Die jungen Damen heute kann ich nicht ausstehen.«

Ich sagte: »Mich haßten sie besonders. Ich war Student vor dem Krieg. Das letzte, was ich zu Hause gelesen habe, war Platon. Sie hassen immer die, die ein bißchen mehr gelernt haben.«

Der Herr sagte zu der Dame: »Elsi wird auch einmal eine junge Dame.«

Sie sagte: »Ich werde schon dafür sorgen, daß sie nicht so wird wie die andern.«

Der Herr wandte sich an mich. »Das kann man nie vorher wissen«, sagte er. »Nicht wahr, das kann man nie vorher wissen.«

Die Mäuse spielten quiekend um den Saum des weinroten Abendkleides. Sie waren wie rollende Schattenknäuel.

Es tropfte auf den staubbedeckten Boden. An der Decke bildeten sich feuchte Flecken, die rasch größer wurden.

»Ich glaube, es regnet draußen«, klagte ich. »Der Keller ist wohl nicht dicht.«

»Ja«, sagte die Dame, »jetzt ist Elsi freilich noch klein. Wir haben ihr heute einen sehr hübschen Puppenwagen gekauft. Er ist hochmodern, ach, einfach entzückend.«

»Ich habe vor einiger Zeit einen Menschen erschossen«, sagte ich. »Ich stand Posten. Es regnete, und in unserem Quartier sangen sie gerade das Lied: ›Nimm den Ring von meinem Finger, nimm den Ring von meiner Hand, drück auf ihre weiche Birne, einen Kuß als Flaschenpfand.‹«

»Ich habe gar nicht gewußt«, sagte der Herr, »daß es solche hübschen Puppenwagen gibt. In meiner Jugend waren das hochbeinige Gestelle.«

»Die Krähen«, sagte ich, »flogen kreischend von den Pappeln auf. Sie befanden sich natürlich im Irrtum. Sie glaubten, ich habe auf sie geschossen. Aber ich habe diesen Menschen erschossen.«

Die Dame sagte: »Für uns waren die hochbeinigen Puppenwagen genauso schön, wie dieser moderne schön sein wird für unsere Elsi.«

Von der Decke löste sich ein Kalkbrocken und fiel mitten auf unsern Tisch. Dicke Tropfen klatschten durch das Loch in der Decke auf die Tischplatte.

Ich sagte: »Die Tür unseres Quartiers hing, halboffen, schief in den Angeln. Sie war an der Innenseite mit zerrissenem Sackleinen bespannt, Lumpen quollen hervor. Unter dem Lattengitter um den Türrahmen war der Kalk von der Wand gefallen. Ich dachte zuerst: von dem Schuß. Aber auf dem Boden lag kein Kalk, er mußte sich schon früher gelöst haben.«

Die Dame legte ihre rechte Hand auf meinen Arm. Sie trug zwei Ringe am Mittelfinger und einen Ehering am Ringfinger.

Sie sagte: »Wissen Sie, Elsi hat zwei so süße Püppchen. Sogar Robert sagt, daß sie schön sind. Er hat mit ihnen gespielt. In Uniform, als er in Urlaub war.«

Auf die Tischplatte platschte ein Strahl Wasser. Über der Standuhr löste sich ein Stein, schlug auf das Perpendikel und polterte in den Kasten. Die Mäuse waren verschwunden. Es regnete überall von der Decke. Eine endlose Reihe dicker Tropfen hämmerte auf die Bratpfanne. Der Kellner saß regungslos auf dem Flügel, auf dem der Regen dumpf brabbelte. Ich spannte meinen Schirm auf.

Ich sagte: »Ich hätte diesen Menschen nie erschossen, verstehen Sie. Ich war auf Posten. Er hatte die Maschinenpistole schon über dem Unterarm liegen.«

Der Herr gähnte hinter der vorgehaltenen Hand. Er trug einen Brillantring am kleinen Finger. Der Regen rann ihm über die Stirn, saß glitzernd in seinen dichten Brauen und suchte sich seinen Weg neben der fleischigen Nase. Der Regen löste die blonden Locken der Dame, lief über ihre nackte Schulter, lief ihr über die Brust, machte größer werdende Flecken auf das weinrote Abendkleid. Eine große Scholle Bewurf fiel von der Decke und zersprang auf dem Boden. Es bildeten sich große Pfützen.

Die Dame nahm einen Schluck aus ihrem Glas und sagte: »Robert hat gelacht, als er mit dem Püppchen spielte. ›Soldaten spielen auch mit Püppchen‹, sagte er. ›Wenn sie nur hübsch sind.‹«

»Da hast du's wieder«, sagte der Herr und schlug sich mit der flachen Hand auf das Knie. Er wandte sich zu mir. »Elisabeth ist sehr eifersüchtig auf die Freundinnen ihres Sohnes. Das sind alle Mütter.«

Der Regen trommelte heftig auf meinen Schirm. Ich sagte: »Ich hängte meinen Karabiner um mit der Mündung nach unten, damit es nicht in den Lauf regnen konnte.«

»Nicht alle Mütter sind eifersüchtig«, sagte die Dame. »Es kommt ganz auf die Freundin an.«

Ihre Locken hatten sich gelöst und hingen in glatten Strähnen um den Kopf. Die Puderschicht verschmierte sich mit dem Rot ihrer Lippen, ihr Kleid war durchnäßt. Aus dem Gang floß ein breiter Bach und bedeckte den Boden. Der Regen schlug platzende Blasen, das Wasser stieg an, kroch an dem Saum des Abendkleides empor und drang in die Lackschuhe des schlafenden Kellners. Ich zog die Füße hoch und stellte die Absätze auf die Sitzfläche meines Stuhles. An der Peripherie des Schirmes baumelte das Gummiband, mit dem man ihn nach dem Zusammendrehen zuknöpfen kann.

Es rollte über uns, ein nacktes Kreischen fuhr dazwischen, dann ein nervöses Bimmeln, schwoll ab und versank. Der Regen war plötzlich lauter geworden.

»Das war die Straßenbahn«, sagte ich. »Ich habe einmal beinahe geweint, als ich eine Straßenbahn bimmeln hörte. Ich hatte damals den Glauben an die Straßenbahn verloren. Ich wußte nur noch von dem feuchten Knast, der in lang getragenen Strümpfen klebt, von der Müdigkeit und von den Läusen.«

»Ein Glück«, sagte der Herr, »daß ich den Wagen gekauft habe. Die Straßenbahnen sind spät abends sehr überfüllt.«

»Besonders die letzte«, sagte die Dame, »der Lumpensammler. Das ist ein sehr hübscher Ausdruck. Heute sind wir auch Lumpen.« Sie lächelte.

»Ich habe mich nach den angelaufenen Messingstangen gesehnt«, sagte ich. »Sie riechen ganz eigentümlich. Und nach der baumelnden Lederschlinge zum Abschellen und nach dem Schaukeln und nach dem Zischen der Luftdruckbremse. Als ich bimmeln hörte, renkte sich die Welt wieder ein. Es gab auf einmal wieder Menschen.«

»Wir trinken noch eine Flasche«, sagte der Herr. »Halten Sie mit?«

»Ich muß zur Straßenbahn«, sagte ich. Ich stand auf, verbeugte mich und watete zu dem Kellner. Meine Schuhe füllten sich mit Wasser. Der Kellner fuhr erschrocken aus dem Schlaf hoch.

»Der Herr wollen gehen?« fragte er.

»Ja«, sagte ich. »Was bin ich schuldig?«

»Nichts«, sagte der Kellner hastig.

»Wo ist der Ausgang?« fragte ich.

Der Kellner führte mich durch den Nebenraum an eine Treppe. »Diese Treppe hoch«, sagte er. Er zeigte nach oben. Seine Ärmel klebten naß an den Handgelenken. Er senkte langsam den grauhaarigen Kopf.

Ich stieg die Treppe hinauf. Ich vergaß, die Stufen zu zählen. Die Ruine stand in der Nähe der Hauptstraße. Die Straßenbahn hielt an der Ecke. Ich schloß den Schirm, schüttelte ihn aus und stieg auf die Plattform.

Kurt Huhn
Protokoll einer Straße

Zwischen der Straße von gestern und dieser von heute dehnt sich die Zeit und der Sinn zum Leben. Es war den Städten vorausgesagt, daß sie sich verändern werden. Doch was sich dahin äußerte, waren wohl die Stimmen von Utopisten und trug nur den Reiz literarischer Betrachtungen, mit denen man sich in den Cafés die Zeit vertrieb. Wenn ich sie heute betrachte, dann rinnt dieses Protokoll zusammen aus all den hängenden Eisenteilen, den Hügeln zerstampfter Steine, die einmal Wände waren, dem Erfolg und den Opfern menschlicher Äußerungen, die in ihnen verborgen lagen, und ich muß an damals denken, als sie mir starke Anregung gab und mein Denken befruchtete, als sie mich bewußt gemacht hat – diese Straße.

Von den Außenbezirken führte mein Weg her. Die Straße, aus der ich kam, stand nicht im Baedeker. Sie war voll blasser Kinder, die der Kohlestift der Käthe Kollwitz unzweideutig reden machte. Sie lebten damals ein Drama, diese Kinder. Der Kohlestift eines mitfühlenden Frauenherzens traf sie, man bannte die Originale auf Postkarten, und die Glut aus Kohle, Empfindung und Scharfsinn bat um das Leben der Kinder und brannte mit dem nach außen gekehrten Wesen den Einsichtigen dieser Straße ein Scherflein vom Überfluß aus der Tasche. Die Väter standen vor den Haustoren und erhitzten sich in Redekämpfen, hatten Orden gewonnen und die Arbeit verloren, die Mütter starrten in erloschene Herde und leere Töpfe, aber alles, was Arbeit sein könnte, Glück, Freude, ist nichts weiter als Muskeln und Sehnen, die in Untätigkeit erschlaffen.

Die jungen Mädchen unserer Bezirke, mit nichts weiter als mit ihrer sprudelnden Jugend, Ansehen und Hoffnung beladen, suchten mit Wagemut und den billigen Hilfsmitteln veränderter mütterlicher Brautkleider und bunter Glasperlen einen Erfolg. Sie lösten das Problem der weiteren Existenz in dieser vornehmen Straße im Berliner Westen und ließen gewöhnlich die erste Neugier ihrer Weiblichkeit in einem dieser Häuser zurück, die voll Musik, Licht und Bratenduft waren.

Max aber, mein Freund Max, lief, als Affe angetan, um den Platz an der Gedächtniskirche und verteilte Reklamezettel für ein Pelzgeschäft. In diesem Fell wehrte er sich gegen die Not, es war die treibende Planke, an die er sich hoffend klammerte.

Auch ich hatte im Sinn, etwas zu unternehmen, das einige Groschen abwarf. Dafür wollte ich mich anstrengen.

Kosmetische Gerüche verrieten mir, daß ein Barbier in der Nähe sei. Nein, ich irrte. Figaro stand auf dem Firmenschild, und ich sammelte das Wort und war beglückt und probierte es auf den Lippen: *Figaro* ... Friseur ... Barbier! Ich hatte wieder ein Geheimnis des Ausdrucks gefunden, ein neues Kennzeichen der Verständigung, auf offener Straße. Ach, bald fand ich noch viele Wörter in den Schaufenstern und konnte mir an den Auslagen ihren Sinn vorstellen. Glückdurchfieberter Zustand durchraste mich, Wörter zu finden, die mich anregten und die sich nie in die Schulen und Wohnbezirke verirrten, aus denen ich kam. Die Speisekarten allerdings verzichteten auf die Vertraulichkeit eines anschauenden Unterrichts.

Ein Herr küßte einer Dame die Hand. Das war Kino und Literatur für mich. Dem Herrn entfiel eine Münze, ich sprang hinterher, die Münze hüpfte in den Gully, plumpste und bestätigte den Untergang. Der Herr und die Dame waren weg, als ich nach ihnen ausblickte, um mich für meine Lässigkeit zu entschuldigen, mit der ich hinter dem Geldstück blieb.

An der Bordschwelle standen Bänke, die Bäume bildeten ein grünes Dach, und ich setzte mich, roch die Süßigkeiten aus den Lokalen, lauschte den Geigen und Klavieren und überlegte, wer hier die Sitzgelegenheit benötigte. Die Dienstboten hatten es eilig, stürmten vom Einkauf in die eleganten Häuser mit Treppenläuferbelag, vor deren Portalen steinerne Kraftkerle standen und das Haus mit breitem Buckel aufrecht hielten. Ja, so wunderbar war die Straße. Heut ist das Haus hinter ihnen weggefegt, und sie selbst sind von den Jahren krumm geworden, daß sie nicht mehr aus den Knien kommen.

Bei uns saß man in den Parkanlagen dicht gedrängt, man hatte wohl den Sinn, in die Wolkentupfen zu schauen, die im blauen Himmel segelten, man wollte eine Blume wachsen sehen, ein Beet voll Tulpen, den Busch Alpenrosen etwa, um den die Gärtner sich mit Scheren und Gartenschlauch und Harken mühten, während der Wächter bis in die späten Abendstunden den Platz umkreiste. Die Mütter beschäftigten sich mit den feuchten Kindern, mit zerrissenen Socken und etwas Häkelarbeit und baten dringend um Ruhe, weil ein Vogel im Gesträuch flötete oder eine Biene im Jasminschnee brummte.

Hier ist ein flotter Bummel, ein Gewühl strudelt aus der U-Bahn, färbt die Straße mit bunten Stoffen, in denen sich Menschen mit Augen voller Lebenshunger drehn.

Der Zufall will es, daß mich eine ältliche Dame entdeckt und meine Jugend beehrt, ihr den schweren Koffer zu tragen. Ach, ich bin so glücklich, als wäre es eine junge mit durchsichtigem Kleid und verrücktem Hütchen. Mich ergreift ihre Art, gerade auf meine geringe Kraft zu treffen, um mich verdient zu machen. Eine feine Sprache schwingt an mein Ohr, eine Sprache, die auch mir gehört und die doch nicht die meine ist. Diesem Getön bin ich willig aufgeschlossen und schleppe fröhlich und schwitzend den Koffer. Die Dame trippelt nebenher, hängt sich an meine morsche Jacke, und ich ziehe auch sie, die es nicht verachtet, das grobe Gewebe zu berühren. Ein wahrhaft freundliches Verhältnis empfinde ich, ziehe durch die Straßen, klimme steile Treppen empor, bekomme zu erfahren, daß Hochzeitswein in dem Koffer steckt und der Hausmeister wohl den D-Zug verpaßt hat und daß es köstlich sei, Geselligkeit zu pflegen.

Vor der Tür setze ich den Koffer wie gewünscht nieder, stöhne mehr als ein Möbelträger, meine große Mühe im Seufzer zusammenraffend. Sie aber steht mit der Hand im perlbestickten Beutelchen, leise schwebt ein Lächeln über ihr Gesicht, in den Augen spiegelt die Erinnerung an Jugendtage zurück, während ich selbstsüchtig auf den Klang der Münzen lausche. Ach, wie schäme ich mich plötzlich meines nicht ganz einwandfreien Hemdkragens und der ungeschnittenen Haare, die mir vom Schädel stehen. Aber das ist eines der Rätsel der Straße, der ich entstamme, und gehört zum Wirtschaftsmechanismus, der uns in schwierigen Situationen aufs tote Gleis legt. Erst als die Tür zuschlägt, spüre ich, daß nichts in die Mütze gegeben ist, um meine Wünsche an den Obstkarren zu treiben.

Wieder ist es Sommer nach einem Kriege.

Sonne rollt vom Firmament, die Straße, aus der manches Haus unter der Zentnerlast der Bomben herausgesprungen ist, richtet sich mit neuen Mauern und Farben her.

Die kleinen Mädchen aus meiner Straße sind Frauen geworden und poltern auf Lastwagen zum Kurfürstendamm. Die Kulissen ihrer Träume sind zusammengestürzt, doch ihr Leben ist voll Bejahung, und sie räumen die Trümmer auf, die sich mit

Gras und Königskerzen begrünen. Die kleinen Träume kreisen wohl noch in die Jungmädchentage, in jene Phantastereien, als sie hier das große Glück finden wollten.

Die Sitzbretter der Bänke sind in die Öfen gewandert, nur die Zementfüße stehen noch und deuten ihren Sinn in die Vergangenheit.

Das Leben geht hin und macht Pläne, es ist voll Skepsis und Konsequenz. Sie nicht haben, hieße ohne Leben sein, bedeutet, sich für null und nichtig zu erklären. Es gibt viel Bruch in dieser Straße, viel Schwäche und verstiegene Vornehmheit und noch unbesungene Unsterblichkeit, die auf festen Beinen die Trümmer räumt, wenn auch der Kohlestift der Käthe Kollwitz zur Ruhe gekommen ist und der Sommerwind sich nun darauf beschränken muß, um ihren Hügel zu wehen. Doch eines Tages wird sich die Wirksamkeit der Erfolglosen von damals offenbaren und die arbeitsheißen Tage werden Ziegelschutt in Brot verwandeln und den Anspruch auf viele schöne Straßen erheben. Die Erfolgreichen von damals suchen nach der Form, mit der sie aus dem Bruch kommen. Es ist an der Zeit, zu erkennen, wie weit sich der Mensch von seinem Nächsten entfernt hat!

Marie Luise Kaschnitz
Von der Verwandlung

Wenn ich diese Aufzeichnungen durchlese, die in der dunkelsten Zeit des Jahres begonnen worden sind und die mit dem heutigen Tage ihr Ende finden sollen, dann wird mir seltsam beklommen zumute. Zur Zeit der Wintersonnenwende war es, daß ich das Ich wachzurufen versuchte, die wunderbaren Möglichkeiten der Wiedergeburt und den alten fröhlichen Mut. Seitdem sind die Tage langsam wieder länger und die Stunden des Lichts langsam wieder reicher und glühender geworden. Aber was ich geschrieben habe, gleicht doch den Aufzeichnungen eines Menschen, der immer tiefer ins Dunkle geht. Es gleicht dem Logbuch eines Schiffes, das, von Stürmen verheert und seiner Segel und seines Steuers beraubt, in der tiefen Nacht des Polareises dahintreibt und jeden Augenblick gewärtig sein muß, an unsichtbaren Schollen zugrundezugehen.

Und doch ist der Lärm des Krieges während dieser Monate verstummt. Am Nachthimmel ist das geheimnisvolle Schauspiel der sich kreuzenden und einander gespenstisch durchdringenden Lichtstrahlen erloschen, und die Nachrichten, die wir erhalten, bedeuten nicht täglich aufs neue tausendfachen Tod. Aber es ist fast, als sei uns erst in den letzten Wochen all unsere Heimatlosigkeit und Armut völlig zum Bewußtsein gekommen. Und erst jetzt haben sich die Abgründe aufgetan zwischen uns und der Welt, in die wir einstens wieder einzugehen dachten, nicht im Wesentlichen verändert und nicht im Kerne berührt.

War es nicht gerade dieser Kern, das geheimnisvolle lebendige Ich, das wir zu finden hofften? In der Zeitspanne zwischen dem kürzesten und dem längsten Tag ist das Ich genugsam zu Worte gekommen. Wir wollten es kennenlernen und wir haben es kennengelernt, arm, entblößt seiner Erziehung, ermangelnd der sittlichen Festigkeit, erschütterbar selbst in der Liebe. Unser Angsttraum von der traurigen Heimkehr hat sich hundertfach bestätigt, und unsere bangen Erwartungen haben sich alle erfüllt.

Ja, gleichen wir nicht wirklich dem Kapitän eines Schiffes, der sein Tagebuch schreibt, seine getreuen Aufzeichnungen über Kurs und Wetter und den Zustand von Schiff und Mannschaft, und da er Not leidet, wird seine Handschrift immer unsicherer, und da er noch Hoffnung hat, strömen seine Worte über von lebensgierigem Schmerz. Aber was das Wesentliche ist: er legt die Feder nicht hin, er macht das Buch nicht für immer zu. Solange das Schiff nicht untergegangen ist, wird er immer weiter Zeugnis ablegen. Seine Erfahrungen bilden nur einen winzigen Teil der Geschichte aller auf den Weltmeeren fahrenden Schiffe, gerade wie die Erfahrungen des in der Wüste verirrten Forschers nur einen winzigen Beitrag darstellen zu der unendlich mannigfachen, unendlich verwirrenden Geschichte der Welt. Heute fehlt dieses, morgen wird jenes mangeln, heute segeln wir in lauter Schwärze, morgen geht es geradewegs in den Tod, schreibt der Kapitän, oder wenn er ein nüchterner Mann ist, drückt er es anders aus und spricht von dem Versagen der Motoren, von dem letzten Schluck Branntwein, dem letzten Stück Brot. Aber auch dann vielleicht verzeichnet er noch das blendende St. Elmsfeuer über den Masten eines gestrandeten Schiffes oder die Krone rosenroten Lichtes auf den öden Felsen am Strand.

Daß wir nicht aufhören auszusagen und daß wir auch im Untergang noch zu loben vermögen, ist das nicht bedeutsamer als alle Schrecken, alle traurigen Veränderungen, die auf diesen Blättern aufgezeichnet stehen? Manchmal kommt es mir vor, als läge in der Tatsache des Weiterbestehens ein Wunder, das uns viel mächtiger als aller Untergang zu erregen vermag. Dieses Weiterbestehen ist unser Glaube, um seinetwillen geben wir es nicht auf, zu sinnen und zu trachten, um seinetwillen entzückt uns eine Schönheit, die doch fast nicht mehr unserer Welt angehört, sondern einem neuen kommenden Tag. Um seinetwillen liegt hinter jeder dunklen Mauer ein lichter Garten und ein strahlender Festsaal hinter jedem finsteren Tor. Und unaufhörlich gespeist wird dieser Glaube durch den Anblick der ewig sich wandelnden Natur.

Denn ist nicht wieder Juni geworden, dieser Monat des starken brausenden Windes, des frischen mächtigen Sonnenglanzes, der Monat von Heu und Rosen? Wie sich jetzt an den Küsten der Strandhafer duckt, wie die Wellen springen, wie der weiße Dünensand fliegt! Wie in den Waldgebirgen die Eichenkronen aufgewühlt werden, wie auf den Koppeln die Pferde von einer plötzlichen Tollheit erfaßt, losstürmen, wie die kalkweißen Windmühlen auf den südlichen Inseln klappern im Sturm. Bald wird die Sommerhitze einfallen, die Hundstagsschwüle, bald wird die furchtbare Anstrengung des Früchtetragens jedes Wesen gefangen nehmen. Aber heute ist noch Jugend, noch Hoffnung und Neugierde in der Welt. Lernen wir doch von allen Wesen diese junge Neubegierde, diesen kindlichen Mut. Wittern wir hinaus in die strahlende Sonne mit fliegendem Atem wie die Pferde auf der Koppel, bereit hinzustürmen, ohne Sinn und Verstand, aber mit der alten lebendigen Lust.

Denn haben wir nicht Grund genug, neugierig zu sein? Es ist doch nicht lange her, daß wir mitten in der Zeit des Grauens und der tödlichen Eintönigkeit einmal etwas von draußen hörten, einen starken eigentümlichen Weckruf, eine mächtige neue Musik. Trieb es uns nicht damals die Tränen in die Augen, diese eigenwillige Stimme, die so voll und ungebrochen zu uns hertönte – war sie nicht wie der Sendbote einer anderen Welt? Daß nun nichts weiter herüberdringen will, daß vielleicht jene heiß beneidete Freiheit nicht, wie wir glaubten, fruchttragend war, verdrießt uns sehr. Aber wir sollten doch auch hier die vornehmsten Ansprüche an uns selber machen. Wir sollten erlauschen, was in uns selber emporsteigt und welche verwandelte Gestalt die schauerlichen Geräusche und Bilder des Krieges annehmen werden. Wir sollten darauf achtgeben, welche Eigenschaften sich in uns neu herausbilden und in welcher Form der Geist und die Liebe wieder erblühen.

Denn ist nicht jeder dieser jungen strahlenden Sommertage eine jubelnde Verkündigung von der Bewahrung und Verwandlung der Kraft? Schon hat sich die Ähre ausgebildet, lang, fest, mit starren klebrigen Granen, schon sind die Halme auf Manneshöhe emporgeschossen und beugen sich tief im Wind. Was in der Erde vorgebildet war, ist in den Äther hinaufgewachsen, und schwerelos taumeln die Schmetterlinge, diese abgelösten Blüten, von Kelch zu Kelch. Während die Tage wieder kürzer werden, verwandelt sich die Helligkeit und wird Kraft und Feuer der Wildnis, bittere Würze der Kräuter und Süße der Beere am Hag.

Wenn wir aber nach *unserer* neuen Gestalt fragen, sinnen wir lange und wissen es nicht. Wir sehen, daß wir vom Schicksal zurechtgehämmert und in eine neue Form gebracht sind und gleichsam zugerichtet für einen neuen Beginn. Denn Besitzende sind wir nicht mehr und Bürger nicht mehr und aus mancher Verhaftung gelöst. Aber in diesem Nichtshaben und Nichtswissen gleichen wir den Auswanderern, die ich an der Kaimauer eines südlichen Hafens liegen sah, auf ihre Bündel gestützt und ein Schiff erwartend, von dem sie nicht wußten, wohin es fahren sollte und welchen Namen es trug.

Ja, wir fragen beständig, zu welchem Ende sich all dieses vollzieht. Zu welchem Ende sind die schönen Künste des Überflusses zum Schweigen gekommen und die prächtigen Gebäude des Geistes gestürzt. Zu welchem Ende sind die Dinge aus unsern Händen geglitten, die Wände unserer Häuser geborsten und die Lilienbeete unserer Gärten vom Eisen zermalmt.

Es ist doch verständlich, daß wir ungeduldig werden, wenn wir um uns die alten Fahnen der Macht aufs neue aufgepflanzt sehen. Wir erinnern uns zu gut daran, daß wir mit dem Schrei nach Macht auf den Lippen in das Verderben aufgebrochen sind. Machtwille beseelte die Hände der Erfinder, wohnte hinter den Stirnen der Denker und schlug in den Herzen der Liebenden, die für eine kurze Zeit ineinander versanken, um sich dann auf sich selbst zu besinnen und einander zu quälen bis aufs Blut.

Wenn wir uns an unsere verschütteten Straßen und Plätze erinnern, an unsere Theater, Kaufhäuser und Prachtvillen, an die schnellen Schnellzüge und glatten Autobahnen, an unsere Laboratorien, Vortragssäle und Lehrstätten und wenn wir uns vorstellen, daß all dieses wie mit einem Zauberschlag wieder lebendig würde, so ständen wir doch wie Fremde in einer erstaunlichen Welt. Denn es wäre uns fast unmöglich, sie als etwas Festes und Zuständliches zu sehen. Sie begänne sogleich verwirrend um uns zu kreisen, mit jedem Augenblick verstärkten sich die Geräusche, führten die Lichtreklamen trunkenere Tänze auf. Häuser wachsen in den Himmel, Menschen schreien, hasten und hetzen, bis am Ende alles wieder übergeht in das Trommelfeuer tödlicher Waffen, bis in der apokalyptischen Wut der Vernichtung alles aufs neue versinkt.

Die Ursache unserer Fremdheit liegt in der Erfahrung der Macht. Sie liegt in der Überzeugung, daß alles, was auf die alte Weise begonnen wird, wieder zu demselben schauerlichen Ende führen muß.

Man wird mir entgegenhalten, daß es dem Ohnmächtigen nicht ansteht, die Macht zu verdammen, und daß der Arme sich lächerlich macht, wenn er den Reichtum des Besitzenden verschmäht.

Aber gerade der Ohnmächtige ist in Gefahr, zu überschätzen, was er verloren hat. Die Wiedergewinnung des Alten ist ein so bequemes Ziel, eine Bemühung, in der sich alle Kräfte vereinigen und alle auseinanderstrebenden Energien sich zusammenschließen können.

Und dabei wäre es doch an der Zeit, etwas anderes zu erstreben als den alten Kampf um die Macht, der sich unter der erhabenen Ägide der Wissenschaften und in dem reichen Kleide bürgerlicher Kultur so lange schweigend vollzieht, um dann plötzlich seine ganze Brutalität an den Tag zu kehren. Es wäre an der Zeit, die Bahnen zu verlassen, die der unvergängliche deutsche Idealismus seit vielen Jahrzehnten eingeschlagen hat und die für ein der Harmonie und Heiterkeit entbehrendes Volk so gefährliche waren.

Was an die Stelle der vergangenen Bestrebung treten soll, wissen wir noch nicht. Wir sind mit einer Blindheit geschlagen, die nur das Ende, aber nicht den neuen Anfang wahrzunehmen vermag. Aber die Blinden hören doch gut. Sie hören den Regen rinnen und hören, wie in der Tiefe der Wälder die Bäche noch frühlingskräftig zu Tal stürzen, und es bemächtigt sich ihrer eine Erregung, die in den ihnen verhüllten Vorgängen der Natur das Wesen allen Seins und Werdens erkennt.

Unsere neue Einfalt kommt uns schwer genug an. Aber nun ist sie da, ein Gefäß, aus dem noch niemand getrunken hat und in das wir einen neuen Wein gießen können, der jung und stark und noch nicht gekeltert ist. Und niemand soll kommen und sagen, daß dieser Wein nur der Wermut der Entsagung oder der Essig der Armut sei. Denn wie die Kräfte der Natur können auch der Geist und die Liebe nicht vergehen. Ganz ohne unser Zutun werden sie ihre Flügel rühren und wieder am Werke sein.

Ernst Wiechert
Über Kunst und Künstler

Ich habe den Auftrag, zu Ihnen zu sprechen, mit schwerem Herzen übernommen. Es ist das schwere Herz, das ich vor jeder Arbeit habe und das der Zweifel erfüllt, ob sie gelingen wird. Und ich habe sieben Jahre in völliger Einsamkeit gelebt, nur die Gestalten der Dichtung haben sie geteilt.

So wußte ich nicht, ob es für Ihre Sache recht sein würde, wenn ich zu Ihnen spräche. Aber in der Nacht, nachdem ich den Auftrag bekommen hatte, träumte mir etwas Merkwürdiges.

Für mich ist die Welt der Träume eine sehr bedeutsame Welt, die der Träume, nicht etwa die ihrer Deutungen. Ich habe im Kriege ein großes Buch über meine Träume eines Jahres geschrieben, nur für mich, denn ich fürchte mich vor den Psychoanalytikern. Aber ich selbst habe eines aus ihm entnommen: die Erkenntnis, daß es keine tiefere und gesetzmäßigere Welt gibt als die des Unterbewußten und des Unbewußten.

Und nun träumte mir dieses: Ich saß vor einem weißen Blatt und hatte es zu beschreiben. Aber ich wußte nicht, was ich schreiben sollte, und Angst erfüllte mich. Auf dem kleinen Tisch, auf dem mein Tintenfaß stand, lag eine Muschel, eine große Meermuschel in herrlichen Farben. Ich wußte nicht, wie sie dorthin gekommen war, aber es war selbstverständlich, daß sie dort lag. Und nun, als ich mich verbeugte, um den Federhalter mit einer fast zwecklosen Bewegung einzutauchen, vernahm ich plötzlich den Gesang der Muschel, ein vielstimmiges, wunderbares Brausen, und es war, als ob das Meer, der Wind und viele, viele Menschenstimmen aus einer weiten Ferne nach mir riefen. Wenn ich mich zurücklehnte, verstummte das Ganze, aber wenn ich mich wieder vorbeugte, brauste die Muschel mir entgegen, und ich wußte, daß die Stimmen nach mir verlangten. Ich verstand ihre Worte nicht, aber ich wußte, daß sie an mich gerichtet waren. Und dann erwachte ich.

An diesem Traum war nichts Besonderes, das heißt nichts Unerklärliches. Ich hatte einen Auftrag bekommen, und die weißen Blätter warteten auf mich. Am Abend hatte ich eine Nummer der Zeitschrift ›The New Yorker‹ in der Hand gehalten, und auf dem Titelblatt war ein Mädchen am Meeresufer abgebildet, und es hielt einem kleinen Hund eine große Muschel ans Ohr. Aber der Traum hatte das Zufällige eingeordnet in mein Leben, hatte es zu einem Symbol gemacht und mit diesem Symbol nach mir gerufen. Und ich wußte, daß ich zu gehorchen hatte.

Und deshalb habe ich dieses geschrieben, so, als spräche ich zu einer großen Versammlung.

Was Sie, die hier versammelt sind, besprechen wollen, ist die Gegenwart und die Zukunft der deutschen Kultur. Aber hinter diesem Titel steht die größere Aufgabe, die Sie sich gestellt haben, die größte, die wir alle uns stellen können: die Rettung des deutschen Wesens.

Was das deutsche Wesen einmal war, brauche ich nicht auseinanderzusetzen. Es hat seinen unsterblichen Niederschlag durch lange Jahrhunderte gefunden, in der Musik, der Dichtung, der bildenden Kunst, der Philosophie, der Wissenschaft. Es hat die Augen derer geformt, die durch Geschlechter auf diese Dinge geblickt haben, und durch ihre Augen hat es ihre Herzen geformt. Es hat an der Güte, der Weisheit, der Duldung, der Humanitas und über allem und mit allen an der Liebe geformt. Es hat uns mitwohnen lassen in dem großen Haus der Menschlichkeit, das die Völker der Erde aufgerichtet haben, und unter diesen Völkern waren wir nicht das geringste.

Wir sind es nicht geworden durch die Hilfe des Staates. Wir sind es nicht als Untertanen geworden. Keine Staatsführung der letzten hundert Jahre, und wahrscheinlich noch weiter zurück, hat uns zur Humanitas geführt trotz Schulen und Universitäten. Wir sind ohne und in den meisten Fällen gegen die Staatsführung geworden, was wir geworden sind. Der Staat strebte nach Macht und Größe, Sicherheit und Reichtum. Es gab keine Staatsführung, der die sogenannten Kulturträger nicht verdächtig gewesen wären. Im Kaiserreich bekamen nicht Gerhart Hauptmann oder Ibsen Orden und Ehrenzeichen, sondern Joseph Lauff und Wildenbruch. Vom Dritten Reich ganz zu schweigen.

Aber auch ohne den Staat und gegen den Staat haben wir bewahrt, was uns als das Wesen eines Volkes erschien, als seine dichteste und kostbarste Essenz – die Kultur. Wir haben sie gegen die Eroberungskriege der preußischen Könige und der deutschen Kaiser bewahrt, gegen Absolutismus und Kapitalismus, gegen Gründerzeit, Militarismus, Feudalismus und Despotismus. Wer sehenden Auges war, hatte schon vor Spengler oder mit ihm erkannt, daß wir auf einem sinkenden Schiffe kämpften. Daß, was aus den Treibhäusern des Abendlandes in betäubenden Blüten aufschoß, nicht Kultur war, sondern Zivilisation. Daß die Maschine uns in ihr stählernes Triebrad riß, die Technik, die Wirtschaft. Daß wir an die Höhle des Erdgeistes klopften, ohne es zu ahnen, welch ein furchtbares Gesicht uns anblicken würde.

Wir wußten das, aber wir ließen nicht ab. Es war unsre Aufgabe, und wir nahmen sie auf uns, wie andere den Helm nehmen oder ein Kabel oder ein Mikroskop.

Aber eines wußten wir nicht: daß tief im Urgrund unseres Volkes, tief unter Christenheit, Schönheit, Weisheit und Humanitas der Dschungel lag, der unberührte und seit der Steinzeit unveränderte, und daß in diesem Dschungel die Bestie lag, halb wachend, halb träumend, ungezähmt, ungebändigt, unberührt von zehntausend Jahren der Mühe, der Hingabe, der Liebe. Wir wußten viel von der Menschlichkeit, aber wenig vom Menschen. Wir lasen Nietzsche und Strindberg, und wer vom Geschlecht Parzifals war, schwärmte von ihnen. Aber wir wußten nicht, daß lange bevor die erste Atombombe auf eine japanische Stadt fiel, die Atomzertrümmerung begonnen hatte, und daß in den Werken des armen Wahnsinnigen die latente Gewalt schon ausgebreitet lag, die vierzig Jahre später von ein paar Millionen von Verbrechern zu einem Staatsethos geformt und von der Wissenschaft in ein stählernes Gefäß gepreßt wurde. Der Erdgeist war entfesselt worden, und das entsetzte Menschengesicht starrte wortlos in seine glühenden Augen.

Ich brauche keinem von Ihnen die Geschichte der letzten zwölf Jahre zu erzählen. Ich sehe sie in den Gesichtern der meisten von Ihnen eingeschrieben, tiefer, dauernder und wahrer, als jede Geschichtsschreibung es zu tun vermöchte. Was wir zu fragen haben, ist nicht mehr oder noch nicht so sehr die Frage, wie es habe geschehen können, sondern die Frage: Was ist, und was sollen wir tun?

Ich sage noch einmal, daß wir uns nicht für berechtigt oder aufgerufen halten, darüber zu rechten, ob alles geschieht, daß die Hungernden Brot, die Frierenden Kleidung und Dach, die Arbeitslosen Arbeit bekommen. Aber dazu fühlen wir uns berechtigt und aufgerufen, darüber zu rechten, ob alles geschieht, daß die Weglosen der Seele einen Weg bekommen, die im Dunkel der Verzweiflung und Trostlosigkeit Dämmernden ein Licht, die Leidenden einen Balsam und die Rechtlosen einen

Schimmer der großen Gerechtigkeit. Dazu fühlen wir uns berechtigt und aufgerufen, unsere Stimme abzugeben, ob in einem ausgebrannten und zusammengestürzten Haus nur nach Hausrat, Brot und Geld gesucht werden soll, oder nach den Resten dessen, was wir das deutsche Wesen nannten, und was mit diesen Resten geschehen soll. Wer sie bewahren soll, wie er sie bewahren soll, und wie aus den Resten wieder ein kleines Ganzes zusammengesetzt werden soll.

Es gibt manche, und es gibt sie wohl auch unter uns, die meinen, es sei mit der Reinigung alles geschehen. Sie sind wie überfleißige Hausfrauen, die zuerst fegen, um zu säubern, und dann weiter fegen, auch wenn der Staub beseitigt ist. Sie befinden sich in dem verhängnisvollen Irrtum, anzunehmen, daß das Bild unseres Volkes, wie es sich heute in seinen größten Teilen darstellt, das Bild der Würdelosigkeit, des Neides, des Hasses, der Gier nach dem Besitz des Nächsten, der Denunziation, der Rachsucht, der völligen Erbarmungslosigkeit, daß dieses Bild, sage ich, eine Frucht der letzten zwölf Jahre und die alleinige Schuld der Nationalsozialisten sei. Die dieses meinen, haben den drohenden und gespenstischen Gang der letzten hundert Jahre nicht gehört. Sie haben übersehen, daß die zwölf Jahre nur den letzten Stoß an die Wände des Gefäßes bedeutet haben, das mit Kristallen der Entartung gefüllt war, und der Stoß ließ die Kristalle aneinanderschießen, so daß das Unsichtbare plötzlich sichtbar wurde.

Und es gibt manche, die meinen, daß mit der Rettung des deutschen Wesens dort zu beginnen sei, wo sein letzter Glanz noch einmal aufleuchtete, ehe das Dunkel es begrub. Theaterleiter, die der Meinung sind, man brauche nur mit Grillparzers ›Medea‹ das Haus zu eröffnen, und alles sei wieder in Ordnung. Oder Opernhausintendanten, die ›Figaros Hochzeit‹ und ›Wiener Blut‹ auf ihren Spielplan setzen, und die hungrigen Seelen seien vor dem Verhungern bewahrt. Oder Generalmusikdirektoren, die Mendelssohn spielen und sein Violinkonzert nur jüdischen Geigern anvertrauen, und damit sei der großen Gerechtigkeit Genüge geschehen.

Aber auch diese haben vergessen, daß wir nicht durch eine schwere Krankheit gegangen sind, nach der der Kranke in ein Sanatorium gebracht wird, sondern daß der Tod uns geschlagen hat. Daß wir begraben waren und auferweckt werden müssen, wie Lazarus aus seinen Grabtüchern. Daß der Totentanz uns näher steht als Figaros Hochzeit, und daß wir bei dem Titel

›Wiener Blut‹ an Blut denken und nicht an Strauß-Melodien. Sie haben vergessen, daß in diesen dunklen Jahren eine Welt und vielleicht ein Erdteil zusammengebrochen und daß unsere Aufgabe nicht reparieren, sondern neubauen ist. Und manche sind der Meinung, daß es genüge, ein oder zwei Ministerien einzurichten, ein Kultusministerium etwa und eins für »Entnazifizierung«, und daß wir nur wie Kinder die Leute aus diesen Ministerien an die Hand zu nehmen brauchten, gehorsam, artig und stumm, und uns von ihnen dahin führen zu lassen, wo ihre überlegene Klugheit den geeigneten Platz für uns sehe. Sie haben vergessen, daß unter den Trümmern unseres Hauses auch der Untertan begraben liegt, zusammen mit dem Korporal, der ihn führte, und daß das deutsche Wesen, um das wir kämpfen, nicht von Ministerien geschaffen worden ist.

Und schließlich sind wohl manche der Meinung, es lohne gar nicht, nach den Resten dieses Wesens zu suchen, sondern Vernichtung sei das einzige, was uns den Weg freimachen könnte, Zerstörung und Zertrümmerung, und dahinter werde das neue Ziel schon erscheinen. Sie vergessen, daß Sprachen, Religionen und Kulturen nicht gegründet werden können, sondern daß sie langsam wachsende Bäume sind, unendlich langsam wachsend, Ring auf Ring, bis nach Jahrhunderten der Schatten sich zu breiten beginnt, unter dem unsere Enkel gedenken können.

Nun bin ich, was die Reinigung betrifft, allerdings der Meinung, daß eine harte Hand dazu gehört, eine Hand von unbestechlicher Härte und unbestechlicher Gerechtigkeit. Ich bin nicht der Meinung, daß sie alle zu treffen habe, die zwar eine Parteinummer getragen haben, aber die sie nur trugen, wie geschmückte Kleinbürger ihre Orden tragen. Aber ich bin der Meinung, daß sie alle diejenigen erbarmungslos zu treffen habe, die unter dieser Parteinummer ein Parteiherz trugen und an die Stelle der deutschen Kultur ihre eigene oder befohlene Halbkultur zu setzen versuchten. Und es ist gleich, ob es Volksschullehrer oder Universitätsprofessoren, Zeitungs- oder Filmleute, Schauspieler oder Bildhauer, Ministerialräte oder Analphabeten waren. Kein Verständiger wird leugnen, daß die Amerikaner ihr Bestes tun, um unser Haus zu säubern, aber niemand wird auch leugnen, daß es nicht angeht, wenn die größen-künstlichen Künstler des Dritten Reiches wie Thorak oder Breeker, die das Ethos des Dritten Reiches in Marmor und Beton verewigten, nach ein paar Wochen Haft entlassen werden, um die Büsten amerikanischer Generale anzufertigen. Niemand wird leugnen, daß es nicht angeht, wenn im Theaterleben, im Film, in der Musik die verkleideten oder unverkleideten Unsterblichen wieder ihre Lichter anzünden. Wenn in den höchsten Beamtenstellen Leute mit nachsichtigem Lächeln erklären, daß sie zwar die Volksschullehrer entlassen müßten, die die Amerikaner ihnen nannten, aber daß sie nach Jahresfrist alle wieder holen würden, weil das, was sie im Dienste des Dritten Reiches getan hätten, doch nur »Dummheiten« gewesen seien.

Ich bin immer der Meinung gewesen, daß die Mission, die das amerikanische Volk mit der Niederkämpfung der Barbarei und mit der Besetzung deutscher Gebiete auf sich genommen hat, die schwerste und größte Aufgabe seiner Geschichte darstellt. Die Aufgabe, nicht nur über einer Schädelstätte das Kreuz der Freiheit und der Wahrheit aufzurichten, sondern hoch über diesen Kreuzen den gestürzten Thron wieder zu errichten, zu dessen Stufen Millionen von Menschen bis zu den Kindern mit gewissen Herzen kommen dürfen: den Thron der Gerechtigkeit. Von allen Thronen, die gestürzt wurden, war er der kostbarste Thron, und keiner ist tiefer gestürzt worden als er. Es ist kein Zufall, daß die Gedanken und Sorgen der größten Amerikaner, deren Werke ich kenne, um nichts so unermüdlich gekreist haben wie um ihn. Die Gedanken Lincolns und Jeffersons. Es gibt keinen Staat ohne die Fundamente der Gerechtigkeit, und es gibt auch keine Kultur ohne sie. Und es würde nicht gut sein, wenn wir uns nachsagen lassen müßten, daß wir Häuser und Städte, Fabriken und Kirchen wieder aufgebaut hätten, aber daß wir die Gerechtigkeit in diesen Jahren so verloren hätten, daß sie nicht mehr wiederzufinden gewesen sei.

Der Kampf und das Leid um diese Gerechtigkeit aber ist in niemandes Antlitz so eingegraben worden wie in die Ihrigen. Und ich frage mich: welches Gesetz erlaubt oder befiehlt den nicht Gezeichneten, die Waage aus Ihren Händen zu nehmen, um sie in den eigenen zu halten? Sollten unter Ihnen nicht Menschen genug sein, die von jenseits des Totenflusses ohne Haß zurückgekehrt sind, und das Leid hat sie nicht verbittert oder verhärtet, sondern geläutert und gesegnet? Wem von Ihnen ist damit gedient, daß man Ihnen Ehrenpforten baut und eine Konzertkarte schenkt, Kleidung und Wohnung, Brot und Schuhe? Um dieses alles sind Sie nicht den Kalvarienberg hinaufgestiegen, sondern um der Gerechtigkeit willen, und was unseren Händen mehr als alles fehlt, ist, die Waage der Gerechtigkeit zu halten. Nicht alle von uns, das wissen Sie so gut wie ich. Nicht diejenigen, die das Verlorene wieder haben wollen, und meistens mehr als das Verlorene, sondern die Gesegneten, die in der Mühle des Todes das Vergängliche von sich legten und das Unvergängliche erkannt haben. Nach den Worten des Meisters Eckart, daß das schnellste Tier, das uns zum Heile trage, das Leid sei.

Und so glaube ich, daß es dieses ist, was wir zu verlangen haben: daß die Sorge um die Kultur allen denen zu übertragen ist, die den größten Teil von ihr schaffen, und nicht denen, die sie betrachten und genießen. Daß der Erzeuger ein größeres Recht auf ihre Bewahrung hat als der Verbraucher. Daß ein Kultusminister in einem Kulturstaat ein notwendiges Amt hat, aber daß die Zeiten hinter uns liegen, in denen Kultur und ihre Wege befohlen wurden, so wie Steuerzahlungen und Militärdienstpflicht befohlen wurden. Daß neben dem Ministerium für Kunst, Wissenschaft und Religion die Besten derer mit ihrem Rat zu stehen haben, die an diesen Gütern schöpferisch und ausübend beteiligt sind. Daß der Begriff des Staates an den Gütern eine Grenze findet, die nicht Güter des Staates, sondern der Nation sind und darüber hinaus Güter der Menschheit. Daß bei dem Richtfest des Neubaus der Kultur nicht der Bauherr seinen Arbeitern ein Essen gibt und sie nachher in ihre Barakken entläßt, indes er selbst von dem Bau Besitz ergreift. Daß die Neuordnung der Welt und vielleicht ihr wesentlichster Teil zwar alle Teile des Lebens ergreift, nur nicht die Kultur. Daß wir nicht um das Letzte, das wir gerettet haben, betrogen werden, wie wir um das Erste betrogen worden sind.

Aber wenn wir dieses gewonnen haben, so dürfen wir nicht vergessen, daß wir damit nichts als den Rahmen gewonnen haben und daß das Größte noch vor uns steht: wie wir nämlich diesen Rahmen mit dem Bild zu erfüllen haben, nach dem er verlangt. Das heißt, ob es in unsere Hand gegeben ist, die Kultur des kommenden Geschlechts zu formen, und wie weit es uns gegeben ist. Wir vermögen den Angang dieses und jenes Weges bereits zu erkennen. Wir sehen diejenigen, die die zerschnittenen Fäden dort wieder anzuknüpfen suchen, wo die Schere des Schicksals sie vor zehn oder gar dreißig Jahren trennte. Wir sehen diejenigen, die das Gewesene, alles Gewesene auszulöschen trachten, um auf dem unberührten Grunde eine neue Kultur aufzubauen. Wir sehen diejenigen, deren Hand nur vom Haß geführt wird und die der Meinung sind, Kunst sei gleich einem erbarmungslosen Richter, der Auge um

Auge, Zahn um Zahn und Blut um Blut zu richten habe. Und wir sehen diejenigen, die der Meinung sind, daß die Kunst sich nun endlich von allen Bindungen des Herkommens, der Sittlichkeit, der Erziehung zu lösen habe, um nur ihr selbst zu leben, die *l'art pour l'art*-Leute, die Geistreichen, die unbeschwerten Spieler, die ihre Bühne errichten, gleichviel ob vor der Bühne ein Volk in Hunger und Elend verdirbt.

Man sage nicht, daß es gleich ist, welche Saat in einen aufgerissenen Acker geworfen werde. Man sage nicht, daß es den Künstler nicht angehe, zu welchen Bildern das kommende Geschlecht seine trostlosen Augen aufheben werde. Die verzerrten Bilder der letzten zwölf Jahre stehen als eine düstere Mahnung vor unseren Augen, und die Erkenntnis, daß die Augen eines ganzen Volkes von ihnen entstellt und verdorben wurden. An der Katastrophe eines Volkes haben die Künstler durch Schweigen oder Tun ihren wohlgemessenen Anteil gehabt. Sie werden auch ihren Anteil an der Auferstehung oder dem Siechtum dieses Volkes haben.

Mag sein, daß der Richterspruch über diese Dinge besser in junge Hände zu legen wäre statt in diejenigen, die wie die meinigen ihr Meistes schon getan haben. Aber wenn ich nun gefragt werde, kann ich doch nicht anders als bekennen, daß nach den langen Jahren des Schweigens, der tödlichen Gefahr und des Leidens die Vermächtnisse derer mich getröstet haben, für die alle Kunst nie etwas anderes war als ein Licht für die im Dunkeln Gehenden, ein Trost für die Trostlosen, und die ihr ganzes Sein und Wesen dafür hingaben, »schwere Stunde sanft zu machen«. Und es kam nicht darauf an, ob ich dieses Vermächtnis in der Bibel fand oder bei Goethe, bei Sokrates oder bei Dickens, bei Albert Schweitzer oder bei Livingstone, bei Schubert, bei Lincoln oder bei Stifter. Ja, ob ich es nur im Walde fand, bei dem Seidelbast, der jeden Frühling wieder blühte, und in der Grasmücke, die ihr Nest wieder baute. Ich fand es nicht bei den Zerstörern oder den großen Spielern, aber ich fand es bei dem vergessenen Wilhelm Raabe und dem bescheidenen Rosegger, und alle hatten das schreckliche Wort gewußt, daß »die Kanaille Herr der Erde ist und bleiben wird«. Aber alle hatten ihr ganzes Leben, alle Mühe und Arbeit dafür eingesetzt, daß es hier und da nicht wahr werde, daß es wenigstens nicht in unseren Herzen wahr zu werden brauche.

Und diese Erkenntnis habe ich hinübergerettet in die zusammenstürzende Zeit: daß kein Mensch unserer Gegenwart und wahrscheinlich einer langen Zukunft berechtigt ist, aus dem Kreis des Leidens herauszutreten, um seine stillen oder lärmenden Spiele zu spielen. Daß es keine Insel geben darf, auf der diejenigen, die wir die Begnadeten nennen (und sie sind doch so weit von der Gnade entfernt), ihre Hütte für sich bauen, auf deren Schwelle sie sitzen, um die goldnen Seifenblasen einer erdichteten Welt hinaufsteigen zu lassen in den Himmel der Schmerzen. Weil selbst die Kinder mit der Zeit dessen müde werden würden, die Hand nach einem süchtigen Glanz zu heben und statt des warmen Brotes nur ein paar kühle und bittere Tropfen in dieser Hand zu behalten. Weil die Leidenden und vor allen Völkern Gezeichneten ein Recht haben, von ihren Begnadeten eine Gnade zu verlangen statt eines müßigen Spiels, ein Licht statt eines Blendwerks, eine helfende Hand statt eines schillernden Wortes. Es steht nirgends geschrieben, daß Künstlerrecht vor Menschenrecht gehe, und noch weniger, daß Künstlerpflicht vor Menschenpflicht gehe. Und wem von der Gnade eine zweite Welt neben der irdischen geschenkt worden ist, hat sich nicht in ihr einzurichten wie in einem unbetretbaren Heiligtum, sondern sie zu Bildern zu formen, bis er die Tore für alle Hungernden und Durstigen zu öffnen bereit ist, damit sein Werk wie ein irdisches Sakrament allen Bedürftigen hingegeben werden kann.

Ich weiß wohl, welche Versuchung und vielleicht auch innere Nötigung für die in einem langen Leben Gereiften darin liegt, das verwandelte Bild der Welt, das sie gestalten, ohne Liebe und Haß zu gestalten, ohne Rücksicht auf Güte, auf die sogenannten Ideale, auf jede ethische Beziehung. Daß es vielleicht zuviel von ihnen verlangt ist, sich dessen zu enthalten, was aus der Erfahrung ihres Lebens immer tiefer und schwerer an den Wänden ihres Daseins sich niederschlägt: einer bitteren und ganz und gar hoffnungslosen Skepsis. Und doch muß es von ihnen verlangt werden, ja es muß unerbittlicher von ihnen verlangt werden als von jedem anderen. Denn so wenig wie wir jemanden loben würden, der am Abend eines bitteren Lebens seinen Kindern oder Enkeln Märchen ins ahnungslose Herz senkt, die von dieser Bitterkeit erfüllt sind, so wenig wird ein zerstörtes Volk einmal die Hand seiner Künstler loben, wenn es einen kalten, funkelnden Stein aus ihr empfängt, selbst wenn es ein Edelstein wäre.

»Fahren Sie fort, zu singen und zu leiden,« sagte Sainte-Beuve, »es ist der edelste Zustand einer sterblichen Seele. Leiden, ohne zu singen, ist gar zu traurig. Singen, ohne zu leiden, das ist Sache der Kehle. Aber weder singen noch leiden, sondern ohne Heiterkeit glücklich sein, das ist Sache der vielen, denen das Fett der Erde beschieden ist.« Lassen Sie uns niemals zu denen gehören, denen das Fett der Erde beschieden ist. Weder in einem stürzenden noch in einem sich aufrichtenden Volke. Sondern lassen Sie uns immer zu denen gehören, die singen und leiden. Und sollte unserem Gesang nicht beschieden sein, zu den Herzen der Lauschenden als eine Tröstung zu gelangen, so wird es wenigstens unserem Leiden beschieden sein, von den Leidenden als ein Mitleiden aufgenommen zu werden, als ein tröstliches Bewußtsein, daß auch die vom Schicksal Beschenkten oder Beladenen sich des Menschlichen nicht entäußern wollen. Daß für eine Weile auch der Künstler aufgehört hat, nach dem Ruhm zu streben, sondern den Lohn seines Singens und Leidens in dem Lächeln erblickt, mit dem der Getröstete die Augen zu ihm aufhebt als zu der Verheißung einer besseren Welt.

Zu keiner Zeit der Menschheitsgeschichte sind die Verheißungen jenseits der Sterne so fraglich geworden wie heute. Zu keiner Zeit ist solch ein Glanz der wirklichen Seligkeit um die Hände derer gesponnen, die schon auf Erden verheißen können, und wenn auch nur in Bildern und Tönen. Propheten und Dämonen sind in den Abgrund gestürzt, aus dem sie aufgestiegen waren. Aber unverändert ist das Gesicht dessen leuchtend über uns geblieben, woran die Dämonen mit aller Gewalt vergeblich gerüttelt haben: das Gesicht der guten Erde, der Kunst und der Liebe.

Möchten wir alle den Sinn unseres Lebens darin und nur darin erblicken, dieses leuchtende Gesicht aufzurichten und zu bewahren über einer sich immer mehr verfinsternden Erde!

Kurt J. Fischer
US-Zone 1947

> Achtung vor allem Menschlichen ist die Vorbedingung, die von jedem, der die Feder zum Schreiben eintauchen will, verlangt wird ...
>
> *Heinrich Mann*

Glänzend lackierte, leichte Helme, olivfarben, mit den weißen Zeichen der Military Police, den gelb-blau-gelben Farben der Constabulary, knallige Halstücher unter gesunden Gesichtern, pralle Uniformen auf wohlgenährten muskulösen Leibern, schnelle, grell kreischende Sirenen an rasenden Jeeps, lässig pendelnde Holzknüppel. »Drive carefully, death is so permanent« – und eine kaum meßbare Fülle kleiner, großer Kraftwagen, riesiger Lastwagen, formschöner Luxuslimousinen – nächste Nummer, »Schlachtschiff« –, das sind die Zeichen der US-Zone, wie sie dem Zonenfremden zuerst auffallen.

Daraus aber auch formt sich ein Bild, entwickelt sich eine Kennzeichnung, bildet sich der Typ: US-Zone.

Die Constabulary, Zonenpolizei, neben wenigen Truppen die Besatzung mit Panzern und Streifen, Kontrollen und Razzien, ist die Exekutive der Militärregierung. Von General Clay bis Joe M. Harlow, Pittsburgh, Pa., Private im 15. Constabulary-Regiment, B-Troop, irgendwo am Rhein stationiert, wo er mit dem Motorboot Streifen gegen Weinschmuggler und blinde Grenzgänger aus der französischen Zone fährt, herrscht der gleiche Geist: jener der absoluten amerikanischen Souveränität gegenüber den Deutschen. Die vielfachen Schattierungen enden in der gemeinsamen Sympathie für deutsche Mädchen. Sie werden allgemein als die erfreulichsten Erscheinungen gewertet, die den Soldaten »Joe« – wie sie alle heißen – zwischen den Häfen des amerikanischen Ostens bis nach Dinkelsbühl und Passau, nach Bremen und Bebra begegneten. Einer schrieb es einmal: »... die deutschen Mädchen sind fleißig, sehen reizend aus, sind nervös und sorgen sich stets um an- und abwesende Männer.« Die deutschen Männer gelten nicht viel – im zivilen Leben. Sie sind zu politisch, zu »tierisch ernst«, zu beschwert, nicht leicht genug und reden nur über ihre Sorgen. Bis auf ein paar junge, die tanzen wollen und fröhlich sein – ›Ay Barbariba‹. Es gibt eine Brücke: Swing und Jitterbug, Lucky Strike und Chewing Gum, Coca Cola und Candies. Ein gemeinsames Spiel: – Chevrolet, Nash, Ford, Plymouth, Chrysler, Studebaker und den Jeep in vielfachen Variationen möglicher Aufbauten.

Die Mädchen: »girls«, rote Lippen, rote Fingernägel, rote Fußnägel, amerikanische Schuhe, hohe Absätze, ausgeschnittene Kappen, knallige Pullover, rote Mäntel, buntschillernde Kopftücher, PX-Waren, Geschenke aus einem halben Dutzend Hände in zwei Jahren, alle von Joe, Jimmy, Charles und wieder Joe, und George, gesegnet mit Zigaretten und Kaugummi, Chanel 5 und Care-Paketen, wöchentlichen Sondersendungen, mit Heiratshoffnungen und Heiratschancen, große Liebe – Auswanderungssehnsucht: »Open the door – and let me in ...«

Sie singen und kennen die Clubs, leben in Serenade und Stardust, kennen alle Tricks und alle MP-Sergeanten – girls, die alle Englisch sprechen, vom Vorstadtpidgin bis zum perfekten Oxforder Stil, mit der Färbung dennoch heimatlich-deutschen Dialekts. »Girls«, die von ihren deutschen Freunden gehaßt werden und doch, um eine Zigarette angebettelt, wieder wert und willig erscheinen.

Beschlagnahmte Häuser, Clubs in Theatern und Sälen, Stacheldraht an US-Siedlungen, US-Familien mit vielen Kindern, deren Slang und die hochgewickelten Hosen, zusammen mit den überhängenden Hemden, die Sitten aus Dakota unbekümmert nach Schwaben, Franken, Bayern, Hessen und an den Rhein, nach Berlin und Bremen bringen. PX – POST EXCHANGE – APO-Ämter – viele Schilder, HEADQUARTERS und MP-Stationen – so zeichnet sich weiter das äußere Bild.

Der amerikanische Kongreß bewilligte 550 Millionen Dollar für die US-Zone. Zudem werden 100 Millionen Dollar für die Förderung des Exportes bereitgestellt, aus dem deutschen Export sind monatlich fünfzehn bis zwanzig Millionen Dollar als Erlös zu werten.

Vorgesehen sind 300000 Tonnen Getreidezufuhr monatlich.

Unsichtbar bleiben die Wirkungen der Militärregierung. Der Bürgermeister Johann Meier III jedoch brummt stets, wenn er eine unangenehme Maßnahme durchführen muß: »Anordnung der Militärregierung –« Wenn die Straßenbahn abends nicht mehr fahren will ... »Militärregierung –« Wenn ein Kino eine Vorstellung ausfallen läßt ... »Militärregierung –«

Wenn irgend etwas nicht funktioniert – dann soll es die Militärregierung sein. Entnazifizierung – Verkehrslage – fehlende Kartoffeln – Schlangen vor Bäckerläden ... »die Militärregierung«.

Schließlich, wenn die Aufrufe in den Lebensmittel-Perioden nicht ausreichend erscheinen ... »die wollen uns verhungern lassen«.

So reicht von der Constabulary bis zur Militärregierung ein Bogen, unter dem die US-Zone lebt, oft spürbar, oft nicht zu erkennen – Landschaften, weithin gestreckt, sehen Wochen hindurch keinen Amerikaner. In den zerstörten Städten sind sie wenig. In den unzerstörten leben sie zu Hauf, von Heidelberg bis Garmisch, von Bamberg bis Durlach.

So zeigt sich strichartig, nicht kompakt, die US-Zone, jenem »blicklosen« Blick gleichend, den die WACs zeigen – die weiblichen Armeehelfer –, die durch die Deutschen hindurch schauen, sie nicht mögen, weil sie alle zu selbstbewußt, zu anmaßend in ihrem hungernden Unglück durch die Straßen ziehen, mit gierigen Augen nach Zigaretten suchen, eine Kippe schamlos und ohne Haltung aufklauben, sie süchtig an die Lippen nehmen, als sei sie wertvoller denn Fett.

Nicht einmal der Nichtraucher blieb sitzen, als eine Amerikanerin in Zivil in München in einer übervollen Straßenbahn, in der die Frauen standen und müde Männer mit geschlossenen Augen saßen, für jeden freien Platz eine Zigarette bot. Alle griffen nach den Pall Mall, und die stehenden Frauen saßen sofort.

Schillernd ist das Bild in der US-Zone. »Ihr bekommt wenigstens das alles, was auf eure Marken gegeben werden kann – die Amerikaner transportieren wenigstens nichts ab – die Züge fahren besser – die Industrie arbeitet besser – ihr bekommt Wolle aus den USA – ihr habt besseres Brot – ihr habt überhaupt alles besser – ihr habt ja Bayern ...«

Im ersten Halbjahr 1947 wurden in Bayern von amtlichen Stellen folgende Lebensmittelmengen verschoben und veruntreut, oder sie gingen durch amtliche Mißwirtschaft verloren: 650000 kg Fleisch, 186000 kg Nährmittel, 875000 kg Hülsenfrüchte, 242000 kg Zucker, 132000 kg Fett, 232000 kg Butter, 500000 kg Kartoffeln, 7500 kg Bohnenkaffee, 4000 kg Tee, 9000 Päckchen Süßstoff, etwa eine Million Eier. Durch schnelles Eingreifen und Sicherstellung blieben der Bewirtschaftung erhalten: 375000 kg Zucker, 4300 kg Päckchen Süßstoff,

159000 kg Fleisch, 18000 kg Nährmittel, 118000 kg Hülsenfrüchte, 9700 kg Butter, 165000 kg Fett, 29500 kg Obst und Gemüse, 8500 Dosen Fruchtsäfte, 20000 Kilodosen Obst- und Gemüsekonserven, 333000 Liter Wein und Spirituosen, 10000 Stück Großvieh, 61 Schweine, 600 Stück sonstiges Vieh, eine Million kg Kartoffeln, 39500 Eier.

Die sichergestellten Mengen sind den verwirtschafteten Mengen zuzurechnen.

Nicht erfaßt wurden die durch Tausch und »Fuggerei« auf dem flachen Lande abseits der allgemeinen Bewirtschaftung und Ablieferung umgesetzten Waren.

Der Zug zwischen München und Dortmund, der nachts fährt, gilt als der reichste Hamstererzug Mitteleuropas. Im März 1947 wurde er verschiedentlich kontrolliert. Eine Razzia erbrachte 97 Zentner Mehl, 253 kg Butter, 147 kg Zucker, 296 Zentner Kartoffeln, 84 kg Käse, etwa 40 geschlachtete Hühner, zwölf lebende Hasen und mehr als 15 Zentner Wintergemüse. Dies wurde beschlagnahmt. Blieb in Bayern. Die hungrigen, verzweifelten, fluchenden und weinenden Ruhr-Organisatoren ließen in Bayern an vorher getauschter Ware schätzungsweise zehn Tonnen Nägel und Schrauben, mindestens 75 Sägeblätter, zwei Tonnen Beschläge und eine nicht schätzbare Menge Kohle, die aus Bergarbeiterdeputaten stammte.

Die These, daß es den ländlichen Bayern wohl ergeht, hat einigen Grund. Die Bayern in den Städten jedoch leben nicht anders als die Stuttgarter, Mannheimer oder Frankfurter. Die Bewohner der unzerstörten Städte werden noch weniger gut beliefert, weil nach Auffassung der deutschen Verwaltungsbürokratie in unzerstörten Häusern der Hunger offenbar weniger weh tut als in zerstörten (wobei es den Bewohnern zerstörter Städte nicht bestritten wird, daß sie unerfreulicher leben und daß ihnen gewisse Vorrechte gebühren. Der Hunger aber ist der gleiche – in zerstörten und unzerstörten Städten).

Womit der Satz von der schlaraffenähnlichen Situation Bayerns, und mit ihr der US-Zone, erledigt sein sollte, könnte, müßte – aber niemals sein wird.

»Hallo – Fräulein!« So geht der abendliche Ruf an die Mädchen, die schlendernd darauf warten, in die Clubs mitgenommen zu werden. Sie haben Club-Ausweise, sie sind »gescreent«, zugelassen mit einem blauen Strich auf den Ausweisen, die häufig gesperrt und neu ausgestellt werden. »Hallo – Fräulein!«

Und sie gehen gern, Pidgin redend, »oh tsches –«. Dann essen sie Eis und trinken Gin, tanzen Swing und Jitterbug, träumen vom Auswandern – arbeiten drei Tage jeweils zum Beginn der Lebensmittelperiode, um den Stempel vom Arbeitsamt oder Arbeitgeber zu bekommen – und dann wieder ab zu Joe und Jim.

Die amerikanischen Arbeitsstellen waren stets sehr begehrt. Gutes Essen, gute Bezahlung – eine dolmetschende Sekretärin verdiente gut und gern 350 bis 500 Mark im Monat, bei einer Mahlzeit in einer MESS. Die Diktatur der Dolmetscherinnen ließ die deutschen Besucher amerikanischer Dienststellen verzweifeln – aber langsam wird abgebaut. Es werden immer weniger. General Lucius D. Clay gab bei einer Pressekonferenz bekannt, daß erneut die Zahl der bei amerikanischen Dienststellen Beschäftigten um 25% gesenkt wurde.

Die Bäume wachsen nicht mehr so hoch. Bei den Arbeitsämtern werden gelegentlich auch wieder Sekretärinnen vermittelt. Kraftfahrer und Housekeeper, Koch und Konditor werden nicht mehr so hoch notiert. Die Amerikaner sparen auch an den Besatzungskosten.

»Open the door – and let me out ...«

In den deutschen Wohnungen sitzen Joe und Jim und bringen Candy oder Kaffee, Camel oder Nylonstrümpfe. Das sind die US-Soldaten, die ernsthaft deutsche Mädchen lieben, sie heiraten und mit hinübernehmen wollen. Sie leben in den Familien der Schwiegereltern, oft sehr schweigsam, wenn sie kein Deutsch verstehen. Im Zeichen-Worte-Kauderwelsch verständigen sie sich über Neskaffee und Cakes. Bis sie eines Tages verschwinden und die Briefe aus Los Angeles kommen, denen die Serien-Pakete folgen.

Susanne aber rennt den Leidensweg der Bürokratie. Monate um Monate beschafft sie Papiere, muß nach Stuttgart auf das Konsulat, nach Frankfurt zu den AMERICAN OVERSEAS AIRLINES, um einen Flugplatz zu bekommen. Sie wird geröntgt, durchsucht, befragt, gescreent, sie füllt Dutzende von Formularen aus und wartet auf das EXIT-Permit. Bis es nach Monaten bürokratischer Qual endlich soweit ist und sie dann von Frankfurt über Shannon in Nordirland – wo sie den Flugplatz nicht verlassen darf – in neunzehn Stunden nach New York fliegt.

»Open the door – and let me out ...«

Hallo darling – here you're – welcome – welcome – in two years you will be American ...

»Open the door and let me in ...«

Schrille Sirenen heulen, leuchtende Scheinwerfer, Panzerspähwagen, Lastwagen voll von Constabulary, Rufe, Schreie. Razzia! Auf einem Bahnhof. Schwarzhaarige, langschopfige Halbwüchsige versuchen zu flüchten. Überall aber stehen die Militärpolizisten. Schnelle Griffe finden Zigaretten, falsche Brotmarken, sechsfach verschieden ausgestellte Papiere. Freche Reden, Lästerworte, Flüche, Schimpfen, feiles Grinsen – Routiniers seit zwei Jahren im Lügen, Stehlen, Hehlen, Hochstapeln, Weinen, Jammern, um schließlich lässig mitzugehen, auf die Station.

Endphase – Gefängnis und Schnellgericht: Johann Guttenbach, twenty years old, from Görlitz, sentenced to six months ... Hehlerei, Schwarzhandel, Tragen alliierter Uniformstücke, Besitz von gefälschten Lebensmittelmarken. In der Akte ist eine Notiz des deutschen Polizeibeamten, der die erste Durchsuchung vornahm: »In der Unterhose des G. wurden 42 000 Mark in großen Scheinen gefunden und sichergestellt.«

Eltern tot, verschollen, keine Arbeit, keine Heimat – wahre Lage: nicht arbeiten, keine Heimat finden wollen.

Aus der Wehrmacht und der Kriegsgefangenschaft entlassen, wird gebummelt und gestreunt, herumgelungert und mit den Mädchen, feil und billig, nicht anders als sie selbst, in den Bahnhöfen und Parks, in den Baracken und Pissoirs gelebt, gehandelt, genächtigt, geschoben und spekuliert.

Es sind Zehntausende, die so leben, Treibgut der Zeit, Umhergeschwemmte, die nicht unglücklich dabei sind, die sich von Fall zu Fall einmal auch geschlechtskrank machen, um ein paar Wochen in eine Klinik zu kommen.

Razzia – Junge Mädchen werden gefaßt – Siebzehnjährige mit Syphilis im dritten Stadium. In Frankfurt einmal die Tochter des früheren Gauleiters von Norwegen Terboven, die mit Amerikanern in Stundenhotels ging und sie dort bestahl. Rote Lippen, rote Fingernägel, billige Kleider, ohne Strümpfe, im Winter den schmutzigen Kaninchenmantel um die halbwüchsigen Figuren. So leben sie, unter einem Dutzend falscher Namen, von dunklen Zimmern zu dreckigen Unterkünften ziehend, ausgenützt und gleichgültig, Zehntausende junger Mädchen, durch Krieg und lockende Besatzung aus dem Gleis gebracht.

Endstation – Schnellgericht: Gisela Heimbracht, nineteen years old, from Küstrin, one year und four months – Diebstahl von Script-Dollar, Schwarzhandel mit Zigaretten – vielfach falsche Papiere, bereits mit sieben Monaten wegen Schwarzhandels mit Zigaretten vorbestraft.

»Open the door – and let me in . . .«

Die dunkle Straße am Bahnhof ist gedrängt voller Menschen. Meist junge Männer, ein paar ältere wohl auch, junge Mädchen –

»Willst du Camel – 120 –«

»Geht nicht – zu teuer –«

Zucker für 70, Butter für 240 – Kaffee für 380 bis 400, ungeröstet 320 – Pall Mall 160, Camel 90 (steigt schnell auf 120), Speck 90, Neskaffee große Army-Dose 290, Schokolade 30, Seife 45 . . .

Vom Pfund bis zum Waggon – Benzin-Kanister 290 (steigt auf 340), Autoreifen 2000 (Sechzehner), Ballon 8000, mit Schlauch.

Dosenmilch – zwischen 30 und 50, Eipulver große Dose 160 – Schmalz 400.

»Mensch, hau ab – Polente . . .«

Sirenen, Constabulary – deutsche Polizei, Abriegelung, Geschrei – wie eine Herde werden sie zusammengedrängt. Lastwagen sammeln Hunderte. Im Park, im Graben liegen Camel, Coffee, Butter –

Die Wagen rollen ab, Constabulary säubert nach –

»Open the door and let me in . . .«

Die großen Army-Lastwagen werden von Negern gefahren. Kräftige, unbeschwerte Boys – so lange sie keinen Schnaps trinken. In einer Vorstadt der großen zerstörten Stadt am Rhein sind die Clubs der Neger. Vor ihnen drängen sich die Mädchen. Junge, Halbwüchsige, talmi-elegant, und Frauen im mittleren Alter, gut angezogen, und lassen sich von den Negern betrachten. Wie eine späte Rache ist das für die Sklavenmärkte vor hundert Jahren. Die Neger suchen aus. Nehmen mit in den Club. Die weißen Zähne lachen. Trinken. Gin. Whisky. Auf der Bühne eine Show. Deutsche Artisten singen, tanzen, spielen. Wilder Jubel. Orangen werden geworfen, Zigaretten fliegen auf die Bühne, leere Flaschen, schrilles Pfeifen, Zustimmung, wilde Begeisterung. Die Mädchen trinken mit. Werden mitgerissen. Die Show geht aus. Es wird getanzt. Heiße Luft drängt sich zu Schwaden. Süßlicher Zigarettenschwall hängt über den wild Tanzenden. Gin. Whisky. Die Neger-Band spielt wie rasend. Pausenlos. Swing. Jitterbug. Boogie Woogie. Bis sich die Masse zusammendrängt – eine große Packung Pall Mall, leuchtend im Rot der Übergröße, fliegt einem Mädchen zu, vielleicht achtzehnjährig, das wie bessessen tanzt vor den frenetisch Schreienden.

Sirenen, Constabulary, Streit an der Tür, die Band bricht ab – MP räumt aus. Nimmt die Mädchen mit. Sperrt sie ein.

»Open the door and let me in ...«

Nach ein paar Tagen sind sie wieder frei. Kein Grund, sie zu bestrafen. Aber sie bekommen Ausgangsverbot. Kümmern sich nicht darum. Stehen wieder vor dem Negerclub, und die Szenen wiederholen sich. Bis die Neger verlegt werden. Nach Weilburg. Oder Schongau. Oder Kempten. Oder Mannheim.

Dann fahren die Mädchen nach.

Sinclair Lewis hat in diesem Jahr ein Buch veröffentlicht, einen Roman ›Kingsblood Royal‹, in dem er die Problematik der aus dem Kriege heimgekehrten Neger und eines Negermischlings 5. Grades in Minnesota in USA schildert.

In München wurde im August 1947 das vierzigste Kind geboren, dessen Vater ein Neger war. Der etwas verlegen lächelnden Mutter brachte unter Führung des 1,92 großen Vaters eine Neger-Band ein Ständchen.

In den Straßen Heidelbergs drängen sich die amerikanischen Soldaten zu Tausenden. Wie in Garmisch. Oder in den anderen unzerstörten Städten. Sie photographieren sich und die Stadt. Sie photographieren den Bauern, der seinen Heuwagen mit zwei Kühen neben einer Straßenbahn einherfährt.

Sie haben ihre Clubs, Red Cross, »Snack-Bar and Soda Fontain«, Cadet für die Offiziere. Sie leben in den großen Hotels. Die Gerüche ihrer Küchen schweben aus den Kellern über die Straßen. Sie haben ihre Feiertage und ihre großen Häuser, die Nash und Chrysler. Sie haben ihre ausgezeichnet angezogenen Frauen, ihre niedlichen Kinder, die bereits von klein auf als Ladies und Gentlemen behandelt werden. Die deutsche Nurse erzählt, daß den Kindern nichts verboten wird, daß sie gefragt werden, was sie wollen, was sie mögen, was ihnen nicht behagt, daß sie ungezogen seien und eigenwillig, aber offen und nicht verlogen, aufrichtig und ungebärdig.

Auf den Straßen toben die kleinen Jungen. Wie kleine Tiere, schnell, vorlaut und selbstsicher.

Wie die Alten auch.

Oklahoma und Arkansas, Texas und Virginia in Deutschland.

US-Kolonien in Deutschland. Mit geringer Fraternisation. Es ist nicht mehr so wie in den ersten Monaten, als die Fronttruppen noch in Deutschland waren, junge, unbekümmerte Burschen, die sich einen feuchten Dreck um die offiziellen Anordnungen kümmerten. Heute leben die US-Familien wie ein großer Clan, ohne Verbindung mit den Deutschen. Es mag daran liegen, daß die amerikanischen Frauen viel eindeutiger ablehnend den Deutschen gegenüberstehen, vor allem den deutschen Frauen, als die Männer, die gleichmütiger, williger, freier, meist als Soldaten, eine bejahendere Beziehung zu den Deutschen gewonnen haben. So bleiben Nurses, Housekeeper, Servants und wie die vielfachen Dienstkräfte alle heißen, nahezu der einzige Kontakt von den US-Familien zu den Deutschen. Die vielfach schattierten erotischen Beziehungen werden von diesen amerikanischen Frauen – und den WACs – verdammt. So leben die unverheirateten Soldaten ihr eigenes Leben. Die US-Familien haben den Kolonial-Stil angenommen. So daß allein die Militärregierung und ihre Funktionäre mit den Deutschen wirklich zu tun haben. Aber auch wieder nur mit der deutschen Verwaltung, ihren bürokratischen Repräsentanten, jenen Deutschen, die von der Parteien-Minorität in den Sattel gehoben, heute in dem zerschlagenen, wirtschaftlich gelähmten, dezentralisierten Zonendeutschland »regieren«, und dies im Rahmen der bürokratischen Despotie, die nichts anderes kann, als Anregungen der Amerikaner als »Befehle« entgegenzunehmen und dementsprechend auszuführen. Es sind – mit nicht viel bemerkenswerten Ausnahmen – die müden und alten Vertreter Deutschlands, die in der US-Zone wie anderswo den Ton angeben und den Amerikanern wie eine Bremse erscheinen – und die ihrerseits die Amerikaner als die Bremse an ihrer Arbeit ansehen.

»Open the door – and let us in . . .«

Eine Betrachtung der Gegenwart muß skeptisch machen. Die Zwiespältigkeit der Tatbestände ist eklatant. Alle Feststellungen sind subjektiv. Eine sachliche Überschau über eine Zone ist unmöglich. Wird diese aber verlangt? Leben wir nicht in einem Zustand der gereizten Apathie, in der das Essen und das Leben wichtiger sind als das Geordnete und Ordnende? Vermag diese Zeit uns zur Sachlichkeit zu mahnen? Warum sind wir ungerecht?

Die US-Zone fordert den Zwiespalt der Meinung heraus. Wir verdammen die Bürokratie und erkennen ihre Schwierigkeiten. Wir sehen den Bauern in der Zweideutigkeit seiner Existenz – wir verdammen ihn ob seiner eigensüchtigen Härte, und wir sehen den Druck, der auf ihm lastet – kaum Dünger, verbrauchtes Gerät, Ablieferungszwang, viele zu füllende Mägen, verfluchtes Wetter, kein Futter.

Die Zwiespältigkeit der Betrachtung ist ein Ergebnis der Fragwürdigkeit unserer politischen und wirtschaftlichen, sozialen und menschlichen Lage.

Wer vermag noch sachlich zu sein?

Erkenne dich in dieser Zeit, und du kannst sie bewerten. Verwerfe sie und erkenne sie doch an – weil wir leben. Denn eine Zeit ist nicht die Summe der materiellen Tatbestände, sondern die Summe der Opfer, die für sie gebracht werden – um sie zu meistern.

Um einen Export-Antrag bei den deutschen Wirtschafts-Verwaltungsstellen anzubringen, müssen mehr als siebzig Durchschläge und Formulare ausgefüllt werden. Nach den Erhebungen des Landes Hessen kommen auf 1000 Einwohner 184 Beamte und Angestellte der öffentlichen Hand. Bayern beschäftigt zwei kriegsstarke Armeen als Beamte. In Berlin waren 1933 2,2 Millionen Menschen erwerbstätig, 1939 waren es 2,8 Millionen, 1947: 1,4 Millionen. In der Verwaltung waren beschäftigt 1933 6%, 1939 5,6%, 1947 14,6%. Das bedeutet, daß jeder Siebte in der Verwaltung tätig ist, vor zehn Jahren war es nur jeder Zwanzigste. Der süddeutsche Länderrat in Stuttgart hat sich aus der zuerst geschaffenen Repräsentation der drei Ministerpräsidenten von Bayern, Hessen und Nordwürttemberg-Nordbaden in einem Jahr auf 240 Beamte, der bisherige Mindener Verwaltungsrat der deutschen Wirtschaft auf mehr als 2000 Beamte »entwickelt«. Frankfurt bereitet für den Wirtschaftsrat für 20000 Menschen – Beamte plus Anhang – Büro und Quartiere vor. Bayern hatte 1938 etwa 316000 Beamte, 1945 456000 und 1947 bereits 570000 Beamte und Angestellte der öffentlichen Hand.

Die Stadt Stuttgart hatte 1947 etwa 430000 Einwohner. Davon sind 4200 Mitglieder der SPD, 2600 in der KPD, 700 in der

CDU und weitere 700 in der DVP – das sind 8400 Parteimitglieder – etwa 2% der Stuttgarter Bevölkerung. Dennoch spielen die Parteien eine große Rolle. Sie haben die neue Bürokratie aufgebaut.

Die Despotie ist das Kennzeichen auch dieser Bürokratie, die zum Selbstzweck geworden ist. Der bürokratische Apparat, der sich zu Hitlers Zeiten in Partei, Staat und Wehrmacht manifestierte, hat sich heute (unter Ausnützung des Reichsleistungsgesetzes und der Kriegswirtschaftsverordnungen) neu zusammengestellt und arbeitet seit dem Zusammenbruch, wenn auch personell verändert, unbekümmert weiter.

Die Verordnungen mahlen und zermahlen die Menschen. Die Wirtschaft wird plangelenkt, obwohl sie nicht mehr in der Lage ist, sich lenken zu lassen. Die Bauern liefern nur einen Teil dessen ab, was sie abliefern könnten – auf dem Papier stimmen ihre Zahlen (weil die Bürokratie aus mangelnder Sachkenntnis die Sollzahlen zu gering angesetzt hat). Die Bauern behalten Tausende von Zentnern Kartoffeln in den Kellern – die Normalverbraucher der Städte müssen in den schon überlasteten Verkehrsmitteln zu den Bauern ihre Tauschwerte bringen, damit die zurückgehaltenen Kartoffeln herausgegeben werden.

Hamstererzug. Mannheim ab 4.57 Uhr – Heidelberg 6.01 nach Lauda. 750 Sitzplätze. Es fahren über 2000 Personen. Leere Säcke, Rucksäcke, Koffer in übermäßiger Zahl werden mitgeschleppt. Der Berufsverkehr im Neckartal wird behindert. Schüler der Eberbacher und Mosbacher Schulen stehen auf den Trittbrettern. Zwischen Osterburken und Lauda ergießen sich die Menschenmassen in die Dörfer. Kilometer werden gelaufen, die Bauern um zwei, drei Kartoffeln angebettelt, Mehl, Grünkern, Fett, Speck getauscht.

Ein Arbeiter einer Nagelfabrik wird von einem Polizisten in Rosenberg angehalten – die Nägel, sieben Kilo, sollen beschlagnahmt werden. Der Arbeiter aus Wieblingen bei Heidelberg kann nachweisen, daß ein Teil seines Lohnes in Nägeln – 30% – ausgegeben wird. Zwei Arbeitstage sind frei, damit die Arbeiter sich Lebensmittel beschaffen können. Der Arbeiter fährt den Polizisten an: »Gib die Nägel raus –« Zögernd betrachtet sich der Dorfpolizist den wütend Gewordenen. Langsam gibt er die Nägel zurück. Grollend ruft der ihm noch zu: »Du hast genug zu fressen, du – du Wanst –« Und geht.

Abends kommen die Städter an die Bahnhöfe. Deutsche Polizisten umkreisen die Stationen. Die Bahnpolizei allein hat das Recht, auf dem bahneigenen Gebiet zu kontrollieren. Sie tut es nicht mehr. Seit dem Frühjahr bestehen diese Anordnungen. Gelegentlich versuchen mehrere Polizisten gemeinsam eine Aktion. Sie beginnen bei den Frauen. Nehmen ihnen die Kartoffeln ab. Das Mehl. Die Eier. Tränen, Beschwörungen, Hinweise, daß regulär getauscht sei. Die Polizisten schaffen die Waren beiseite. Kommen ein paar Männer hinzu, die den Frauen beispringen, gelingt es manchmal, die Kartoffeln, das Mehl, den Topf Schmalz wieder zurückzubekommen. Es gibt Prügel. Schläge prasseln auf die Städter, die zurückschlagen, den Polizisten die Knüttel zu entwinden suchen. Rasender Zorn läßt sie meist siegen, und die Polizisten greifen zu den Pistolen. Ausgang – unentschieden. Nur wenn der Zug kommt, dann retten sich die Städter auf die Bahnsteige.

Aber auch hier gehen die Kämpfe oftmals weiter. Säcke werden von den Wagenbühnen, von den Trittbrettern gerissen. Tränen, Flüche, zerrissene Kleider, Blut und schlagende Knüppel. Haß auf beiden Seiten. Schließlich sind alles Menschen. Sie vergessen es nur. Um der Obrigkeit ihres Staates zu gehorchen – oder um ihn bitter zu hassen. Die Bauern aber haben Tauschgut, haben eingehaltene Sollzahlen, und die Menschen hungern, schimpfen, hassen – um der unfähigen Obrigkeit willen.

Tausende von Tonnen Gemüse sind verfault, weil sich örtliche Ernährungsstellen mit den Fahrbereitschaften über den Abtransport nicht einigen konnten. Hunderttausende Dosen Konserven – 20% von zwei Millionen – sind in Mannheim verdorben. 40000 Stück Dosenmilch bei einem Lebensmittelgroßhändler verdorben. Eipulver verdorben. Milchpulver verdorben. Käse verdorben und verbrannt. Milch verdorben und verkommen, weil ein Lastwagen nicht fahren wollte – die Liste ließe sich fortsetzen – bis in die Endlosigkeit der Schlange der Hungernden.

Die Organisationen überorganisieren sich. Verbände und Unterverbände, Standeseinrichtungen und Dienststellen, Ministerien und Ämter, Parallel-Einrichtungen in den Ländern, alte Reichsstellen, die noch nicht aufgelöst sind, und sogar noch Institutionen der ehemaligen Wehrmacht fungieren, mit-, neben-, gegeneinander. Es gibt Landeswirtschaftsämter und Wirtschaftsministerien, die sich gegenseitig nichts sagen lassen, und die Ernährungsämter schreiben den Landräten vor, was sie zu tun haben, anstatt daß es umgekehrt wäre. Im Dschungel der Verordnungen erstickt der Deutsche. Es kommt die Stunde, in der sich niemand mehr um die Maßnahmen, Anordnungen, Anweisungen, Gesetze, Verordnungen, Kundmachungen kümmert, die in Amtsblättern und Amtsanzeigern, Fachorganen und Spezial-Verlautbarungen bekanntgegeben werden.

Der Länderrat verhandelte im Sommer 1947 in einem seiner vielen Ausschüsse über die Möglichkeit der Kompensationen in der Wirtschaft. Es wurde stundenlang debattiert und erklärt, es könne bestenfalls 3% der Produktion, unter der Kontrolle der Betriebsräte, freigegeben werden – und so wurde es beschlossen.

Wie aber sieht es wirklich aus? Bis zu 80% werden kompensiert. Zement gegen Holz, Kohle gegen Baustoffe, Bauplatten gegen Kartoffeln, Mehl gegen Schuhe, Butter gegen Zigaretten, Bettücher gegen Schmalz, Nägel gegen Leim, Holz gegen Sägen und ein jeder Gegenstand gegen den anderen –

Denn – ein Zimmermeister erhält vier Kilo Nägel im Vierteljahr zugeteilt, ein Schmied 100 Kilo Eisen – ausreichend für vier Wagenreifen und einige Stabeisen. Schneider bekommen kaum Nadel und Faden, die Schuhmacher keine Nägel, Sattler zwei Kilo Geschirrleder – darum die Kompensationen.

Die Instanzen teilen zu, weisen an, geben aus – auf dem Papier. Vor den Schaltern drängen sich die Menschen. Ohne Erfolg. Bezugscheine verfallen. Wirtschaftsämter sind geschlossen. Aber die Beamten bleiben im Amt. Formulare werden zu Hunderten ausgeschrieben. Erhebungen werden angestellt. Ergebnisse werden registriert. Der Erfolg – gleich Null. Denn niemand erhält Waren. Textilien sind gesperrt bis Frühjahr 1948. Schuhe gibt es keine. Anzüge – gibt es keine, Mäntel – gibt es keine. 3000 Tonnen Wolle sind freigegeben für Säuglinge und Frauenbinden. Das Zehnfache würde allein benötigt.

Über allem aber thront die Bürokratie mit ihren niemals zuständigen Instanzen, mahnt an, fordert, verlangt, Gehorsam, Untertanenangst, Kennkartenlochung.

Wer aber verbirgt sich hinter der Anonymität der Behörden – wo und wer sind die Unfähigen? Wo sind die Qualifizierten, die Guten von früher? Waren sie alle in der Partei?

Die Schlechten dominieren –

Hier einer –

Er ist klein, schmierig geschickt. Die Konjunktur der Nazis lockte ihn aus Brasilien zurück, 1937. Er kam – die Partei nahm ihn nicht. Er war selbst ihr zu obskur, zu undurchsichtig. So trieb er durch die Jahre. Ein Herzleiden ließ ihn frei vom Wehrmachtsdienst. Im Kriege hockte er – dienstverpflichtet – auf dem Wohnungsamt. Er beobachtete, denn er ist nicht dumm. Seine Frau half ihm, trug ihm zu. Er weiß alles, hört alles, sieht alles, sammelt Material. Die Amerikaner kommen. Die Vorgesetzten müssen gehen. Sie sind PGs. Er nicht. Er übernimmt das Amt. Der Wicht bricht durch. Er raucht nur noch Camel und Morris – er ist unbelastet, er hat Beziehungen. Er wird Leiter des Zuzugsamtes. Großartig geht es ihm. Er ist geschickt. Bleibt weiter in seiner kleinen Wohnung. Bewirbt sich nebenher um eine Treuhänderschaft. Bekommt sie auch. Denn er ist unbelastet. Es geht ihm ausgezeichnet. Er hat alles. Bis er stolpert. Eine Stange Zigaretten – eine Zuzugsgenehmigung. Er wird hereingelegt. Gefängnis. Drei Jahre. Aus.

Einer von vielen.

In Bayern wurden 13 Landräte verhaftet und bestraft. Fragebogenfälschung. Minister müssen gehen, weil sie Schwarzhändler und politische Hochstapler sind. Loritz geht. Simpfendörfer geht. Andere kommen und gehen.

Zwischen Tausenden Unfähiger wenige Befähigte, die sich aufreiben, verzweifelt kämpfen und schließlich erliegen.

Dazwischen die Menschen, die schließlich den Staat ausmachen. Tucholsky wird immer beschwören: das deutsche Ideal – hinter einem Schalter zu sitzen, das deutsche Schicksal – vor einem Schalter zu warten.

Noch kein Deutscher ist so viel in seinem Leben, und mag es noch so lang schon dauern, auf Behördenstellen gelaufen, kein Deutscher hat je so viel Zeit auf den Behörden verwartet – wie seit dem Zusammenbruch 1945.

Was aber hat diese Zeit uns gegeben? Folgeerscheinungen des Dritten Reiches, Zuzugsgenehmigung, Normalverbraucher-Maximalverzichter, Zulassungskarten, Kennkartenlochung, Meldebogen, Fragebogen (in 257 Ausfertigungen). Immer aber stehen zwischen uns und der demokratischen Freiheit die Behörden. Wir sind die Menschen. Die von 900 Kalorien satt werden sollen. In einem medizinischen Hausbuch von 1911 wird eine Entfettungskur geschildert, die an Wein und Fleisch, Weißbrot und Ei dem Leidenden 1500 Kalorien zuschreibt. »Aber die Kur darf die Zeit von drei Wochen nicht überschreiten, weil sie dann gesundheitsgefährdend wird ...«

Die Normalverbraucher – die Selbstversorger – die Teilselbstversorger in Fleisch und Brot – jedem Deutschen eine Zulage – wieviel Deutsche ohne Zulage?

Normalmensch – Bewohner zerstörter – Bewohner unzerstörter Städte – Bombengeschädigter – Evakuierter – Flüchtling – Neubürger – Stufenleiter des Elends und des Wohllebens. Der Ärmste unter uns, der Flüchtling. Der Reichste: der, der alles behielt und nichts verlor. Der Glücklichste: der Verwandte in USA hat, die regelmäßig Care-Pakete schicken.

Der Ärmste – unentwegt – der Flüchtling.

Er lebt oft in Hütten, fensterlosen Katen, lichtlosen Bunkern, getreten, vernachlässigt – »es besteht berechtigte Veranlassung, darauf hinzuweisen, daß die Beisetzungen von Flüchtlingen in der gleichen Weise durchzuführen sind wie die Bestattungen der Eingesessenen«.

In dieser Zeit der bösartigen täglichen Auseinandersetzung mit dem Nebenmenschen, in der bitteren gedrängereichen schlangenlangen Alltags-Sorge erscheint es, als wenn die Deutschen ihrer seelischen Substanz an Güte und Menschlichkeit verlustig gegangen seien. Die endlosen Serien freudloser Beispiele, die wir verbuchen, bestätigen dies. So hat es den Anschein.

Aber die Herzen haben doch Kraft genug, das Gute zu tun. Nur wird es kaum bemerkt. In dieser Unauffälligkeit liegt das Menschentum, das zu ersticken droht in der dschungelgleichen Wirrnis bürokratischer Enge. In der verfilzten Härte raffsüchtiger Besitzer. In der politischen Auseinandersetzung. Wer aber zu sehen weiß, hören kann, zu suchen gewillt ist, der findet noch immer Güte und Menschlichkeit. Im Kinde, das den Blinden führt. Im Kameraden, der dem Versehrten hilft. In der Mutter, die dem fremden Sohn der ihr unbekannten Mutter Brot reicht. In dem Bauern, der dem Bittenden bereitwillig gibt. In dem jungen Mädchen, das der alten Frau in der Schlange vor dem Gemüseladen den Vorrang läßt. Im Zusammenhalt der Familien. In all jenen guten Taten, die unbewußt geschehen und die nicht mit dem Akzent demokratischer Brüderlichkeit registriert zu werden wünschen.

So gibt es den guten Menschen auch in dieser Zeit der bitterbösen Denunziation, der Anprangerung, Deklassierung und Abwertung des Nebenmenschen. Nur es wird Mühe kosten, das gute Wort, die gute Tat im alltäglichen Leben zu erkennen. Es gibt mehr davon, als die meisten zu erfahren wünschen. Weil das Widerborstige, Häßliche, Unfreundliche weitaus bequemer ist.

Studenten leben auf den Universitäten – fern der Politik. Sie wenden sich ab und kämpfen um ihre geistige und körperliche Existenz. Sie hängen Träumen an und wollen Feste feiern. Sie suchen die Freiheit. In der großen Runde der Zone gehen die Geistig-Freien ihren eigenen Weg. Sie arbeiten. Planen für sich. Hoffen auf die Besserung. Sie lesen die satirischen Zeitschriften – das ›Wespennest‹ hat ihre Liebe. Sie betrachten sich die Professoren, die Reden halten. Hören Rundfunk und lesen die ›Neue Zeitung‹, das ›Heute‹, ›Reader's Digest‹ und ›Life‹, sie unterhalten sich und diskutieren, streben nach Überparteilichkeit und ignorieren die Kennkartenlochung. Gleich auch immer, ob sie belastet oder unbelastet sind, empfinden sie die Not der Zeit. Aber sie nehmen sie lässig, kümmern sich nicht um die Banalitäten. Sie helfen den Flüchtlingen, wo sie können – gleichen Fehler aus und sind in ihren tausendfachen Bereichen die Hoffnung der Amerikaner, die erkennen müssen, daß sie mit jenen Politikern und Verwaltungsspezialisten, mit wenigen erfreulichen Ausnahmen, nicht weiter kommen können.

Diese positiven, kritischen und freien Menschen, die Nutznießer der verkündeten neuen Demokratie, leben in der Verborgenheit dieser Zeit. Sie wenden sich ihr zu, sie sind eines Tages mit den jungen Franzosen und Belgiern, Holländern und Engländern gewillt, am neuen Europa zu bauen. Es gibt in Deutschland zwei Menschengruppen – die einen, die dem Alten anhängen und wünschen, bild- und spiegelgerecht wieder aufzubauen, was ihnen verloren gegangen ist. Sie sind die Spießbürger dieser Zeit, die Bremsen und Hindernisse. Ihnen gegenüber aber stehen die Jungen, die erkannt haben, daß mit dem 8. Mai 1945 eine alte Welt zerbrach und eine neue Welt, mit neuen Begriffen, wieder aufgebaut werden muß. Nur die erste Gruppe spricht vom Kriege. Die zweite Gruppe handelt für den Frieden.

Die US-Zone lebt in den Gegensätzen ihrer zerstörten und unzerstörten Städte, eine jede mit ihrem Ausstrahlungsbereich in das Hinterland.

Die unzerstörten Städte – Heidelberg gilt als Traumbild. Hat aber Tausende Amerikaner aufgenommen und sich von 80000 auf 120000 gebläht. Nicht anders in den anderen unzerstörten Städten.

Aber die Menschen in den erhaltenen Städten leben gleichmäßig. Sie haben die Angst des Krieges, als sie in der Vernichtung zitterten, vergessen. Sie hängen am Besitz. Sie lösen sich nicht. Sie sind jene Gleichgültigen, die glauben, es würde wieder einmal so ein Leben geben, wie es war – nur weil ihre Umgebung unverändert blieb.

Sie verwechseln Traum und Schicksal – ihr Leben ist ohne Auftrieb. Ihre kulturellen Veranstaltungen, ihre Theater, ihre Bücher und Zeitschriften beweisen es.

Impuls kommt aus der überwundenen Vernichtung. Dieser Auftrieb aus Mannheim, Frankfurt, Stuttgart, München ist die positive Kraft der US-Zone – denn was wird alles geleistet, obwohl so viel vernichtet ist! Wie wird geschafft, damit die Wohnungen wieder erstehen! Wie geordnet arbeitet die Eisenbahn – die Schiffahrt – das Gewerbe – die Industrie –! Sie sind von der Bürokratie, vom Kriege, von den Folgeerscheinungen der Materialnot und von den Anweisungen der Reparationen und Demontage noch nicht zerschlagen. Sie arbeiten, weil sie bestehen wollen. Müssen. Können.

Es ist die Frage – sie wird im politischen und wirtschaftlichen, kulturellen und sozialen Bereich diskutiert – ob die US-Zone das kapitalistische Gebiet Europas sei. In den Zeitungen geht es um die Wirksamkeit der Parteien, ihre politische Resonanz und die Auswirkung auf die zentralistischen Hoffnungen, einschließlich einer nationalen Repräsentation. Satirische Zeitungen schlagen Gruppierungen der Partei vor, in denen sie die Kommunisten auf den rechten Flügel stellen und die Demokraten mit dem Kennzeichen »links« versehen.

Kann von den Menschen denn überhaupt verlangt werden, daß sie politisch denken? Ist es nicht schon ungeheuer viel, wenn sie nicht in einer bösen nihilistischen Wut versinken, wenn sie noch immer bereit sind, fähig sind zu leben, so wie sie heute leben müssen? Manche freilich schaffen es kaum mehr, manche nicht mehr –

Frau Juliane Moser, Frau des vermißten Oberstudiendirektors Moser aus Kaliningrad (früher Königsberg in Preußen), verlor auf der Fahrt von Rauschen, wohin sie nach dem Septemberangriff 1944 aus Königsberg geflohen war, ein dreijähriges Kind auf dem offenen Kohlenwagen durch Erfrieren. Bei ihrer Schwester in Berlin wurde sie nach dem Einrücken der Russen in Gegenwart ihrer zwölfjährigen Tochter elfmal vergewaltigt und durch einen Pistolenschuß an der linken Schulter erheblich verletzt. Im Juli 1945 kam sie in ein kleines Dorf im Odenwald.

Mit einem verstörten Kind, einem gehetzten Herzen, schwanger von der Vergewaltigung. Im Februar 1946 bringt sie ein Kind zur Welt, das nach sieben Stunden stirbt. Sie arbeitet bei dem Bauern Johann Grieser IV täglich elf Stunden, hat eine Kammer, trägt Holzschuhe mit dicken Sohlen. Spricht im Arbeitsgang kein Wort, sieht aus wie 50, und ist 34 Jahre alt. Sie verdient täglich sieben Mark, bei 26 Arbeitstagen im Monat. Weil sie Lohnsteuer nicht bezahlte, wurde ihr der Pelzmantel gepfändet. Sie will nicht mehr leben und tut es doch, weil sie die Tochter hat, die sie schweigsam betrachtet, als wäre sie ein Wunder. Die verhaltene Zärtlichkeit der Ostdeutschen hilft der Mutter vielleicht doch einmal über diese Zeit.

Frau Moser ist eine der vier Millionen Menschen, die in die US-Zone getrieben wurden, als seien sie Teil einer Menschenherde, die einen neuen Pferch braucht.

Friedrich Heckmann, 37 Jahre, in einer kleinen Stadt lebend, kam im Sommer 1947 mit einem Gewicht von 91 Pfund aus der russischen Kriegsgefangenschaft. Er war 1944 für tot erklärt worden, weil sein Kompaniechef ihn als »vermißt, wahrscheinlich gefallen« gemeldet hatte und später eine Reihe von Kameraden bezeugten, daß sie gesehen hätten, wie Heckmann im Nahkampf gefallen sei. Seit dem 22. August 1941 war er in russischer Kriegsgefangenschaft gewesen. Wie er diese Zeit durchgestanden hat, wird niemals mehr festzustellen sein. Er kam aber im Juni 1947 wieder.

Am Abend des 19. Juni stand er vor dem Bahnhof des kleinen unzerstörten Städtchens. Unschlüssig, in der abgerissenen, zerlumpten Kleidung des aus Rußland Heimkehrenden. Niemand erkannte ihn, und auch er fand wohl die Menschen fremd. Später wurde berichtet, er habe lange Zeit auf der Brücke gestanden und das Treiben der Badenden auf dem Fluß betrachtet, den kleinen Booten nachgeschaut, die im abendlichen Schein auf dem Wasser trieben. Es wurde dämmrig, als Heckmann vor seinem einstigen Hause stand. Wiederum wurde später – aus den Äußerungen der Umwohner – zusammengetragen, wie bemerkt worden sei, daß dieser einstmalige Soldat lange Zeit vor dem still liegenden Hause gestanden habe und auf ein Schild starrte, auf dem gemalt stand: Heinrich Heckmann – Gemischtwarenhandlung.

Der Ablauf war dann etwa folgender: Heckmann betrat sein Haus, mit dem unsicheren Ausdruck des Fragenden, des Nicht-

Begreifenden. Er hat im zweiten Stock geläutet. Frau Heckmann erzählte, wenn auch verstört, dann später dem Kriminalpolizeiinspektor:

»Ich habe gerade Strümpfe gestopft, und da hat es geklingelt. Wie ich aufmache, sehe ich einen Soldaten, einen Mann – wie ich gleich erkannt habe, war der aus russischer Kriegsgefangenschaft entlassen. Er sagte nichts, fragte nichts – schaute mich nur an. Ich sage ›Guten Abend‹ – er antwortet nicht – ich frage: ›Kann ich was für Sie tun?‹ Da sagt er: ›Kennst du mich nicht?‹ Ich war erschrocken – ›Nein‹, sage ich – ›Ich bin Fritz‹ – Ich bin furchtbar erschrocken – mein Herz, ich schlucke – sage: ›Wer sind Sie?‹ – ›Ich bin Fritz – dein Mann –‹ Er kam auf mich zu – ganz langsam, mit einem ganz unbewegten Gesicht. Er ging an mir vorbei, in die Küche – schaut sich um. Ich wußte nicht mehr, was ich machen sollte. – Ich fragte, er gab keine Antwort. Er schaute sich um, ging dann durch die Zimmer – immer ohne ein Wort, im Zimmer von den Kindern schaute er auf die Betten – die Kinder waren schwimmen – und dann fragte er: ›Sind sie gesund?‹ – Ich nickte – wir haben zwei, Herr Kommissar – ich wußte nicht, was ich denken sollte – da fragte er dann: ›Warum steht denn auf dem Schild Heinrich und nicht Friedrich‹ – und da habe ich ihm erzählt, daß er doch für tot erklärt sei und daß ich seinen Bruder geheiratet und daß er nun das Geschäft führte, und ich habe eben erzählt, wie es war und daß wir doch nicht damit gerechnet hätten, daß er wieder käme, und was man eben so alles sagt. Sie wissen ja – und ich war aufgeregt, und mein Mann – also, Heinrich war doch nicht da – Fritz nickte und schaute mich immer so an, so wie ein Hund, verstehen Sie, wie ein Tier – es war furchtbar – wie er da so stand, mit den Lumpen und den Holzschuhen – und ich wußte mir nicht zu helfen und holte die Todeserklärung aus dem Schreibtisch und zeigte sie ihm, und ich weinte – aber er war so vollkommen reglos, und er nahm, die Finger waren ganz verkrümmt und mager, das Papier und las, und dann sagte er – ›Ich bin also tot‹, und er drehte sich um und ging hinaus. Ich lief hinter ihm her – ›bleib doch‹ und ›es wird sich ja alles klären‹ – aber er ging fort, und ich konnte ihn doch nicht festhalten, ich hatte doch das Essen für meinen Mann, für Heinrich, auf dem Feuer und für die Kinder – sie waren zusammen schwimmen, die Kinder sind ja von Fritz – und ich höre ihn noch, wie er aus dem Haus geht – ach, es ist furchtbar – ich kann doch nichts dafür – bestimmt nicht – so ein armer Mensch – «

Der Kriminalkommissar sagte dann nur noch, daß sie ihn eben tot gefunden hätten, ohne gewaltsames Zeichen, am Morgen im Fluß, unter einem Busch – »es hat halt nur noch bis hierher gereicht, dann hat das Herz eben nicht mehr gekonnt, nicht mehr gewollt ... «

Der Lokführer Wilhelm Fuchs, 58 Jahre alt, seit zweiunddreißig Jahren auf der Maschine, fährt einen Güterzug zwischen Frankfurt und Mannheim und zurück jeden Tag. Planmäßig. Sein Heizer verfeuert täglich mehr als fünfzehn Tonnen Kohlen.

»Wenn ich meine Lok fahre, habe ich immer Angst. Einmal habe ich die Feuerung verloren – dann wieder verreckt mir eine Leitung nach der anderen – die Bremsen sind Scheiße – und wir fahren, als wenn nichts wäre. Asbest gibt es keinen. In den Kohlen sind Steine. Zweimal fahre ich in der Woche bestimmt ohne Bremser. Geklaut wird, daß es sich nicht mehr lohnt hinzuschauen. Im Winter als wir Kohlen fuhren, habe ich nur gelacht und mir selbst die Kohle in die Tasche gesteckt. Wenn sie es nicht besser organisieren, dann können sie bald überhaupt nicht mehr fahren. Mir ist es egal. Meine Frau ist tot. Meine Buben sind tot. Ich habe nur noch eine Schwiegertochter, die geht mit einem Ami. Soll sie – hat sie wenigstens was zum Leben. Ich bin nicht neidisch. Politik? Interessiert mich nicht. Ich bin sicher, daß es keinen Krieg gibt. Sonst würden die Russen nicht die Eisenbahnen eingleisig abmontieren. Wenn ich Europa erobern will, kann ich das nicht ohne Eisenbahnen machen – aber vielleicht ist Molotow kein Lok-Führer – vielleicht machen sie es doch mit Atombomben – sollten lieber Atom-Lokomotiven bauen. So – ich muß jetzt – Signal geht ab – « Er nickt und schiebt einen Dampfhebel nach links –

Von 1000 Lokomotiven der Direktion Stuttgart waren am 1. August 556 einsatzfähig.

Im glasharten Winter, als die Flüsse dreimal zufroren und wieder auftauten, als die Menschen hofften und sich sehnten, nach Sonne und Wärme hungerten, hieß es: »Nach diesem Winter geht es aufwärts!!!« – Als das Frühjahr mit der Sonne über die Erde fiel, streckten sich die Gesichter dem blauen warmen Himmel zu. Der Mai wuchs in den Sommer. Die Sonne glühte, und die Meldungen der deutschen Zeitungen wiederholten sich:

»Die ältesten Frauen erinnerten sich nicht, daß es jemals so warm war – « »Seit Beginn der meteorologischen Messungen vor siebzig Jahren der heißeste Tag mit 38 Grad Celsius im Schatten – « 50 Grad in der Sonne, 58 Grad in der Sonne.

Die Äpfel bleiben klein und braten auf den Bäumen. Tabak brennt von oben ab. Der ausgewinterte Weizen steht dünn und hat ein niederes Gewicht. Die Kartoffeln tragen nur kleine Knollen und verbrennen. Die Wiesen stehen holzig und dünn. Der Boden ist hart wie Beton. Wasserläufe versiegen. Stromkürzungen schon im Juli. Es gibt wenig Obst in den Städten, die Zuteilungen werden kleiner. Die Milch vertrocknet in den Eutern der Kühe, viele tausend Stück Vieh werden geschlachtet, weil es an Futter fehlt, und Schlange-Schöningen verspricht 10000 Gramm Brot in den Perioden nach der Ernte. Wie werden der Winter und das Frühjahr 1948? Wenn die Fettversorgung ohne Einfuhr zusammenbricht, keine Kartoffeln mehr da sind.

In einer unzerstörten Stadt kamen 1938 auf 8000 Schulkinder 240 Lehrkräfte in den Volksschulen, Durchschnittsalter 42 Jahre. 1947 waren es in der gleichen Stadt auf 10800 Kinder 175 Lehrer bei einem Durchschnittsalter von 56 Jahren. Das bedeutet, daß ein großer Teil der bereits pensionierten Lehrer wieder ins Amt eingeführt, nun müde und verlassen arbeiten. Deren einzige Rettung bleibt die Hooverspeisung, die den Alten auch Portionen zuteilt.

Es gibt Lebenswillen, private Initiative – Firmen bauen auf, produzieren in kleinen Mengen, kompensieren sich langsam hoch, riskieren den Staatsanwalt – der aber seinerseits so viel zu tun hat, daß er sich um die Kompensationen von Waschküchenbetrieben gar nicht kümmern kann. Preise ziehen an. Geld fließt. Das Kunstgewerbe rankt sich an seinen Preisen hoch. Abfälle aus Wehrmachtsgütern ergeben Aschbecher, Buchzeichen, Leuchter – für die es zwar keine Zigaretten, Bücher, Kerzen gibt, die aber trotzdem gekauft werden.

Die Bauern arbeiten Tag für Tag, Unternehmer und Arbeiter schuften sich ab; die freien Berufe plagen sich. Übermüdet arbeiten die Eisenbahner, Licht brennt, Gas kommt, die Züge fahren auf die Minute pünktlich, die Normalverbraucher erschöpfen sich unentwegt im Kampf mit den Behörden, mit den papierfressenden Instanzen – 80 Tonnen Papier stehen den Zeitungen und Zeitschriften im Quartal zur Verfügung, 500Tonnen fressen die Amtsstellen vom Länderrat bis zum Gemeindevorsteher von Hintertupfing, Straßenbahnfahrscheine und Klosettpapier mit eingerechnet.

Der Zahnarzt hat keinen Gips mehr – der Architekt kein Pauspapier – die Verlage kein Durchschlagpapier – die Büros der Rechtsanwälte keine Farbbänder – die Ärzte keine Medikamente – die Dichter keine Tinte –

Aber doch arbeiten sie, behelfen sich, suchen Auswege, finden Möglichkeiten – brauchen Altpapier zum Einkaufen von Briefumschlägen und Farbbändern, brauchen Altpapier für jede Ware, die sie kaufen. Darum werden die englischen Zeitungen auch von solchen, die kein Englisch lesen können, gekauft.

In einem Zigarrengeschäft, in dem auch mit Papier gehandelt wird, will ein Käufer ein Farbband erstehen – »Ja, gegen 500 Gramm Altpapier.« – Er sieht auf einem Stapel Broschüren: ›Das Urteil im Nürnberger Kriegsverbrecherprozeß.‹ – »Was kostet das?« – »1.30.« – »Kann ich zwei haben?« – »Ja – bitte –« So nimmt er zwei Broschüren, zerreißt sie vor den Augen der entsetzten Verkäuferin und gibt ihr die Reste: »Bitte, 500 Gramm Altpapier!« 2.60 Mark und ein Farbband, das nach 10000 Anschlägen zerfetzt ist – das ist eine Normallebensdauer von drei Wochen.

Die Ernte ist schlecht. Die Industrie arbeitet nicht mehr voll. Es gibt wenig Kohlen. Weniger Strom aus den Wasserkraftwerken, weil der Regen ausblieb. Dies »Weniger« ist von unheimlicher Lähmungswirkung. Der Zugverkehr wird eingeschränkt.

Auflösungserscheinungen, sagen die einen.

Der Export kommt noch nicht in Gang. Re-Export lohnt sich nicht, weil die Kosten zu hoch sind. Die Produktion ist in der Wirkung für die Allgemeinheit gleich Null, weil die Betriebe kompensieren. Die Bewirtschaftungsstellen der Verwaltungsbürokratie regieren gegen die effektiven Tatbestände, die ihnen entgleiten.

Auflösungserscheinungen, sagen die anderen.

Die Bauern können ihre Felder nicht pflügen, weil der Boden hart wie Beton ist. Die Trockenheit reduziert das Viehfutter um die Hälfte. Vieh muß geschlachtet, Wintersaat kann nicht vorbereitet werden. Lauch, Winterrüben werden im Winter nicht zur Verfügung stehen. Getreideernte liegt 25% unter 1946. Immer noch zu wenig Dünger. Keine Maschinen, kaum Ersatzteile.

Auflösungserscheinungen, sagen die dritten.

Kennzeichen der Auflösung? Daß die Züge pünktlich fahren? Daß die Post regelmäßig läuft? Daß die Zeitungen erscheinen? Die Menschen baden gehen? Die Kinder Hooverspeisung erhalten? Oder daß die Sterblichkeit um 2,5% gestiegen ist? Tuberkulose und Geschlechtskrankheiten sich um 30% erhöhen?

Es ließe sich die Serie der Fragen und Gegenfragen fortsetzen. Löst sich unsere Zeit auf? Wachsen ihr noch Dämme? Hat sie noch Naturen in sich entstehen, die fähig sein werden, einmal zu meistern, was an Mühseligkeit und Erschwernis, an Trümmerfeldern und Elend sich türmt?

Auflösung? Erst dann, wenn wir uns selbst aufgeben!

Taschenlampe und Dynamo, Kuhkette und Füllhalter, Nägel und Werkzeuge sind die Tauschwaren –

»Ein Hufnagel – ein Ei!«

12 Hufeisen – 20 Pfund Mehl. Ein Achsschenkel für eine seit elf Monaten stillstehende Zugmaschine, von einem Gießer in einem Werk, mit Einverständnis des Betriebsführers, extra hergestellt, erbrachte: 10 Zentner Kartoffeln, zwei Zentner Mehl, fünf Büchsen Fleisch, eine Dose Schmalz und zwanzig Eier, als Wegzehrung: fünf Liter Wein. Der Bauer fuhr den Gießer mit seiner Ware noch auf den Bahnhof. 20% der Arbeitsbeute wurden dem Betriebsführer gegeben, für die Herstellungserlaubnis.

Die Bauern brauchen Mistgabeln – 50 Pfund Kartoffeln. Für ein Bettuch, beste Qualität – 20 Pfund Johannisbeeren. Zehn Zigaretten Camel – 20 Pfund Pflaumen. Aus der Stadt muß Frau Schmidhuber, Mutter dreier kleiner Kinder, fünf Eier bringen, sie gegen 20 Pfund Erdbeeren zu tauschen! Drei Pfund Zucker: 5 Pfund Pfirsiche.

Ein Hufnagel – ein Ei.

Ein Sägeblatt: 100 Eier. Ein Messer für eine Mähmaschine, neu: 10 Kilo Speck. Ein Kreissägeblatt, gebraucht: fünf Dosen Fleisch.

Ein Ei – ein Hufnagel.

Gegen Geld verkauft kein Bauer. Und wenn, dann: fünf Gurken – sechs Mark.

An den Stadträndern, dort wo die Städte in die landwirtschaftliche Produktion übergehen, hängen die Schilder: »Hier keine Landwirtschaft – kein Verkauf.«

Frau Anna Treiber, 47 Jahre, mit 60 Morgen Land, 14 Morgen Wiesen und vier Morgen Wald, dazu zwei Morgen Garten, hat in ihrem Schrank: 48 Bettücher, 22 Damasttücher, 100 Servietten, 12 Schlafanzüge, 50 Handtücher, 23 Bettbezüge, 38 (!!) Kopfkissen, 34 kg verschiedenfarbige Wolle; Silberbesteck: 78 Messer und Gabeln, verschiedenster Fertigung und Größe, 45 Löffel, davon 30 Eßlöffel. Silber, 800 gestempelt. In der Mauer versteckt sind 34896.60 Mark, davon 4589.60 Mark in Münzen. Dazu kommen noch 240 Mark in Goldstücken. Der Mann – Josef Treiber, 52 Jahre, raucht englische und amerikanische Zigaretten. Im Keller liegt Schnaps und Wein. Schmalz in Töpfen, am 29. Juni 1947 noch rund 40 Zentner Kartoffeln. Und elf Schweine waren im Stall – davon vier angemeldet. Diese vier alle unter hundertfünfzig Pfund. Das Ehepaar Treiber aber arbeitet täglich mit drei Kindern, einem Knecht und zwei Mägden (Monatslohn sechzig Mark für den Knecht und dreißig Mark für die beiden Mädchen, die ältere ist Majorstochter und die andere die Tochter eines internierten Kreisleiters) von morgens um 4.30 Uhr bis abends um 23 Uhr. Sie liefern ihr Soll ab, gehen sonntags in die Kirche, geben Hamsterern, wenn sie fuggern können, schenken auch Brot und Essen, sind nicht kleinlich, halten zusammen. –

»Ich schaff' und bet' und geb' – sie sollen mich in Ruhe lassen. Wenn der Gendarm kommt, so ißt er mit, betet mit am Tisch: ›Unser täglich Brot gib uns heute‹, steckt den Brotlaib ein, dankt für zehn Eier, gibt selbst die Flasche für den Liter Milch, und beim offenen und heimlichen Schlachtfest erhält er sein Deputat.« – »Der Gendarm«, so sagt Frau Treiber, »weiß, wo er sein Zeug bekommt – denn er hat auch fünf Kinder, und der Mann muß doch auch leben.«

Ein Hufnagel – ein Ei.

Das Soll wird auf die untere Grenze geschätzt. Denn die Schätzer sind auch hungrig.

Ein Ei – ein Hufnagel – wer will Bauer werden?

Es gibt kaum Düngemittel, kein Eisen, keine Wagenreifen, keine Sensen, keinen Betriebsstoff, keinen Hafer.

Der Bauer Büchshuber, 240 Morgen unter dem Pflug, hat täglich an seinem Tisch zum Essen sitzen: 26 Personen, die morgens, mittags und abends essen und zweimal täglich Brot zur Vesper bekommen. Von diesen 26 Personen geben nur 12 die Lebensmittelmarken ab. Sie gehören zum Hof. Die restlichen 14 arbeiten – und sie arbeiten nur, wenn sie ihr tägliches ausreichendes Essen bekommen. Sie fordern ihr Deputat an Getreide und Kartoffeln – sonst arbeiten sie nicht.

Ein Hufnagel – ein Ei.

Auf dem Lande arbeitet keiner, er erhält denn sein Essen. Denn »dem Ochsen, der da drischt, soll das Maul nicht verbunden werden«.

So liegt das Getreide in Fässern, hinter neu gezogenen Mauern, versteckt. Vor den Suchkommissionen und der Landespolizei. Die Gendarmen tun nichts. Sie gehören dazu. Leben unter den Bauern, sind Teil von ihnen.

So wird die Wirtschaftsplanung zum Falschspiel –

Die Rechnung stimmt nicht mehr, und Schlange-Schöningen erläßt papierne Erlasse, nach denen die Ablieferung durch die Ernährungsämter geregelt wird. Wie leicht könnten die Landräte dies mit den Bürgermeistern ihrer Gemeinden regeln. Aber sie dürfen es nicht – weil es die Ernährungsämter tun.

Ein Hufnagel – ein Ei.

Die Behörden aber erklären, sie meinten es doch gut und sie seien doch nur für die Untertanen tätig – sie gleichen einem Falschspieler, der, sich an den Spieltisch setzend, liebenswürdig, seinen Partnern die Eigenheiten und Spielregeln seines Falschspiels erläutert – »alors, messieurs, faites votre jeux«.

Wie schlägt das Herz des Vokes? Sie wissen es nicht. Weil sie sich von ihm entfernten, nach den Vorbildern des autoritären Staats – den sie hinter sich ließen. Der ihnen aber doch so viel an Meinungen und Methoden infizierte, daß sie über Reichsleistungsgesetz und Kriegswirtschaftsverordnung genug zu tun haben, um sich ihre Existenzberechtigung zu sichern.

Was ist denn das Herz des Volkes?

Die Demokratie wird diskreditiert, noch ehe sie wachsen kann; »wenn das Demokratie ist, dann sollen sie sie behalten.«

Wer sind »sie«?

So lebten wir denn ...

Aber so lange das Verkehrssystem arbeitet, so lange werden die 8000 Gramm Brot, die Nährmittel, die Butter und das Fleisch, die Kartoffeln und das wenige Gemüse, die Zuteilungen an Obst am Ziel ankommen und verteilt werden. Der Schwund ist groß. Erzeuger und Spediteure, Eisenbahn und Neuverteiler, Großhändler und Kleinhändler – und schließlich die Normalverbraucher-Maximalverzichter: ein langer Weg, auf ihm die Güterwagen der »Reichs-«bahn und die Kraftwagen der Spediteure, die auf schlechten Reifen rollen müssen und deren Holzvergaser mehr defekt sind als alle vorher und nachher eingeschalteten Transportmittel. Die Eisenbahn ist ohne Ersatzteile, die Kraftwagen sind ohne Ersatzteile, und dennoch rollen sie. So lange sie aber rollen, so lange auch haben wir noch zu essen. Denn dann können noch Schiffe entladen, Silos geleert, Lagerhäuser geräumt, Bestände abgefahren werden.

Nur Reserven sind keine mehr vorhanden.

Nicht einmal mehr in den Haushalten.

Die deutsche Landwirtschaft hat zu wenig Erntebindegarn; das bedeutet, daß beim Handmähen und Handbinden etwa 4% weniger eingebracht werden als bei der Verwendung von Mähbindern, die außerdem zwei Drittel Arbeitszeit einsparen. 1946 wurden 7000 Tonnen Jute für die Erzeugung von Bindegarn zugesagt, jedoch sind 1947 nur 600 Tonnen eingetroffen. Aus Irland wurden 2000 Tonnen Flachswerg eingeführt, der nur beschränkt verwertbar ist. Aus Italien sollen 2000 Tonnen Hanf kommen, von denen 60% wieder reexportiert werden müssen, so daß für den deutschen Bedarf 800 Tonnen verfügbar bleiben. 5000 Tonnen Natronpapier aus Finnland, das zur Herstellung von Bindegarn benutzt werden könnte, werden nicht geliefert. 250 Tonnen Bindegarne werden eingeführt. Der Bedarf jedoch beträgt 7600 Tonnen für die britische, 5600 für die US-Zone, und 7000 Tonnen für den Bedarf der Dreschmaschinen. Ausgegangen wird dabei von einem Bedarf von 4 kg je Hektar bei Getreide und 6 kg je Hektar bei Ölfrüchten; für den Mähbinder zur Ausgabe gelangen jedoch nur 0,8 kg je Hektar. Bemerkenswert ist, daß die französische und russische Zone, die beide auf den Bezug von Bindegarn aus den Westzonen angewiesen sind, überhaupt kein Bindegarn erhalten können.

Die lange Schlange, die vor der Kohlenhandlung steht, um zu warten, bis der Verkauf der Auslieferungsscheine beginnen würde, hat nur ein Gesprächsthema – wieviel Kohlen wird es für den kommenden Winter geben? Erinnernde Worte an die Kohlenarmut und den Brand des grünen Holzes im vergangenen Winter glimmen auf und versinken. »Warum bekommen wir so wenig Kohle? Woran liegt es? Alles hängt doch an der

Kohle! Unser Leben, unsere Arbeit, unsere Zukunft! Warum geben sie uns keine Kohle?«

Keiner weiß die Antwort. Reparationen. Demontage. Bezahlung für Lebensmittel. Alliiertes Geschäft. Strafe für den Krieg. Alles muß mit Kohle bezahlt werden. So reden sie.

Die Halden im Ruhrgebiet sind hoch. 1,5 Millionen Tonnen liegen dort. Die Eisenbahn kann sie nicht abfahren. Die Gaswerke haben keine Reserven. Die Dienstkohle für die Eisenbahn fehlt. Die chemische Industrie kann keine Medikamente herstellen, weil sie keine Kohle hat. Der Dünger fehlt – keine Kohle. Die eisenverarbeitende Industrie – keine Kohle. Die Kraftwerke – keine Kohle. Franz Bauer, Tabakfacharbeiter, 57 Jahre, Vater von vier Kindern, zwei in Rußland gefallen, sagt in der Kohlenschlange: »Wenn sie uns ein zweijähriges Moratorium geben würden – kein Gramm Kohle fortholen – dann hätten wir es wieder geschafft. Dann gäbe es Reserven, hätten wir die Wirtschaft wieder aufgebaut und es ginge wieder.«

Kohlenmoratorium für zwei Jahre – welch ein kühner Plan.

Der Dreher Gottfried Lang, 53 Jahre alt, wartet neben seiner Drehbank, die aus Stromabschaltungsgründen stillsteht, und liest in einer kommunistischen Werbeschrift. Er lacht, als er liest: »Wer CDU wählt, muß weiter hamstern –«

»Wenn ich nur hamstern könnte –« Über seine Stahlrandbrille schaut er, unter buschigen Brauen, mit blaß-fahlem Gesicht über scharfen Backenknochen. Mager und doch lässig, mit einem nahezu heiteren Mund. »Was soll ich mich aufregen? Hat keinen Sinn – ich arbeite. Schwerstarbeiterzulage. Wir sind zu viert zu Haus, wir kommen durch, wenn es das gibt, was aufgerufen ist. Meine Frau hamstert, sie bettelt, es ist richtiger. Der Bub hilft. Aber wir haben den Garten. Ist nicht viel dieses Jahr. Zu trocken. Aber es wird schon werden. Hunger haben wir immer. Aber wenn wir noch arbeiten können, geht es noch – ich habe nur Angst vor der Arbeitslosigkeit – das ist oder wäre das Ärgste.

Der Betrieb? Ist an sich in Ordnung – aber ohne Material ist der schönste Betrieb ausgemachter Mist. Aber ich hoffe doch, daß es hinhauen wird. Wenn der Winter vorbei ist.

Und Krieg? Gibt es nicht – die haben alle ihre Sorgen, die Russen und die Amerikaner – die bluffen nur. Haben sie von Hitler gelernt. Nur war der zu dumm. Ich glaube, die sind gescheiter.

Wenn nur der Winter nicht wieder so kalt wird – das ist meine größte Sorge – das hält meine Alte nicht mehr durch. Und der hätte ich doch einen besseren Abschluß gegönnt. Ich komme schon durch ...«

So schließt er ab, nach seinem kommunistischen Blatt greifend. »Nee, Partei is' nicht wieder – mir langt der Mitläufer ...«

Von 4000 Lokomotiven stehen mehr als 2000 mit mehr oder minder großen Schäden still. 300000 Güterwagen sind beschädigt und stehen auf kilometerlangen Abstellgleisen. 38000 Waggons des US-TRANSPORTATION CORPS werden in den Dienst der deutschen Eisenbahn der Westzonen gestellt. Lokomotiven werden im Freien repariert. Es gibt in den großen Bahnbetriebswerken kaum gedeckte Lok-Hallen. Etwa 20 Lokomotiven können bei Krupp in einem Monat repariert werden. Das große Bahnwerk Eßlingen überholt im Monat etwa 30–40 Lokomotiven. Oberbauten werden schwach. Tunnels müssen ausgebessert, Brücken instandgesetzt, Signalleitungen verbessert werden, es gibt kein Material, keine Facharbeiter. Aber die Eisenbahngewerkschaft droht mit Streik, wenn die früheren NS-Bahnräte und Verwaltungsorganisatoren nicht entfernt werden können.

An der Eisenbahn hängt das Leben der US-Zone.

Millionen Menschen drängen sich zusammen. Vier Millionen Menschen sind neu eingepumpt worden. Die Bevölkerungsdichte steigt. Zuschußgebiete sind randvoll. Die kleinen Bauern geben noch Länderstreifen ab, damit die Flüchtlinge sich Gärten anlegen können. Ein großer Teil der Flüchtlinge kann nicht mehr arbeiten, will es nicht mehr. Der Lebensfaden scheint abgeschnitten. Die Frauen treiben in der Zeit. Haß und Verbitterung. Die soziale Umwandlung nimmt zu. Eine neue soziologische Struktur zeichnet sich ab. Wer gut lebte, ist arm geworden. Proletarisierte Plutokraten gibt es und plutokratische Proletarier. Die Umschichtung radikalisiert. Die Achtung vor dem Gesetz nimmt ab. Doch noch immer stehen Ordnung und Lebenseifer, Arbeitswille und Disziplin hoch im Kurs.

Aber alles ist fundamentlos geworden. Nur auf Hoffnung aufgebaut. Der Bürger bestimmt noch den Rhythmus, der auf das Verlorene hofft, ihm anhängt und es – einstweilen – noch gegen das entwurzelt Treibende durchsetzt. Der Kriminalsekretär Neff, 46 Jahre, seit zwanzig Jahren im Amt, sagt, als er wieder einmal eine Gruppe von vier Häuserdieben festgenommen hat: »Noch stehlen sie nicht aus Not. Wenn das aber beginnt, dann ist mit polizeilichen Maßnahmen nichts mehr zu machen.«

Das Leben ist noch unsicher. Die Zukunft vor allem –

Darum spricht der Bürger vom Krieg. Aus Hoffnung. Oder aus Angst. Strategische Berechnungen finden sich mit psychologischen Erwägungen. Die geistige Nazi-Tradition: »Gewalt geht immer vor Recht.«

Andererseits – einer, der Verwaltungssekretär Meinhold, 38 Jahre, äußerte: »Nach dem nächsten Kriege wird der folgende Krieg nur noch mit Pfeil und Bogen ausgetragen.« Düstere Ahnung, schwebende Furcht, trächtige Hoffnung, bängliche Fragen – nur wenige meinen wie Meinhold: »Krieg? Gibt es keinen. – Ich? Ich habe vom letzten Krieg noch genug.«

Meinhold hat nur ein Bein – das macht vernünftig.

Die letzte Frage geht auf den Nationalismus, ob er nicht einer politischen Erneuerung immer wieder im Wege stehe. Meinhold sagt: »Ich weiß nicht, ob die Deutschen Europäer und Weltbürger werden können, denn man kann dergleichen nicht prophezeien. Aber gewiß ist, daß sie es nicht von allein und bloß von innen heraus werden. Es sollte uns ein starker europäischer und weltbürgerlicher Geist von draußen zu Hilfe kommen. Ich glaube, daß unserem Zeitalter die Aufgabe gestellt ist, die Humanität politisch zu organisieren, sie aus einem bloßen Gefühl in eine Institution zu verwandeln. Die Neugründung Deutschlands ist ein Probefall auf diese Aufgabe. Wir wollen alle Geduld aufbringen, die dieses Ziel erheischt, aber es wäre doch auch sehr schön, wenn wir selbst darüber nicht zugrundegingen, wenn wir es auch noch erleben würden ... Wenn wir auch selber jetzt kaum viel mehr dazu beitragen können als: bereit zu sein.«

Die Jugend?

Sie hat keine Illusionen. Sie lebt in dem Solidaritätsgefühl der ehemaligen Soldaten. Hat Lebenshunger. Will arbeiten. Resigniert kaum über das knappe Essen und sucht sich eine neue Lebensordnung »Unsere Zeit kommt nach der Währungsreform. Wenn die Alten abgewirtschaftet haben. Wir können es abwarten. Parteien interessieren uns nicht. Verfassung? Geht uns nichts an. Sozialismus? Für uns ein Schlagwort. Kapitalismus? Wenn es bei dem etwas zu essen gibt, dann gut, dann Kapitalismus – wir wollen leben – «

So sprachen vier Studenten, zwischen 24 und 27 – ehemalige Soldaten. Sie hatten jeder ein Glas Wein in der Hand, Wein, der von den Amerikanern gestiftet worden war, damit sie ein Sommerfest feiern könnten, das um 22 Uhr begann und um sechs Uhr früh zu Ende war. Sie tanzten. Swing. Jitterbug. Nach den Klängen einer Hot-Band – ›Ay Barbariba‹. Sie tanzten wild. Mit schweißigen, fröhlichen, singenden Gesichtern. Auch der Einarmige. Als er lachend – nach dem Tanz – sein Mädchen mit dem rechten Arm umfing, war er die Lebensbejahung selbst: »Jitterbug ist herrlich – Swing ist herrlich – das Leben ist herrlich – zum Teufel auch – mein Arm vermodert in Serkoskoje – wissen Sie, wo das liegt? 14 Kilometer von Orel, südostwärts – dort haben die Russen meinen Panzer zerschossen. Alles tot, und ich lebe – nur mein Arm war weg, futsch, fort, blutiger Schaum. So lange ich meinen Kopf noch habe – wird getanzt.« Er lachte und begann seinen nächsten Tanz, mit einem reizenden Mädchen im tiefausgeschnittenen langen Kleid (zu braunen Straßenschuhen mit niederem Absatz).

Er stand vor uns, jung und frisch, 22 Jahre alt, Rodrian Stüwe, Sohn eines von den Russen 1945 – beim Vormarsch – in Pommern erschossenen Gutsbesitzers. Die Mutter von Polen erschlagen. Die Schwester mit vier Kindern nach Westen geflohen, ein Kind vor einem Jahr durch kochendes Wasser verbrüht und tot. Der Schwager, der Schwester Mann, als Generalstabs-Oberstleutnant schwer verwundet 1944 in russische Gefangenschaft geraten, angeblich, nach Mitteilungen damals entkommener Soldaten des Divisionsstabs, auf der Tragbahre erschossen. Schließlich noch ein Bruder, etwas älter, ebenfalls 1944 gefallen.

Ein Flüchtlingsschicksal, Tausenden gleich. Rodrian war mit siebzehn Jahren Soldat geworden, Reiter, Panzerspähwagenfahrer, zum Schluß Unteroffizier in einer Panzeraufklärungsabteilung.

»Wie geht es?« – »Ausgezeichnet – man braucht uns ja bald wieder ... « – Erstaunt: »Wozu?« – »Als Soldaten ... « – Im Spiel der Fragen und Antworten nun entrollt sich folgendes psychische Bild: »Die Russen und die Amerikaner brauchen Soldaten. Wer uns zuerst hat, zu dem gehen wir. Nur durch den Krieg kann es eine Lösung zum Guten wieder geben. Wir brauchen den Osten! Siegen die Amerikaner – so bekommen wir den Osten wieder. Siegen die Russen, so werden sie uns den Osten als Dank und Preis wieder geben. Wir werden gebraucht – als Soldaten, als Bauern. Die Russen rüsten wie die Irren: Admiral Saalwächter baut die Marine auf, die Luftwaffe ist ganz groß im Kommen – na ja, der ganze Generalstab arbeitet drüben – wir wissen doch Bescheid.« – »Und was machen Sie jetzt?« – »Ich bin Dolmetscher bei den Amerikanern!« – »Glauben Sie, daß die Amerikaner nichts tun?« – »Sie bereiten sich auch vor – vor wenigen Tagen haben sie eine Panzerdivison nach Italien gebracht, eine Luftlandedivison sitzt bereits auf den Azoren – «

Rodrian ist gesund, frech und unbekümmert. Er hat keine Hemmungen. Denken ist nicht seine Stärke. Sein »Kummer« ist, daß es keine Kavallerie mehr gibt. Daß es auch keinen frischfröhlichen Krieg mehr gibt, hat er noch nicht begriffen.

Das Gespräch wird als aussichtslos abgebrochen.

Die US-Zone durchlebt eine Passion. Trotz Lebensmittelzufuhr. Trotz intakter Eisenbahn. Weil der Krieg noch gilt. Noch ist die Initiative der arbeitenden Menschen nicht korrumpiert. Moral und Lebensordnung halten noch. Trotz allem. Mag die US-Zone ein kapitalistisches Bollwerk sein. Sie hat Ödeme und Schadstellen an allen Teilen ihres Rumpfes. Aber sie lebt noch. Unsentimental will sie gesehen werden. Sachlich, ohne pathetische Verbrämung. General Clay sagt immer wieder, daß es dort – »Entnazifizierung –« und da – »Verwaltung ist überaltert« – nicht stimmt, nicht funktioniert – im Verkehr, in der Ablieferung, in der Instanzen-Bürokratie. Die Folgeerscheinungen der Hitler-Zeit und ihres Krieges sind groß. Aber wir leben noch. Nur – es wird nicht gebaut, sondern geflickt. Es werden Löcher gerissen und Löcher gestopft. Aber die Wolle reicht nicht aus. Der neue Industrieplan – eine neue Hoffnung. Die Mißernte – ein neuer Schlag.

Aber wir leben.

Schiffe laufen in Bremen ein. Getreide wird entladen. Die Silos liegen voll. Güterzüge rollen – 800 Waggon täglich für Lebensmittel. Die Amerikaner schicken Getreide, Mais, Kartoffeln, Erbsen, Trockenmilch, Mehl, Care-Pakete, Tausende von Paketen täglich –

Glänzend lackierte, leichte Helme, olivfarben, mit den weißen Zeichen der Military Police, den gelb-blau-gelben Farben der Constabulary, sausende Jeeps, lachende, gesunde Gesichter, kräftige Erscheinungen – US-Army, die bestausgestattete, bestgenährte, selbstsicherste Armee der Welt. Mit ihnen leben wir.

Trotz Hunger und 900 tatsächlichen, 1550 theoretischen Kalorien, vier Millionen Flüchtlingen, 241 Menschen auf den Quadratkilometer und einer Wohnraumbelegung von 2,3 – wir hoffen noch gegen das »Wehe den Besiegten«! – wir haben noch Hoffnung auf die Zukunft.

Herrschaft des Siegers, Einfluß der Parteien, Ausdehnung der Bürokratie sind Kennzeichen unserer Zeit. Zweizonen-Verwaltung und Wirtschaftsrat, Länderrat und Landtage – Ausdrucksformen der ach so jungen Demokratie. Skepsis der Menschen, die sich allzu sehr verwaltet fühlen, als daß sie Vertrauen gewännen. Krise überall, Krise aus der Not, Fragen der Sorge, Tatbestand des Elends, der Einschränkung, der Krankheit, des Hungers und dennoch der Hoffnung –

Wann? – Nach diesem Winter? – Nach der Währungsreform? – 1948? – 1949? – 1950? – Wann? – Nach dem nächsten Krieg? – Nein, keinen Krieg! – Dann wenn Vernunft und Humanität, Toleranz und Zusammenarbeit sich durchsetzen, wenn der Tiefpunkt überwunden sein wird, die Arbeit wieder Früchte trägt ...

Lichtenberg sagt auch für diese Zeit: » ... Ich weiß nicht, ob es besser werden wird, wenn es anders wird; aber soviel ist sicher: daß es anders werden muß, wenn es gut werden soll ... «

Heinrich Böll
Der Mann mit den Messern

Jupp hielt das Messer vorne an der Spitze der Schneide und ließ es lässig wippen, es war ein langes, dünngeschliffenes Brotmesser, und man sah, daß es scharf war. Mit einem plötzlichen Ruck warf er das Messer hoch, es schraubte sich mit einem propellerartigen Surren hinauf, während die blanke Schneide in einem Bündel letzter Sonnenstrahlen wie ein goldener Fisch flimmerte, schlug oben an, verlor seine Schwingung und sauste scharf und gerade auf Jupps Kopf hinunter; Jupp hatte blitzschnell einen Holzklotz auf seinen Kopf gelegt; das Messer pflanzte sich mit einem Ratsch fest und blieb dann schwankend haften. Jupp nahm den Klotz vom Kopf, löste das Messer und warf es mit einem ärgerlichen Zucken in die Tür, wo es in der Füllung nachzitterte, ehe es langsam auspendelte und zu Boden fiel ...

»Zum Kotzen«, sagte Jupp leise. »Ich bin von der einleuchtenden Voraussetzung ausgegangen, daß die Leute, wenn sie an der Kasse ihr Geld bezahlt haben, am liebsten solche Nummern sehen, wo Gesundheit oder Leben auf dem Spiel stehen – genau wie im römischen Zirkus –, sie wollen wenigstens wissen, daß Blut fließen *könnte*, verstehst du?« Er hob das Messer auf und warf es mit einem knappen Schwingen des Armes in die oberste Fenstersprosse, so heftig, daß die Scheiben klirrten und aus dem bröckeligen Kitt zu fallen drohten. Dieser Wurf – sicher und herrisch – erinnerte mich an jene düsteren Stunden der Vergangenheit, wo er sein Taschenmesser die Bunkerpfosten hatte hinauf- und hinunterklettern lassen. »Ich will ja alles tun«, fuhr er fort, »um den Herrschaften einen Kitzel zu verschaffen. Ich will mir die Ohren abschneiden, aber es findet sich leider keiner, der sie mir wieder ankleben könnte. Komm mal mit.« Er riß die Tür auf, ließ mich vorgehen, und wir traten ins Treppenhaus, wo die Tapetenfetzen nur noch an jenen Stellen hafteten, wo man sie der Stärke des Leimes wegen nicht hatte abreißen können, um den Ofen mit ihnen anzuzünden. Dann durchschritten wir ein verkommenes Badezimmer und kamen auf eine Art Terrasse, deren Beton brüchig und von Moos bewachsen war.

Jupp deutete in die Luft.

»Die Sache wirkt natürlich besser, je höher das Messer fliegt.

Aber ich brauche oben einen Widerstand, wo das Ding gegenschlägt und seinen Schwung verliert, damit es recht scharf und gerade heruntersaust auf meinen nutzlosen Schädel. Sieh mal.« Er zeigte nach oben, wo das Eisenträgergerüst eines verfallenen Balkons in die Luft ragte.

»Hier habe ich trainiert. Ein ganzes Jahr. Paß auf!« Er ließ das Messer hochsausen, es stieg mit einer wunderbaren Regelmäßigkeit und Stetigkeit, es schien sanft und mühelos zu klettern wie ein Vogel, schlug dann gegen einen der Träger, raste mit einer atemberaubenden Schnelligkeit herunter und schlug heftig in den Holzklotz. Der Schlag allein mußte schwer zu ertragen sein. Jupp zuckte mit keiner Wimper. Das Messer hatte sich einige Zentimeter tief ins Holz gepflanzt.

»Das ist doch prachtvoll, Mensch«, rief ich, »das ist doch ganz toll, das müssen sie doch anerkennen, das ist doch eine Nummer!«

Jupp löste das Messer gleichgültig aus dem Holz, packte es am Griff und hieb in die Luft.

»Sie erkennen es ja an, sie geben mir zwölf Mark für den Abend, und ich darf zwischen größeren Nummern ein bißchen mit dem Messer spielen. Aber die Nummer ist zu schlicht. Ein Mann, ein Messer, ein Holzklotz, verstehst du? Ich müßte ein halbnacktes Weib haben, dem ich die Messer haarscharf an der Nase vorbeiflitzen lasse. Dann würden sie jubeln. Aber such solch ein Weib!«

Er ging voran, und wir traten in sein Zimmer zurück. Er legte das Messer vorsichtig auf den Tisch, den Holzklotz daneben und rieb sich die Hände. Dann setzten wir uns auf die Kiste neben dem Ofen und schwiegen. Ich nahm mein Brot aus der Tasche und fragte: »Darf ich dich einladen?«

»O gern, aber ich will Kaffee kochen. Dann gehst du mit und siehst dir meinen Auftritt an.«

Er legte Holz auf und setzte den Topf über die offene Feuerung. »Es ist zum Verzweifeln«, sagte er, »ich glaube, ich sehe zu ernst aus, vielleicht noch ein bißchen nach Feldwebel, was?«

»Unsinn, du bist ja nie ein Feldwebel gewesen. Lächelst du, wenn sie klatschen?«

»Klar – und ich verbeuge mich.«

»Ich könnt's nicht. Ich könnt nicht auf 'nem Friedhof lächeln.«

»Das ist ein großer Fehler, gerade auf 'nem Friedhof muß man lächeln.«

»Ich versteh dich nicht.«

»Weil sie ja nicht tot sind. Keiner ist tot, verstehst du?«

»Ich versteh schon, aber ich glaub's nicht.«

»Bist eben doch noch ein bißchen Oberleutnant. Na, das dauert eben länger, ist klar. Mein Gott, ich freu mich, wenn's ihnen Spaß macht. Sie sind erloschen, und ich kitzele sie ein bißchen und laß mir's bezahlen. Vielleicht wird einer, ein einziger nach Hause gehen und mich nicht vergessen. ›Der mit dem Messer, verdammt, der hatte keine Angst, und ich habe immer Angst, verdammt‹, wird er vielleicht sagen, denn sie haben alle immer Angst. Sie schleppen die Angst hinter sich wie einen schweren Schatten, und ich freu mich, wenn sie's vergessen und ein bißchen lachen. Ist das kein Grund zum Lächeln?«

Ich schwieg und lauerte auf das Brodeln des Wassers. Jupp goß in dem braunen Blechtopf auf, und dann tranken wir abwechselnd aus dem braunen Blechtopf und aßen mein Brot dazu. Draußen begann es leise zu dämmern, und es floß wie eine sanfte graue Milch ins Zimmer.

»Was machst *du* eigentlich?« fragte Jupp mich.

»Nichts ... ich schlage mich durch.«

»Ein schwerer Beruf.«

»Ja – für das Brot habe ich hundert Steine suchen und klopfen müssen. Gelegenheitsarbeiter.«

»Hm ... hast du Lust, noch eins meiner Kunststücke zu sehen?« Er stand auf, da ich nickte, knipste Licht an und ging zur Wand, wo er einen teppichartigen Behang beiseite schob; auf der rötlich getünchten Wand wurden die mit Kohle grob gezeichneten Umrisse eines Mannes sichtbar: eine sonderbare, beulenartige Erhöhung, dort wo der Schädel sein mußte, sollte wohl einen Hut darstellen. Bei näherem Zusehen sah ich, daß er auf eine geschickt getarnte Tür gezeichnet war. Ich beobachtete gespannt, wie Jupp nun unter seiner kümmerlichen Liegestatt einen hübschen braunen Koffer hervorzog, den er auf den Tisch stellte. Bevor er ihn öffnete, kam er auf mich zu und legte vier Kippen vor mich hin. »Dreh zwei dünne davon«, sagte er.

Ich wechselte meinen Platz, so daß ich ihn sehen konnte und zugleich mehr von der milden Wärme des Ofens bestrahlt wurde. Während ich die Kippen behutsam öffnete, indem ich mein Brotpapier als Unterlage benutzte, hatte Jupp das Schloß des Koffers aufspringen lassen und ein seltsames Etui hervorgezogen; es war eines jener mit vielen Taschen benähten Stoffetuis, in denen unsere Mütter ihr Aussteuerbesteck aufzubewahren pflegten. Er knüpfte flink die Schnur auf, ließ das zusammengerollte Bündel über den Tisch aufgleiten, und es zeigte sich ein Dutzend Messer mit hölzernen Griffen, die in der Zeit, wo unsere Mütter Walzer tanzten, »Jagdbesteck« genannt worden waren.

Ich verteilte den gewonnenen Tabak gerecht auf zwei Blättchen und rollte die Zigaretten. »Hier«, sagte ich.

»Hier«, sagte auch Jupp und: »Danke.« Dann zeigte er mir das Etui ganz.

»Das ist das einzige, was ich vom Besitz meiner Eltern gerettet habe. Alles verbrannt, verschüttet, und der Rest gestohlen. Als ich elend und zerlumpt aus der Gefangenschaft kam, besaß ich nichts – bis eines Tages eine vornehme alte Dame, Bekannte meiner Mutter, mich ausfindig gemacht hatte und mir dieses hübsche kleine Köfferchen überbrachte. Wenige Tage, bevor sie von den Bomben getötet wurde, hatte meine Mutter dieses kleine Ding bei ihr sichergestellt, und es war gerettet worden. Seltsam. Nicht wahr? Aber wir wissen ja, daß die Leute, wenn sie die Angst des Untergangs ergriffen hat, die merkwürdigsten Dinge zu retten versuchen. Nie das Notwendige. Ich besaß also jetzt immerhin den Inhalt dieses kleinen Koffers: den braunen Blechtopf, zwölf Gabeln, zwölf Messer und zwölf Löffel und das große Brotmesser. Ich verkaufte Löffel und Gabeln, lebte ein Jahr davon und trainierte mit den Messern, dreizehn Messern. Paß auf ...«

Ich reichte ihm den Fidibus, an dem ich meine Zigarette entzündet hatte. Jupp klebte die Zigarette an seine Unterlippe, befestigte die Schnur des Etuis an einem Knopf seiner Jacke oben an der Schulter und ließ das Etui auf seinen Arm abrollen, den es wie ein merkwürdiger Kriegsschmuck bedeckte. Dann entnahm er mit einer unglaublichen Schnelligkeit die Messer dem Etui, und noch ehe ich mir über seine Handgriffe klargeworden war, warf er sie blitzschnell alle zwölf gegen den schattenhaften Mann an der Tür, der jenen grauenhaft schwankenden Gestalten ähnelte, die uns gegen Ende des Krieges als Vorboten des Untergangs von allen Plakatsäulen, aus allen möglichen Ecken entgegenschaukelten. Zwei Messer saßen im Hut des Mannes, je zwei über jeder Schulter, und die anderen zu je dreien an den hängenden Armen entlang ...

»Toll!« rief ich. »Toll! Aber das ist doch eine Nummer, mit ein bißchen Untermalung.«

»Fehlt nur der Mann, besser noch das Weib. Ach«, er pflückte die Messer wieder aus der Tür und steckte sie sorgsam ins Etui zurück. »Es findet sich ja niemand. Die Weiber sind zu bange, und die Männer sind zu teuer. Ich kann's ja verstehen, ist ein gefährliches Stück.«

Er schleuderte nun die Messer wieder blitzschnell so, daß der ganze schwarze Mann mit einer genialen Symmetrie genau in zwei Hälften geteilt war. Das dreizehnte große Messer stak wie ein tödlicher Pfeil dort, wo das Herz des Mannes hätte sein müssen.

Jupp zog noch einmal an dem dünnen, mit Tabak gefüllten Papierröllchen und warf den spärlichen Rest hinter den Ofen.

»Komm«, sagte er, »ich glaub, wir müssen gehen.« Er steckte den Kopf zum Fenster raus, murmelte irgend etwas von »verdammtem Regen« und sagte dann: »Es ist ein paar Minuten vor acht, um halb neun ist mein Auftritt.«

Während er die Messer wieder in den kleinen Lederkoffer packte, hielt ich mein Gesicht zum Fenster hinaus. Verfallene Villen schienen im Regen leise zu wimmern, und hinter einer Wand scheinbar schwankender Pappeln hörte ich das Kreischen der Straßenbahn. Aber ich konnte nirgendwo eine Uhr entdecken.

»Woher weißt du denn die Zeit?«

»Aus dem Gefühl – das gehört mit zu meinem Training.«

Ich blickte ihn verständnislos an. Er half erst mir in den Mantel und zog dann seine Windjacke über. Meine Schulter ist ein wenig gelähmt, und über einen beschränkten Radius hinaus kann ich die Arme nicht bewegen, es genügt gerade zum Steineklopfen. Wir setzten die Mützen auf und traten in den düsteren Flur, und ich war nun froh, irgendwo im Hause wenigstens Stimmen zu hören, Lachen und gedämpftes Gemurmel.

»Es ist so«, sagte Jupp im Hinuntersteigen, »ich habe mich bemüht, gewissen kosmischen Gesetzen auf die Spur zu kommen. So.« Er setzte den Koffer auf einen Treppenabsatz und streckte die Arme seitlich aus, wie auf manchen antiken Bildern Ikarus abgebildet ist, als er zum fliegenden Sprung ansetzt. Auf seinem nüchternen Gesicht erschien etwas seltsam Kühl-Träumerisches, etwas halb Besessenes und halb Kaltes, Magisches, das mich maßlos erschreckte. »So«, sagte er leise, »ich greife einfach hinein in die Atmosphäre, und ich spüre, wie meine Hände länger und länger werden und wie sie hinaufgreifen in einen Raum, in dem andere Gesetze gültig sind, sie stoßen durch eine Decke, und dort oben liegen seltsame, bezaubernde

Spannungen, die ich greife, einfach greife . . . und dann zerre ich ihre Gesetze, packe sie, halb räuberisch, halb wollüstig, und nehme sie mit!« Seine Hände krampften sich, und er zog sie ganz nahe an den Leib. »Komm«, sagte er, und sein Gesicht war wieder nüchtern. Ich folgte ihm benommen . . .

Es war ein leiser, stetiger und kühler Regen draußen. Wir klappten die Kragen hoch und zogen uns fröstelnd in uns selbst zurück. Der Nebel der Dämmerung strömte durch die Straßen, schon gefärbt mit der bläulichen Dunkelheit der Nacht. In manchen Kellern der zerstörten Villen brannte ein kümmerliches Licht unter dem überragenden schwarzen Gewicht einer riesigen Ruine. Unmerklich ging die Straße in einen schlammigen Feldweg über, wo links und rechts in der dichtgewordenen Dämmerung düstere Bretterbuden in den mageren Gärten zu schwimmen schienen wie drohende Dschunken auf einem seichten Flußarm. Dann kreuzten wir die Straßenbahn, tauchten unter in den Schächten der Vorstadt, wo zwischen Schutt- und Müllhalden einige Häuser im Schmutz übriggeblieben sind, bis wir plötzlich auf eine sehr belebte Straße stießen; ein Stück weit ließen wir uns vom Strom der Menge mittragen und bogen dann in die dunkle Quergasse, wo die grelle Lichtreklame der »Sieben Mühlen« sich im glitzernden Asphalt spiegelte.

Das Portal zum Varieté war leer. Die Vorstellung hatte längst begonnen, und durch schäbigrote Portieren hindurch erreichte uns der summende Lärm der Menge.

Jupp zeigte lachend auf ein Foto in den Aushängekästen, wo er in einem Cowboykostüm zwischen zwei süß lächelnden Tänzerinnen hing, deren Brüste mit schillerndem Flitter bespannt waren.

›Der Mann mit den Messern‹ stand darunter.

»Komm«, sagte Jupp wieder, und ehe ich mich besonnen hatte, war ich in einen schlecht erkennbaren schmalen Eingang gezerrt. Wir erstiegen eine enge Wendeltreppe, die nur spärlich beleuchtet war und wo der Geruch von Schweiß und Schminke die Nähe der Bühne anzeigte. Jupp ging vor mir – und plötzlich blieb er in einer Biegung der Treppe stehen, packte mich an den Schultern, nachdem er wieder den Koffer abgesetzt hatte, und fragte mich leise: »Hast du Mut?«

Ich hatte diese Frage schon so lange erwartet, daß mich ihre Plötzlichkeit nun erschreckte. Ich mag nicht sehr mutig ausgesehen haben, als ich antwortete: »Den Mut der Verzweiflung.«

»Das ist der richtige«, rief er mit gepreßtem Lachen. »Nun?«

Ich schwieg, und plötzlich traf uns eine Welle wilden Lachens, die aus dem engen Aufgang wie ein heftiger Strom auf uns zuschoß, so stark, daß ich erschrak und mich unwillkürlich fröstelnd schüttelte.

»Ich hab Angst«, sagte ich leise.

»Hab ich auch. Hast du kein Vertrauen zu mir?«

»Doch, gewiß ... aber ... komm«, sagte ich heiser, drängte ihn nach vorne und fügte hinzu: »Mir ist alles gleich.«

Wir kamen auf einen schmalen Flur, von dem links und rechts eine Menge roher Sperrholzkabinen abgeteilt waren; einige bunte Gestalten huschten umher, und durch einen Spalt zwischen kümmerlich aussehenden Kulissen sah ich auf der Bühne einen Clown, der sein Riesenmaul aufsperrte; wieder kam das wilde Lachen der Menge auf uns zu, aber Jupp zog mich in eine Tür und schloß hinter uns ab. Ich blickte mich um. Die Kabine war sehr eng und fast kahl. Ein Spiegel hing an der Wand, an einem einsamen Nagel war Jupps Cowboykostüm aufgehängt, und auf einem wackelig aussehenden Stuhl lag ein altes Kartenspiel. Jupp war von einer nervösen Hast; er nahm mir den nassen Mantel ab, knallte den Cowboyanzug auf den Stuhl, hängte meinen Mantel auf, dann seine Windjacke. Über die Wand der Kabine hinweg sah ich an einer rotbemalten dorischen Säule eine elektrische Uhr, die fünfundzwanzig Minuten nach acht zeigte.

»Fünf Minuten«, murmelte Jupp, während er sein Kostüm überstreifte.

»Sollen wir eine Probe machen?«

In diesem Augenblick klopfte jemand an die Kabinentür und rief: »Fertigmachen!«

Jupp knöpfte seine Jacke zu und setzte einen Wildwesthut auf. Ich rief mit einem krampfhaften Lachen: »Willst du den zum Tode Verurteilten erst probeweise henken?«

Jupp ergriff den Koffer und zerrte mich hinaus. Draußen stand ein Mann mit einer Glatze, der den letzten Hantierungen des Clowns auf der Bühne zusah. Jupp flüsterte ihm irgend etwas ins Ohr, was ich nicht verstand, der Mann blickte erschreckt auf, sah mich an, sah Jupp an und schüttelte heftig den Kopf. Und wieder flüsterte Jupp auf ihn ein.

Mir war alles gleichgültig. Sollten sie mich lebendig aufspießen; ich hatte eine lahme Schulter, hatte eine dünne Zigarette geraucht, morgen sollte ich für fünfundsiebzig Steine dreiviertel Brot bekommen. Aber morgen ... Der Applaus schien die Kulissen umzuwehen. Der Clown torkelte mit müdem, verzerrtem Gesicht durch den Spalt zwischen den Kulissen auf uns zu, blieb einige Sekunden dort stehen mit einem griesgrämigen Gesicht und ging dann auf die Bühne zurück, wo er sich mit liebenswürdigem Lächeln verbeugte. Die Kapelle spielte einen Tusch. Jupp flüsterte immer noch auf den Mann mit der Glatze ein. Dreimal kam der Clown heraus, und dreimal ging er hinaus auf die Bühne und verbeugte sich lächelnd! Dann begann die Kapelle einen Marsch zu spielen, und Jupp ging mit forschen Schritten, sein Köfferchen in der Hand, auf die Bühne. Mattes Händeklatschen begrüßte ihn. Mit müden Augen sah ich zu, wie Jupp die Karten an offenbar vorbereitete Nägel heftete und wie er dann die Karten der Reihe nach mit je einem Messer aufspießte, genau in der Mitte. Der Beifall wurde lebhafter, aber nicht zündend. Dann vollführte er unter leisem Trommelwirbel das Manöver mit dem großen Brotmesser und dem Holzklotz, und durch alle Gleichgültigkeit hindurch spürte ich, daß die Sache wirklich ein bißchen mager war. Drüben auf der anderen Seite der Bühne blickten ein paar dürftig bekleidete Mädchen zu ... Und dann packte mich plötzlich der Mann mit der Glatze, schleifte mich auf die Bühne, begrüßte Jupp mit einem feierlichen Armschwenken und sagte mit einer erkünstelten Polizistenstimme:: »Guten Abend, Herr Borgalewski.«

»Guten Abend, Herr Erdmenger«, sagte Jupp, ebenfalls in diesem feierlichen Ton.

»Ich bringe Ihnen hier einen Pferdedieb, einen ausgesprochenen Lumpen, Herr Borgalewski, den Sie mit Ihren sauberen Messern erst ein bißchen kitzeln müssen, ehe er gehängt wird ... einen Lumpen ... « Ich fand seine Stimme ausgesprochen lächerlich, kümmerlich künstlich, wie Papierblumen und billigste Schminke. Ich warf einen Blick in den Zuschauerraum, und von diesem Augenblick an, vor diesem flimmernden, lüsternen, vieltausendköpfigen, gespannten Ungeheuer, das im Finstern wie zum Sprung dasaß, schaltete ich einfach ab.

Mir war alles scheißegal, das grelle Licht der Scheinwerfer blendete mich, und in meinem schäbigen Anzug mit den elenden Schuhen mag ich wohl recht nach Pferdedieb ausgesehen haben.

»Oh, lassen Sie ihn mir hier, Herr Erdmenger, ich werde mit dem Kerl schon fertig.«

»Gut, besorgen Sie's ihm und sparen Sie nicht mit den Messern.«

Jupp schnappte mich am Kragen, während Herr Erdmenger mit gespreizten Beinen grinsend die Bühne verließ. Von irgendwoher wurde ein Strick auf die Bühne geworfen, und dann fesselte mich Jupp an den Fuß einer dorischen Säule, hinter der eine blau angestrichene Kulissentür lehnte. Ich fühlte etwas wie einen Rausch der Gleichgültigkeit. Rechts von mir hörte ich das unheimliche, wimmelnde Geräusch des gespannten Publikums, und ich spürte, daß Jupp recht gehabt hatte, wenn er von seiner Blutgier sprach. Seine Lust zitterte in der süßen, fade riechenden Luft, und die Kapelle erhöhte mit ihrem sentimentalen Spannungstrommelwirbel, mit ihrer leisen Geilheit den Eindruck einer schauerlichen Tragikomödie, in der richtiges Blut fließen würde, bezahltes Bühnenblut ... Ich blickte starr geradeaus und ließ mich schlaff nach unten sacken, da mich die feste Schnürung des Strickes wirklich hielt. Die Kapelle wurde immer leiser, während Jupp sachlich seine Messer wieder aus den Karten zog und sie ins Etui steckte, wobei er mich mit melodramatischen Blicken musterte. Dann, als er alle Messer geborgen hatte, wandte er sich zum Publikum, und auch seine Stimme war ekelhaft geschminkt, als er nun sagte: »Ich werde Ihnen diesen Herrn mit Messern umkränzen, meine Herrschaften, aber Sie sollen sehen, daß ich nicht mit stumpfen Messern werfe ... « Dann zog er einen Bindfaden aus der Tasche, nahm mit unheimlicher Ruhe ein Messer nach dem anderen aus dem Etui, berührte damit den Bindfaden, den er in zwölf Stücke zerschnitt; jedes Messer steckte er ins Etui zurück.

Währenddessen blickte ich weit über ihn hinweg, weit über die Kulissen, weit weg auch über die halbnackten Mädchen, wie mir schien, in ein anderes Leben ...

Die Spannung der Zuschauer elektrisierte die Luft. Jupp kam auf mich zu, befestigte zum Schein den Strick noch einmal neu und flüsterte mir mit weicher Stimme zu: »Ganz, ganz still halten, und hab Vertrauen, mein Lieber ... «

Seine neuerliche Verzögerung hatte die Spannung fast zur Entladung gebracht, sie drohte ins Leere auszufließen, aber er griff plötzlich seitlich, ließ seine Hände ausschweben wie leise schwirrende Vögel, und in sein Gesicht kam jener Ausdruck magischer Sammlung, den ich auf der Treppe bewundert hatte. Gleichzeitig schien er mit dieser Zauberergeste auch die Zuschauer zu beschwören. Ich glaubte ein seltsam schauerliches Stöhnen zu hören, und ich begriff, daß das ein Warnsignal für mich war.

Ich holte meinen Blick aus der unendlichen Ferne zurück, blickte Jupp an, der mir jetzt so gerade gegenüberstand, daß unsere Augen in einer Linie lagen; dann hob er die Hand, griff langsam zum Etui, und ich begriff wieder, daß das ein Zeichen für mich war. Ich stand still, ganz still, und schloß die Augen ...

Es war ein herrliches Gefühl; es währte vielleicht zwei Sekunden, ich weiß es nicht. Während ich das leise Zischen der Messer hörte und den kurzen heftigen Luftzug, wenn sie neben mir in die Kulissentür schlugen, glaubte ich auf einem sehr schmalen Balken über einem unendlichen Abgrund zu gehen. Ich ging ganz sicher und fühlte doch alle Schauer der Gefahr ... ich hatte Angst und doch die volle Gewißheit, nicht zu stürzen; ich zählte nicht, und doch öffnete ich die Augen im Augenblick, als das letzte Messer neben meiner rechten Hand in die Tür schoß ...

Ein stürmischer Beifall riß mich vollends hoch; ich schlug die Augen ganz auf und blickte in Jupps bleiches Gesicht, der auf mich zugestürzt war und nun mit nervösen Händen meinen Strick löste. Dann schleppte er mich in die Mitte der Bühne vorn an die Rampe; er verbeugte sich, und ich verbeugte mich; er deutete in dem anschwellenden Beifall auf mich und ich auf ihn; dann lächelte er mich an, ich lächelte ihn an, und wir verbeugten uns zusammen lächelnd vor dem Publikum.

In der Kabine sprachen wir beide kein Wort. Jupp warf das durchlöcherte Kartenspiel auf den Stuhl, nahm meinen Mantel vom Nagel und half mir, ihn anzuziehen. Dann hing er sein Cowboykostüm wieder an den Nagel, zog seine Windjacke an, und wir setzten die Mützen auf. Als ich die Tür öffnete, stürzte uns der kleine Mann mit der Glatze entgegen und rief: »Gage erhöht auf vierzig Mark!« Er reichte Jupp ein paar Geldscheine. Da begriff ich, daß Jupp nun mein Chef war, und ich lächelte, und auch er blickte mich an und lächelte.

Jupp faßte meinen Arm, und wir gingen nebeneinander die schmale, spärlich beleuchtete Treppe hinunter, auf der es nach alter Schminke roch. Als wir das Portal erreicht hatten, sagte Jupp lachend: »Jetzt kaufen wir Zigaretten und Brot ... «

Ich aber begriff erst eine Stunde später, daß ich nun einen richtigen Beruf hatte, einen Beruf, wo ich mich nur hinzustellen brauchte und ein bißchen zu träumen. Zwölf oder zwanzig Sekunden lang. Ich war der Mensch, auf den man mit Messern wirft ...

Luise Rinser
Die rote Katze

Ich muß immer an diesen roten Teufel von einer Katze denken, und ich weiß nicht, ob das richtig war, was ich getan hab. Es ging damit an, daß ich auf dem Steinhaufen neben dem Bombentrichter in unserm Garten saß. Der Steinhaufen ist die größere Hälfte von unserm Haus. Die kleinere steht noch, und da wohnen wir, ich und die Mutter und Peter und Leni, das sind meine kleinen Geschwister. Also, ich sitz da auf den Steinen, da wächst überall schon Gras und Brennesseln und anderes Grünes. Ich halt ein Stück Brot in der Hand, das ist schon hart, aber meine Mutter sagt, altes Brot ist gesünder als frisches. In Wirklichkeit ist es deswegen, weil sie meint, am alten Brot muß man länger kauen und dann wird man von weniger satt. Bei mir stimmt das nicht. Plötzlich fällt mir ein Brocken Brot runter. Ich bück mich, aber im nämlichen Augenblick fährt eine rote Pfote aus den Brennesseln und angelt sich das Brot. Ich hab nur dumm schauen können, so schnell ist es gegangen. Und da seh ich, daß in den Brennesseln eine Katze hockt, rot wie ein Fuchs und ganz mager. »Verdammtes Biest«, sage ich und werf einen Stein nach ihr. Ich hab sie gar nicht treffen wollen, nur verscheuchen. Aber ich muß sie doch getroffen haben, denn sie hat geschrien, nur ein einziges Mal, aber so wie'n Kind. Fortgelaufen ist sie nicht. Da hat es mir leid getan, daß ich nach ihr geworfen hab, und ich hab sie gelockt. Aber sie ist nicht aus den Nesseln rausgegangen. Sie hat ganz schnell geatmet. Ich hab gesehen, wie ihr rotes Fell über dem Bauch auf und ab gegangen ist. Sie hat mich immerfort angeschaut mit ihren grünen Augen. Da hab ich sie gefragt: »Was willstn eigentlich?« Das war verrückt, denn sie ist doch kein Mensch, mit dem man reden kann. Dann bin ich ärgerlich geworden über sie und auch über mich, und ich hab einfach nicht mehr hingeschaut und hab ganz schnell mein Brot runtergewürgt. Den letzten Bissen, das war noch'n großes Stück, den hab ich ihr hingeworfen und bin ganz zornig fortgegangen.

Im Vorgarten, da waren Peter und Leni und haben Bohnen geschnitten. Sie haben sich die grünen Bohnen in den Mund gestopft, daß es nur so geknirscht hat, und Leni hat ganz leise gefragt, ob ich nicht noch'n Stückchen Brot hab. »Na«, hab ich gesagt, »du hast doch genau so'n großes Stück gekriegt wie ich, und du bist erst neun, und ich bin dreizehn. Größere brauchen mehr.« – »Ja«, hat sie gesagt, sonst nichts. Da hat Peter gesagt: »Weil sie ihr Brot doch der Katze gegeben hat.« – »Was für einer Katze?« hab ich gefragt. »Ach«, sagt Leni, »da ist so eine Katze gekommen, eine rote, wie so'n kleiner Fuchs und so schrecklich mager. Die hat mich immer angeschaut, wie ich mein Brot hab essen wollen.« – »Dummkopf«, hab ich ärgerlich gesagt, »wo wir doch selber nichts zu essen haben.« Aber sie hat nur mit den Achseln gezuckt und ganz schnell zu Peter hingeschaut, der hat'n roten Kopf gehabt, und ich bin sicher, er hat sein Brot auch der Katze gegeben. Da bin ich wirklich ärgerlich gewesen, und hab ganz schnell weggehen müssen.

Wie ich auf die Hauptstraße komm, steht da'n amerikanisches Auto, so'n großer, langer Wagen, 'n Buick, glaub ich, und da fragt mich der Fahrer nach'm Rathaus. Auf englisch hat er gefragt, und ich kann doch'n bißchen Englisch. »The next street«, hab ich gesagt, »and then left and then« – geradeaus hab ich nicht gewußt auf englisch, das hab ich mit dem Arm gezeigt, und er hat mich schon verstanden. – »And behind the church is the marketplace with the Rathaus.« Ich glaub, das war'n ganz gutes Amerikanisch, und die Frau im Auto hat mir'n paar Schnitten Weißbrot gegeben, so'n ganz weißes, und wie ich's aufklapp, is da Wurst zwischen, ganz dick. Da bin ich gleich heimgerannt mit'm Brot. Wie ich in die Küche komm, da verstecken die zwei Kleinen schnell was unterm Sofa, aber ich hab's doch gesehen. Es ist die rote Katze gewesen. Und auf'm Boden war'n bißchen Milch verschüttet, und da hab ich alles gewußt. »Ihr seid wohl verrückt«, hab ich geschrien, »wo wir doch nur'n halben Liter Magermilch haben im Tag, für vier Personen.« Und ich hab die Katze unterm Sofa rausgezogen und hab sie zum Fenster rausgeworfen. Die beiden Kleinen haben kein Wort gesagt. Dann hab ich das amerikanische Weißbrot in vier Teile geschnitten und den Teil für die Mutter im Küchenschrank versteckt.

»Woher hast'n das?« haben sie gefragt und ganz ängstlich geschaut. »Gestohlen«, hab ich gesagt und bin rausgegangen. Ich hab nur schnell mal nachsehn wollen, ob auf der Straße keine Kohlen liegen, weil nämlich'n Kohlenauto vorbeigefahren war, und die verlieren schon mal was. Da sitzt im Vorgarten die rote Katze und schaut so an mir rauf. »Geh weg«, hab ich gesagt und mit'm Fuß nach ihr gestoßen. Aber sie ist nicht weggegangen. Sie hat bloß ihr kleines Maul aufgemacht und gesagt: »Miau.« Sie hat nicht geschrien wie andere Katzen, sie hat es einfach so gesagt, ich kann das nicht so erklären. Dabei hat sie mich ganz starr angeschaut mit den grünen Augen. Da hab ich ihr voll Zorn 'n Brocken von dem amerikanischen Weißbrot hingeworfen. Nachher hat's mich gereut.

Wie ich auf die Straße komm, da sind schon zwei andere da, Größere, die haben die Kohlen aufgehoben. Da bin ich einfach vorbeigegangen. Sie haben einen ganzen Eimer voll gehabt. Ich hab schnell hineingespuckt. Wär das mit der Katze nicht gewesen, hätt ich sie alle allein gekriegt. Und wir hätten 'n ganzes Abendessen damit kochen können. Es waren so schöne glänzende Dinger. Nachher hab ich dafür'n Wagen mit Frühkartoffeln getroffen, da bin ich'n bißchen drangestoßen, und da sind'n paar runtergekollert und noch'n paar. Ich hab sie in die Taschen gesteckt und in die Mütze. Wie der Fuhrmann umgeschaut hat, hab ich gesagt: »Sie verlieren Ihre Kartoffeln.« Dann bin ich schnell heimgegangen.

Die Mutter war allein daheim, und auf ihrem Schoß, da war die rote Katze. »Himmeldonnerwetter«, hab ich gesagt, »ist das Biest schon wieder da?« – »Red doch nicht so grob«, hat die Mutter gesagt, »das ist eine herrenlose Katze, und wer weiß, wie lange sie nix mehr gefressen hat. Schau nur, wie mager sie ist.« – »Wir sind auch mager«, hab ich gesagt. »Ich hab ihr'n bißchen was von meinem Brot gegeben«, hat sie gesagt und hat mich schief angeschaut. Ich hab an unsere Brote gedacht und an die Milch und an das Weißbrot, aber gesagt hab ich nichts. Dann haben wir die Kartoffeln gekocht, und die Mutter war froh. Aber woher ich sie hab, hat sie nicht gefragt. Meinetwegen hätt sie schon fragen können. Nachher hat die Mutter ihren Kaffee schwarz getrunken, und sie haben alle zugeschaut, wie das rote Biest die Milch ausgesoffen hat. Dann ist sie endlich durchs Fenster rausgesprungen. Ich hab's schnell zugemacht und richtig aufgeatmet. Am Morgen, um sechs, hab ich mich für Gemüse angestellt. Wie ich um acht heimkomm, sitzen die Kleinen beim Frühstück, und auf dem Stuhl dazwischen hockt das Vieh und frißt eingeweichtes Brot aus Leni ihrer Untertasse. Nach'n paar Minuten kommt die Mutter zurück, die ist seit halb sechs beim Metzger angestanden. Die Katze springt gleich zu ihr hin, und wie die Mutter denkt, ich geb nicht acht, läßt sie'n Stück Wurst fallen. Es war zwar markenfreie Wurst, so'n graues Zeug, aber wir hätten sie uns auch gern aufs Brot gestrichen, das hätte Mutter doch wissen müssen. Ich verschluck meinen Zorn, nehm die Mütze und geh. Ich hab das alte Rad aus'm Keller geholt und bin vor die Stadt gefahren. Da ist'n Teich, da gibt's Fische. Ich habe keine Angel, nur so'n Stecken mit zwei spitzen Nägeln drin, da stech ich nach den Fischen. Ich hab schon oft Glück gehabt und diesmal auch. Es ist noch nicht zehn Uhr, da hab ich zwei ganz nette Dinger, genug für'n Mittagessen. Ich fahr heim so schnell ich kann, und daheim leg ich die Fische auf den Küchentisch. Ich geh nur rasch in Keller und sag's der Mutter, die hat Waschtag. Sie kommt auch gleich mit rauf. Aber da ist nur mehr ein Fisch da und ausgerechnet der kleinere. Und auf dem Fensterbrett, da sitzt der rote Teufel und frißt den letzten Bissen. Da krieg ich aber die Wut und werf'n Stück Holz nach ihr, und ich treff sie auch. Sie kollert vom Fensterbrett, und ich hör sie wie'n Sack im Garten aufplumpsen. »So«, sag ich, »die hat genug.« Aber da krieg ich von der Mutter eine Ohrfeige, daß es nur so klatscht. Ich bin dreizehn und hab sicher seit fünf Jahren keine mehr gekriegt. »Tierquäler«, schreit die Mutter und ist ganz blaß vor Zorn über mich. Ich hab nichts anderes tun können als fortgehen.

Mittags hat es dann doch Fischsalat gegeben mit mehr Kartoffeln als Fisch. Jedenfalls sind wir das rote Biest losgewesen. Aber glaub ja keiner, daß das besser gewesen ist. Die Kleinen sind durch die Gärten gelaufen und haben immer nach der Katze gerufen, und die Mutter hat jeden Abend ein Schälchen mit Milch vor die Tür gestellt, und sie hat mich vorwurfsvoll angeschaut. Und da hab ich selber angefangen, in allen Winkeln nach dem Vieh zu suchen, es konnte ja irgendwo krank oder tot liegen. Aber nach drei Tagen war das Biest wieder da. Sie hat gehinkt und hat eine Wunde am Bein gehabt, am rechten Vorderbein, das war von meinem Scheit. Die Mutter hat sie verbunden, und sie hat ihr auch was zu fressen gegeben. Von da an ist sie jeden Tag gekommen. Es hat keine Mahlzeit gegeben ohne das rote Vieh, und keiner von uns hat irgendwas vor ihm verheimlichen können. Kaum hat man was gegessen, so ist sie schon dagesessen und hat einen angestarrt. Und alle haben wir ihr gegeben, was sie hat haben wollen, ich auch. Obwohl ich wütend war. Sie ist immer fetter geworden, und eigentlich war es eine schöne Katze, glaub ich. Und dann ist der Winter sechsundvierzig auf siebenundvierzig gekommen. Da haben wir wirklich kaum mehr was zu essen gehabt. Es hat ein paar Wochen lang kein Gramm Fleisch gegeben und nur gefrorene Kartoffeln, und die Kleider haben nur so geschlottert an uns. Und einmal hat Leni ein Stück Brot gestohlen beim Bäcker vor Hunger. Aber das weiß nur ich.

Und Anfang Februar, da hab ich zu der Mutter gesagt: »Jetzt schlachten wir das Vieh.« – »Was für'n Vieh?« hat sie gefragt und hat mich scharf angeschaut. »Na, die Katze halt«, hab ich gesagt und hab gleichgültig getan, aber ich hab schon gewußt, was kommt. Sie sind alle über mich hergefallen. »Was! Unsere Katze! Schämst du dich nicht?« – »Nein«, hab ich gesagt, »ich schäm mich nicht. Wir haben sie von unserm Essen gemästet, und sie ist fett wie'n Spanferkel, jung ist sie auch noch, also?«

Aber Leni hat angefangen zu heulen, und Peter hat mir unterm Tisch 'n Fußtritt gegeben, und Mutter hat traurig gesagt: »Daß du so'n böses Herz hast, hab ich nicht geglaubt.« Die Katze ist auf dem Herd gesessen und hat geschlafen. Sie war wirklich ganz rund, und sie war so faul, daß sie kaum mehr aus'm Haus zu jagen war.

Wie es dann im April keine Kartoffeln mehr gegeben hat, da haben wir nicht mehr gewußt, was wir essen sollen. Eines Tages, ich war schon ganz verrückt, da hab ich sie mir vorgenommen und hab gesagt: »Also hör mal, wir haben nichts mehr, siehst du das nicht ein?« Und ich hab ihr die leere Kartoffelkiste gezeigt und den leeren Brotkasten. »Geh fort«, hab ich gesagt, »du siehst ja, wie's bei uns ist.« Aber sie hat nur geblinzelt und sich auf dem Herd rumgedreht. Da hab ich vor Zorn geheult und auf den Küchentisch geschlagen. Aber sie hat sich nicht darum gekümmert. Da hab ich sie gepackt und untern Arm geklemmt. Es war schon'n bißchen dunkel draußen, und die Kleinen waren mit der Mutter fort, Kohlen am Bahndamm zusammensuchen. Das rote Vieh war so faul, daß es sich einfach forttragen hat lassen. Ich bin an den Fluß gegangen. Auf einmal ist mir'n Mann begegnet, der hat gefragt, ob ich die Katze verkauf. »Ja«, hab ich gesagt und hab mich schon gefreut. Aber er hat nur gelacht und ist weitergegangen. Und dann war ich auf einmal am Fluß. Da war Treibeis und'n bißchen Nebel und kalt war es. Da hat sich die Katze ganz nah an mich gekuschelt, und dann hab ich sie gestreichelt und mit ihr geredet. »Ich kann das nicht mehr sehen«, hab ich ihr gesagt, »es geht nicht, daß meine Geschwister hungern, und du bist fett, ich kann das einfach nicht mehr mit ansehen.« Und auf einmal hab ich ganz laut geschrien, und dann hab ich das rote Vieh an den Hinterläufen genommen und habs an einen Baumstamm geschlagen. Aber sie hat bloß geschrien. Tot war sie noch lange nicht. Da hab ich sie an eine Eisscholle gehaut, aber davon hat sie nur ein Loch im Kopf gekriegt, und da ist das Blut herausgeflossen, und überall im Schnee waren dunkle Flecken. Sie hat geschrien wie ein Kind. Ich hätt gern aufgehört, aber jetzt hab ichs schon fertig tun müssen. Ich hab sie immer wieder an die Eisscholle geschlagen, es hat gekracht, ich weiß nicht, ob es ihre Knochen waren oder das Eis, und sie war immer noch nicht tot. Eine Katze hat sieben Leben, sagen die Leute, aber die hat mehr gehabt. Bei jedem Schlag hat sie laut geschrien, und auf einmal hab ich auch geschrien, und ich war ganz naß vor Schweiß bei aller Kälte. Aber einmal war sie dann doch tot. Da hab ich sie in den Fluß geworfen und hab mir meine Hände im Schnee gewaschen, und wie ich noch einmal nach dem Vieh schau, da schwimmt es schon weit draußen mitten unter den Eisschollen, dann war es im Nebel verschwunden. Dann hat mich gefroren, aber ich hab noch nicht heimgehen mögen. Ich bin noch in der Stadt rumgelaufen, aber dann bin ich doch heimgegangen. »Was hast'n du?« hat die Mutter gefragt, »du bist ja käseweiß. Und was ist'n das für Blut an der Jacke?« – »Ich hab Nasenbluten gehabt«, hab ich gesagt. Sie hat mich nicht angeschaut und ist an den Herd gegangen und hat mir Pfefferminztee gemacht. Auf einmal ist mir schlecht geworden, da hab ich schnell raus müssen, dann bin ich gleich ins Bett gegangen. Später ist die Mutter gekommen und hat ganz ruhig gesagt: »Ich versteh dich schon. Denk nimmer dran.« Aber nachher hab ich Peter und Leni die halbe Nacht unterm Kissen heulen hören. Und jetzt weiß ich nicht, ob es richtig war, daß ich das rote Biest umgebracht hab. Eigentlich frißt so'n Tier doch gar nicht viel.

GÜNTER EICH

Züge im Nebel

Mir hatte die Sache von Anfang an nicht gefallen. Stanislaus meinte, weil es zweimal gutgegangen war, würde es auch das drittemal klappen. Mir leuchtete das nicht ein, aber schließlich ließ ich mich breitschlagen. Hätte ich nein gesagt, wäre mir jetzt wohler, und den Schnaps hier hätte ich verkauft, anstatt ihn selber zu trinken.

Wir fuhren am Abend ziemlich frühzeitig raus, Stanislaus und ich. Die Gegend kennst du bestimmt nicht, und ich will dir auch nicht so genau beschreiben, wo es ist. Jedenfalls stellten wir das Auto bei einem Bauern ab, der ist ein Geschäftsfreund von uns. Ich ließ mir ein paar Spiegeleier braten, und Stanislaus ging noch schnell bei Paula vorbei, die ist Magd nebenan. Dann stolperten wir los. Da muß man schon Bescheid wissen, wenn man sich da nachts zurechtfinden will.

Ich war schlechter Laune und sagte zu Stanislaus, er solle das verdammte Rauchen lassen, das ist doch schon beinahe was wie im Steckbrief ein besonderes Kennzeichen. Aber er kann nicht aufhören damit, er raucht von morgens bis abends und noch länger. Er sagte, ich wäre überhaupt ein Angsthase, und das ärgerte mich. Schließlich steckte ich mir selber eine an.

Wir gingen quer über die Felder zum Bahndamm. Es war ein ekelhafter Nebel da, weil es so nahe am Wasser ist. Die Bahn ist eigentlich zweigleisig, aber wo die Brücke gesprengt war, ist erst ein Gleis wieder rübergelegt. Die Züge fahren hier ganz langsam, und das ist eine prima Stelle zum Aufspringen. Und weil ein paar Kilometer weiter wieder so eine langsame Stelle ist, kommt man auch gut wieder runter. Und das ist für uns natürlich wichtig. Ich habe nämlich gar keine Lust, irgendein Stück von mir auf die Schienen zu legen, wenn grade was drüber rollt.

Übrigens stammt die ganze Idee von mir. Ich war drauf gekommen, als ich selber mal die Strecke fuhr und zum Fenster raussah. So eine Idee ist Gold wert, mein Lieber, aber mich kotzt sie jetzt an.

Wir saßen unten am Bahndamm auf einem Stapel Schwellen und froren jämmerlich. Der Nebel schien noch dicker geworden zu sein. Der einzige Vorteil war, daß man in der nassen

Luft die Züge von weit her hörte. Der erste kam aus der anderen Richtung, den konnten wir nicht brauchen. Der zweite war ein Personenzug. Man hörte ihn noch lange, nachdem er über die Brücke gerumpelt war. Dann war es still. Stanislaus rauchte, und hin und wieder tat ich's auch. Wir gingen ein paar Schritte hin und her, um uns zu erwärmen. Stanislaus erzählte seine oberschlesischen Witze, die ich alle schon kannte. Dann sprachen wir von Gleiwitz und von der Schillerstraße, und das machte uns ein bißchen warm. Auf einmal pfiff in der Ferne eine Lokomotive, und wir machten uns wieder fertig.

Der Güterzug, der jetzt kam, fuhr ziemlich schnell. Ich wußte auch genau, daß da nichts für uns drin war. Ich habe das im Instinkt. Ich winkte Stanislaus ab, aber der war ganz versessen, er schwang sich auf einen Wagen und schrie: »Emil, nimm den nächsten!« oder so was ähnliches, und dann war er im Nebel verschwunden. So was Dummes. Den Wagen kriegte er bestimmt nie auf. Aber er weiß immer alles besser. Ich ließ den Zug vorbeifahren und wartete weiter. Warten muß man können. Drei in der andern Richtung, und ich ärgerte mich schon, daß heute gar nichts klappte. Die Kälte ging mir immer tiefer, und Stanislaus kam nicht zurück, obwohl mehr als zwei Stunden vergangen waren. Ich blieb auch sitzen, als es wieder pfiff, und erst als die Lokomotive vorbei war und ich sah, daß es ein guter Zug war, kletterte ich auf den Bahndamm. Das Unglück wollte es, daß er sogar hielt. Kann man da widerstehen, wenn man so direkt eingeladen wird? Ich hangelte mich hoch, löste die Plombe, und als wir abfuhren, wußte ich schon genau Bescheid, daß es Medikamente waren. Hier und da waren rote Kreuze drauf und so Apothekerwörter. Ein Paket, wo ich dachte, daß Morphium drin sein könnte, schmiß ich gleich raus. Das war natürlich dumm, weil wir nun auf beiden Flußseiten die Sachen auflesen mußten. Aber das hatte ich mir im Moment nicht überlegt, die Gelegenheit war zu günstig gewesen.

Das andere waren alles größere Kisten, die ich so nicht brauchen konnte. Als ich die erste auf hatte, fuhren wir grade über die Brücke. Ich gebe zu, daß der Lokführer trödelte, vielleicht lag es auch an den Signalen, aber ich kann auch sagen, daß ich genau und schnell gearbeitet habe.

Die Kartons, die in der Kiste waren, sah ich mir nicht weiter an. Ich schmiß zwei und nochmal zwei raus, als wir drüben waren. Der Zug hielt schon wieder. Ich guckte raus und überlegte, ob ich absteigen sollte.

Da sehe ich so etwas wie eine dunkle Gestalt neben dem Zug und seh den Lichtpunkt von der Zigarette. Ich rufe: »Stanislaus!« und er kommt rauf, und ich helfe ihm noch. Er knipst gleich seine Taschenlampe an und guckt in die aufgebrochene Kiste, sagt aber keinen Ton. Verdammt noch mal, ich muß in dem Augenblick nicht ganz bei mir gewesen sein, sonst hätte ich doch was gemerkt.

»Nimm deine dämliche Taschenlampe weg!« sage ich zu ihm, weil er mich von unten bis oben anleuchtet und direkt ins Gesicht.

»Ich glaube, wir hören auf«, sage ich noch, »mehr können wir gar nicht wegschaffen, bis es wieder hell ist.« Und da merke ich auf einmal, was ich für ein Rindvieh bin und daß es einer von der Bahnpolizei ist.

Ich springe gleich raus und er hinterher. Als ich den Bahndamm runter will, stolpere ich. In dem Nebel wäre ich vielleicht trotzdem entwischt, aber da schrie er »Emil, Emil!« hinter mir her, und das machte mich ganz irre. Es war also doch Stanislaus, wie? So was Verrücktes!

Jedenfalls hat er mich auf einmal gepackt, und ich fühlte etwas im Rücken, was bestimmt ein Pistolenlauf war. Ich nahm ganz mechanisch die Hände hoch. »Stanislaus?« frage ich noch ganz dumm.

Er durchsuchte mich und nahm mir mein Werkzeug und die Lampe ab. Waffen fand er natürlich nicht, so was nehmen wir nicht mit, unser Handwerk ist friedlich. Dann zog er mir die Brieftasche raus.

»Emil Patoka«, sagte er.

»Woher wußten Sie denn vorhin meinen Vornamen?« fragte ich.

»Setz dich hierhin!« Und er schubste mich auf einen Grenzstein. »Ich heiße Gustav Patoka.«

Er hätte mich nicht so zu schubsen brauchen, ich hätte mich von alleine hingesetzt, so erschlagen war ich.

»Gustav Patoka, so«, sage ich. Ich kannte nur einen Gustav Patoka, und das war mein Bruder.

»Wo sind die Pakete?« fragte er.

»Ich hab' sie rausgeschmissen.«

»Wie viele?«

»Vier«, log ich, denn so erschlagen wie ich war, eine Hintertür wollte ich mir doch noch aufhalten. Ich dachte an das erste Paket, und daß es drüben auf der andern Flußseite lag, und daß vielleicht Morphium drin war. Morphium ist immer ein gutes Geschäft. Es gibt Leute, von denen kannst du alles dafür kriegen.

Mir war ganz komisch zumute. Da saß ich und war also offenbar festgenommen. Oder nicht? Und der Polizist hieß Gustav Patoka und war mein kleiner Bruder. Da ging er mit langen Schritten auf und ab. Das war so Gustavs Art, wenn er über was Schwieriges nachdachte. Klar, ich war ein schwieriger Fall.

»Der Zug fährt ab«, sagte ich, weil ich dachte, er müßte vielleicht mitfahren. Aber er guckte bloß ganz flüchtig hoch, und dann ging er wieder hin und her, eine ganze Weile, daß es mir immer komischer wurde. Inzwischen rollte der Zug vorbei, das Schlußlicht verschwand auch, und man hörte das Geräusch immer leiser in der Ferne. Jetzt waren wir beide ganz allein mitten in dem Nebel. Wo war bloß Stanislaus hingekommen? Ich ärgerte mich, weil er doch eigentlich an allem schuld war. Dieser Idiot, wenn er nicht aufgesprungen wäre, wäre alles ganz anders gekommen.

»Gustav«, sagte ich, »wenn du mein Bruder bist, könntest du mir wenigstens die Hand geben, anstatt mich wie einen Verbrecher zu behandeln.«

»Was bist du denn sonst?«

»Hör mal, Gustav, ich mache dir einen Vorschlag. Wir arbeiten bisher bloß zu zweit. Wenn du jetzt mitmachen würdest, wie? Ist das keine Idee? Du, ich rede mit meinem Kumpel drüber. Gustav, mach mit! Es lohnt sich! Und du als Polizist, das wäre prima. – Mensch, Mensch –«

Ich wurde ganz aufgeregt, denn das war tatsächlich eine gute Idee. Ich sprang vor Eifer auf und wollte ihn beim Arm packen, aber er stieß mich zurück und sagte: «Halt's Maul!«

Nun ja, er war bei der Polizei, aber er war doch mein Bruder, und einen vernünftigen Vorschlag wird man doch noch machen dürfen. Ich werde ihn schon noch rumkriegen, dachte ich.

»Wie bist du bloß zur Polizei gekommen?«

»Ich fand keine andere Arbeit, und schließlich ist das doch ein anständiger Beruf. Jedenfalls besser als deiner.«

Darüber hätte ich natürlich mit ihm streiten können, aber Reden ist Silber, Schweigen ist Gold.

»Weißt du was von Vater?« fragte ich.

»Ich habe jetzt Nachricht. Er ist im vorigen Jahr gestorben.«

»Gestorben?«

»Er war bis zuletzt zu Hause. Ich wollte grade rüberfahren, ihn holen.«

Ich mußte ein bißchen schlucken, denn ich hatte meinen Alten immer gerne gehabt.

»Ich hab's mir gedacht«, sagte ich, »ich habe mir gedacht, daß ich ihn nicht mehr sehe. Jetzt wäre er grade sechzig. Das ist doch kein Alter zum Sterben. Was hat er denn gehabt?«

»Er ist verhungert.«

Mein Alter, dem das Essen immer soviel Spaß machte, verhungert! Das waren ja schöne Nachrichten!

»Du bist ein Gemütsmensch«, sagte ich.

Und er antwortete: »Das hab' ich vielleicht von dir so angenommen.«

Ich muß dir das erklären, warum er das sagte. Er sagte das, weil ich ihn nämlich erzogen hatte. Da wunderst du dich, aber es ist tatsächlich so. Mutter starb bald nach seiner Geburt. Vater mußte jeden Tag in die Arbeit. Die Nachbarin half aus, aber weil ich schon acht Jahre alt war, mußte ich das meiste machen, wenn ich nicht gerade in der Schule war. Ich hab' ihm die Windeln gewaschen und hab' ihn gewickelt. Bloß an die Brust legen konnte ich ihn nicht. Ich hab' ein bißchen Mama bei ihm gespielt. Später paßte ich auf, daß er sich die Ohren wusch und daß er die Schularbeiten machte. Überhaupt, solange ich zu Hause war, hatte ich mir das so angewöhnt, immer auf ihn aufzupassen. Er lief mir nach wie an der Leine.

Ich sagte: »Ich habe auch nicht gedacht, daß ich dich noch mal sehe.«

»Paßt dir wohl nicht?«

Das überhörte ich. »Wo warst du denn die letzten Jahre, wo ich nichts mehr von dir weiß?«

»In Frankreich, dann im Ruhrkessel, dann in Gefangenschaft.«

»Da hätten wir uns überall begegnen können.«

»Ist jetzt auch noch früh genug. Oder zu spät, wie man's nimmt.«

»Red nicht so dusselig!«

»Und du bist also von Beruf Schwarzhändler?«

»Mein Gott, ich verkaufe die Sachen zu den Preisen, wie sie geboten werden. Wie du das nennst, ist mir egal. Außerdem bin ich arbeitslos. Ich bin tatsächlich arbeitslos, ganz ohne Schwindel.«

Er glaubte mir das natürlich nicht.

»Und außerdem«, sagte er, »bist du ein Räuber und Bandit.«

»Ach«, sagte ich, »darunter habe ich mir als Junge immer was Großartiges vorgestellt. Da hatten wir doch zu Hause ein Buch, weißt du, das grüne mit dem fettigen Deckel!«

»Ja«, sagte er, »in der Schublade, wo die Gabeln lagen. Ich kenne doch das Buch. ›Der Held der Abruzzen‹ heißt es.«

»Siehst du, und das habe ich mindestens zwanzigmal gelesen. Aber daß ich jetzt auch so ein großartiger Räuber wäre, kann ich nicht sagen. Ich habe noch keine jungen Gräfinnen gerettet und keinen verjährten Mord gerächt. Und jetzt sagst du, ich wäre ein Räuber! Nee, Gustav, so großartig ist die Wirklichkeit nicht.«

»Du bist ein Räuber und Bandit. Und mein Bruder«, gab er mir eins drauf, »und das ist das Schlimmste.«

»Das ist eine Gemeinheit von dir, zu sagen, daß das das Schlimmste wäre! Und sieh mal, jeder tut heute irgendwas, was er nicht darf. Wer lebt denn bloß von der Lebensmittelkarte? Jeder schwindelt, jeder betrügt, bloß der eine ein bißchen mehr und der andere ein bißchen weniger.«

»Hör mal«, sagte Gustav, »da gibt es also, wenn man die Welt richtig ansieht, gar keinen Unterschied zwischen gut und schlecht, zwischen richtig und falsch?«

»Siehst du, jetzt kommst du allmählich dahinter. Das sind alles bloß kleine Unterschiede.

Da kommt er ganz nahe an mich ran und guckt mich an, daß mir Angst wird. »Ich will wissen, ob das dein Ernst ist!« Er faßt meine Hände und drückt mir die Knöchel, daß es mir weh tut. »Ich weiß nicht, ob dir noch irgendwas heilig ist und ob du schwören kannst. Aber sag mir beim Andenken unserer verstorbenen Eltern, hörst du, sag mir, daß das dein Ernst ist.«

»Natürlich«, sage ich, »natürlich ist es mein Ernst!« Er ließ mich los und ging wieder auf und ab, aber mir kam es vor, als sei er viel ruhiger. Vielleicht wird er jetzt vernünftig, dachte ich, aber ich weiß auch nicht, ich hatte einfach Angst, ganz entsetzliche Angst, und mir war es auch klar, daß noch irgendwas Furchtbares kommen würde.

»So«, Gustav blieb plötzlich stehen, »jetzt will ich dir noch was von mir erzählen, was du bestimmt noch nicht gewußt hast. Oder doch? Hast du gewußt, daß du bis vor einer halben Stunde der einzige Mensch warst, auf den ich felsenfest vertraut habe? Bis vor einer halben Stunde, und ganz und gar weg ist es erst seit zwei Minuten.«

Mir schlug das Herz bis zum Halse, sage ich dir. Jetzt war es da, das Furchtbare.

»Du warst mein großer Bruder, aber du warst noch viel mehr als das. Du hättest es vielleicht nie erfahren, und ich schäme mich auch schrecklich, lauter so große Worte in den Mund zu nehmen, aber alles, was rein und stark war und fest und sicher und treu und anständig und ehrlich, alles, was gut war, das warst du. Du kannst darüber lachen, jetzt ist es mir egal. In all den Jahren, wo du weg warst, waren die schönsten Tage die, wenn du auf Urlaub kamst. Ich habe immer geheult, wenn du wegfuhrst, hatte ich Angst um dich, wenn du draußen warst. So ein alberner Junge war ich, so ein Kind. Und später, als ich auf einmal selber erwachsen war und mich allein zurechtfinden mußte, da hab' ich mir immer vorgestellt, wie du alles machen würdest, und dann war es richtig. Was würde Emil dazu sagen, was würde Emil hier tun? So habe ich mich bestimmt alle Tage gefragt. Es ist zum Lachen, aber ich glaube, ich verdanke es dir, daß ich bisher ein ganz ordentlicher Mensch geblieben bin, so für meine Begriffe.«

»Ach, Gustav«, sage ich, »das sind so die Jahre, der Kommiß, der Krieg, kein Zuhause – ich bin so verwildert. Es ist alles Mist.«

»Ja, ja, das kann schon sein«, sagte er, aber ich merkte, daß er gar nicht hinhörte, es interessierte ihn nicht. Er reichte mir meine Brieftasche wieder hin. »Hier. Und jetzt muß du gehen. Deine Schlosserwerkzeuge behalte ich. Die Pakete läßt du liegen!«

»Gustav, sag mir wenigstens deine Adresse!«

»In zehn Minuten schieße ich ein paarmal. Reg dich nicht weiter auf. Das ist, damit man mir glaubt, daß mir einer durch die Lappen gegangen ist. Aber dann mußt du schon weit sein. Hau ab!«

»Gustav – «

»Hau ab, sag ich dir!«

Er stampfte mit dem Fuß auf. Ich ging.

Der Regen war zu einem feinen Nieselregen geworden, und die nasse Erde klebte mir an den Schuhen. Ich kam schlecht vorwärts. Kurz bevor ich die Straße erreicht hatte, hörte ich ein paar Schüsse. Es muß drei oder vier Uhr morgens gewesen sein.

Als ich ins Dorf kam, war Stanislaus längst da und saß seit ein paar Stunden im Auto und wartete auf mich – sagte er wenigstens. Er hatte mein erstes Paket gefunden, weil er später mit einem Gegenzug zurückgefahren und an der alten Stelle abgesprungen war. Es war Morphium drin. Stanislaus selber hatte gar nichts. Trotzdem schimpfte er, weil ich so lange geblieben war. Er behauptete, er wäre die Straße hin und her gefahren und hätte gehupt. Ich glaubte ihm das nicht. Er war bestimmt mit Paula zusammengewesen. Ich gönne sie ihm, sie hat einen vorspringenden Eckzahn, und mir ist sie zu dick. Aber Stanislaus hatte gar keinen Grund, sich aufzuspielen. Er hatte gar nichts geschafft, und ich hatte auch noch den Kopf hingehalten.

Ich erzählte ihm nichts, sagte nur so unbestimmt, ich wäre zu weit gefahren und hätte mich verlaufen. Er glaubte mir, daß ich müde wäre, und setzte mich auf den hinteren Sitz.

Stanislaus steuerte. Der Motor war so laut, daß er nicht hörte, wie ich heulte. Als Kind hatte ich mal Prügel bekommen, weil ich den Sonntagskuchen aufgegessen hatte; aber ich glaube, das war nicht so schlimm gewesen.

Jetzt sitze ich da und habe zu nichts Lust, kannst du das verstehen? Stanislaus drängelt mich, aber ich habe keine Lust. Das Morphium war ein gutes Geschäft. Zuviel will ich auch nicht verdienen, es ist doch mal alles hin.

Aber Gustav, mein Bruder, mein kleiner Bruder! Ich habe nicht gewußt, daß ich für jemanden so viel wert war! Du, das ist schön, oder es muß schön sein, denn ich habe es ja nicht gewußt. Aber bestimmt ist es schrecklich, wenn man es verliert. Ich hab's verloren. Aber Gustav hat noch mehr verloren. Nicht mich, ach, du lieber Gott, das meine ich nicht, ich bin ja nichts wert. Aber oft liege ich nachts wach und denke, er hält es nicht aus, es macht ihn kaputt. Und wer ist schuld, wenn er vor die Hunde geht? Ich, ich, ich, ich. Ob ich wirklich mal so ein Mensch gewesen bin, wie er's gedacht hat? Ach, mein kleiner Bruder, mein kleiner Bruder.

Wolfgang Borchert
Im Mai, im Mai schrie der Kuckuck

Toll sind die Märzmorgende am Strom, man liegt noch im Halbschlaf, gegen vier so, und die Schiffsungetüme blasen ihr vitales Saurier-Gestöhn unruhig über die Stadt hin, in den eisig-rosigen Frühnebel, den sonnenüberhauchten Silberdampf des atmenden Flusses hinein, und in dem letzten Traum vor Tag, da träumt man dann nicht mehr von hellbeinigen schlafwarmen Mädchen, um vier so, im rosigen Frühnebel, im Geblase der Dampfer, in ihrem großmäuligen Uu-Gebrüll, am Strom morgens, da träumt man dann ganz andere Träume, nicht die von Schwarzbrot und Kaffee und kaltem Schmorbraten, nicht die von stammelnden strampelnden Mädchen, nein, dann träumt man die ganz anderen Träume, die ahnungsvollen, frühen, die letzten, die allgewaltigen, undeutbaren Träume, die träumt man an den tollen Märzmorgenden am Strom, früh, um vier so ...

Toll sind die Novembernächte in den vereinsamten mausgrauen Städten, wenn aus blauschwarzen Vorstadtfernen die Lokomotiven herüberschrein, angstvoll, hysterisch, kühn und abenteuerlich, in den ersten kaum begonnenen Schlaf hinein, Lokomotivenschrei, lang, sehnsüchtig, unfaßbar, davon zieht man die Decke noch höher und drängt sich noch dichter an das nächtliche, zaubrische, heiße Tier, das Evelyn oder Hilde heißt, das in solchen Nächten, voll November und Lokomotivenschrei, vor Lust und Leid seine Sprache verliert, Tier wird, traumschweres, zuckendes, unersättliches Novemberlokomotiventier, denn toll, ach toll sind im November die Nächte.

Das sind die Märzmorgenschreie, die Saurierschreie der Schiffe im Strom, das sind die novemberträchtigen Lokomotivenschreie über silbrigem Geleise durch angstblaue Wälder – aber man kennt auch, man kennt auch die Klarinettenschreie an Septemberabenden, die aus schnaps- und parfumstinkenden Bars kommen, und die Aprilschreie der Katzen, die schaurigen, wollüstigen, und die Jubelschreie der sechzehnjährigen Mädchen, die über irgendein Brückengeländer rückwärts gebogen werden, bis ihnen die Augen übergehen, die lüstern erschrockenen, und die einsamen januareisigen Schreie der jungen Männer kennt man, Genieschreie über verdorbenen Dramen und verkommenen Blumengedichten:

All dies Weltgeschrei, dies dunkelnächtige, von der Nacht benebelte, angeblaute, tintenfarbige, asternblütig blutige Geschrei, das kennt man, das erinnert man, das erträgt man wieder und wieder, und Jahr um Jahr, Tag um Tag, Nacht für Nacht.

Aber der Kuckuck, im Mai der Kuckuck, wer unter uns erträgt in den schwülen Mainächten, an den Maimittagen sein tolles träge erregtes Geschrei? Wer von uns hat sich je an den Mai mit seinem Kuckuck gewöhnt, welches Mädchen, welcher Mann? Jahr um Jahr wieder, Nacht für Nacht wieder, macht er die Mädchen, die gierigatmenden, und die Männer, die betäubten, macht er sie wild, der Kuckuck, der Kuckuck im Mai, dieser Maikuckuck. Auch im Mai schrein Lokomotiven und Schiffe und Katzen und Fraun und Klarinetten – sie schreien dich an, wenn du allein auf der Straße bist, dann, wenn es schon dunkelt, aber dann fällt noch der Kuckuck über dich her. Eisenbahnpfiff, Dampfergedröhn, Katzengejaul, Klarinettengemekker und Frauenschluchzen – aber der Kuckuck, der Kuckuck schreit wie ein Herz durch die Mainacht, wie ein pochendes lebendiges Herz, und wenn dich der Kuckucksschrei unvermutet überfällt in der Nacht, in der Mainacht, dann hilft kein Dampfer dir mehr und keine Lokomotive und kein Katzen- und Frauengetu und keine Klarinette. Der Kuckuck macht dich verrückt. Der Kuckuck lacht dich aus, wenn du fliehst. Wohin? lacht der Kuckuck, wohin denn im Mai? Und du stehst, von dem Kuckuck wild gemacht, mit all deinen Weltwünschen da, allein, ohne wohin, so allein, und dann haßt du den Mai, haßt ihn vor sehnsüchtiger Liebe, vor Weltschmerz, haßt ihn mit deiner ganzen Einsamkeit, haßt diesen Kuckuck im Mai, diesen ...

... Und dann laufen wir mit unserem Kuckucksschicksal, ach, wir werden unser Kuckuckslos, dieses über uns verhängte Verhängnis nicht los, durch die tauigen Nächte. Schrei, Kuckuck, schrei deine Einsamkeit in den Maifrühling rein, schrei Kuckuck, brüderlicher Vogel, ausgesetzt, verstoßen, ich weiß, Bruder Kuckuck, all dein Geschrei ist Geschrei nach der Mutter, die dich den Mainächten auslieferte, als Fremdling unter Fremde verstieß, schrei, Kuckuck, schrei dein Herz den Sternen entgegen, Bruder Fremdling du, mutterlos, schrei ... Schrei, Vogel Einsam, blamiere die Dichter, ihnen fehlt deine tolle Vokabel, und ihre Einsamkeitsnot wird Geschwätz, und nur wenn sie stumm bleiben, dann tun sie ihre größte Tat, Vogel Einsam, wenn dein Mutterschrei uns durch schlaflose Mainächte jagt, dann tun wir unsere heldische Tat: Die unsägliche Einsamkeit, diese eisige männliche, leben wir dann, leben wir ohne deine tolle Vokabel, Bruder Vogel, denn das Letzte, das Letzte geben die Worte nicht her.

Hingehen sollen die heroisch verstummten einsamen Dichter und lernen, wie man einen Schuh macht, einen Fisch fängt und ein Dach dichtet, denn ihr ganzes Getu ist Geschwätz, qualvoll, blutig, verzweifelt, ist Geschwätz vor den Mainächten, vor dem Kuckucksschrei, vor den wahren Vokabeln der Welt. Denn wer unter uns, wer dann, ach, wer weiß einen Reim auf das Röcheln einer zerschossenen Lunge, einen Reim auf einen Hinrichtungsschrei, wer kennt das Versmaß, das rhythmische, für eine Vergewaltigung, wer weiß ein Versmaß für das Gebell der Maschinengewehre, eine Vokabel für den frisch verstummten Schrei eines toten Pferdeauges, in dem sich kein Himmel mehr spiegelt und nicht mal die brennenden Dörfer, welche Druckerei hat ein Zeichen für das Rostrot der Güterwagen, dieses Weltbrandrot, dieses angetrocknete blutigverkrustete Rot auf weißer menschlicher Haut? Geht nach Haus, Dichter, geht in die Wälder, fangt Fische, schlagt Holz und tut eure heroische Tat: Verschweigt! Verschweigt den Kuckucksschrei eures einsamen Herzens, denn es gibt keinen Reim und kein Versmaß dafür, und kein Drama, keine Ode und kein psychologischer Roman hält den Kuckucksschrei aus, und kein Lexikon und keine Druckerei hat Vokabel oder Zeichen für deine wortlose Weltwut, für deine Schmerzlust, für dein Liebesleid.

Denn wir sind wohl eingeschlafen unter dem Knistern geborstener Häuser (ach, Dichter, für das Seufzen sterbender Häuser fehlt dir jede Vokabel!), eingeschlafen sind wir unter dem Gebrüll der Granaten (welche Druckerei hat ein Zeichen für dieses metallische Geschrei?), und wir schliefen ein bei dem Gestöhn der Sträflinge und der vergewaltigten Mädchen (wer weiß einen Reim darauf, wer weiß den Rhythmus?) – aber hochgejagt wurden wir in den Mainächten von der stummen Qual unserer Fremdlingsherzen hier auf der Frühlingswelt, denn nur der Kuckuck, nur der Kuckuck weiß eine Vokabel für all seine einsame mutterlose Not. Und uns bleibt allein die heroische Tat, die Abenteuertat: Unser einsames Schweigen. Denn für das grandiose Gebrüll dieser Welt und für ihre höllische Stille fehlen uns die armseligsten Vokabeln. Alles, was wir tun können, ist: Addieren, die Summe versammeln, aufzählen, notieren.

Aber diesen tollkühnen sinnlosen Mut zu einem Buch müssen

wir haben! Wir wollen unsere Not notieren, mit zitternden Händen vielleicht, wir wollen sie in Stein, Tinte oder Noten vor uns hinstellen, in unerhörten Farben, in einmaliger Perspektive, addiert, zusammengezählt und angehäuft, und das gibt dann ein Buch von zweihundert Seiten. Aber es wird nicht mehr da drin stehn als ein paar Glossen, Anmerkungen, Notizen, spärlich erläutert, niemals erklärt, denn die zweihundert bedruckten Seiten sind nur ein Kommentar zu den zwanzigtausend unsichtbaren Seiten, zu den Sisyphusseiten, aus denen unser Leben besteht, für die wir Vokabel, Grammatik und Zeichen nicht kennen. Aber auf diesen zwanzigtausend unsichtbaren Seiten unseres Buches steht die groteske Ode, das lächerliche Epos, der nüchternste verwunschenste aller Romane: Unsere verrückte kugelige Welt, unser zuckendes Herz, unser Leben! Das ist das Buch unserer wahnsinnigen dreisten bangen Einsamkeit auf nachttoten Straßen.

Aber die abends in den erleuchteten gelbroten blechernen Straßenbahnen durch die steinerne Stadt fahren, die, die müssen doch glücklich sein. Denn sie wollen ja irgendwohin, sie kennen den Namen ihrer Stationen ganz genau, sie haben ihn schon genannt, mit der Lippenfaulheit von Leuten, denen nichts mehr passieren kann, ohne aufzusehn, sie wissen, wo ihre Haltestelle ist (sie haben es alle nicht weit) und sie wissen, daß die Bahn sie dahin bringt. Dafür haben sie schließlich bezahlt an den Staat, mit Steuern einige, einige mit einem amputierten Bein, und mit zwanzig Pfennig Fahrgeld. (Kriegsversehrte die Hälfte. Ein Einbeiniger fährt im Leben 7862mal mit der Straßenbahn für die Hälfte. Er spart 786,20. Sein Bein, es ist bei Smolensk längst verfault, war 786,20 wert. Immerhin.) Aber glücklich sind die in der Bahn. Sie müssens doch sein. Sie haben weder Hunger noch Heimweh. Wie können sie Hunger oder Heimweh haben? Ihre Station steht schon fest, und alle haben lederne Taschen bei sich, Pappkartons oder Körbe. Einige lesen auch. Faust, Filmillustrierte oder den Fahrschein, das siehst du ihnen nicht an. Sie sind gute Schauspieler. Sie sitzen da mit ihren erstarrten, plötzlich alt gewordenen Kindergesichtern, hilflos, wichtig, und spielen Erwachsene. Und die Neunjährigen glauben ihnen das. Aber am liebsten würden sie aus den Fahrscheinen kleine Kügelchen machen und sich damit werfen, heimlich. So glücklich sind sie, denn in den Körben und Taschen und Büchern, die die Leute abends in der Straßenbahn bei sich haben, da sind die Mittel drin gegen Heimweh und Hunger (und wenns eine Kippe ist, an der man sich satt kaut – und wenns ein Fahrschein ist, mit dem man flieht –). Die, die Körbe und Bücher bei sich haben, die in den Straßenbahnen abends, die müssen doch glücklich sein, denn sie sind ja geborgen zwischen ihren Nebenmännern, die Brillen, Husten oder bläuliche Nasen haben, und bei dem Schaffner, der eine amtliche Uniform an hat, unsaubere Fingernägel und einen goldenen Ehering, der mit den Fingernägeln wieder versöhnt, denn nur Junggesellenfingernägel sind unsympathisch, wenn sie unsauber sind. Ein verheirateter Straßenbahnschaffner hat womöglich einen kleinen Garten, einen Balkonkasten oder er bastelt für seine fünf Kinder Segelschiffe (ach, für sich baut er die, für seine heimlichen Reisen!). Die bei so einem Schaffner abends geborgen sind in der mäßig erleuchteten Bahn, denn die Lampen sind nicht zu hell und sind nicht zu triste, die müssen doch beruhigt und glücklich sein – kein Kuckucksschrei bricht aus ihren sparsamen billigen bitteren Mündern, und kein Kuckucksschrei dringt von außen her durch die dicken glasigen Fenster. Sie sind ohne Bestürzung und wie geborgen, ach, wie unendlich geborgen sind sie unter den soliden und etwas erblindeten Lampen des Straßenbahnwagens, unter den mittelmäßigen Gestirnen ihrer Alltage, diesen trübseligen Leuchten, die das Vaterland seinen Kindern in Behörden, Bahnhöfen, Bedürfnisanstalten (grünschirmig, spinnwebig) und Straßenbahnen spendiert. Und die altgewordenen albernen mürrischen Kinder in den Bahnen abends, unter behördlich angeordneten Lampen, die müssen doch glücklich sein, denn Angst (diese Maiangst, die Kuckucksangst), Angst können sie nicht haben: Sie haben doch Licht. Sie kennen den Kuckuck doch nicht. Sie sind beieinander, wenn was passiert (ein Mord, ein Zusammenstoß, ein Gewitter). Und sie wissen: wohin. Und sie sind in den gelbroten blechernen Straßenbahnen unter den Lampen bei Schaffner und Nachbar (und wenn er auch nach Hering aufstößt) mitten in der steinernen dunklen Abend-Stadt geboren.

Nie wird die Welt über sie hereinbrechen wie über den, der allein auf der Straße steht: Ohne Lampe, ohne Station, ohne Nebenmann, hungrig, ohne Korb, ohne Buch, kuckucksüberschrien, voll Angst. Die so nackt und arm auf der Straße stehn, wenn die zigarettenrauchvollen Straßenbahnen vorbeiklingeln (schon das Klingeln jagt Heimweih und Angst in die düsteren Torwege zurück!) mit ihren beruhigenden Mittelmaßlampen darin und den beruhigten Gesichtern darunter, aufgehoben für zehntausend Alltage, die dann noch dastehn, wenn die Straßenbahn schon weit ab durch eine rostige Kurve heulkreischt, die – die gehören der Straße. Die Straße ist ihr Himmel, ihr andächtiges Schreiten, ihr toller Tanz, ihre Hölle, ihr Bett (mit Parkbänken und Brückenbogen), ihre Mutter und ihr Mädchen. Diese grauharte Straße ist ihr staubiger schweigsam verläßlicher Kumpel, stur, treu, beständig. Diese verregnete sonnenbrennende sternüberstickte mondblanke windüberatmete Straße ist ihr Fluch und ihr Abendgebet (ist ihr Abendgebet, wenn eine Frau ein Glas Milch über hat – ist ihr Fluch, wenn die nächste Stadt, wenn die nächste Stadt vor der Nacht nicht mehr rankommt). Diese Straße ist ihre Verzagtheit und ihr abenteuerlicher Mut. Und wenn du an ihnen vorbeigehst, dann sehn sie dich an wie die Fürsten, diese Flickenkönige von Lumpens Gnaden, und mit zugebissenem Mund sagen sie ihren ganzen großen harten protzigen klotzigen Reichtum:

Die Straße gehört uns. Die Sterne über, die sonnenwarmen Steine unter uns. Der Singsangwind und der erdigriechende Regen. Die Straße gehört uns. Wir haben unser Herz, unsere Unschuld, unsere Mutter, das Haus und den Krieg verloren – aber die Straße, unsere Straße verlieren wir nie. Die gehört uns. Ihre Nacht unterm Großen Bär. Ihr Tag unter der gelben Sonne. Ihr singender klingender Regen: Dies alles: Dieser Sonnenregenwindgeruch, dieser feuchtgrasige, naßerdige, mädchenblumige, der so gut riecht wie sonst nichts auf der Welt: Diese Straße gehört uns. Mit ihren emaillierten Hebammenschildern und ligusternen Friedhöfen rechts und links, mit der vergessenen Dunstwelt Gestern, die hinter uns liegt, mit dem ungeahnten morgigen Dunstland da vor uns. Da stehn wir, dem Kuckuck ausgeliefert, dem Mai, mit verkniffenen Tränen, heroisch sentimental, mit ein bißchen Romantik betrogen, einsam, männlich, muttersehnsüchtig, großspurig, verloren. Verloren zwischen Dorf und Dorf. Vereinsamt in der millionenfenstrigen Stadt. Schrei, Vogel Einsam, schrei um Hilfe, schrei für uns mit, denn uns fehlen die letzten Vokabeln, der Reim fehlt uns und das Versmaß auf all unsere Not.

Aber manchmal, Vogel Einsam, manchmal, selten, seltsam und selten, wenn die gelbblühende Straßenbahn die Straße gnadenlos zurückgeschleudert hat in ihre schwarze Verlassenheit, dann manchmal, selten, seltsam und selten, dann bleibt manchmal in mancher Stadt (oh so selten) doch noch ein Fenster da. Ein helles warmes verführerisches Viereck im steinern kalten Koloß, in der fürchterlichen Schwärze der Nacht: Ein Fenster.

Und dann geht alles ganz schnell. Ganz sachlich. Man notiert nur im Kopf: Das Fenster, die Frau, und die Mainacht. Das ist alles, wortlos, banal, verzweifelt. Man muß das wie einen Schnaps runterkippen, hastig, bitter, scharf, betäubend. Davor ist alles Geschwätz, alles. Denn dies ist das Leben: Das Fenster, die Frau, und die Mainacht. Ein fleckiger Geldschein aufm Tisch, Schokolade oder n Stück Schmuck. Dann notiert man: Beine und Knie und Schenkel und Brüste und Blut. Kipp runter den Schnaps. Und morgen schreit wieder der Kuckuck. Alles andere ist rührseliges Geschwätz. Alles. Denn dies ist das Leben, für das es keine Vokabel gibt: heißes hektisches Getu. Kipp runter den Schnaps. Er verbrennt und berauscht. Auf dem Tisch liegt das Geld. Alles andere ist Geschwätz, denn morgen, schon morgen schreit wieder der Kuckuck. Heute abend nur diese kurze banale Notiz: Das Fenster, die Frau. Das genügt. Alles andere ist – um drei nachts beginnt wieder der Kuckuck. Wenn es graut. Aber heut abend ist erstmal ein Fenster da. Und eine Frau. Und eine Frau.

Im Parterre steht ein Fenster offen. Noch offen zur Nacht. Der Kuckuck schreit grün wie eine leere Flasche Gin in die seidige Jasminnacht der Vorstadtstraßen hinein. Ein Fenster steht noch offen. Ein Mann steht in der grüngeschrienen Kuckucksnacht, ein jasminüberfallener Mann mit Hunger und Heimweh nach einem offenen Fenster. Das Fenster ist offen. (Oh so selten!) Eine Frau lehnt da raus. Blaß. Blond. Hochbeinig vielleicht. Der Mann denkt: Hochbeinig vielleicht, sie ist so der Typ. Und sie spricht so wie alle Fraun, die abends am Fenster stehn. So tierwarm und halblaut. So unverschämt träge erregt wie der Kuckuck. So schwersüß wie der Jasmin. So dunkel wie die Stadt. So verrückt wie der Mai. Und sie spricht so gewerbsmäßig nächtlich. So molltönig grün wie eine ausgesoffene Flasche Gin. So unverblümt blumig. Und der Mann vor dem Fenster knarrt ungeliebt einsam wie das ausgedörrte Leder seines Stiefels:

Also nicht.

Ich hab doch gesagt –

Also nicht?

– – –

Und wenn ich das Brot geb?

– – –

Ohne Brot nicht, aber wenn ich das Brot nun geb, dann?

Ich hab doch gesagt, Junge –

Dann also ja?

Ja.

Also ja. Hm. Also.

Ich hab doch gesagt, Junge, wenn die Kinder uns hören, wachen sie auf. Und dann haben sie Hunger. Und wenn ich dann kein Brot für sie hab, schlafen sie nicht wieder ein. Dann weinen sie die ganze Nacht. Versteh doch.

Ich geb ja das Brot. Mach auf. Ich geb es. Hier ist es. Mach auf.

Ich komm.

Die Frau macht die Tür auf, dann macht der Mann sie hinter sich zu. Unterm Arm hat er ein Brot. Die Frau macht das Fenster zu. Der Mann sieht an der Wand ein Bild. Zwei nackte Kinder sind da drauf mit Blumen. Das Bild hat einen breiten Rahmen aus Gold und ist sehr bunt. Besonders die Blumen. Aber die Kinder sind viel zu dick. Amor und Psyche heißt das Bild. Die Frau macht das Fenster zu. Dann die Gardine. Der Mann legt das Brot auf den Tisch. Die Frau kommt an den Tisch und nimmt das Brot. Überm Tisch hängt die Lampe. Der Mann sieht die Frau an und schiebt die Unterlippe vor, als ob er etwas probiert. Vierunddreißig, denkt er dann. Die Frau geht mit dem Brot zum Schrank. Was für ein Gesicht, denkt sie, was hat der für ein Gesicht. Dann kommt sie von dem Schrank zurück wieder an den Tisch. Ja, sagt sie. Sie sehen beide auf den Tisch. Der Mann fängt an, mit dem Zeigefinger die Brotkrümel vom Tisch zu knipsen. Ja, sagte er. Der Mann sieht an ihren Beinen hoch. Man sieht die Beine fast ganz. Die Frau hat nur einen dünnen durchsichtig hellblauen Unterrock an. Man sieht ihre Beine fast ganz. Dann sind keine Brotkrümel mehr auf dem Tisch. Darf ich meine Jacke ausziehen? sagt der Mann. Sie ist so blöde.

Ja, die Farbe, nicht?

Gefärbt.

Ach, gefärbt? Wie eine Bierflasche.

Bierflasche?

Ja, so grün.

Ach so, ja, so grün. Ich häng sie hier hin.

Richtig wie eine Bierflasche.

Na, dein Kleid ist aber auch –

Was denn?

Na, himmelblau.
Das ist nicht mein Kleid.
Ach so.
Aber schön, ja?
Ja –
Soll ich anbehalten?
Ja ja. Natürlich.

Die Frau steht noch immer am Tisch. Sie weiß nicht, warum der Mann immer noch sitzt. Aber der Mann ist müde. Ja, sagt die Frau und sieht an sich runter. Da sieht der Mann sie an. Er sieht auch an ihr runter. Du, weißt du – sagt der Mann und sieht nach der Lampe. Das ist doch selbstverständlich, sagt sie und macht das Licht aus. Der Mann bleibt im Dunkeln still auf seinem Stuhl sitzen. Sie geht dicht an ihm vorbei. Er fühlt einen warmen Lufthauch, wie sie an ihm vorbeigeht. Dicht geht sie an ihm vorbei. Er kann sie riechen. Er riecht sie. Er ist müde. Da sagt sie von drüben her (von weit weit her, denkt der Mann): Komm doch jetzt. Natürlich, sagt er und tut, als wenn er drauf gewartet hat. Er stößt gegen den Tisch: Oh, der Tisch. Hier bin ich, sagt sie im Dunkeln. Aha. Er hört ihr Atmen ganz nah neben sich. Er streckt vorsichtig seine Hand aus. Sie hören sich beide atmen. Da trifft seine Hand auf etwas. Oh, sagt er, da bist du. Es ist ihre Hand. Ich hab im Dunkeln deine Hand gefunden, lacht er. Ich hab sie ja auch hingehalten, sagt sie leise. Da beißt sie ihn in den Finger. Sie zieht ihn runter. Er setzt sich hin. Sie lachen beide. Sie hört, daß er ganz schnell atmet. Er ist höchstens zwanzig, denkt sie, er hat Angst. Du alte Bierflasche, sagt sie. Sie nimmt seine Hand und tut sie auf ihre heiße nachtkühle Haut. Er fühlt, daß sie das himmelblaue Ding doch ausgezogen hat. Er fühlt ihre Brust. Er sagt großspurig ins Dunkle hinein (aber er ist ganz außer Atem): Du Milchflasche du. Du bist eine Milchflasche, weißt du das? Nein, sagt sie, das hab ich noch nie gewußt. Sie lachen beide. Er ist viel zu jung, denkt sie. Sie ist doch nur wie alle, denkt er. Er ist erschrocken vor ihrer nackten Haut. Er hält seine Hände ganz still. So ein Kind, denkt sie. So sind sie alle, denkt er, ja, alle sind sie so, alle. Er weiß nicht, was er mit seinen Händen tun soll auf ihrer Brust. Du frierst, glaub ich, sagt er, ich glaube, du frierst, wie? Mitten im Mai? lacht sie, mitten im Mai? Na ja, sagt er, immerhin, nachts. Aber im Mai, sagt sie, wir sind doch mitten im Mai. Man hört sogar den Kuckuck, sei mal still, hörst du, man hört sogar den Kuckuck, hör doch, atme doch nicht so laut, hör doch, hörst du, der Kuckuck. Immerzu. Eins zwei drei vier fünf – na? – da! – sechs sieben acht – hörst du? Da wieder – neun zehn elf – hör doch: Kuckuck Kuckuck Kuckuck Kuckuck . . .Bierflasche du, alte Bierflasche, sagt die Frau leise. Sie sagt es verächtlich und mütterlich und leise. Denn der Mann schläft.

Morgen wird es. Es wird schon grau draußen vor den Gardinen. Es wird wohl bald vier sein. Und der Kuckuck ist schon wieder dabei. Die Frau liegt wach. Oben geht schon jemand. Eine Brotmaschine bumst drei- vier- fünfmal. Eine Wasserleitung. Dann den Flur, die Tür, die Treppen: Schritte. Der von oben muß um halb sechs auf der Werft sein. Halb fünf ist es wohl. Draußen ein Fahrrad. Hellgrau, beinah rosig schon. Hellgrau sickert langsam durch die Gardine vom Fenster her über den Tisch, die Stuhllehne, ein Stück Zimmerdecke, den Goldrahmen, Psyche, und eine Hand, die eine Faust macht. Morgens halb fünf im Hellgrau vor Tag noch macht einer im Schlaf eine Faust. Hellgrau sickert vom Fenster her durch die Gardine auf ein Gesicht, auf ein Stück Stirn, auf ein Ohr. Die Frau ist wach. Vielleicht schon lange. Sie bewegt sich nicht. Aber der Mann mit der Faust im Schlaf hat einen schweren Kopf. Der fiel gestern abend auf ihre Brust. Halb fünf ist es jetzt. Und der Mann liegt noch wie gestern abend. Ein magerer langer junger Mann mit einer Faust und einem schweren Kopf. Als die Frau seinen Kopf vorsichtig von sich wegrücken will, faßt sie in sein Gesicht. Es ist naß. Was hat der für ein Gesicht, denkt die hellgraue Frau morgens vor Tag, die einen Mann auf sich liegen hat, der die ganze Nacht schlief, mit einer Frau, und jetzt ist sein Gesicht naß. Und was ist das für ein Gesicht jetzt im Hellgrau. Ein nasses langes armes wildes Gesicht. Ein sanftes Gesicht, einsam grau, schlecht und gut. Ein Gesicht. Die Frau zieht ihre Schulter langsam unter dem Kopf weg, bis er auf das Kissen sackt. Da sieht sie den Mund. Der Mund sieht sie an. Was ist das für ein Mund. Und der Mund sieht sie an. Sieht sie an, daß ihr die Augen verschwimmen.

Es ist das übliche, sagt der Mund, es ist gar nichts besonderes, es ist nur das übliche. Du brauchst gar nicht so überlegen zu lächeln, so verächtlich mütterlich, hör auf damit, sag ich dir, hör damit auf, du, sonst – du, ich sag dir, ich hab alles gelernt, hör damit auf. Ich weiß, ich hätte über dich herfallen sollen gestern abend, dir die weißen Schultern zerbeißen und das weiche Fleisch hoch über den Knien, ich hätte dich fertigmachen sollen, bis du in der Ecke gelegen hättest und dann hättest du noch vor Schmerz gestöhnt: Mehr, Schätzchen, mehr. So dachtest du dir das doch. Oh, der ist noch jung, dachtest du gestern abend in deinem Fenster, der ist noch nicht so verbraucht wie die feigen alten Familienväter, die hier abends für eine Viertelstunde Don Juan markieren. Oh, dachtest du, da ist mal so ein junges Gemüse, der wirft dich mal so restlos um. Und dann kam ich rein. Du rochst nach Tier, aber ich war müde, weißt du, ich wollte nur erst mal ne Stunde die Beine lang machen. Du hättest deinen Unterrock anbehalten können. Die Nacht ist um. Du grinst, weil du dich schämst. Du verachtest mich. Du denkst wohl, ich wär noch kein Mann. Natürlich denkst du das, denn du machst nun ganz auf mütterlich. Du denkst, ich bin noch ein Junge. Du hast Mitleid mit mir, verächtliches mütterliches Mitleid, weil ich nicht über dich hergefallen bin. Aber ich bin ein Mann, verstehst du, ich bin schon lange ein Mann. Ich war nur müde gestern abend, sonst hätte ich dirs schon gezeigt, das kann ich dir sagen, denn ich bin schon lange ein Mann, sagt der Mund, verstehst du, längst schon. Denn ich hab schon Wodka getrunken, meine Liebe, richtigen russischen Wodka, 98prozentigen, meine Liebe, und ich habe Scheiße geschrien, weißt du, ein Gewehr hab ich gehabt und Scheiße hab ich geschrien und geschossen hab ich und ganz allein auf Horchposten gestanden und der Kompaniechef hat Du zu mir gesagt und Feldwebel Brand hat mit mir immer die Zigaretten getauscht, weil er so gern Kunsthonig wollte, und dann hatte ich seine Zigaretten noch dazu, wenn du glaubst, ich wär noch ein Junge! Ich war schon, am Abend bevor es nach Rußland ging, bei einer Frau, längst schon, meine Liebe, bei einer Frau und über ne Stunde lang und heiser war die und teuer und ne richtige Frau war das, eine Erwachsene, meine Liebe, die hat nicht bei mir auf mütterlich gemacht, die hat mein Geld weggesteckt und hat gesagt: Na, wann gehts los, Schätzchen, gehts nach Rußland? Willst noch mal mit der deutschen Frau, gelt, Schätzchen? Schätzchen hat sie zu mir gesagt und hat mir den Kragen von der Uniform aufgeknöpft. Aber dann hat sie sich die ganze Zeit die Fransen von der Tischdecke um die Finger gewickelt und hat an die Wand gesehn. Hin und wieder hat sie Schätzchen gesagt, aber nachher ist sie sofort aufgestanden und hat sich gewaschen und an der Tür unten hat sie dann Tschüs gesagt. Das war alles. Im Nebenhaus sangen sie die Rosamunde und aus den andern Fenstern hingen auch überall welche raus und alle sagten sie Schätzchen. Alle sagten sie Schätzchen. Das war der Abschied von

Deutschland. Aber das Schlimmste kam am anderen Morgen auf dem Bahnhof.

Die Frau macht die Augen zu. Denn der Mund, der wächst. Denn der Mund wird groß und grausam und groß.

Es war das übliche, sagt der riesige Mund, es war gar nichts besonderes. Es war nur das übliche. Ein Blei-Morgen. Eine Blei-Eisenbahn. Und Blei-Soldaten. Die Soldaten waren wir. Es war gar nichts besonderes. Nur das übliche. Ein Bahnhof. Ein Güterzug. Und Gesichter. Das war alles.

Als wir dann in den Güterzug kletterten, sie stanken nach Vieh, die Waggons, die blutroten, da wurden unsere Väter laut und lustig mit ihren Blei-Gesichtern und sie haben verzweifelt ihre Hüte geschwenkt. Und unsere Mütter verwischten mit buntfarbigen Tüchern ihre maßlose Trauer: Verlier auch nicht die neuen Strümpfe, Karlheinz. Und Bräute waren da, denen taten noch die Münder weh von dem Abschied und die Brüste und die –– alles tat ihnen weh, und das Herz und die Lippen brannten noch und der Brand der Abschiedsnacht war noch nicht oh noch lange nicht erloschen im Blei. Wir aber sangen so wunderwunderschön in Gottes weite Welt hinaus und grinsten und grölten, daß unsern Müttern die Herzen erfroren. Und dann wurde der Bahnhof – der wollte keine Knechte – dann wurden die Mütter – Säbel, Schwert und Spieß – die Mütter und Bräute immer winziger und Vaters Hut – daß er bestände bis aufs Blut – Vaters Hut machte noch lange: Machs gut, Karlheinz – bis in den Tod – machs gut, mein Junge – die Feeeheeede. Und unser Kompaniechef saß vorn im Waggon und schrieb auf den Meldeblock: Abfahrt: 6 Uhr 23. Auf dem Küchenwagen schälten die Rekruten mit männlichen Gesichtern Kartoffeln. In einem Büro in der Bismarckstraße sagte Herr Dr. Sommer, Rechtsanwalt und Notar, diesen Morgen: Mein Füller ist kaputt. Es wird hohe Zeit, daß der Krieg zu Ende geht. Draußen vor der Stadt juchte eine Lokomotive. In den Waggons aber, in den dunklen Waggons, hatte man noch den Geruch von den brennenden Bräuten für sich, ganz im Dunkel für sich, aber keiner riskierte im Öllicht eine Träne. Keiner von uns. Wir sangen den trostlosen Männergesang von Madagaskar und die blutroten Waggons stanken nach Vieh, denn wir hatten Menschen an Bord. Ahoi, Kameraden, und keiner riskierte eine Träne, ahoi, kleines Mädel, täglich ging einer über Bord, und in den Kratern, da faulte die warmrote Himbeerlimonade, die einmalige Limonade, für die es keinen Ersatz gibt und die keiner bezahlen kann, nein, keiner. Und wenn uns die Angst den Schlamm schlucken ließ und uns hinwarf in den zerwühlten Schoß der mütterlichen Erde, dann fluchten wir in den Himmel, in den taubstummen Himmel: Und führe uns niemals in Fahnenflucht und vergib uns unsere MGs, vergib uns, aber keiner keiner war da, der uns vergab, es war keiner da. Und was dann kam, dafür gibts keine Vokabel, davor ist alles Geschwätz, denn wer weiß ein Versmaß für das blecherne Gemecker der Maschinengewehre und wer weiß einen Reim auf den Aufschrei eines achtzehnjährigen Mannes, der mit seinen Gedärmen in den Händen zwischen den Linien verwimmerte, wer denn, ach keiner!!!

Als wir an dem bleiernen Morgen den Bahnhof verließen und die winkenden Mütter winzig und winziger wurden, da haben wir großartig gesungen, denn der Krieg, der kam uns gerade recht. Und dann kam er. Dann war er da. Und vor ihm war alles Geschwätz. Keine Vokabel hielt ihm stand, dem brüllenden seuchigen kraftstrotzenden Tier, keine Vokabeln. Was heißt denn la guerre oder the war oder Krieg? Armseliges Geschwätz, vor dem Tiergebrüll seiner glühenden Münder, der Kanonenmünder. Und Verrat vor den glühenden Mündern der verratenen Helden. An das Metall, an den Phosphor, an den Hunger und Eissturm und Wüstensand erbärmlich verraten. Und nun sagen wir wieder the war und la guerre und der Krieg und kein Schauer ergreift uns, kein Schrei und kein Grausen. Heute sagen wir einfach wieder C'était la guerre – das war der Krieg. Mehr sagen wir heute nicht mehr, denn uns fehlen die Vokabeln, um nur eine Sekunde von ihm wiederzugeben, nur für eine Sekunde, und wir sagen einfach wieder: Oh ja, so war es. Denn alles andere ist nur Geschwätz, denn es gibt keine Vokabel, keinen Reim und kein Versmaß für ihn und keine Ode und kein Drama und keinen psychologischen Roman, die ihn ertragen, die nicht platzen vor seinem zinnoberroten Gebrüll. Und als wir die Anker lichteten, die Kaimauern knirschten vor Lust, um das Land, das dunkle Land Krieg anzusteuern, da haben wir tapfer gesungen, wir Männer, oh so bereit waren wir und so haben wir gesungen, wir in den Viehwagen. Und auf den marschmusikenen Bahnhöfen jubelten sie uns in das dunkle dunkle Land Krieg. Und dann kam er. Dann war er da. Und dann, eh wir ihn begriffen, dann war er aus. Dazwischen liegt unser Leben. Und da sind zehntausend Jahre. Und jetzt ist er aus und wir werden auf den fauligen Planken der verlorenen

Schiffe nachts heimlich verächtlich an die Küste von Land Frieden, dem unverständlichen Land, gespien. Und keiner keiner kann uns noch erkennen, uns zwanzigjährige Greise, so hat uns das Gebrüll verwüstet. Kennt uns noch jemand? Wo sind die, die uns jetzt noch kennen? Wo sind sie? Die Väter verstecken sich tief in ihr Gesicht und die Mütter, die siebentausendfünfhundertvierundachtzigmal ermordeten Mütter ersticken an ihrer Hilflosigkeit vor der Qual unserer entfremdeten Herzen. Und die Bräute, die Bräute schnuppern erschreckt den Katastrophengeruch, der wie Angstschweiß aus unserer Haut bricht, nachts, in ihren Armen, und sie wittern den einsamen Metallgeschmack aus unsern verzweifelten Küssen und sie atmen erstarrt den marzipansüßen Blutdunst erschlagener Brüder aus unserem Haar und sie begreifen unsere bittere Zärtlichkeit nicht. Denn wir vergewaltigen in ihnen all unsere Not, denn wir morden sie jedwede Nacht, bis uns eine erlöst. Eine. Erlöst. Aber keiner erkennt uns. Und jetzt sind wir unterwegs zwischen den Dörfern. Ein Pumpengequietsch ist schon ein Fetzen Heimat. Und ein heiserer Hofhund. Und eine Magd, die Guten Tag sagt. Und der Geruch von Himbeersaft aus einem Haus. (Unser Kompaniechef hatte plötzlich das ganze Gesicht voll Himbeersaft. Aus dem Mund kam der. Und darüber hat er sich so gewundert, daß seine Augen wie Fischaugen wurden: maßlos erstaunt und blöde. Unser Kompaniechef hat sich sehr über den Tod gewundert. Er konnte ihn gar nicht verstehn.) Aber der Himbeersaftduft in den Dörfern, das ist für uns schon ein Fetzen Zuhaus. Und die Magd mit den roten Armen. Und der heisere Hund. Ein Fetzen, ein kostbarer unersetzlicher Fetzen.

Und in den Städten sind wir nun. Häßlich, gierig, verloren. Und Fenster sind für uns selten, seltsam und selten. Aber sie sind doch, abends im Dunkeln, mit schlafwarmen Frauen, ein einmaliger himmlischer Fetzen für uns, oh so selten. Und wir sind unterwegs nach der ungebauten neuen Stadt, in der uns alle Fenster gehören, und alle Frauen, und alles und alles und alles: Wir sind unterwegs nach unserer Stadt, nach der neuen Stadt, und unsere Herzen schreien nachts wie Lokomotiven vor Gier und vor Heimweh – wie Lokomotiven. Und alle Lokomotiven fahren nach der neuen Stadt. Und die neue Stadt, das ist die Stadt, in der die weisen Männer, die Lehrer und die Minister, nicht lügen, in der die Dichter sich von nichts anderem verführen lassen als von der Vernunft ihres Herzens, das ist die Stadt, in der die Mütter nicht sterben und die Mädchen keine Syphilis haben, die Stadt, in der es keine Werkstätten für Prothesen und keine Rollstühle gibt, das ist die Stadt, in der der Regen Regen genannt wird und die Sonne Sonne, die Stadt, in der es keine Keller gibt, in denen blaßgesichtige Kinder nachts von Ratten angefressen werden, und in der es keine Dachböden gibt, in denen sich die Väter erhängen, weil die Frauen kein Brot auf den Tisch stellen können, das ist die Stadt, in der die Jünglinge nicht blind und nicht einarmig sind und in der es keine Generäle gibt, das ist die neue, die großartige Stadt, in der sich alle hören und sehn und in der alle verstehn: mon cœur, the night, your heart, the day, der Tag, die Nacht, das Herz.

Und nach der neuen Stadt, nach der Stadt aller Städte, sind wir voll Hunger unterwegs durch unsere einsamen Maikuckucksnächte, und wenn wir am Morgen erwachen und wissen, wir werden es furchtbar wissen, daß es die neue Stadt niemals gibt, oh daß es die Stadt gar nicht gibt, dann werden wir wieder zehntausend Jahre älter sein und unser Morgen wird klar und bitter sein, einsam, oh einsam, und nur die sehnsüchtigen Lokomotiven, die bleiben, die schluchzen weiter ihren fernsüchtigen Heimwehschrei in unsereren qualvollen Schlaf, gierig, grausam, groß und erregt. Sie schrein weiter nachts vor Schmerz auf ihren einsamen kalten Geleisen. Aber sie fahrn nie mehr nach Rußland, nein, sie fahrn nie mehr nach Rußland, denn keine Lokomotive fährt mehr nach Rußland keine Lokomotive fährt mehr nach Rußland keine Lokomotive fährt mehr nach Rußla nach Rußla keine denn keine Lokomotive fährt mehr nach nach denn keine denn keine Lokomo keine Lokomo keine Lokomo kei --

Im Hafen, vom Hafen her, uuht schon ein frühes Schiff. Eine Barkasse schreit schon erregt. Und ein Auto. Nebenan singt ein Mann beim Waschen: Komm, wir machen eine kleine Reise. Im anderen Zimmer fragt ein Kind schon. Warum uuht der Dampfer, warum schreit die Barkasse, warum das Auto, warum singt der Mann nebenan, und wonach fragt das Kind?

Der Mann, der gestern abend mit dem Brot kam, der mit der Bierflaschenjacke, der grünen gefärbten, der in der Nacht eine Faust und ein nasses Gesicht hatte, der Mann macht die Augen auf. Die Frau sieht von seinem Mund weg. Und der Mund ist so arm und so klein und so voll bitterem Mut. Sie sehen sich an, ein Tier das andere, ein Gott den anderen, eine Welt die andere Welt. (Und dafür gibt es keine Vokabel.) Groß, gut, fremd, unendlich und warm und erstaunt sehn sie sich an, von jeher verwandt und verfeindet und unlöslich aneinander verloren.

Der Schluß ist dann so wie alle wirklichen Schlüsse im Leben: banal, wortlos, überwältigend. Die Tür ist da. Er steht schon draußen und riskiert den ersten Schritt noch nicht. (Denn der erste Schritt heißt: wiederum verloren.) Sie steht noch drinnen und kann die Tür noch nicht zuschlagen. (Denn jede zugeschlagene Tür heißt: wiederum verloren.) Aber dann ist er plötzlich schon mehrere Schritte weit ab. Und es ist gut, daß er nichts mehr gesagt hat. Denn was, was hätte sie antworten sollen? Und dann ist er im Frühdunst (der vom Hafen aufkommt und nach Fisch und nach Teer riecht), im Frühdunst verschwunden. Und es ist so gut, daß er sich nicht mal mehr umgedreht hat. Das ist so gut. Denn was hätte sie tun sollen? Winken? Etwa winken?

Bastian Müller
Fangen wir an

Als Wilhelm heimgekehrt war und als er die Häsin zugelassen hatte, sobald der erste Föhn über die Berge kam und ein Ende des Frostes ankündigte, fing er an, umherzugehen. Er nahm sich vor, jeden Tag zwei Stunden lang zu gehen. Erst wählte er dazu die Morgenstunden, gleich nach dem Frühstücksbrei. Der Frühstücksbrei war gekochtes Brotmehl. Das schmeckte besser als Brot.

Aber am Morgen sah alles, was er sah, wenn er zwei Stunden lang umherging, so aus, als würde die Welt sich niemals ändern. Die Felder waren kahl. Der Winterroggen war im Eismeer schwarz geworden. Der Wald stand blau. Jeden Morgen redeten die Menschen dieselben Worte. Die Mädchen vom Bauernhof riefen den Mädchen vom Schmied zu, ob sie noch müde seien. Gestern abend waren sie auf einem Ball, zwei Stunden hinter dem Moor. Die Schmiedmädchen waren müde, aber froh. Sie hatten bis zum Morgen getanzt. Die Mädchen waren über zwanzig Jahre alt geworden, bevor der Krieg verloren war und das Tanzen wieder begann. Sie fanden das Leben schön. Sie tanzten sich zusammen und beantragten beim Bürgermeister die Erlaubnis für einen Versehrtenball. Ihren Tänzern zu Ehren. Vielen von ihren Tänzern fehlte ein Arm, und einigen sogar ein Bein. Die Mädchen ließen sich nicht stören. Sie hatten die Tänzer als Knaben gekannt, als sie noch alle Arme und Beine trugen. Wenn jetzt ein Glied fehlte, war es immer noch besser, als wenn der ganze Mann fehlte. Viele fehlten. Viele waren gefallen und einige vermißt und viele noch gefangen. Es war nicht damit zu rechnen, daß für jedes Mädchen ein ganzer Mann übrigblieb, und so wollten sie wenigstens tanzen. Den ganzen Winter sprachen sie davon, jeden Morgen dieselben Worte: »Was ziehst du am Samstag an?«

Die alten Bauern fragten sich: »Gibt es noch Schnee?«

»Schnee? Kann sein.«

»Wir werden bestimmt keinen Kunstdünger bekommen.«

»Kunstdünger? Ach wo!«

»Ich soll wieder Holz abgeben.«

»Holzauflage? Mir haben sie auch so einen Schein gebracht.«

»Sie werden uns den ganzen Wald nehmen.«

»Den Wald? Alles. Den letzten Baum.«

Die Bauern ließen sich Zeit zum Reden. Auf den Feldwegen fuhren die Knechte, saßen auf den Jaucheschlitten und pfiffen den Bergwind an. Ihnen war es gleich, ob sie den letzten Baum schlagen würden. Wenn der weg war, brauchten sie im Winter nicht mehr ins Holz. Oder sie mußten doch ins Holz und Wurzelstöcke roden. Sie schrien mit den Pferden, so wie sie es als kleine Buben von den alten Knechten hörten. Sie klatschten mit der Leine auf die Pferderücken und riefen sich über die gefrorenen Felder zu: »Was machen deine Tauben?«

Die Knechte waren alle zu Taubenhändlern geworden. Auch sie wollten etwas verdienen. Kunstmaler zahlten für ein paar Tauben hundert Mark und ließen sie sich braten. Die Kunstmaler standen morgens beim Omnibus mit ihren Bildern und fuhren in die Stadt, um ihre Erzeugnisse an Amerikaner zu verkaufen. Die alten Bauern aus dem Ausgeding kamen vom Morgenkirchengang und trippelten daher mit Eisstock und scharfen Zungen. Sie gingen ewig, bei Schnee und Regen und Sonnenschein, um sich den Platz im Himmel zu erknien. Ihr Leben lang waren sie früh aufgestanden, und nun hatten sie sich endlich zur Übergabe an den ältesten Sohn entschlossen, der bereits wieder eigene heiratslustige Kinder hatte. Die eingeheiratete Frau war schon alt und sklavisch geworden, bevor sie endlich selbst Bäuerin wurde. In der Stube saßen die Alten am Feuer und schwiegen argwöhnisch zu allem. Sie sahen die Wirtschaft verkommen, seit sie sie an den fünfzigjährigen Sohn übergeben hatten. Mit jedem Jahr wurden sie mißtrauischer und mehr zum Kreuz des Hauses. Die Dorfhunde trieben Morgen für Morgen an der Ecke, wo die Milchkannen für das Molkereiauto standen, Unzucht zusammen. Die Köter wußten nicht einmal, was eine Hündin war und benahmen sich öffentlich widernatürlich. Die halbwüchsigen Mädchen, noch verschlafen trabten sie zur Schule, sahen neugierig zu.

Eine Kuh wurde zum Stier geschlagen. Hart knallte der Knüppel auf das Nasenbein. Die Kuhlenden flogen. Die alte Magd zotete: »Langsam, du Sau, gleich wird er auf dich steigen!« Die Bauern riefen der Kuhmagd zu: »Paß auf, daß er dich nicht bespringt.«

Der Pfarrer kam von seinem Morgendienst und betete feist im Gehen aus seinem Rotschnittbuch. Er wurde von Magd und Kindern und Bauern mit »Grüß Gott« begrüßt und als störend empfunden. Die Magd konnte nicht so lachen, wie sie Lust hatte, zu lachen. Sie hätte gerne was zu den Kerlen gesagt, daß ein Stier ihr jedenfalls lieber sei als so ein Schlappschwanz von Mann.

Von der Insel schlug die Klosteruhr, Morgen für Morgen, Stunde für Stunde. Seit vor Jahrhunderten die Uhr in Nürnberg erfunden worden war, teilte die Klosteruhr die Zeit in Viertelstunden und ewiges Leben, in Beten und Streben und Heucheln und Gunst auf kühlem Zellenboden. Alle Zeit, seit über tausend Klosterjahren, war zeitlos am Kloster vorübergegangen. Krieg und Frieden waren nur jenseits der Klostermauern, die angefüllt waren mit eigenem Leben, mit zeitlos gefährlicher Frömmigkeit, mit Schärfe und Eifersucht und Rachgier, mit besessenem Beten. Seit über tausend Jahren erzogen die Klosterfrauen Zöglinge weiblichen Geschlechts. Da kamen sie morgendlich herangezogen, in Zweierreihen, ihre Gesichter bleich und aufgedunsen und voll falscher Schamhaftigkeit. Die Zöglinge litten alle an zu dicken Busen.

Am Seeufer waren Ostflüchtlinge dabei, eine große Esche zu schlagen. Sie wuchs auf Staatsgrund. Niemand hinderte sie beim Stehlen. Das Eschenholz war gutes Stellmacherholz, aber es gehörte ja keinem Bauern. Solange die Flüchtlinge beim Staat Forstfrevel trieben, war es gut. Der Staat kann betrogen werden.

Wilhelm verlegte den Gang auf die Mittagsstunden. Morgens blieb er am Tisch in seinem Zimmer sitzen und sann. Er hatte gehofft, wenn er morgens zwei Stunden umherging, würde er sich voll Hoffnung saugen und das Wort finden, auf das er Vorschuß bekam. Das Wort vom kommenden Frieden.

Aber er konnte es morgens nicht finden, nicht draußen im Dorf und in den Feldern und im Wald. Da war überall die gleiche Hoffnungslosigkeit. Nicht die von gestern oder heute. Da war die Urunmenschlichkeit mit Ochsenmästen und Kälberstechen und Klosterfalschheit. Getrieben vom Hunger nach Frieden bildete Wilhelm sich ein, er müsse in der grauen Vorzeit beginnen, die Fehler der Menschen aufzuzeigen und sie auf das Verlorene hinzuweisen.

»Die Freude«, sagte er zu dem weißen Papier, das auf dem Tisch lag und auf Worte wartete, »die reine Freude muß wieder zu den Menschen kommen.«

Er klopfte gegen die Wand, und Gabriele kam aus der Küche herüber und wartete schweigend.

»Was hältst du davon, wenn ich ein Theaterstück schreibe?« sagte Wilhelm gespannt.

»Theater? Du? Gut, wenn du glaubst, daß du es kannst. Was willst du denn für ein Theater schreiben?« Gabriele hatte eine Art, Wilhelm zu ermuntern, ohne ihm auf das erste Wort zu glauben.

»Ja, Theater. Paß auf: Was möchtest du, wenn du dir was wünschen dürftest?« fragte Wilhelm.

Gabriele schwieg. Was sie sich wünschte? Töricht, diese Frage. Ein neues Kleid. Frieden, Frieden, mit dem Ende aller Not. In einem neuen Kleid, fern vom Kochherd und dem Schlangestehen auf einem Stuhl in der Sonne sitzen und schlafen. Nicht schlafen, nein, davon träumen, daß es einmal Frieden werde, bevor sie ganz alt geworden war. Das wenigstens zu träumen, wünschte sich Gabriele. Aber sie sagte es nicht. Sie sagte zu Wilhelm: »Daß die Menschen zu denken beginnen.« Sie sagte das, und nicht das, was sie sich wünschte, weil sie wußte, Wilhelm glaubte, die Menschen müßten erst beginnen zu denken, bevor es besser würde.

»Hast du sonst keinen Wunsch?« sagte Wilhelm unzufrieden.

»Ich weiß nicht. Ich war gerade beim Kartoffelschälen und muß jetzt nach dem Feuer sehen ...«

»Ich will dir was sagen, du mußt einen Augenblick Zeit haben: Ich möchte ein Theaterstück von Dionysos schreiben. Vom Gott des Weines, der dabei ist, zu sterben, weil die ganze Welt neugeordnet ist. Die Probleme vom Hunger und der Wohnungsnot sind gelöst. Alle Grenzen sind aufgehoben. Die Vernunft hat gesiegt. Ein Weltkommissar regiert, und Ratio hat alles reichlich rationiert. Der soziale Materialismus triumphiert. Da, meine Liebe, irrt Dionysos umher und sucht vergeblich Trauben. Sie sind ausgestorben. Für Freude hat die neue Welt keinen Boden. Der Rausch ist ausgerottet worden ...«

»Ja, wieso?« fragte Gabriele. »Aber ich muß nach meinen Kartoffeln ...«

»Sofort«, hielt Wilhelm sie fest. »Ich laß Dionysos die letzten Trauben der Erde finden und wieder Wein gären und die Menschen zum Rausch verleiten. Im wiedergewonnenen Rausche müssen sie die Leerheit ihres Lebens sehen. Im Rausch brechen sie auf zur Weltrevolution und stürzen die thronende Ratio. Sie fangen wieder an, sich zu lieben und ihr Leben in Arbeit und Vergnügen zu teilen, in Verschwenden und Darben, und sich aufzuschwingen in Traumwelten, wo Götter neben Liedersängern trauern, wo Frauen tanzen aus Lust, Gott und den Sängern zu gefallen. Ahnung von Unsterblichkeit schenkt ihnen der Wein«, sagte Wilhelm leise. »Weißt du, sie fangen wieder an, an einen Sinn und an eine Freude über und jenseits aller irdischen Dinge zu glauben . . .«

»Versuch es zu schreiben«, sagte Gabriele. Jetzt durfte sie gehen, ihre tägliche Arbeit tun. Und Wilhelm glaubte, das Wort gefunden zu haben.

Als er aber am Nachmittag heimkam, war Dionysos schon saurer Wein geworden. Es war Unsinn, vom Wein zu schreiben. Es gab ja Wein. Er wuchs am Rhein und an der Mosel und den Pfälzer Hängen. Er stand nur zur Zeit unter Militärkontrolle, wie das Brot, die Kohle, das ganze Leben. Fiel das Wort Wein, fiel die Antwort: »Die Sieger haben ihn.«

Das war kein Thema. Es war Unsinn, Groll gegen den Sieger zu erzeugen. Auf keinen Fall wollte Wilhelm irgendeinen Haß oder eine Bitterkeit vermehren. Aber auf dem Zweistundengang um die Mittagszeit begegnete ihm auch nichts Neues. Dorf und Felder und Wald waren leer. Bauern und Ochsen und Pferde waren in Haus und Stall. Die Klosteruhr schlug metallen. Daß der Seidelbast zu treiben begann, die Schwanzmeisen ziepten, war hunderttausendmal festgestellt worden. Das rinnende Wasser am Buchenstamm war schön. Der Igel, der barfüßig durch eine Schmelzpfütze ging, kam direkt aus Gottes Schlafhöhle in ein neues Erdenjahr. Wilhelm schaute ihm eine Viertelstunde zu, wie er das feuchte Laub durchschnüffelte. Aber mit Igelgeschichten war keinem Menschen etwas Gutes getan. Wilhelm fielen sogar die Zigeuner ein. Zigeuner, so hieß es, hatten mit Vorliebe Igel gebraten, bevor sie während des letzten Abschnittes der Menschheitsgeschichte in Lager eingefangen wurden, zu Asozialen gestempelt und an der Fortpflanzung durch Sterilisation verhindert oder möglichst getötet wurden, weil sie nicht für Krieg und Macht verwendbar waren.

Keine Freude, kein Einfall während der zwei Mittagsstunden, wo die Welt ohne Menschen war. Wilhelm ließ den Gott Dionysos liegen und verlegte sein Umhergehen auf den Abend.

In der Dämmerung begannen die Eulen zu fliegen. Über Eulen ließ sich auch nichts Neues sagen. Ihr Schattenflug war gestrig und morgig, tierhaftes Leben im Einklang mit der Natur. Sie taten, was sie tun mußten, und erinnerten Wilhelm daran, daß die Menschen nicht taten, was sie tun mußten. Die Menschen lebten einfach nicht, wie sie hätten leben können. Sie waren vom menschlichen Leben abgefallen und benahmen sich wie Unmenschen. Ihre Kriege waren sinnlos geworden, nicht Kampf ums Leben. Ihre Kriege waren geleitet von der Gier nach Macht über andere. Die Krieger waren Figuren in Uniformen, die auf Befehl der Machtgier alles erschlugen, was zu erschlagen ihnen befohlen war. Die Nachbarn, den Bruder, den Sohn, die eigene Frau. Und sie wurden bei diesem Morden in genügender Not belassen, um nicht satt und faul und träge zu werden. Der lautlose Eulenflug im fallenden Abend regte auch keine guten Gedanken an.

Nachts konnte Wilhelm nicht gehen. Seine Schuhe waren für die verluderten Wege zu schlecht. Und nachts kam er höchstens auf phantastische Gedanken, wenn der aufspringende Westwind den letzten Schnee von den Dächern klatschte und die schwarzen Fichten rauschten. Dann verleitete ihn diese Dunkelheit, dieser satte, trüblichtige Bürgerschlaf hinter verschlossenen Fenstern, zu revolutionären Gedanken. Dann wollte er ihnen die Häuser anzünden, alles, noch das letzte, niederbrennen, um sie zum Denken und zur Umkehr zu zwingen.

Gabriele kontrollierte morgens das Brot. Wenn Wilhelm nachts zwei Stunden herumlief, aß er heimkehrend ein Viertel Brot auf vor lauter Hunger. Das konnten sie sich nicht leisten. Gabriele sagte: »Ob es nicht besser wäre, du würdest früher schlafen gehen? Du bist sehr mager geworden.«

Wilhelm verstand und stellte die Nachtgänge ein. Er ging überhaupt nicht mehr aus dem Hause und sparte so Schuhe und Wäsche und Brot. Aber die Zeitung brachte die Welt auch in das Zimmer, und das Lachen der Magd, die Jahr für Jahr dreißig Kühe zum Stier trieb, war durch das Fensterglas zu hören. Die Bauernkreissäge kreischte durch den geschlagenen Wald. Nachts war das Todesquieken der schwarzgeschlachteten Sau zu hören. Die Krähen saßen am Morgen im kahlen Apfelbaum und lauerten auf Kaldaunen.

Gabriele sagte: »Du mußt nach Saatkartoffeln gehen. Ich habe gehört, um mehr zu ernten, braucht man jedes Jahr neuen Samen.«

Der Garten war zwar nicht Gabrieles Feld. Sie erinnerte nur daran. Sie hoffte weiter und immer. Aber den ganzen Winter über hatte Wilhelm kein Wort geschrieben.

»Was ich möchte?« sagte Gabriele. »Du hast mich neulich gefragt. Ich möchte, das erste Flämmchen wäre zu sehen.«

»Was für eine Flamme?« fragte Wilhelm. Er fühlte sich gestört. Wohin sollte er wegen Saatkartoffeln gehen? Wenn er irgendwo hinging und nach Saatkartoffeln fragte, würden die Bauern sagen: Jeden Tag kommen ein Dutzend Menschen zum Hamstern. Wir können einfach nichts mehr geben.

»Flamme? Ein Flämmchen würde mir schon genügen. Ein Flämmchen irgendwo, vom Feuer des Friedens«, sagte Gabriele.

»Ja«, sagte Wilhelm. Er rasierte sich. Er zog nach Wochen zum erstenmal was anderes als den Schlafanzug an. Schuhe und Strümpfe, Hose, Hemd, Rock und Mantel. Er ging zum See, mietete ein Boot und ruderte fort. Es war leichter, anderswo, wo sie ihn nicht kannten, nach Saatkartoffeln zu fragen.

Aber der Westwind ging so laut und stark, daß er nicht über den See kam. Er mußte Kurs gegen die Wellen halten. So kam er zu der Insel, auf der das Staatsgut war. Es war Unsinn, bei einem Staatsgutverwaltungsbeamten um Saatkartoffeln zu fragen. Aber was war nicht Unsinn in dieser Zeit? Er zog das Boot hoch und ließ sich im Büro bei dem Beamten melden. Dabei dachte er an Agnes. Er mußte unbedingt einmal an Agnes schreiben. Was dachte sie jetzt wohl über Gott und die Menschen?

Er wurde vorgelassen. Ein kleiner alter Mann sah ihn scharf an. Wilhelm sagte: »Ich wollte erst gar nicht zu Ihnen, aber bei dem Wind konnte ich nicht über den See rudern und bin zu der Insel verschlagen worden.«

»Ja?« fragte der Mann. Er hatte wenig Zeit.

»Als ich losruderte, wollte ich auf der anderen Seite nach Saatkartoffeln fragen.«

»So. Wieviel brauchen Sie?«

»Einen guten Zentner«, sagte Wilhelm sehr erstaunt.

»Können Sie haben.«

»Damit Sie nicht umsonst hierher verschlagen sind«, setzte der Mann hinzu. Er sprach nicht die Landessprache. Wilhelm hörte sofort, daß auch auch er verschlagen war.

Der Mann, der die Saatkartoffeln spendete, hieß Dr. Gerian. Daß er mit akademischen Graden einer Landwirtschaft vorstand, war keine Verschwendung angelernten Wissens. Dort, woher er kam, hatten viele Gutsbesitzer den Doktortitel. Die Zeit brachte Dr. Gerian um seinen Besitz. Enteignet, aus dem Heimatkreise verwiesen, die Zone verlassen, kam er nach Irrwegen auf dieser Insel an, um als Verwalter ein Staatsgut in einem fremden Lande zu betreuen.

Seine Gestalt war sehr klein. Wenn er sprach, wußte jeder Bescheid, woher er kam. Diese Sprache war in diesem Reichsteil höchst unbeliebt, und zunächst war alles sehr gegen Dr. Gerian.

Aber er hatte nichts weiter zu verlieren. Sein Besitz war ein Anzug und ein Paar Schuhe. Hut und Mantel waren geliehen. Seine Familie war noch zerstreut und wartete darauf, sich irgendwo wiederzufinden. Gerians ehemaliges Gut war größer als diese Insel. Dazu gehörte ein Dorf, eine Brennerei und Trekkerfahrer. Im Kriege hatte er mit Strafgefangenen gearbeitet, die aus dem Zuchthaus kamen und in geräumten Häusern des Dorfes wohnten. Als der Krieg verlorenging und die Russen das Gut eroberten, hatten weder die Zuchthausgefangenen noch die Russen ihm etwas getan. Er hatte versucht, entlassene Gefangene in seinem Dorfe anzusiedeln, und einige waren geblieben.

Natürlich konnte er nichts gegen den neuen Volkswillen tun. Als die Bodenreform zu einem Gesetz erklärt wurde, mußte auch er gehen. Er ging. Er sprach nicht von Verlust, nicht von Recht oder Unrecht. Es war eben so gewesen. Wovon er sprach, waren kleine Unzulänglichkeiten. Er sprach von einem Mann, der aus dem Zuchthaus kam, wo er wegen politischen Andersdenkens unschuldig büßte. Dr. Gerian hatte den Mann gegen alle Bemühungen des Staates, ihn zum Schluß in ein Lager zu bringen, auf dem Gut behalten und zum Treckerführer avanciert. Dieser Treckerführer wurde nach der Bodenreform sein kommissarischer Nachfolger.

»Er enttäuschte mich«, sagte Dr. Gerian. »Ich werde nichts gegen ihn sagen, nichts gegen sein politisches Prinzip. Aber er hätte etwas verhindern können. Ich habe verhindert, daß er vom Zuchthaus in ein Konzentrationslager kam. Manchmal war das nicht leicht. Er hätte es in seiner Hand gehabt, einige Frauen zu schützen, die meinem Schutz unterstanden. Persönliche Feigheit hinderte ihn. Oder war es mehr als Feigheit, was ihn nichts verhindernd zusehen ließ?«

Dr. Gerian schwieg. Wilhelm wartete. Wilhelm sah, daß ihn etwas bedrückte. Was mochte es sein? Dr. Gerian war gekommen, nach Wilhelms Kartoffeln zu schauen. Dr. Gerian hätte sagen können: »Lassen Sie den Unsinn, ich werde Ihnen zehn Zentner liefern.« Er sagte es nicht, denn er fand es richtig, daß Wilhelm selbst Kartoffeln baute.

»Man kann es vielleicht sagen«, zögerte Dr. Gerian. Klein,

kahlköpfig, sechzigjährig. So saß er da und bemühte sich, ruhig zu atmen. Irgend etwas schien mit seinem Atem nicht in Ordnung zu sein. Er nahm immer einen Anlauf, bevor er etwas sagte, und wenn er es schließlich über die Lippen brachte, klang es gepreßt und zu endgültig. Aber die Augen glichen das wieder aus. Die Augen waren blau und groß und hatten eine eigene Art Unschuld behalten. Sie waren imstande, jederzeit zu sagen: Gut, lassen wir es geschehen sein. Vergessen wir. »Ja, ich kann es vielleicht sagen«, zögerte er noch immer. »Sehen Sie, dieser Mann, dessen Charakter ich nicht einmal besonders schätzte, den ich aber aus meiner Überzeugung für Recht vor dem Zugriff einer ihm Böses wollenden Macht schützte, verhinderte nicht, daß den meinem Schutz unterstellten Frauen Böses zugefügt wurde. Ich saß eines Tages, in den wirren Tagen nach dem Ende des Krieges, in meinem Gutsbüro und wurde von den einmarschierten Siegern verhört. Es war schon alles geklärt. Ich hatte keine Leute geschunden, keine Ausländer geschlagen, sie waren bei mir nicht unterernährt. Niemand hatte Klage gegen mich erhoben. Aber ich sollte verhört werden, zum zehntenmal übrigens, weil ich einer programmwidrigen Klasse angehörte. Während des Verhörs begann im Nebenzimmer ein verzweifeltes Hilferufen. Man rief mich. Frauenstimmen. Ich wußte, es waren die Mädchen und Frauen, die ich schützen sollte. Ich wollte aufspringen, aber ich saß zwischen den Soldaten, und man befahl mir, sitzenzubleiben. Mit Nachdruck. Mit ein bißchen zuviel Nachdruck. Die Maschinenpistolen waren auf mich gerichtet. Ich habe noch nie Angst vor dem Erschossenwerden gehabt. Ich hörte nebenan die Hilferufe der Frauen und sprang trotz der Drohung auf. Man fesselte mich. Sehen Sie, mein Treckerführer war Hauptzeuge im Verhör. Der Mann hatte als mein Nachfolger alle Macht. Ein Wort von ihm, eine Erklärung, daß es sich bei mir nicht um einen Feind seiner politischen Gesinnung handle, und nichts wäre den Frauen geschehen. Man hörte in jeder Beziehung auf ihn.

Er bot seinen Schutz nicht an. Er zuckte zu mir die Achseln und meinte, es sei nicht weiter schlimm. Eins der Mädchen nebenan war noch sehr jung; zu jung, so etwas zu erleben. Sie mußte es erleben, während ich mich nicht rühren konnte. Mein Mann rauchte gelangweilt.

Sehen Sie, das war das Schlimmste von allem. Ich habe seitdem versucht, zu verstehen, was in dieser Minute in dem Mann vorging. Haßte er mich? Und wenn, warum? Ich hatte ihm nichts getan. Ich hatte ihm höchstens das Leben gerettet. Gewiß, ich war einer, den sein politisches Dogma bekämpfte. Und die Frauen gehörten ja zu mir. Ich habe nichts dagegen einzuwenden, daß er sein System auf alles anwendet. Aber, und das fällt mir schwer, zu verstehen, darf ein System des Systems willen die kleinen Unterschiede zwischen menschlichen Existenzen übersehen? Ich habe mich zeitlebens bemüht, den einzelnen nach seiner Einzelexistenz zu bewerten. Einen anderen Maßstab erkenne ich nicht an.

Siebzig Strafgefangene lebten auf meinem Betrieb. Jeder einzelne war für mich ein Mann, dem ich zu helfen versuchte, das Leben zu erleichtern und die Strafzeit besser zu überstehen, als es hinter Zuchthausmauern möglich war. Und der Mann, mit dem ich am meisten Mühe hatte, versagte. Er war nicht schlechter als alle anderen. Er war nur noch nicht reif zum Menschen; das muß ich sagen. Er glaubte, daß ein Dogma Heil bringen könne. Er war fanatisiert von einer dogmatischen Idee. Hier haben Sie ein Beispiel dafür, daß kein Dogma Segen bringt, wenn es das Einzelwesen übersieht. Der Mensch, das Einzelwesen, ist es, um das es geht. Die Frauen, über die man nebenan herfiel, weil sie ein anderes System zu verkörpern schienen, wurden nicht als einzelne Menschen gewertet. Sie mußten den Tribut des geschlagenen Gegners zahlen. Gut – die Zeit wird helfen, den Schmerz zu heilen. Aber sie wird nicht helfen, den Fehler auszulöschen, der darin liegt, einem System zuliebe systematisch die Würde des einzelnen Menschen zu opfern.

Wofür kämpfen wir denn? Um Brot? Nein, um die Freiheit der Würde des Einzelnen.

Schmerzliche Erinnerung«, sagte Dr. Gerian. »Verzeihen Sie. Noch ist es zu nah. Es könnte den Eindruck erwecken, als würde ich dieses Vorkommnis als ein persönliches Unglück bemessen. Das liegt mir fern. Ich bitte, es als ein Symptom zu werten. Als den Ausdruck eines Dogmas, das glaubt, alles mit Greifbarem zu beweisen. Ich muß das, meiner Anschauung nach, als einen Irrtum bezeichnen. Sehen Sie, was ist eine soziologische Reform, eine Revolution, der Sieg eines anderen Systems, wenn darüber die eigentlichen Werte noch mehr in Vergessenheit geraten? Der Begriff des Rechtes ist nicht zu beugen. Juristisch mag man tausend Klauseln erfinden, begangenes Unrecht als die Folge eines älteren Unrechts darzustellen, denn das ist doch wohl die Rechtfertigung einer Revolution. Es ändert aber nichts daran, daß das jüngste Unrecht kein Recht ist. Zum

Rechtsbegriff gehört ohne Zweifel das Verstehen des menschlichen Versagens; daraus kann dann Milde und Schuldminderung entstehen. Der Rechtsbegriff als solcher ist aber unabhängig vom Strafvollzug, er ist die Anerkennung von Gut und Böse.

Und damit erkennen wir etwas an, was jenseits aller beweisbaren Werte liegt: die Welt über den materiellen Dingen. Eine geschändete Frau, was liegt daran? Sie ist Opfer eines Irrtums geworden, einer Vermessenheit unwürdiger Menschen. Ein dogmatischer Staat ist ein Irrtum von noch nicht Mensch gewordenen Wesen. Ich muß ihm fernstehen, solange ich an Gut und Böse glaube.

Und daran, mein Lieber«, sagte Dr. Gerian, und er holte wieder Luft, etwas kurzatmig, etwas geschwächt vom Leben, bis die gedrungene Brust bis zum Platzen vollgesogen war, um dann auszustoßen: »Daran muß ich glauben, weil es sonst keinen Sinn hat zu leben.

Es hat aber wohl einen Sinn nach allem. Tausende von Jahren singen die Menschen von Gott und haben seinen Schatten gesehen, der Kühle spendet und Trost, Dunkel und Verzweiflung empfunden in seiner Entfernung, und nie ist seine Gegenwart ganz in Vergessenheit geraten, hat doch jeder einmal im Leben göttlich empfunden, als er in Gut und Böse unterschied.

Fangen wir doch an, an das Gute zu glauben und nur das Gute zu tun, täglich, wo es uns begegnet. In tausend Winzigkeiten. Lassen wir doch die Flämmchen des Friedens aufleuchten im Dunkel und beginnen wir, die Gefahren des Bösen zu meiden, sie zu erkennen im Lichte des kleinen, aufflackernden Feuers. Auf mich kommt es doch an, jenem Mann zu verzeihen. Auf Sie kommt es an, mir meine Worte nicht übelzunehmen.

Und jetzt wollen wir für heute schweigen. Möchten Sie mir nicht den Garten zeigen? Vielleicht kann ich Ihnen mit etwas helfen. Haben Sie eigentlich schon Zwiebelsamen?«

Wilhelm sagte: »Nein.«

»Sehen Sie, da würde es mich freuen, Ihnen eine Handvoll schenken zu können.«

Im Garten, während die Aprilsonne heiß durch die Wolken schien, sagte Dr. Gerian plötzlich: »Der Gerechtigkeit halber, alle Sieger haben zu allen Zeiten Fehler begangen, und alle Besiegten haben sich Wunder von ihrer Großmut und Güte erwartet. Erst nach der Enttäuschung haben sie langsam angefangen, vor der eigenen Tür zu kehren. Fangen wir doch an.«

WOLFGANG WEYRAUCH
Die Davidsbündler

Plötzlich fiel die Putzfrau um.

Gerade sagte sie noch: ich glaube an den lieben Gott, aber damals, als wir auf der Ostsee waren, habe ich nicht an den lieben Gott geglaubt.

Warum glauben Sie an den lieben Gott? fragte der Obergefreite.

Weshalb haben Sie nicht an den lieben Gott geglaubt, fragte der Engländer, als Sie auf der Ostsee waren?

Sie glaubt an den lieben Gott, antwortete der Fremde für die Alte, die nicht wußte, wie sie antworten sollte, weil es in dieser Höhle Eis gibt.

Ich glaube an keinen lieben Gott, meinte der Mann vom Land, weil die Heuschrecken kommen.

Ich glaube an den lieben Gott, rief der Liebhaber, weil ich einen Stuhl habe, auf dem ich sitzen kann.

Ich glaube nicht daran, sagte der Schwager, weil ich ein schlechter Mensch bin, und ich glaube daran, weil ich es gelegentlich fertigbringe, ein bißchen besser als schlecht zu sein.

Wir waren in Königsberg, erzählte die Putzfrau, da kam der Russe.

Der Russe, wiederholte der Obergefreite, Achtung, Wehrmachtbericht.

Sind Sie nicht für den Wehrmachtbericht? fragte der Lehrling.

Nein, entgegnete der Obergefreite, du vielleicht?

Ja, erwiderte der Lehrling, und wer nicht dafür ist, ist kein Deutscher.

Ich werde dir beweisen, rief der Obergefreite, daß ich ein Deutscher bin, und zwar ein guter Deutscher.

Indem er noch das r aussprach, hob er schon den Lehrling hoch und warf ihn quer durch den Eissalon mitten in die Kinder hinein, die überall zwischen den Stühlen in der Schlange standen und das Lied der Siebenjährigen von der U-Bahn sangen.

Wir machen Musik, schrien sie, da geht uns der Hut hoch, wir machen Musik, da geht uns der Bart ab.

In diesem Augenblick sah der Feigling, daß die Stenotypistin eine weiße Bluse anhatte, und die Bluse stand auf, zwei Knöpfe waren offen, der Junge konnte die rechte Brust sehen, die Kugel, den Mond, die Warze.

Kaum sah der Feigling die Brust, merkte das Mädchen, das in einem Kriminalroman las, daß der Junge in die Bluse sah.

Da kreischte die Sirene.

Alle hörten zu atmen auf, die einen, weil sie sich vor den Heuschrecken fürchteten, die andern, weil sie wähnten, ach, es kommen gar keine Heuschrecken, Flieger sinds, deutsche, Moskitos, Bomberströme, Russen, egal, Flieger sind Sieger, jawohl, Sieger über Lunge und Herz, Leber und Schilddrüse.

Als der Mann vom Land, der Fremde und der Engländer die Sirene hörten, gingen sie aus der Schlange heraus, stellten sich vor die Tür und sahen in den Himmel, ob sie die Tiere fanden.

Der Schwager kümmerte sich nicht darum, sondern las die Zeitung:

in der dritten Sitzung der drei Außenminister entwickelte Bevin die englische Auffassung über die Verwirklichung der Europahilfe.

Kommt doch nie dazu, die Kleinen sind unglücklich, aber die Großen halten nichts vom Glück der Kleinen, warum, weil sie groß sind, und die andern klein, wir andern.

Der Liebhaber verließ auch die Schlange, lief dorthin, wo das H und das D schief und lose hingen, lief durch die Schwungtür und versuchte, mit dem Krankenhaus zu telephonieren, wo seine Frau heute ein Kind bekam, oder auch nicht.

Entweder lebt sie, und das Kind lebt, oder sie stirbt, und das Kind stirbt auch.

Jetzt ging die Falltür hinter der Theke auf, der Italiener stieg die Stufen hinauf, zwei Eimer in den Händen, voll von weißem und hellbraunem Eis, einen hohen Konditorhut auf dem Kopf.

Obwohl der Lehrling aufsprang, der Obergefreite auf ihn zuging, und sie zu ringen anfingen, sangen die Kinder weiter.

Wir machen Musik, da geht das Licht aus, da bleibt die Bahn stehn, wir machen Musik, da kommen wir nicht mehr nach Haus, da gibts in der Heimat kein Wiedersehn.

Die Putzfrau fuhr fort, aber niemand hörte ihr zu, so daß ihr auch niemand widersprach oder zustimmte: natürlich haben wir Angst vor den Russen gehabt, wir wollten nach Westpreußen, ums Haff herum, aber da war der Russe auch schon, also mußten wir nach Pommern, über die Ostsee, übers Eis, es war schrecklich.

Da haben wir selbst Schuld gehabt, dachte die Alte, wir alten

Weiber, warum haben wir die Pfoten gehoben, wir haben geschrien, und als die Jungens ins Feld mußten, haben wir ihnen einen Rosenkranz um den Hals gewickelt, sei tapfer, Philipp, wir sind auch tapfer.

Während der Feigling aufhörte, nach der Brust zu sehen, und nach den Beinen blickte, wo die Muskeln aus den Waden hüpften, fing die Stenotypistin an, zu dem Jungen hinzusehen; er gefiel ihr.

Ich gehe ins Damenclo, er hinterher, keiner merkt etwas, alle denken an die Heuschrecken, ich auch, aber ich meine, die Bomben haben mir nichts gemacht, die Heuschrecken werden mir auch nichts tun, vorläufig lese ich aber noch weiter in meinem Kriminaler:

mein erster Blick galt Mr. X., er befand sich immer noch im dicksten Kampfgewühl, dann sah ich plötzlich Mr. Leopold, eifrig mit der Abwehr aller Angriffe gegen X. beschäftigt, Mr. X. ging von Tisch zu Tisch, wo die Frauen die kostbarsten Juwelen trugen.

Die Sirene wimmerte nur noch, dann war sie stumm.

Aber in der Ferne, über den südlichen Vororten, begannen die Sirenen zu rufen: Heuschrecken sind da, Heuschrecken sind da.

Hier, beim Eissalon, leise, doch aus den Mäulern von Gespenstern, dort aber viehisch und tödlich.

Los, Leute, jetzt kommt die Pest, die Pest frißt euch die Tomaten und die Buschbohnen aus den Schrebergärten, sie frißt euch die Haut von den Knochen, wohl dem, der schon tot ist, wen 1914 nicht gefressen hat, den hat die Revolution gefressen, wen die Revolution nicht gefressen hat, den hat die Inflation gefressen, wen die Inflation nicht gefressen hat, den hat der Bürgerkrieg gefressen, wen der Bürgerkrieg nicht gefressen hat, den hat der Hitler gefressen, wen der Hitler nicht gefressen hat, den hat der Krieg gefressen, wen der Krieg nicht gefressen hat, den hat die Kalorie gefressen, wen die Kalorie nicht gefressen hat, den frißt jetzt die Heuschrecke, 2 mal 2 ist 4, kennt ihr das Amen in der Kirche?

Die Leute vor der Tür riefen in den Salon: die Heuschrecken sind da, die Heuschrecken sind da, da ist die erste, sie fliegt ganz hoch, sie ist ganz dunkel.

Quatsch, rief der Fremde, in 7 fliegt eine Schwalbe, die ein bißchen dick ist, sonst ist nichts da, nur ein paar Kumulus in West, von 10 nach 8.

Stimmt nicht, widersprach der Mann vom Land, von 11 nach 8.

Ihr wart wohl Flieger? fragte der Engländer.

Die beiden nickten.

Ich auch, sagte der Engländer.

Drüben, sagte der Mann vom Land.

Macht das etwas? fragte der Engländer.

Unsinn, erwiderte der Fremde, mir ist ein englischer Flieger lieber als ein deutscher Kolonialwarenhändler.

Mir ist ein Kolonialwarenhändler lieber als ein Flieger, antwortete der Engländer.

Doch, sagte der Mann vom Land, es macht etwas, daß Sie drüben waren.

Warum? fragte der Fremde.

Weil ich heute früh die Männer gefunden habe, sagte der Mann vom Land.

Was für Männer? fragte der Engländer.

Meine Männer, erwiderte der Mann vom Land, die Männer aus meinem Dorf, das heißt, ich habe sie gar nicht gefunden, ich habe nur ihre Spaten gefunden.

Indem war der Italiener damit fertig, das frische Eis in die Behälter zu kippen, Muckefuck und Wasser mit Milchpulver in die Eismaschinen zu schütten und die Löffel aus Pappe auf die Tischplatte zu werfen.

Die Teller waren schon geschichtet, das Wechselgeld lag in der Schublade, der Italiener ließ die Maschinen an, er rührte mit der Löffelstange um.

Dann verkaufte er.

Aber der Schwager, der fast am Schluß der Schlange stand, las in der Zeitung, als hätte er keinen Durst, so, wie er auch bisher schon gelesen hatte, wie wenn es keine Heuschrecken gäbe:

die französische Polizei deckte in der Bretagne eine französische Verschwörerorganisation auf,

eine Gruppe von Monarchisten, Vichy-Anhängern, Kollaborateuren und rechtsstehenden Angehörigen der früheren Widerstandsbewegung plante eine Zangenoperation gegen Paris,

Krise in Indonesien,

Attentat auf den thüringischen Landtagspräsidenten,

für und gegen einen Teilfrieden,

Zwischenfälle an der nordgriechischen Grenze,

Appell des Papstes an Europa,

amerikanisch-kanadische Manöver in der Arktis,

Haftbefehl gegen chinesischen Kommunistenführer,
die Zeit drängt,
der Parteitag der SPD in Nürnberg,
Internationales Jugendtreffen in München,
die Zeit drängt,
ein Berliner Surrealist,
die Russische Frage im Deutschen Theater,
die Zeit drängt,
Wir sind noch einmal davongekommen im Hebbel-Theater,
die Zeit drängt,
Der Staatsmann und die Kühe im Lustspielhaus des Westens,
die Zeit drängt,
Phantasma, der sprechende Flügel,
Anna und der König von Siam,
die Zeit drängt,
Kurt Pratsch-Kaufmann ganz groß in neuer Form,
die Zeit drängt,
erinnern Sie sich,
die Zeit drängt,
Fachbücher der Gastronomie gesucht,
Kulturorganisation sucht neuwertige Konzertflügel,
die Zeit drängt,
Glasscherben zu kaufen gesucht,
die Zeit drängt,
Wohnungs-Kopftausch,
die Zeit drängt,
herrschaftliches Miethaus umgehend zu verkaufen,
die Zeit drängt,
wertvolles Ruinengrundstück verkäuflich,
die Zeit drängt,
kaufe Buchhandlung oder artverwandtes Geschäft,
die Zeit drängt,
Dauerschwester von Privatklinik gesucht,
die Zeit drängt,
der Sonntag war mit 35,6 Grad der absolut heißeste Junitag seit 1851,
die Zeit drängt,
alle Tabakanbauer mit mehr als 100 Pflanzen sind, nach einem Befehl der russischen Kommandantur, verpflichtet, Tabak abzuliefern,
die Zeit drängt,
wieder postlagernde Sendungen im Interzonenverkehr,

die Zeit drängt,
die Berliner jüdische Gemeinde veranstaltet ein Sommerfest,
die Zeit drängt,
Fachmann für Fälschungen,
Wein im amerikanischen Sektor,
die Zeit drängt,
nach 2 Jahren qualvoller Ungewißheit erfuhren wir, daß uns unser heißgeliebter Sohn und Bruder Joachim von Nolde, stud. med., im 22. Lebensjahr am 9. 4. 1945 durch den Tod entrissen wurde,
die Zeit drängt,
Soda kauft K. B. 788,
die Zeit drängt.

Sonst heißt es in einem Jahr, falls die Heuschrecken noch einen übriglassen:

Gott dem Allmächtigen hat es gefallen, das heißt, wenn dann noch jemand an Gott glaubt, unseren guten Vater, im Dienste der Roten Armee oder der US-Army zu sich zu nehmen.

Die Zeit drängt, ich muß mich darum kümmern, daß es nicht dazu kommt, ich muß sofort damit anfangen.

Unterdes wählte der Liebhaber 42 11 22.

Aber entweder waren alle Ämter besetzt, oder das Amt 42 war besetzt, oder es tutete nach der ersten 1, nach der zweiten 1, nach der ersten 2, nach der zweiten 2, oder das Krankenhaus telephonierte mit einem andern, oder der Apparat war von vorn bis hinten tot, oder er bekam die Verbindung.

Aber wie er erst rief, bitte, Zimmer Nr. 31, Frau Scherer, geriet schon jemand anders in das Gespräch:

wenn Sie mir die 600 bis zum 1. nicht zurückgeben, klage ich sie mit dem Anwalt ein.

Ach, ich bin hier, sie ist dort, wenn ich jetzt keinen Anschluß kriege, gehe ich hin, und wenn die ganze Stadt voll Heuschrekken klebt, so, ihr wollt mich nicht hineinlassen, das werden wir sehn, ich schlage euch alle Knochen kaputt, jawohl, ich schlage auch Frauen, wenns drauf ankommt.

Wir machen Musik, sangen die Kinder immer noch, obwohl sie jetzt wußten, daß sie bald Eis essen konnten, da schießen wir in die Lampe hinein, da fällt die U-Bahn aus den Geleisen, wir machen Musik, da kriechen wir in den Tunnel rein, da werden wir auf die Weiber scheißen, wir machen Musik, wir machen Musik.

Obgleich die Kinder so laut sangen, daß niemand verstand,

was der Nachbar sagte, hörten doch alle, wenn die Kinder einmal Luft holten, die Sirenen fernab.

Sie heulten bald lauter, bald leiser, sie wiederholten den Wechsel von laut und leise immer wieder, es schien, daß die Apparaturen, so, wie es damals oft war, als das Feuer vom Himmel fiel, nicht funktionierten, doch, wer Bescheid wußte, merkte, daß jetzt die Tiere über den Häusern flogen, von deren Dächern die Töne nicht aufhörten zu rufen, denn so lautete der Befehl.

Dort also schwebten die Heuschrecken heran.

Ja, wieviel waren es?

Tausend?

Ach, tausend, viel mehr, zehntausend.

Zehntausend, das ist viel zu wenig, hunderttausend.

Mehr, mehr, eine Million.

Wer kann sie zählen.

Kannst du sie zählen?

Ich kann sie nicht zählen, ich will sie nicht zählen, und wenn ich es auch könnte, ich sehe nicht hin, ich kann nicht hinsehen, ich ekle mich vor ihnen, ich fürchte mich, ich fürchte mich entsetzlich, ich habe mich noch nie so gefürchtet, auch vor den Bomben nicht.

Nein, die Bomben waren Gold dagegen.

Ich höre sie, sie können nicht singen wie die Vögel, zirpen wie die Spatzen, ich weiß allerdings nicht, ob sie es nicht können, oder ob sie es nicht tun.

Vielleicht meinen sie, falls sie überhaupt etwas meinen können, daß sie uns mehr erschrecken, wenn sie schweigen, aber sie erschrecken uns schon sowieso genug.

Sie fliegen wie die Schwalben und Lerchen, sie sind wohl Vögel, was denn sonst, wenn sie in der Luft fliegen können.

Aber sie sind doch keine Vögel, Vögel sind nicht so böse, auch Kauze nicht, die Kuckucke nicht.

Die Heuschrecken sind wie Ratten, wie Kakerlaken, wie Spinnen und Klapperschlangen.

Hast du schon einmal eine Klapperschlange klappern hören, ich nicht, aber das macht nichts, ich stelle es mir vor, wie Klapperschlangen klappern, und dann schnellen sie auf mich los.

Noch sind die Heuschrecken über mir, über uns, noch, noch, aber dann kommen sie herunter, wie sie herunterkommen, weiß ich nicht, rasch oder langsam, alle zusammen, erst eine und dann viele, schließlich alle.

Vielleicht haben sie einen Führer, wir haben auch einen Führer gehabt, einen Heuschreckenführer, der hat alles weggefressen, wie die Heuschrecken, bei uns und bei den andern.

Ich halte mir die Ohren zu, aber das hilft nichts, ich höre das Volk der Heuschrecken, das über uns kommt, wie die Bomben über uns gekommen sind.

Und warum sind die Bomben über uns gekommen, nur weil die Nazis über uns gekommen sind, über uns und über die ganze Erde.

Ich höre sie, ich höre ihren Flug, sie reiben sich aneinander, weil sie soviele sind.

Sie sind soviele, daß sie den ganzen Himmel füllen, vor lauter Heuschrecken sieht man die Wolken nicht, ja, man sieht nicht einmal die Sonne, es ist so dunkel.

Vielleicht fliegen sie auch so dicht, weil sie sich fürchten, vor wem aber könnten sie sich fürchten, vor uns, ach, du lieber Gott, vor uns, wir sind so armselig, wir sind die Armseligsten der Armseligen.

Vielleicht fürchten sie sich vor dem lieben Gott.

Nein, vor dem fürchten sie sich ganz gewiß nicht, der hat sie ja geschickt, der hat sie ja uns geschickt, damit wir immer noch nicht genug haben.

Wir haben aber genug, wir haben genug, wir wollen nichts mehr tun, wir sind satt, satt.

Sind wir wirklich satt, hungrig sind wir, ach, wie hungrig, lieber Gott, steh uns bei, laß die Heuschrecken an uns vorübergehn.

Wenn du sie aber nicht an uns vorübergehen läßt, dann setzen wir dich ab, dann brauchen wir dich nicht mehr, oh, wir können dich absetzen, wer ganz unten ist, kann viel, er kann mehr, als der, dem es gut geht.

Hört ihr, wie sie knirschen?

Haben sie Zähne, wer weiß es, vielleicht hört sich das Reiben wie Knirschen an, es knirscht, es knirscht.

Riechen sie nicht auch, ich glaube, sie riechen, nein, sie riechen nicht, sie stinken.

Wie sehen sie eigentlich aus, ich sehe einmal hin, sie sind grün, aber wer hat schon einmal so ein Grün gesehen, die Blätter sehn nicht so aus, der Grashalm auch nicht, der Ahorn und die Distel auch nicht.

Ich fürchte mich vor keiner Heuschrecke, sagte die Putzfrau, wer so alt ist wie ich, und wer zu Fuß über die Ostsee gegangen ist, der fürchtet sich vor nichts mehr.

Zu Fuß, fragte die Stenotypistin, wie, war es im Winter, war es zugefroren?

Aber die Alte ging sie gar nichts an, sie tat nur so, weil sie nicht wollte, daß jemand merkte, wie sie dem Feigling auf die Knie sah, wie er ihr in die Bluse sah, die sie nicht zuknöpfte, ja, nicht einmal zuzog, wie sie sich dann in die Augen sahen, wie der Junge auf den Nasenflügeln zu schwitzen begann, wie ihm der Mund aufstand, wie die Stenotypistin nickte, wie der Feigling zurück nickte, wie das Mädchen mit dem Kopf zu den Buchstaben H und D deutete, wie der Junge zu den Buchstaben hinsah, wie er wieder zu der Stenotypistin blickte, begriff, langsam aufstand, so, als wäre nichts, dabei aber zitterte, und wie er zu den Klosetts schlenderte.

Ja, sagte die Putzfrau, alles war zu, aber es blieb nicht alles zu, es ging alles auf, wir waren viele Leute, sicher tausend, Frauen und Männer und Kinder, denn die Männer waren ja noch an der Front, wir waren schon tagelang unterwegs, es war furchtbar kalt, und es war sehr neblig.

Was haben Sie denn nachts gemacht? fragte die Stenotypistin und stand auf, wie haben Sie denn geschlafen?

Wo gehen Sie denn hin? wollte die Alte wissen, Sie können doch nicht weggehn, während ich Ihnen etwas erzähle, das ist doch nicht höflich.

Ich komme gleich wieder, rief das Mädchen, ich muß nur einmal austreten, flüsterte sie, ich bin gleich wieder da. Sie ging zu der Tür, die in den Scharnieren schwang, trat sie mit dem Schuh zurück und war weg, indes die Tür noch eine Zeitlang pendelte.

Weg, sagte die Putzfrau vor sich hin, sie ist weg, sie kommt nicht wieder, damals waren sie auch alle weg, mit einemmal, das heißt, alle waren sie nicht weg, aber doch die meisten, eben waren sie noch da, wissen Sie, ich war damals schon sehr alt, obwohl ich jetzt erst 61 geworden bin, rechts stützte mich einer, links stützte mich einer, und es ging ganz gut, wenn ich auch oft stolperte, weil die Schollen übereinander lagen statt nebeneinander, aber ich war so müde, daß ich hingefallen wäre, wenn mich die beiden nicht geführt hätten, es waren nicht immer dieselben, die mich stützten, sie waren selber müde, sie wechselten sich ab, aber plötzlich waren sie weg, wie das Fräulein eben, weg, und keiner war mehr da, so, wie auch jetzt keiner da ist, der mir zuhört.

He, rief die Alte und versuchte, den Obergefreiten, der mit

dem Lehrling rang, am Ärmel zu zupfen, willst du mir nicht zuhören, ich brauche jemanden, der mir zuhört, die Putzfrau lachte über sich selbst, sonst kann ich nicht erzählen, ich will aber erzählen, sonst höre ich die Heuschrecken, wenn sie kommen, ich will sie aber nicht hören, sonst fürchte ich mich vor ihnen.

Jetzt aber war es schwierig, den Obergefreiten oder auch den Lehrling festzuhalten, da sie nun auf die Bohlen niedergegangen waren, nachdem sie sich bisher im Stehen gegriffen, umklammert und wieder voneinander getrennt hatten, damit jeder den andern endlich so fassen konnte, daß er und nicht der andre gewann.

Schlag mich nur ins Gesicht, Kleiner, ich muß nur aufpassen, daß er mir meine Augen nicht zuschlägt, auf die Zähne kannst du mich ruhig schlagen, ich habe doch kaum noch welche.

Hallo, keinen Tiefschlag, bitte, Herr Obergefreiter, und Vorsicht, daß er mich nicht in den Schwitzkasten kriegt, dann ist es aus mit mir.

Ach, Kleiner, die Ringerei ist mir zu langweilig, ich kann ja Jiu-Jitsu, aus dem Effeff, mein Kleiner.

Doch während der Obergefreite noch überlegte, welchen Griff er machen sollte, ließ sich der Lehrling jählings fallen, vor die Beine des Obergefreiten, der paßte nicht auf, er stürzte über den Lehrling hinweg, der dem Obergefreiten zwischen die Beine boxte.

Der Obergefreite stöhnte, er war fahl, er kotzte sich beinahe, es war ihm so übel, es tat so weh, er wußte nicht aus und ein.

Als er aber den Lehrling grinsen sah, fiel ihm etwas ein. An die Kehle, dachte er, an die Kehle.

Er täuschte, er blieb liegen, wo er lag, er bewegte sich nicht, wie wenn er sich nicht mehr bewegen konnte.

Der andre fiel darauf herein, er näherte sich, um zu sehen, was mit dem Gegner los war.

Da drosselte der Obergefreite ihn, alle zehn Finger um den Hals, die beiden Daumen auf den Adamsapfel.

Ei, du willst mich treten, geht nicht, mein Junge, erlaube ich nicht, strample nur, bald kannst du nicht mehr strampeln, ach, die armen Äugelchen, du verdrehst sie ja so, warum denn, laß das doch, das sieht nicht hübsch aus, du willst doch sicher hübsch sein, vor den Fräuleins, vor Nora, vor Trudchen, oder heißt sie Anna, ja, Anna heißt sie.

Anna, Anna, ich kannte auch einmal eine Anna, was heißt

das, ich kannte sie, ich kenne sie, ich komme gerade von ihr, wenn ich sie erwürgt hätte, wie ich es vorhatte, dann würde ich dich jetzt nicht erwürgen, armes Kerlchen, mußt leiden, weil Anna schlecht war.

Anna, sagte er laut.

Ich bin nicht Anna, röchelte der Lehrling, ich bin ein Lehrling, ich habe Geld unterschlagen, und ich habe Angst vor dem Chef.

Was hast du gemacht? fragte der Obergefreite und ließ den andern los.

Ich tus nicht wieder, wimmerte der Lehrling, ich tus nicht wieder, bestimmt nicht.

Was hast du gemacht? wiederholte der Obergefreite.

Ich hab 800 Mark von der Kasse geholt, antwortete der Lehrling und rührte sich nicht, ich sollte sie unserm Redakteur bringen, es war so schönes Wetter, und es war Samstag, Samstagmittag ist Pferderennen, wenn nicht so schönes Wetter gewesen wäre, wenn nicht Samstag gewesen wäre, und wenn kein Rennen gewesen wäre, hätte ich es nicht angebrochen.

Hast du verloren? fragte der Obergefreite.

Ja, antwortete der Lehrling.

Wieviel? fragte der Obergefreite.

An die 100 Mark, sagte der Lehrling.

Was machst du jetzt? fragte der andre.

Weiß nicht, erwiderte der Lehrling, aber vielleicht kommen die Heuschrecken, und dann ist alles aus.

So ist es falsch, sagte der Obergefreite.

Da die Putzfrau merkte, daß es sich nicht lohnte, mit dem Obergefreiten zu reden, wandte sie sich zu dem Schwager, der die Zeitung hatte auf die Planken fallen lassen, und sagte: ich war allein.

Das sind wir alle, erwiderte der Schwager, das ist es ja.

Ich fiel hin, fuhr die Alte fort, ich sah nach, wem ich rufen konnte, daß er mir half, aber es war niemand mehr da, überhaupt niemand, nur ich.

Ja, antwortete der Schwager, niemand ist da, außer mir.

Nur ich, sagte die Putzfrau, und der Nebel und die Ostsee und die Scholle, auf der ich lag, sonst war das Eis weg, und alle Leute waren weg, ich hatte gar nichts gehört, ich habe einmal in einem Roman gelesen, daß man es hören kann, wenn das Eis platzt, ich weiß noch ganz genau, was in dem Buch stand:

plötzlich gab es eine Erschütterung, als ob die Erde bebte, es tat einen Krach, die blinkende Eisfläche zerriß, ein riesiger Spalt tat sich auf, und die Menschen verschwanden schreiend und betend in den gurgelnden Fluten.

So, so, murmelte der Schwager, stand darin, stand in dem Scheißbuch, schlecht geschriebenes Buch, aber richtig geschrieben, sehr richtig, es krachte, ein Spalt öffnete sich, die Menschen schrien und beteten und verschwanden in der Flut.

So war es bei mir nicht, sagte die Alte.

So ist es aber bei uns, sagte der Schwager, wenn ich das Maul halte.

Bei mir war alles still, erzählte die Alte, keiner schrie, alle ertranken, als hätten sie darauf gewartet, oder als hätten sie es sich sogar gewünscht, vielleicht hatten sie es sich auch gewünscht, die ganze Zeit über, als sie über die Ostsee gingen, was hatten sie denn noch vom Leben, nichts.

Wir wollen aber etwas vom Leben haben, sagte der Schwager.

Auch das Eis war still, rief die Alte, es konnte ja auch nicht mehr rufen, es war ja nicht mehr da, wie kann etwas rufen, das nicht da ist, aber auch in dem Augenblick, als es platzte, war es still, ich verstehe es nicht, aber es war so, ich verstehe es heute noch nicht.

Wir verstehen uns nicht, sagte der Schwager, wir lieben uns nicht.

Ich rief nicht um Hilfe, sagte die Putzfrau, wen hätte ich denn auch um Hilfe rufen sollen, es war ja niemand mehr da, ich trieb in die Ostsee hinein, immer weiter, und wenn mich nicht ein russisches U-Boot gefunden hätte, wäre ich jetzt vielleicht am Nordpol, aber ich fror auch so schon genug, ich fror und hungerte und weinte, am Schluß fiel ich in Ohnmacht.

Alle im Eissalon hatten jetzt Schokoladeneis oder Sahneeis gegessen, keiner hatte mehr Geld, es gab welche, besonders unter den Kindern, die zehn Portionen, die Portion zu zwei Halbkugeln, gegessen hatten, doch der Italiener hatte noch Eis in den Behältern.

Deshalb rief er dem Mann vom Land, dem Fremden und dem Engländer, die immer noch vor der Tür standen, zu: wollt ihr nicht hereinkommen, habt ihr schon Eis gegessen, ich habe noch Eis, gutes, kaltes Eis, bitte sehr.

Er stieß die Löffelstange nacheinander in die Bottiche der Maschinen und quirlte um.

Aber die drei hörten ihn nicht. Sie blickten auf den Platz, der nur noch der Geist eines Platzes war.

Von den vier Straßen, die früher auf den Platz gestoßen waren, war nur noch eine da, die andern drei führten zwar bis fast zu dem Platz, dann aber hörten sie auf, indem die eine durch eine Panzersperre zerschnitten war, während die Übergänge der beiden andern in den Platz durch haushohe Hausäser zugeschüttet waren.

Die Panzersperre bestand aus Taxis, schwarz und weiß gewürfelte Ränder, aus Betten, gelb-grüne Matratzen, vom Kot der Vögel, vom Regen, vom Schnee, vom Staub des Elends gestreift und punktiert, vor allem aber aus einem Möbelwagen, den das Ungeheuer in die Faust genommen und zerquetscht hatte, H. Delliehausen, Frankfurt am Main, internationale Transporte.

Dann breitete sich eine Ebene aus, voll Steinen, riesigen, großen, mittleren, kleinen, winzigen, zerpulverten, viele Steine gabs, und wenig Brot, sie zog sich bis zur nächsten Straße, deckte sie zu, setzte sich jenseits der Straße fort, und so weiter, und so weiter, und so weiter, um den Platz herum, immer an der Wand lang, weiter, weiter, weiter, bis zur Straße, die noch übriggeblieben oder wieder hergestellt war.

So kreiste es rundherum, schepperndes, irres Karussell, noch einmal von der Verlängerung der Straße, die da war, unterbrochen.

Überall gab es das zermalmte Gestein, es gab mehr zermahlenes Gestein, als früher Häuser da gestanden hatten. Wenn ein Wind über den Platz wehte, hob er den Staub hoch und sprühte ihn zu den Männern vor dem Eissalon. Sie schnupperten und sahen sich an.

Sie witterten, sie kannten den Geruch, der Engländer und die beiden Deutschen.

So riechen die Toten, wenn sie lange gelegen haben, versteckt, von der Unruhe des Lebens nicht ergriffen, dann aber scheucht sie etwas auf und schickt wenigstens ihren Gestank zu uns, die wir am Leben bleiben durften, oder mußten, das ist die Frage, zurück, ihren Gestank, oder noch mehr.

Tote Tiere, sagte der Engländer.

Oder tote Menschen, sagte der Mann vom Land.

Oder beides, meinte der Fremde.

Wieviele sind drunter? fragte der Mann vom Land.

Und wenn nur einer drunter ist, antwortete der Engländer, genügt es.

Bei euch liegen sie auch, sagte der Fremde, und bei den Franzosen, bei den Russen und bei den Japanern.

Der Mann vom Land nahm die Skimütze ab, die er noch von seinem Bruder hatte, der bei den Gebirgsjägern gefallen war.

Blödsinn, sagte der Fremde, diese falsche Feierlichkeit.

Laß ihn doch, rief der Engländer, soll er sie über die Ohren ziehen?

Frierst du? fragte der Fremde den Mann vom Land.

Nein, sagte der.

Dann schenk sie dem, fuhr der Fremde fort, der friert und keine hat.

Auch die Mitte des Platzes war eine Ebene, aber diese Ebene wurde benutzt, indes die Ebene um den Platz herum verendet war.

Straßenbahnschienen durchquerten den Asphalt, Schilder mit Händen darauf zeigten den Automobilen, die sonst quer über den Platz gefahren waren, an, daß sie im Kreis zu rotieren hätten, den Fußgängern, die bisher über den Platz wanderten, daß sie von Bürgersteig zu Bürgersteig, nicht anders, zu gehen hätten.

Heute aber, am Tag der Sintflut der wimmelnden Himmelstiere, fuhr kein Auto über den Platz, kein Fußgänger passierte ihn.

Nur ein einziger Mensch, von dem es gleich war, ob er ein Mann, eine Frau, ein Greis oder ein Kind war, es war der Mensch, der hier ist, dort aber die Vertilgung, hier ist die Furcht, dort aber ist das, was die Furcht einflößt, nur einer von uns saß mitten auf der Platzebene.

Er saß reglos. Er sah in den Himmel. Er wartete auf die Heuschrecken.

Das könnte ich auch sein, sagte der Engländer.

Nein, erwiderte der Mann vom Land, du nicht, keiner von uns dreien.

Warum nicht? fragte der Fremde.

Weil wir etwas vorhaben, entgegnete der Mann vom Land.

Was? fragte der Fremde.

Das weiß ich noch nicht, sagte der Mann vom Land, aber bis die Heuschrecken da sind, werden wir es wissen.

Es geht gar nicht um die Heuschrecken, rief der Engländer, das ist das vorletzte.

Das letzte sind wir, sagte der Fremde.

Der Mann auf dem Platz bewegte sich.

Er hob die Arme hoch, wie wenn er die Heuschrecken, oder

was sonst noch kam, und wovon sie nur das Gleichnis waren, bei sich empfangen wollte.

Los, hier bin ich, freßt mich, rasch, rasch, freßt mich, bis ich nicht mehr da bin.

Wollen wir ihn holen? fragte der Mann vom Land.

Nein, antwortete der Fremde, er gehört nicht zu uns.

Jeder gehört zu uns, sagte der Engländer.

Er ist schon hinüber, flüsterte der Fremde, seht hin.

Der Mann auf dem Platz legte sich hin. Er streckte alle viere von sich. Er schrie.

Eli eli, schrie er, lami asabthani.

Er ist verrückt geworden, sagte der Fremde.

Hier kann man leicht verrückt werden, sagte der Mann vom Land.

Wir müssen uns zusammennehmen, meinte der Engländer, daß wir nicht auch verrückt werden.

Wir müssen nachdenken, sagte der Fremde.

Haben wir noch Zeit dazu? fragte der Engländer.

Die Sirenen haben aufgehört, sagte der Mann vom Land.

Vielleicht schlagen sie einen Bogen um die Stadt, meinte der Engländer.

Nachdenken? fragte der Mann vom Land, ist das gut?

Was sollen wir sonst machen? fragte der Engländer.

Beten, rief der Mann vom Land.

Ach, beten, sagte der Fremde, es ist schon soviel gebetet worden, und es ist nie etwas besser geworden.

Ich weiß etwas, rief der Engländer.

Was weißt du? fragte der Mann vom Land.

Ich weiß, fuhr der Engländer fort, daß wir nichts wissen, gar nichts, nicht das mindeste, weniger als nichts.

Nun und? fragte der Fremde.

Das ist viel, sagte der Engländer, das ist sehr viel.

Was willst du damit anfangen? fragte der Fremde.

Kinder, die vieles nicht wissen, sagte der Engländer, stellen Fragen.

Sollen wir auch Fragen stellen? fragte der Fremde.

Ja, antwortete der Engländer, wenn die Heuschrecken fort sind, und ich glaube, daß sie dieser Stadt nichts tun werden, werden alle Leute zusammenlaufen und dem lieben Gott danken, weil sie glauben, daß er sie gerettet hat.

Dabei hat er sie gar nicht gerettet, warf der Fremde ein, sondern die Heuschrecken sind nur woanders hingeflogen. Jedenfalls werden sie zusammenlaufen, wiederholte der Engländer, zum Beispiel hier auf diesem Platz, und dann werden wir mitten unter sie gehen und Fragen stellen, dröhnende, erschütternde, gefährliche Fragen.

Wer soll sie beantworten? fragte der Mann vom Land.

Truman, erwiderte der Engländer, Stalin, Attlee, Bidault, Tschiangkaischek, Pandit Nehru, der Papst.

Meine Herren, rief der Italiener von innen, das Eis zerläuft, das gute, schöne Eis.

Wir wollen Davidsbündler sein, rief der Engländer.

Was ist das? fragte der Mann vom Land.

Die Deutschen haben einen Komponisten, antwortete der Engländer, der, glaube ich, Schumann heißt.

Schumann, bestätigte der Fremde.

Dieser Schumann hat Tänze komponiert, fuhr der Engländer fort, die die Lieder der Davidsbündler heißen, die Davidsbündler aber waren Mitglieder eines Bundes, die sich entschlossen hatten, gegen den Goliath zu kämpfen.

Gerade als der Engländer mit seinem Satz fertig war, fiel die Putzfrau um.

Indes ein paar von den Kindern zu der Alten liefen, um zu sehen, was mit ihr los war, sangen die übrigen ihr Lied weiter.

Wir machen Musik, sangen sie, da fällt uns der Mond auf den Kopp, da geht der Sonne nicht mehr auf, wir machen Musik, da laufen die Leute alle auf den Topp, da kann keiner mehr auf den Topp rauf.

Die Jungens und Mädchen, die jetzt um die Putzfrau herumstanden, sahen, daß sie von dem Augenblick an, da sie umgefallen war, immer kleiner wurde, und zwar so, daß man es richtig beobachten konnte.

Sie schrumpfte im ganzen ein, von den Haaren, die büschelweise ausfielen, bis zu den Schuhen, die gar keine Schuhe mehr waren.

Schuhe ohne Absätze, ohne Sohlen, Schuhe, bei denen die Brandsohlen durch sind, bei denen die Zehen durch das Oberleder kommen, verkrüppelte, hornhäutige Zehen, sind das Schuhe?

Sie schrumpfte aber auch Glied um Glied zusammen.

Der Kopf wurde winzig, wie die Schädel der Leute in Deutschland und England und Polen, die in den glühenden Kellern dörrten.

Die Nase wurde halbiert, schneeweiß und schneidenscharf.

Die Augen verschwanden hinter den Höhlen, die Höhlen selbst wurden zu Punkten.

Auch der Mund wurde ein Punkt, ein offener Punkt, aus dem ein Lappen flatterte.

Preisfrage, was ist das, Leute, die ihr noch eine Zunge habt?

Das war einmal eine Zunge, Leute, auf der die Entzückungen, der Zorn und die Verlorenheit, in den unendlich kleinen Millimeter, genannt Erde, in die unendlich kurze Sekunde, namens Zeit, geschleudert wurden.

Paßt auf, Leute, gebt auf die Sekunde, auf den Millimeter acht, gebt auf das Verhältnis von Sekunde, Millimeter und Entzückung acht.

Was hat sie denn? fragte ein Kind.

Idiot, erwiderte ein anderes, tot ist sie, hast du noch keinen Toten gesehn?

Der Fremde sah durch die Scheibe, die in die Pappe eingesetzt war, und sagte: die Alte ist umgefallen.

Sie wird tot sein, meinte der Mann vom Land.

Die andern stehen drumherum, sagte der Engländer.

Kommt, sagte der Fremde, wir gehen hin.

Ich bleibe hier, sagte der Engländer, wenn die Heuschrecken kommen, rufe ich euch.

Der Fremde nickte, und er und der Mann vom Land gingen in den Eissalon.

Tot, dachte der Engländer, ich kann keinen Toten mehr sehen, wenn ich einen Toten sehe, denke ich immer, daß ich schuld daran bin, ich bin auch schuld, ich bin an jedem schuld, der gestorben ist, ich weiß, daß ich nicht allein schuldig bin, die andern sind auch schuld, aber das macht meine Schuld nicht kleiner.

Heute nacht, als ich nicht schlafen konnte, weil ich wußte, daß die Heuschrecken kommen, fiel mir wieder mein Flug ein.

Es war 1942, als wir die ersten großen Angriffe vorbereiteten, und niemand in Deutschland, wenigstens bei den kleinen Leuten, dachte an das, was dann kam.

Es war nach Mitternacht, als ich bei der Hochspannungsleitung in das Trapez WF einflog, worin ich den Funkturm finden mußte.

Ich flog sehr niedrig, fast streifte ich die Hochspannungsleitung, aber ich kam drüberweg, ich kam zu einer Ruine, nicht zu einer Ruine aus diesem Krieg, sondern zu einer alten, aus dem Mittelalter.

Ich sah einen Weinberg, ich dachte, wenn ich doch nur unten wäre, im Wein, bei den Mädchen, da, am Steinbruch vorbei, die Försterei links liegenlassen, zu Fuß, in Zivil, so für mich hin, und sie treten die Maische in den Bütten.

Eine gefällt mir, ich ihr auch, es ist Feierabend, wie die Deutschen sagen, hoppla, wir gehen in den Berg.

Aber da ist ein Steilhang, Schluß mit den Späßen, ich muß hinauf.

So hätte ich unsre Männer gern gesehen, sagte der Mann vom Land zum Fremden, als sie vor der toten Putzfrau standen, wenn sie denn schon sterben mußten.

Was für Männer? fragte der Fremde, hob die Alte hoch und trug sie zur Wand, wo der Mann vom Land ein paar Kinder, die da saßen, von den Stühlen scheuchte und zwei Tische nebeneinander stellte.

Dann legten sie die Tote auf die Tische, der Fremde drückte ihr die Augen zu, und der Mann vom Land deckte sie mit Handtüchern, die er dem Italiener wegnahm, zu.

Männer von unserm Dorf, antwortete der Mann vom Land, zehn Männer, die noch im Dezember 1944 in die Stadt mußten, bei der unser Dorf liegt.

Was sollten sie in der Stadt? fragte der Fremde.

Leute ausbuddeln, erwiderte der andre, in der Nacht waren die Engländer dagewesen, alles brannte, viele waren verschüttet, und unsre Männer gingen mit ihren Spaten und Hacken in die Stadt.

Hatten sie Erfolg? fragte der Fremde.

Ja, entgegnete der Mann vom Land, sie gruben viele aus, aber als sie am nächsten Morgen damit fertig waren, kam ein neuer Angriff, und jetzt waren sie selbst unter den Trümmern.

Tot? fragte der Fremde.

Tot und weg, sagte der Mann vom Land, bis heute früh.

Hast du sie gefunden? fragte der Fremde.

Sie nicht, antwortete der Mann vom Land, nur ihre Spaten, zehn Spaten, einer neben dem andern, in Reih und Glied, es waren ihre Spaten, ich kenne doch unsre Spaten, ich habe mich nicht geirrt.

Soldaten der Nation, sagte der Fremde.

Das darf nicht wieder sein, sagte der Mann vom Land.

Nie wieder, sagte der Schwager.

Nie wieder, wiederholte der Fremde und sah den Schwager an.

Der Schwager sah zurück, dann nickten sie beide, und der Mann vom Land nickte auch.

Man muß etwas dagegen machen, rief der Schwager, aber was?

Der Fremde erzählte ihm, was sie vorhatten.

Wir wissen aber noch nicht genau, warf der Mann vom Land ein, was wir für Fragen stellen werden.

Ich bin ein Gegner der Gedanken, sagte der Schwager, wenigstens der allzuvielen Gedanken, handeln, wie es einem grade einfällt, das ist richtig, das bringt am meisten ein, mir ist es heute auch so gegangen.

Wie denn? fragte der Mann vom Land.

Meine Schwägerin wohnt bei mir, sagte der Schwager, mit ihrem Kind, seit drei Wochen, ich hatte sie ganz gern, als sie kam, das Kind auch, warum auch nicht, sie war ja meine Schwägerin, es ging ihr schlecht, obendrein, sie war allein, das Kind war unehelich, der Vater war noch in französischer Gefangenschaft, wer weiß, wann er kommt, ob er überhaupt kommt, ob er noch zu ihr kommt, sie macht lauter dummes Zeug, sie schämt sich, daß das Kind unehelich ist, sie will es verheimlichen und gibt einen falschen Namen an, das macht Scherereien, folglich kriegt sie keine Stellung, dadurch hat sie nichts zu essen, sie pumpt, sie kann nicht wiedergeben, sie lügt, sie fälscht.

Was haben Sie damit zu tun? fragte der Fremde.

Er muß ihr helfen, meinte der Mann vom Land.

Ich dachte gar nicht daran, antwortete der Schwager, sie fiel mir zur Last, morgens essen sie nichts, warum eßt ihr nichts, wir haben nichts, warum habt ihr nichts, wir haben alles aufgegessen, warum teilt ihr euch nicht ein, es langt nicht vorn und nicht hinten, also gut, ich gebe ihnen was, aber mittags wollen sie schon wieder was haben, und abends ist es genauso, ich kann ihnen nicht immer was geben, ich will es auch nicht, schließlich merke ich, daß sie sich das nehmen, was sie nicht kriegen, ich stelle sie zur Rede, sie leugnet, das Kind auch, aber es kanns noch nicht richtig, dafür wird es von der Mutter verhauen, ich bin mißtrauisch, ich passe auf, ich mache Kerben in das Brot, abends sind die Kerben noch da, morgens sind sie weg, es ist sonst niemand in der Wohnung, ich sage es ihnen auf den Kopf zu, sie geben es zu, was sollen sie machen, ich sage ihnen, daß sie gehen müssen, und was tun sie?

Sie bleiben, antwortete der Mann vom Land.

Woher wissen Sie das? fragte der Schwager.

Was hätten sie denn sonst tun sollen? erwiderte der Mann vom Land, wo sie doch nichts hatten, keine Bleibe, nichts zu essen, keinen Mann, keinen Vater, einen Verwandten nur, der Kerben in das Brot schnitt?

Hätte ich das nicht tun sollen? fragte der Schwager.

Nein, erwiderte der Fremde.

Und was hätte ich tun sollen? fragte der Schwager.

Mit ihnen teilen, erwiderte der Fremde.

Das habe ich getan, rief der Schwager.

Dann ist es ja gut, meinte der Fremde.

Aber ich schwanke, rief der Schwager, bald denke ich, warum bist du nicht schon längst darauf gekommen, und bald bereue ich es und denke, selber essen macht fetter.

Das macht nichts, sagte der Mann vom Land, wenn Sie schwanken, das ist sogar gut so, dann kommen Sie am sichersten hinter das, was wirklich richtig ist.

Aber das, was der Schwager antwortete, hörte niemand mehr.

Denn mitten in die Antwort hinein wimmerten die fernen Sirenen.

Doch jetzt blieben die Geräusche nicht über den Vororten, diesmal näherten sie sich, sie gerieten bis zum Platz, in dessen einzigem Haus sich der Eissalon befand.

Sie heulten aber nicht mehr nach der Vorschrift, wie vorhin.

Sondern die einen heulten einen einzigen, gleichen Schrei heraus, der nicht aufhörte, der nie wieder aufhörte.

Die andern schwollen ab und schwollen an und schwollen ab und schwollen an.

Wieder andre schienen immer aufhören zu wollen, doch sie hörten nicht auf, sie hörten nicht auf, und es war so furchtbar, daß sie immer wieder etwas vortäuschten, was dann doch nie kam.

Wenn die Sirenen zu heulen aufhörten, waren die Heuschrekken weg, ach, und dann war alles weg, was böse war, oder doch fast alles, oder doch wenigstens vieles, und mit dem bißchen Bösen, was dann noch übrigblieb, werden wir schon fertig werden.

Wir sind ja nicht dumm, wir sind ja geübt im Kampf mit dem Bösen, weiß Gott.

So rief der Liebhaber, der endlich Anschluß bekommen hatte, in die Muschel: ach, es ist schon da, und es geht alles gut, ein Mädchen ist es, das macht nichts, das ist sogar gut, ein Mädchen ist viel besser als ein Junge.

Warum?

Weil Jungens, auch die, die jetzt erst geboren werden, noch nicht soweit sind, daß sie das gut machen, was wir schlecht gemacht haben.

Ja, auch wenn du einen Jungen bekommen hättest, auch du, das ist ganz gleich.

Es ist zu früh, Mädchen sind gut, es dürften nur Mädchen zur Welt kommen, eine Welt von Mädchen.

Wir Männer haben alles böse gemacht, zukünftige Männer werden es noch schlechter machen. Wie kann mans verhindern, nur, indem man alle kleinen Jungens ersäuft, auf der ganzen Welt, alle.

Nein, nicht alle, einige müssen bleiben, damit wir nicht zugrunde gehen, nicht vollends zugrunde gehn, obwohl niemand sagen kann, ob es nicht besser wäre, wenn wir alle in die Null stürzten, in die NullmalNull.

Wenn es aber nicht so sein soll, und wenn unser Zustand inmitten der Kriege, der Täuschungen, der Schmerzen, nicht bereits die Null ist, aus der wir niemals wieder eine Eins machen können, eine Eins der Sanftmut, der Güte und der Demut, mit einem Wort, der Heilandshaftigkeit, dann müssen viele Jahre lang die Mädchen über die Erde herrschen.

Ich sage, die Mädchen, nicht die Frauen, nicht die Weiber, diese süchtigen Lemuren, die den Männern erst gewispert haben, was der sogenannte Mut ist, die sogenannte Ehre, der sogenannte Fleiß.

Und erst wenn die Mädchen alles Männliche und Weiberhafte ausgemerzt haben, dann können auch wieder Jungens auf der Erde erscheinen, heitere, milde Geschöpfe, Wesen der Sterne und nicht der Sonne, denn in der Sonne ist aller Aufruhr, alle Begierde, alles Feuer versammelt.

Der quatscht und quatscht, sagte der Feigling und versuchte, der Stenotypistin die Hand unter den Rock zu stecken.

Was sie bisher abgelehnt hatte, erlaubte sie jetzt, jetzt war doch alles egal, die Sirenen heulten, die Heuschrecken kamen.

Und merkt gar nicht, fuhr der Feigling fort, daß die Strippe keinen Strom mehr hat.

Der Feigling aber wußte es, denn in der Zelle des Damenklos, worin sie auf dem Deckel saßen, war das Licht ausgegangen, mit einemmal.

Ohne vom Schenkel der Stenotypistin aufzustehen, stellte der Feigling den Riegel auf Frei, öffnete die Tür und sah hinaus.

Dort war alles dunkel, der Waschraum, die Treppe, der Lichtschacht.

Oben hatten die Eismaschinen zu kreisen aufgehört, vergeblich warf sie der Italiener mehrere Male an, es ging nicht, die Maschinen waren nicht kaputt, sie waren außer Betrieb.

Die Zentrale war nicht mehr in Betrieb. Entweder waren die Angestellten der Bewag vor den Heuschrecken geflohen, oder die Tiere hatten sich unversehens auf die Angestellten gestürzt, auf sie und auf die Apparate, Spannungen und Leitungen.

Die meisten der Männer hatten sich wohl vor der Brut retten können, aber einige mochten, weil sie schon älter waren, oder weil sie ungeschickt waren und ausrutschten, unter die Heuschrecken geraten sein.

Da waren sie dann erstickt, zerquetscht von dem grüngelben, widerwärtigen, wimmelnden, knirschenden, stinkenden, lastenden Zeug.

Vielleicht aber hatten sie auch einen Herzschlag bekommen, so fürchteten sie sich vor dem Abschaum der Tierheit.

Was aber nicht flüchten konnte, die Gegenstände, die Verspannungen, Verkleidungen und Litzen, das fraßen sie, ohne Leidenschaft, ohne Hunger, ohne Absicht, nur, weil es der Sinn der Heuschrecke ist zu fressen.

Was machen wir, fragte der Lehrling den Obergefreiten, wenn sie da sind?

Nichts, antwortete der Obergefreite.

Nichts? erwiderte der Lehrling, aber das ist doch nichts, das ist doch entsetzlich wenig.

Das macht nichts, sagte der Obergefreite und lächelte, doch er lächelte, wie wenn er außer sich wäre, und auch aus der Welt, wir müssen gegen die Tiere nichts tun, denn sie tun uns auch nichts.

Warum fürchten sich dann aber alle so vor ihnen, fragte der Lehrling, wenn sie ihnen nichts tun?

Sie wissen es nicht besser, sagte der Obergefreite.

Aber du weißt es besser? fragte der Lehrling.

Der Obergefreite nickte.

Wieso weißt du es besser? fragte der Lehrling, und, ehe der andre noch antworten konnte, fuhr er fort: es ist aber doch bekannt, daß die Heuschrecken alles vernichten, was ihnen begegnet, die Bäume, die Sträucher, das Getreide und das Gras?

Das schon, meinte der Obergefreite.

Also auch unser Getreide und unser Gras, sagte der Lehrling, und das ist nichts, da wir kaum etwas haben?

Es ist schon etwas, sagte der Obergefreite.

Du widersprichst dir, rief der Lehrling.

Warum nicht? fragte der Obergefreite und lächelte wieder, als ob er aus sich selber herausgenommen wäre, wer sich nicht widerspricht, weiß nichts, und ich weiß viel.

Was weißt du? fragte der Lehrling.

Ich weiß zum Beispiel, sagte der Obergefreite, daß einer einen liebt, und dann will er ihn totschlagen, und dann schlägt er ihn doch nicht tot, und warum, weil er ihn liebt.

Ist das bei dir so? fragte der Lehrling.

Ja, antwortete der Obergefreite, heute früh.

Jedoch, es flogen die Heuschrecken herbei.

Der Engländer, der vor der Tür stehengeblieben war, sah sie zuerst und schrie: sie kommen.

Aber er ging nicht weg, sondern sah ihnen wie nichts entgegen.

Ihr, dachte er, ihr Geschmeiß, ich habe eine Pistole, die hat 36 Schuß, 36 von euch schieße ich ab, ich weiß, daß das kein Kunststück ist, aber ich tue es trotzdem, ob ihr hoch fliegt oder niedrig, ob ihr einzeln fliegt oder im Haufen, ob ihr an mich kommt oder nicht.

Wehe euch, wenn ihr an mich kommt, ich schieße euch ab, und wer weiß, vielleicht kann ich das, was Münchhausen konnte, ich schieße durch euch durch, jeder Schuß zehn Viecher, sind 360 Viecher.

Und es werden doch hoffentlich noch mehr Engländer und Franzosen und Russen und Amerikaner in der Stadt sein, die schießen alle 360 Stück ab.

Wieviel Soldaten sind in der Stadt, schade, daß die Deutschen keine Waffen haben, 20000 sind in der Stadt, macht 20000 mal 360, macht zusammen 7200000, das sind sieben Millionen zweihunderttausend Heuschrecken. Ach, soviel seid ihr ja gar nicht, he, ihr, hier könnt ihr nichts fressen, hier ist Widerstand.

Er entsicherte den Revolver.

Das Licht ging wieder an.

Die Heuschrecken hatten, da sie jetzt hier waren, das Elektrizitätswerk verlassen, die Angestellten der Bewag hatten wieder zu arbeiten angefangen.

Der Feigling und die Stenotypistin ließen sich los, sie schauderten.

Sie kommen, hatte eins von den Kindern zu ihnen hinunter gerufen.

Geh weg, rief die Stenotypistin.

Laß mich bleiben, rief der Feigling zurück.

Du kannst ja nichts, rief das Mädchen.

Ich kann nichts, weinte der Junge, ja, ich weiß, ich kann nichts, ich bin dumm, ich bin klein, ich bin feige, alle sagen Feigling zu mir.

Warum denn? fragte die Stenotypistin.

Weil ich immer schwindlig werde, antwortete er, heute früh wollte ich es endlich riskieren.

Was? fragte sie.

Auf einen Turm steigen, wimmerte er, ganz hinauf, bis auf die Plattform, bis ans Geländer, dann drüber beugen, richtig weit drüber beugen, nur auf einem Bein, die Arme heben, und nicht runter fallen, nur lächeln dazu und grade wieder hinstellen, ohne daß das Herz schlägt, und wieder runter, ohne daß das Herz schlägt.

Na und? fragte die Stenotypistin, warst du oben?

Nein, rief der Feigling, die Heuschrecken kamen doch, und dann haben wir uns kennengelernt, und jetzt willst du nichts mehr von mir wissen, und alles ist aus.

Nichts ist aus, sagte das Mädchen, komm her, sei nicht albern, leg deinen Kopf hierher, eiapopeia, was raschelt im Stroh, schlafe, mein Bübchen, schlaf ein.

Ich bin kein Bübchen, rief der Junge.

Nein, sagte das Mädchen, sag ich nur so, komm, wir bleiben so, wenn die Heuschrecken vorbei sind, hauen wir uns in die Büsche, mir ist heute so scharf zumute.

Sie sind da, schrie der Engländer.

Als er ihren einzigen Leib über den südlichen Hausleichen des Platzes erblickte, kreisend, kreisend, kreisend, als ob die Tiere aus den früheren Häusern emporgestiegen wären, empor, empor, und entweder hätten sie die Häuser ratzekahl gefressen, so daß sie dadurch und durch nichts anderes das geworden waren, was sie jetzt waren, oder die toten Häuser hätten die Tiere des Todes erzeugt, geworfen, nein, erst gezeugt, mit den Leichen unter ihnen gezeugt, dann geworfen, genährt, womit genährt, mit dem Gift der Leichen, mit den Streptokokken in den Gullis – als der Engländer die Heuschrecken so sah, fiel ihm dreierlei ein, viererlei, nicht durcheinander, sondern sofort, im mathematischen Schluß.

Wenn das erste so ist, ist das zweite so, und wenn das erste und das zweite so ist, dann ist das dritte so, und folglich ist das vierte so und nicht anders.

Es fiel ihm ein, erstens, sein Flug, damals, in der Nacht, als er den Funkturm zu suchen hatte.

Und er flog über das Dorf, mit der Wegkreuzung, mit dem Wirtshaus, über den Fluß flog er, der Eisenbahnstrecke entlang, am Bahnhof vorbei, am Bahnwärterhaus, an der Kiesgrube, an der Wassermühle, an der Ziegelei, an der Windmühle, und dann kam der Wasserturm, dann kam der trigonometrische Punkt, dann der Teich, die Lichtung.

Da, da war der Funkturm, gut, aber, aber neben dem Funkturm war eine Baumschule, und folglich war gut gar nicht gut, gut war schlecht, gut war böse, der Befehl war böse, der Befehlshaber war böse, der Gehorsam war böse.

Ich selbst bin böse, ich will aber nicht böse sein.

Wie kann ich nicht böse sein?

Indem ich auf den Befehl keinen Gehorsam, sondern Ungehorsam folgen lasse.

Ich werde also den Funkturm, den ich gefunden habe, nicht finden, denn, wenn ich ihn gefunden habe, habe ich auch die Baumschule gefunden, und wenn der Funkturm bombardiert wird, wird auch die Baumschule bombardiert. Gibt es aber etwas Schrecklicheres für einen Mann, als eine Baumschule zu bombardieren?

Ja, es gibt etwas Schrecklicheres, fiel ihm ein, und das war Punkt 2, das ist, eine Stadt bombardieren, einen Stadtteil, das Trapez Nr. 9853v.

Und in diesem Trapez sind Straßen, und in diesen Straßen sind Häuser, und in diesen Häusern sind Seelen, und in diesen Seelen sind Treue, Ehrfurcht, Stolz und Zärtlichkeit, dieses elende Zeug, das der Mann am Abzug auch hat. Ja, gibt es etwas Schrecklicheres als die Vorstellung, eine Stadt zu bombardieren?

Ja, es gibt etwas viel Abscheulicheres, das ist, eine Stadt wirklich bombardieren, was ich getan habe, was ich getan habe.

Ach, es war ja nur eine Nazistadt, so, und der Hauswart, Herr Müller, war ein Nazi, gut, weg damit.

Und was war der Herr Lehmann?

Der Herr aus dem ersten Stock, der war kein Nazi, oh, das war kein Held, nein, das war ein kleiner Mann, der fürchtete sich, der hielt den Mund, aber er tat nichts Schlechtes, er hielt sich sauber, bis ich ihn bombardierte, ihn und den Herrn Müller.

Da fiel mir, drittens, heute früh ein, Mann, du bist ja in der gleichen Stadt, geh hin, du hast noch deine alte Trapezkarte, Trapez Nr. 9853v, geh hin, vergleiche die Trapezkarte mit dem Stadtplan, du findest die Straße, du findest das Haus, geh hin.

Ich ging hin, heute früh, Kinder, vielleicht wohnten nur Nazis in dem Haus, die Straße war eine Fabrikstraße, es gab nur ein Wohnhaus, mehr Bomben habe ich nicht geworfen, nur die eine, ich habe Glück gehabt.

Ja und, ich kam hin, das Haus war weg, ich fragte.

Ja, die sind alle tot.

Wann?

Am soundsovielten.

Um wieviel Uhr?

Um soundsoviel Uhr.

Menschen, Deutsche, das war ich, ich, Held, Flieger.

Punkt 4, Achtung, wichtigster Punkt, nun sind die Heuschrecken da, sicher, es sind Tiere, ich sehe sie ja, aber sie sind noch etwas anderes, sie sind auch noch das Gleichnis unsres ganzen, armen, beschissenen Lebens.

Sie sind da, rief der Fremde und rannte, so, wie sie es verabredet hatten, zusammen mit dem Mann vom Land, zum Engländer hin, der ihnen, obwohl sie sie auch selbst sofort gesehen hätten, die Heuschrecken zeigte.

Sein Arm zitterte, denn er fürchtete sich, doch seine Augen faßten das fliegende Moor mit dem Blick der Erfahrenheit des Jägers.

Hier bin ich, ich, Thomas Smith, 22 Jahre alt, Engländer, ledig, aus Southampton, Kerl mit Haut und Knochen und Fleisch und Milz, Galle, Schwanz und Arsch, Feigheit und Mut, Intelligenz und Dämlichkeit, Niedertracht und Nettigkeit.

Dort seid ihr, Alligatoren der Lüfte, Gewürm des Himmels, Negation, nichts als Negation.

Hallo, wo kommt ihr her, aus Afrika, so, und wo seid ihr, in Europa.

Was wollt ihr hier, uns fressen, uns den Rest geben.

Das werdet ihr nicht, das werdet ihr nicht, jetzt seid ihr in Deutschland, bei den Deutschen, diesen Mühseligen und Beladenen, die sich sehr in acht nehmen müssen, daß sie nicht eitel darüber werden.

Die Deutschen haben dem Satan eine Krone aufgestülpt, Krone aus Ärmchen, Beinchen, Bäuchen und Schädeln der Kinder und Kindeskinder.

Macht viel, macht unendlich viel, natürlich, aber wieder nicht soviel, als daß sie sterben müßten, wie die, die sie sterben ließen.

Schuld wird zur Strafe des Strafenden, wenn die Sühne Strafe war.

Die Heuschrecken hörten zu kreisen auf und flogen jetzt unmittelbar auf den Eissalon zu.

Noch flogen sie sehr hoch, Grund des Meers, dort, wo es am tiefsten ist, Sole des Meers, vom bösen Geist, der immer und überall versucht, die Erde, die doch ein Gefilde sein soll, zum Moor zu machen, ineinander, verklebt, hinauf geblasen.

Seht ihr ihn, wie er breitbeinig, fischschwänzig, geschuppt, schieläugig, triefend von Eiter und Schleim, dasteht, besoffen von sich selber?

Dasteht und bläst, einen Ton, den Johann Sebastian Bach nicht in Noten hätte setzen können, weil er dabei umgekommen wäre, den Milhaud und Hindemith und Honegger und Schostakowitsch nicht stimmen könnten, weil sie darüber stürben.

Es gibt einen surrenden Ton, rrrt, und vom ersten schneidenden r über das zweite pfeifende r bis zum dritten kreischenden r hat der Unhold den Brocken Unrats, der eins ist, und der doch nicht eins ist, sondern eine Million, zu dem bebenden Mond, zu den greinenden Sternen, zu der schwankenden Sonne hinauf geblasen, mit einem Atem, der so groß ist wie der Ostwind, der Westwind, der Südwind und der Nordwind zugleich.

Und beim t des unbeschreiblichen Tons ist der Brocken oben, mit allen Skorpionen darin, mit allen Käfern, Würmern darin, mit allen Schmeißfliegen darin, mit allem Ungeziefer darin, mit aller Nutzlosigkeit, Sinnlosigkeit.

Und saust jetzt da oben, saust, saust, ein Gekrös, ein Brechmittel, ein Elend, ein Gehabe, ein Jammer.

Und da unten duckt sich alles, taumelt alles, stürzt alles darnieder.

Es ist eine einzige Sünde vom lieben Gott, daß er den Haufen Kot erfand, er, der doch auch die Lerche und den Sperber erfunden hat.

Wenn ich das so sehe, sagte der Obergefreite, der, mit dem Lehrling, zum Mann vom Land, zum Engländer und zum

Fremden vor die Tür des Eissalons gelaufen war, bin ich nur froh, daß ich heute früh meine Frau nicht totgeschlagen habe.

Warum wolltest du sie denn totschlagen? fragte der Mann vom Land.

Ich fand sie mit einem andern, sagte der Obergefreite.

Im Bett? fragte der Mann vom Land.

Wo sonst? fragte der Obergefreite zurück.

Aber du hast sie nicht totgeschlagen? fragte der Mann vom Land.

Nein, antwortete der Obergefreite.

Warum nicht? fragte der Mann vom Land.

Weiß nicht, sagte der Obergefreite, ich kam ins Zimmer, sie lagen da und schliefen, ich ging zum Bett, ich zog ihnen die Bettdecke weg, aber sie wachten nicht auf, sie schliefen und schliefen, da roch ich etwas, es roch nach Schnaps, sie waren besoffen, und sie waren ganz ineinander.

Warum bist du froh, fragte der Fremde, daß du deine Frau heute früh nicht getötet hast?

Dann wird sie von den Heuschrecken gefressen, antwortete der Obergefreite, das ist besser für sie.

Du meinst, sagte der Fremde, es trifft sie mehr, es ist schlimmer für sie, und das ist gerechter.

Ja, sagte der Obergefreite.

Ich weiß, rief der Mann vom Land, weshalb du sie nicht totgeschlagen hast, die Frau nicht und den andern auch nicht, ich hätte es auch nicht gemacht.

Warum nicht? fragte der Fremde.

Weil sie geschlafen haben, rief der Mann vom Land.

Ja, sagte der Obergefreite, das ist richtig, jemanden, der schläft, kann man nicht töten, ich habe noch gepfiffen, Morgenro-ot habe ich gepfiffen, Morgenro-ot, leuchtest mir zum frühen To-od, aber sie sind nicht aufgewacht, da bin ich die Treppe runtergegangen, hierher.

Achtung, rief der Engländer, über uns.

Die Tiere waren über dem Haus, worin sich der Eissalon befand, und sie senkten sich.

Eine Heuschrecke löste sich aus dem brandigen Gewölk und klatschte anderthalb Meter vor den Stulpenstiefeln des Obergefreiten auf die Mulden des Pflasters.

Der Schwager, der mittlerweile auch zu den andern vor die Tür getreten war und nun in die Ruine stürzte, um einen Haken, ein Stück Gitter, was auch immer, zu holen, womit er sich gegen die Heuschrecken wehren konnte, wenn sie ihn angriffen, rief über die Schulter: feindlich, Geräusch, in o, auf tief wechselnd, mehrere.

Zugleich dachte er: armes, einzelnes Ding, sitzt da, vor uns, wie ich vor der Schwägerin und dem Kind, weiß nicht, was tun, ist klein, wir sind groß, wir sind auch klein, aber das Ganze ist groß, das Ganze um uns herum, und die Schwägerin und ihr Kind waren ein Teil vom Ganzen.

Wie ich besser wurde, Herrschaften? Ich ging über die Straße, da fragte mich jemand nach der und der Straße, und ich sagte es ihm.

Dann, ein paar Straßen weiter, wollte ich eine Pfeife rauchen, ich hatte Tabak, ich hatte eine Pfeife, ich stopfte mir meine Pfeife mit Tabak, aber ich hatte kein Feuer, da bat ich jemanden, irgend jemanden um Feuer, und er gab es mir.

Siehst du, dachte ich, das gibt es immer, so lange es das gibt, ist noch nicht alles verloren, es sei denn, du gibst dich selbst verloren.

Aber das darfst du eben nicht tun, du mußt bei dir selbst bleiben, und wobei bleibst du dann, bei einem Guten oder bei einem Bösen?

Natürlich bei einem Guten, denn dein Inwendigstes ist ein Gutes, nicht ein Böses.

Gut, überlegte ich, gehst du wieder nach Hause, läßt du deine Schwägerin und das Kind bei dir, hilfst ihnen, statt sie rauszuwerfen, aber da kamen die Heuschrecken.

Der Schwager, der auch für die andern, die vor der Tür standen, Knüppel aus der Ruine mitbringen wollte, sah sich um.

Kein Holz war da, nicht ein Spänchen, im letzten Winter hatten sie alles, was brennen konnte, in die Öfen gesteckt. Jetzt war nur noch das Zeug aus Draht und aus Eisen da, aber das war gar nicht mehr aus Eisen oder Blech, es war aus Rost, und oft war der Rost mit Unkraut zugewachsen, so daß das Metall nicht mehr scharf war, schlecht für den Gebrauch gegen die klebrigen Tiere.

Andrerseits war das Unkraut auf dem Metall schön und gut. Wo Unkraut ist, zerfällt die Schande, vergeht der Schmerz des Metalls.

Fluch dem Metall, das nicht geworden ist, was es hätte werden können.

Gold, du hättest schimmern können, auf den Häuten der Freundinnen.

Du hast geschimmert, aber nur auf den Hälsen und in den Haaren der Weiber, deren Männer befahlen, daß zum Beispiel der Fischer, der doch nichts andres als ein Fischer sein wollte, das Eisen seiner Angel in das Eisen eines Gewehrs veränderte.

Gold, und mit dir konnte man alles kaufen, nicht nur den Weizen und die Kartoffel und das Huhn und die Weintraube, was rechtens gewesen wäre, sondern auch die Freiheit, den Stolz, den Mut und die Folgerichtigkeit des Gedankens.

Ach, in den Ruinen seid ihr, Metalle, verschollen, vertrieben, versunken. Das Unkraut gebietet über euch.

Wo aber Unkraut ist, ist auch Kraut, Same, Wurzel, Pflanze, Frucht, Saft.

Leute, kümmert euch um die Pflanzen. Aus den Pflanzen kommt das Holz.

Zwar ist auch schon aus dem Holz das Unheil gefahren, doch aus dem Holz sind Wiege und Sarg gemacht, und also kann Holz nicht so schartig sein wie das Gold, wie Eisen und Blech.

Hei, dachte der Schwager, indem er sich vier Gitterstäbe auflud, einen für den Fremden, einen für den Mann vom Land, einen für den Obergefreiten, einen für sich selber, denn für den Engländer brauchte er nichts zu holen, der hatte die Pistole, was für wirre Gedanken man haben kann, wenn die Welt verwirrt ist, wenn die Untiefe über einen hinweg fliegt.

Metall ist gut, die Pistole ist gut, das Gitter ist gut, und die Harfe, die da in der Ruine liegt, ist am besten.

Harfen sind seit Salomo gut, sie sind immer gut, und jetzt sind sie am besten, Harfen sind für die Musik da, Musik bannt die Tiger, Musik bannt Heuschrecken und Frevel, Musik ist für das Gute da, Musik ist selbst gut.

Eine Harfe, Freunde, liegt in der Ruine.

Wollen wir sie holen, wollen wir sie liegenlassen, wollen wir den Heuschrecken eins vorspielen, dann fliegen sie davon, schonen die Stadt, schonen das Land, schonen die andern Länder, steigen zum Sirius, brennen im Dunst der Ewigkeit, werden in Sterne verwandelt, Staub der Milchstraße.

Aber er rief es nicht, es prasselte ihm nur wie Hagelschlag durch den Kopf, er warf den andern die Zaunstücke hin, behielt das seine und sah zu dem Zug der Tiere empor. Italiener und Feigling, Lehrling und Liebhaber waren jetzt auch bei den übrigen, ja, sogar ein paar von den Jungens standen im Kreis vor der Tür, bereit, die Frauen und die Mädchen im Salon zu verteidigen.

Die Heuschrecken aber strichen dahin, ein ungeheurer Schwarm, Gaurisankar geflügelter Termiten, ein Leib aus unendlich vielen Leibern, Herrscher der Zukunft, plagender Rest der Vergangenheit, wer wußte es.

Es war eine Sturmflut, eine Windsbraut in der Luft, daß das Hören verging.

Es war eine Finsternis in der Höhe, die Sichel des Mondes schmolz so rasend zusammen, die bleichen Strahlenkränze der Sterne erloschen so spurlos, die Sonne zerplatzte so schäumend und sichtbar, daß das Sehen verging.

Ein Schrei war da, ein Schrei, oder zwei Schreie, wer wußte es.

Ein Schrei der Heuschrecken, die sich vor den Menschen fürchteten, oder die die Menschen verhöhnten.

Ein Schrei der Menschen, die sich vor den Heuschrecken fürchteten, aber sie ganz gewiß nicht verhöhnten.

Oder schrie gar niemand, schrie vielleicht nur die Stummheit über den Platz, wer wußte es.

Genug, ein Schrei war da, im Schrei war ein Rauschen, ein Wehen, ein Schnellen, ein Rutschen, ein Zischen, ein Brennen.

Aber, aber, aber es war nur ein Kommen, dann war es ein Gehen, die Tiere gingen, wie sie gekommen waren, sie waren ein Vieleck, ein Dreieck, ein Strich, ein Punkt, nichts.

Flogen sie mit einem Ziel, wer wußte es, aber können Tiere ein Ziel haben, haben Tiere einen Gedanken?

Ach was, Tiere sind dumm.

Seht ihr, da habt ihr schon wieder den Hochmut, kaum, daß die Gefahr vorüber ist.

Nachdem die Heuschrecken sich entfernt hatten, fingen die Fußgänger wieder an, über den Platz zu gehen, von Osten nach Westen, von Westen nach Osten.

Die Gefährte begannen aufs neue, den Platz zu umkreisen, die Handwagen, die Pferdefuhrwerke, die Autos, die Omnibusse, die Lastwagen, die Fahrräder, die Straßenbahnen, von Ost nach West, von West nach Ost.

Als der erste Fußgänger, der erste Tonner erschien, sagte der Fremde zum Engländer: Goliath.

Der Engländer sagte: ja, und beide gingen auf die andern zu, der Fremde zum Fußgänger, der Engländer zum Tonner hin.

Grade als sie an der einzelnen Heuschrecke vorbeigingen, die immer noch vor dem Eissalon kauerte, als ob sie alles nichts anging, die übrigen Heuschrecken nicht, die Menschen nicht, die Stadt nicht, unbeweglich, starr, nicht einmal die Augen, die denen von Basedowern ähnelten, rührten sich, ach, sie waren gar keine Augen aus Blut, Wasser, Horn und Haut, sie waren aus Igelith, alles an dem Vieh war von der Chemie gebacken, die blinden Augen, der feiste Hals, die gedunsene Kehle, die Beine, die dünn wie Strippen waren, der Bauch, der einem Faden glich, und alles war gelb und grün, aber nicht gelb, wie die Sonnenblume gelb ist, nicht grün, wie das Blatt der Rose grün ist, sondern das Gelb und das Grün waren von der Farbe des Sekrets, grade in diesem Augenblick warf die Heuschrecke eine junge Heuschrecke.

Was? rief der Obergefreite, der auf einen Radfahrer zuging, das setzt sich fort?

Er wollte die Mutter und das Kind zertreten, doch er kam zu spät.

Die Kinder, die aus dem Salon gelaufen waren, zerquetschten sie schon.

Sie war fast nicht mehr da, sie klebte an den Sohlen der Kinder, ein Gekrös, ein Gestank.

Die Kinder sangen: wir machen Musik, da ist die Heuschrekke weg, da ist ihr der Bauch geplatzt, wir machen Musik, da ist die Heuschrecke ein Dreck, da ist die Heuschrecke verratzt, wir machen Musik, wir machen Musik. Und sie rannten querfeldein über den Platz, sie schlugen Kobolz, sie lachten, sie riefen, sie sangen, sie stießen sich, sie prügelten sich, sie spielten Dritten-Mann-Abschlagen, Nachlauf, Treibball, Versteck, weiß der Teufel, was.

Ja, einige von ihnen legten sich mitten auf die Schienen der Straßenbahn und äugten in den Himmel, wo nun nichts mehr war als das Feuer der Sonne, das Gilben des Monds, das Dämmern der Sterne, das Wehen und Brausen und Stürmen und Drehen der Winde, das Schweben der Wolken, der winzigen und der großen, der Schafe und der Fäuste Gottes, das Taumeln der Falter, das Klirren der Wespen, der Gesang der Lerchen, Schwalben, Sperlinge und jener geheimnisvollen Vögel, von denen niemand weiß, woher sie kommen und wieso sie in die Stadt geraten sind, Vögel, die den Drosseln gleichen, doch ihre Schnäbel sind nicht gelb, sondern schwarz.

Andre Kinder lagen ebenfalls längs auf den Schienen, aber sie blickten nicht in den Himmel, sondern teilten das Pflaster zwischen den Schienen und daneben in Kreise und Rechtecke ein.

Und der eine Kreis hieß Himmel, der andre Hölle, der dritte Erde.

Dann sprangen sie auf und hopsten von der Erde in den Himmel, vom Himmel in die Hölle, von der Hölle in die Erde.

Sie gelangten so rasch in die Erde, in den Himmel und in die Hölle hinein, wie wir es tun.

Sie spielten. Was machen wir? Vielleicht spielen wir auch nur und meinen doch, daß alles so ernst ist.

Keiner war mehr im Eissalon, außer dem Italiener, der die Bude zumachte, weil er so matt war, und sich auf die Theke legte, ein paar Wischtücher als Kissen unter dem Kopf, und einschlief, und der Putzfrau, die alle vergessen hatten, so, wie sie immer vergessen worden war.

Die Stenotypistin ging in ihr Büro.

Die andern alle, die im Eissalon gewesen waren, strebten auf die Bettler zu, die überall erschienen,

auf die Straßenkehrer,

auf die Schaffner der Straßenbahnen,

auf die Polizisten,

auf die Straßenhändler,

auf die Briefträger,

auf die Hausfrauen,

auf die Krankenschwestern,

auf die Plakatkleber,

auf die Verkäuferinnen,

auf die Leute, die vor den Telephonzellen warteten,

auf die Lehrerin, die ihre Schülerinnen begleitete,

auf die alten Frauen, die ihre Handarbeiten machten,

auf die Kindermädchen,

auf die Männer, die auf den Bänken schliefen,

auf die Photographen, die die Schatten der Leute bannen wollten, damit wenigstens der Schatten da war, wenn der Leib schrumpfte,

auf die Leute von der Heilsarmee,

auf die Blinden,

auf die, die nur noch ein Bein hatten,

auf die, die kein Bein mehr hatten,

auf die, die nur noch einen Arm hatten,

auf die, die keine Arme mehr hatten,

auf die, die kein Gesicht mehr hatten, weil das Gas und das Gift und die Flamme der Mörser und Handgranaten und Flammenwerfer und Minenwerfer und Bomben und Maschinengewehre es vertilgt hatten.

Und sie sprachen zu ihnen.

Und sie hielten sie fest, wenn sie nicht zuhören wollten, am Ärmel, an der Hand, am Kopf, den sie streichelten, was sie sich ruhig erlauben konnten, weil sie ja alle Brüder waren.

Doch die meisten von denen, die so angeredet wurden, hörten von vornherein gern zu, blieben stehen, ja, setzten sich hin, wo sie grade standen, so daß bald der ganze Platz mit den sprechenden und hörenden Männern und Frauen besetzt war.

Und die Autos und Fahrräder und Straßenbahnen und Handwagen und Lastwagen und Pferdefuhrwerke stauten sich und häuften sich.

Und es gab Polizisten und auch andre Leute, die zuerst dagegen waren, daß der Verkehr nicht weiter ging.

Aber bald hörten auch sie zu.

Und sie alle wurden in die Unruhe der Gedanken geschleudert, in die Einsamkeit der Fragen, in den Sturm der Entscheidungen, in die Verzweiflung der Klarheit.

Aber die Unruhe ist besser als die Ruhe, die Einsamkeit ist besser als das Zusammen, der Sturm ist besser als die Windstille, die Verzweiflung ist besser als die Hoffnung. Und der Gedanke ist gut, doch die Gedankenlosigkeit ist schlecht.

Die Frage ist gut, doch die Antwort ist schlecht.

Die Entscheidung ist gut, doch das Hin und Her ist schlecht.

Die Klarheit ist gut, doch der Nebel ist schlecht.

Vorausgesetzt bei alledem aber ist, daß alles dies die Rettung vermittelt, oder doch wenigstens einen Zipfel der Rettung, ein Zipfelchen, eine Handbreit, einen Däumling. Aber daran muß man sich auch festhalten können, das muß so fest sein wie, ja, wie, ich weiß nicht, wie fest, eben fest.

Da alles nicht mehr fest ist, muß eben dies fest sein.

Und der Obergefreite und der Engländer und der Fremde und der Mann vom Land und der Liebhaber und der Feigling und der Lehrling redeten wie folgt.

Und die andern hörten zu.

Und sie fragten.

Und die Männer aus dem Eissalon antworteten, soweit sie imstande waren, zu antworten.

Und allmählich blieben auch die Gefährte und Fußgänger in den beiden Straßenflügeln, die auf den Platz zu führten, stehen und beteiligten sich an den Fragen und Antworten. Und von den beiden Straßenflügeln aus setzte sich das Stehenbleiben und das Fragen und das Antworten in die benachbarten Straßen, Gassen und Plätze fort.

Und nach und nach nahm die ganze Stadt an dem Gespräch teil.

Und die Vororte schlossen sich an.

Und die Dörfer schlossen sich nicht aus.

Und die Bewohner der nächsten Städte begannen ihrerseits ebenfalls auf den Straßen, Gassen und Plätzen stehenzubleiben, zu fragen und zu antworten.

Und so war es schließlich in ganz Deutschland.

Und so war es am Ende in ganz Europa.

Und so war es auf den Schiffen und in den Flugzeugen, die von den andern Erdteilen kamen und zu den andern Erdteilen fuhren und flogen.

Und auch dort fing überall das Stehenbleiben und das Fragen und das Antworten an.

Und so ging eines jauchzenden Tags Truman vor das Weiße Haus und beteiligte sich an dem Gespräch.

Und Stalin ging vor den Kreml und redete mit den Herumstehenden, mit den Fragern und mit den Antwortern.

Und Bidault ging auf den Quay d'Orsay herunter und sprach mit den Franzosen.

Und Attlee unterhielt sich mit den Engländern.

Und Tschiangkaichek fragte die Chinesen, und sie fragten ihn, und sie antworteten ihm, und er antwortete ihnen.

Und der Papst war auch einer von denen, die feststellten, daß Es nur auf den Menschen ankommt.

So aber lauteten die Sätze, die die Davidsbündler unter die Leute schmissen, blinde und taube und lahme Sätze, aber Sätze, die wußten, daß Es nur auf den Menschen ankommt.

1. Es kommt nur auf den Menschen an.
2. Was ist der Mensch?
3. Der Mensch ist die Putzfrau, der BVG-Chauffeur usw.
4. Was ist der Mensch weiter?
5. Der Mensch ist sein Glück.
6. Was ist das: Glück des Menschen?
7. Es ist nicht der Zustand, worin dieser das weiße Brot seinem Hund zu fressen gibt, indes jener das schwarze nicht hat.
8. Vielmehr ist es der Zustand, worin jedermann genug Brot hat, um satt zu sein, ohne jedoch der Völlerei anheimzufallen.
9. Glück ist auch die Freiheit.

10. Freiheit ist die Unabhängigkeit von Furcht, von Furcht vor Hunger, von Furcht vor Gewalt, Ausbeutung, vor Lüge dessen, der beherrscht wird, und dessen, der herrscht.
11. Freiheit ist die Unabhängigkeit von Furcht vor Krieg.
12. Folglich ist der Krieg das Unglück des Menschen.
13. Es wird gefragt: ist was auch immer für ein Krieg das Unglück des Menschen?
14. Es wird geantwortet: was auch immer für ein Krieg ist das Unglück des Menschen, von jetzt an, nach diesem Krieg.
15. Also war, zum Glück des Menschen, dieser Krieg der letzte Krieg.
16. Freiheit aller ohne die Herrschaft aller wendet sich gegen das Glück des Menschen.
17. Einer oder einige sind, zum Glück des Menschen, die Stellvertreter von allen.
18. Jene, die herrschen, müssen so herrschen, wie wenn sie die Putzfrau, der BVG-Chauffeur wären, deren Stellvertreter sie sind.
19. Doch müssen sie so herrschen, als ob sie die Summe der edelsten, einfältigsten und klügsten Putzfrauen, BVG-Chauffeure usw. wären.
20. Die Kinderstuben, die Schulen, die Sportplätze, die Universitäten müssen, zum Glück des Menschen, dies alles vorbereiten.
21. Gott sollte nicht nur nicht abgesetzt werden, sondern er müßte, zum Glück des Menschen, aus dem Himmel heraus und in den Zustand der Erde verpflanzt werden.
22. Seine Existenz mitten unter uns dürfte aber nicht dazu mißbraucht werden, daß das Unglück, der Hunger, die Gewalt, die Ausbeutung, die Lüge, der Krieg, in seinem Namen zu den Menschen zurückkehren.
23. Wie überhaupt darauf zu achten ist, daß der Mensch, der zum Mißbrauch des Herrschens und des Beherrschtwerdens neigt, nicht, des Glücks teilhaftig, sich des Glücks entäußert, indem die einen reich werden, andre aber bleiben arm, sondern jeder soll dem andern soviel geben, daß der andre mehr hat als er, was das Brot, was den Geist und was das Glück betrifft.
24. Dies sind die Sätze mehrerer einfacher Männer, die von Politik, Wirtschaft und Kultur nichts verstehen.
25. Aber sie glauben, der Zerknirschtheit, des Gedankens und einer mißtrauischen Zuversicht inne zu sein.

Gottfried Benn
Der Radardenker

I

Herbst, – die Epoche der Astern und der großen Spinnen. Jeden Morgen sitzt einer dieser Riesen an der Wand oder in einem der Waschbecken, durch die Türen können sie nicht gelangen, aus den Wasserleitungen nicht steigen, also wo kommen sie her, das frage ich mich jeden September, nun ich will nachschlagen, die Zoologen werden es wissen.

Auf einem bestimmten Holzstuhl sitze ich vielfach vormittags an meinem Fenster, das eine Straße übersieht. Das kann ich mir für Augenblicke leisten. Reisen kann ich nicht, einmal wegen der Kosten und der Schwierigkeiten, die eine solche Angelegenheit jetzt mit sich bringt, zum anderen erhalte ich keinen Paß aus der Stadt, ich stehe auf allen schwarzen Listen, schwarzes Schaf – Grund: Ich denke über vieles anders als die meisten. Dabei ziehen vor meinem geistigen Auge oft die Abgeordneten der Parlamente vorüber, die dürfen alles reden und schreiben, sind immun, im Verhandlungsgebäude sowohl wie auf der Straße, keiner darf ihnen Schwierigkeiten machen, jeder muß sie unterstützen, nur wenn sie auf frischer Tat ertappt werden bei Ausübung eines Verbrechens dürfen sie angesprochen werden. Dabei redet doch mancher von ihnen recht extreme Dinge, staatsbedrohende, öffentlichkeitsunfreundliche, also entweder hält man das, was sie reden, für Unfug und niemand nimmt sie ernst oder es liegt hier eine Ungerechtigkeit vor entgegen dem Psalmistenwort: Gerechtigkeit erhöhet ein Volk.

Dies Sitzen ist angenehm – nicht als ob ich bewegungsunsicher wär. Der gelähmte Restaurateur mir vis-à-vis. Alkoholmißbrauch, alte Lues, das rechte Augenlid geht nicht mehr hoch, auch sonst beschädigt, der ist gehbehindert, aber er sinnt doch freundlich im Vorgarten seines Etablissements vor sich hin und spinnt gedanklich. Was sinnt er, was spinnt er, das frage ich mich, das frage ich mich immer wieder.

Hier liegt eine Kardinalfrage vor. Oder folgendes: Ein Mann wird zum Staatsoberhaupt gewählt, sogenannter Präsident, ein äußerst sympathischer, tadelloser Mann, seine Wahl war nicht zu erwarten, aber achtundvierzig Stunden später erscheint bereits eine Abordnung mit in Trachten gekleideter Mädchen aus seinem sehr entfernt gelegenen Heimatsort und überreicht ihm ein Blumengewinde und einen Weinkorb. Man muß das einmal durchdenken: Die Nachricht trifft zu Hause ein, sofort muß sich also ein Komitee bilden, faßt diesen Gedanken, die Mädchen werden ausgesucht, ausstaffiert, mit Mitteln versehen, sie müssen in den Zug gebracht werden, dirigiert, ankommen, empfangen werden – alles innerhalb achtundvierzig Stunden! Welch wunderbarer menschlicher Unternehmungsgeist, welche Aktivität, Sprudeln, Vorwärtsdrängen in Zeitelemente und Öffentlichkeit – wer da mitkönnte! Hier spielt sich eins dem anderen zu und Entschluß und Ausführung vervollkommnen sich sofort ins Allgemeine.

Unsereins sucht überall Zusammenhänge, aber findet keine, auf der Jagd nach Einzelheiten verbringt man sein Leben. Aber es gibt Zusammenhänge, naive, erlebte. Ein Sommertag, Sonntag, Sie gehen die Kaufladenstraße, schlendern in ein Café, sehr voll, finden einen Stuhl an der Wand, Zweimännertisch, ein anderer sitzt schon da, eine Erscheinung! Sagt sofort: Seit sechs Monaten hat sich die Stadt stark verändert. Beginnt also ein Gespräch. Unbekannter alter Jude, total schwerhörig, Apparate in den Gehörgängen, ungemein sympathisch! Dann führt er die Kinder ein, Schwiegertochter – Sie erheben sich nach einer halben Stunde und wissen folgendes: Er ist den größten Teil seines Lebens in Süddeutschland gereist, Hauptbüro Stuttgart, Sohn Verleger, wohnt billig, drei Zimmer im Vorort, Zentralheizung, Blick vom Hügel – Schwiegersohn SS-Arzt gewesen, dummer Junge, mit zweiundzwanzig Jahren, verzeihlich, noch nicht entnazifiziert, Sommerheim am Wasser, dort heute (Sonntag), Chirurg, Knochenarbeit, donnerstags nachmittags frei, aber zu müde – er, der Redner, schwerleidend, Leistenbruch, Hodenbruch, hängt ganz tief herunter, geht nicht mehr zurück, muß Bruchband abends und morgens im Bett ab- und anlegen, da sonst Gefahr, dazu Herzmuskelschwäche, starke Aderverhärtung, darf eigentlich nicht rauchen, aber heute am Sonntag, hier sieht es ja keiner –, total schwerhörig, Sie können gar nicht antworten, er redet alleine, aber äußerst sympathisch, menschlich weit geöffnet (Goy würde stur dasitzen, pampig, selbstbehaupterisch) – hier bei diesem ist Zusammenhang, Verströmung, Jugend und Alter in einem, verflochten die Räume: Benzin kostet in Stuttgart 60 Pfennig, in Frankfurt 90, in Marienborn noch 100 Liter dazugekauft für 1,20, blöderweise, hier im Osten 50 Pfennig -- kurz ein Strauß von Tatsachenblüten, keine Lücke, kein Gram, erfülltes Leben!

Ein andermal sitzen Sie auf einem Dachgarten, Sie gehen selten aus, alles wirkt stark auf Sie, die weißen Gedecke, saubere Kellner, gepflegte Paare – aber warum tanzen die Leute ruckartig, zackweise, sie schwitzen, daß es an ihnen herunterläuft und die Haare am Kopf kleben – bewegen sich, wohl rhythmisch, laufen hin und her, genußsüchtig, wippend, kreiselnd, bei großer Glut, kleine Tanzfläche vor der Kapelle – Erotik oder Sichanschmiegen oder Abmagerung, jedenfalls sie sind dabei und irgend etwas Drangvolles hält sie zusammen. Auch hier tritt etwas Allgemeines, etwas Gutes in Erscheinung.

Doch die Tage des Sommers sind, wie gesagt, vorüber. Die Stunden funkeln, Herbst, dies Zögern, das so rührt! Zögern, warum zögern und verschleiern, was bald offenkundig sein wird: Die kalten Himmel und die Nacht, das Scheiden, nachdem die Jahre und die Tage unser Herz zerstückten mit Irren und Vergessen und fernen klaren Glocken, die plötzlich klangen. Der Mann am Fenster! Die Gedankengänge im Heim! Der Radardenker auf seinem Sessel! Aber die Kausalität war nur in den letzten Jahrhunderten nach außen verlagert; Ursache und Wirkung und davon die Reaktionen, aber im Grunde ist sie das nicht. Die Kausalität liegt in Ihnen, Sie beherrschen die Materie: Stockholm ist eine bunte Stadt, Parks und Häuserwände feurig von Explosionen, und in anderen Erdteilen stoßen Sie auf Gebiete, die nach Zitrus duften und solche nach Violen. Die äußere Kausalität schafft nichts heran. Sie müssen immer ausgehen und was suchen, die innere bereichert Sie in Ihrem Stuhl – Siam, das in Lotosblüten versunkene Land, in dem ein ewiger Sonnabendnachmittag herrscht, das Reich, das immer Fische in seinen Gewässern hat und Reis auf seinen Feldern! Oder aus der Philologie: Seelenlagen, zweitausend Jahre alt, Demütigkeitsfloskeln, Selbstverkleinerungsformeln (»mein schwaches Talent«, »nur mit Zittern und Zagen«, »meine ungepflegte Sprache«), sogenannte Topoi, literarische Konstanten, rhetorisierende Widmungsmotive bis zurück zu den Alten – Cicero! – da sehen Sie tief, tief hinein über Kulturzertrümmerungen, schweigend gewordene Seinserscheinungen werden in Ihnen wieder überschwenglich -- Sie kennen die Prozessionsstraße von Babylon? Rechts und links die Löwen aus goldener Emaille, in der

Ferne das Ischtartor – eine Flucht aus Glasur und bunten Ziegeln – hundertzwanzig Löwen! – die sehen Sie entlang –: Das sind Perspektiven!

Ernstlich, betrachten Sie die Lage! Sie sitzen hier in Ihrem Stuhl und draußen beginnt der Angriff auf die Tropen. Westafrika im Vordergrund, aber auch Nigeria. Wo bisher achthunderttausend Menschen lebten, können nun zehn Milliarden ernährt werden – ein Hinströmen! Aber wer strömt hin – etwa Sie? Ereignisreiche Umwelt! Neusüdwales hat seinen kältesten Tag seit neunundsiebzig Jahren – Schnee in Canberra; kurzlebige Armeerevolten in Honduras! Und Sie? Sie kennen die Wendung von der Tagesordnung, die ohne weiteres über was hinweggeht! Dem indischen Zoo wird ein Riesensalamander als Zeichen der Freundschaft von Nippon angeboten, in der Wissenschaft besteht Hoffnung, ein vom Blasenwurm befallenes Auge sicherer erhalten zu können – und Sie? Sagen wir es ruhig: Nur spurweise vorhanden!

Also was soll das alles, wo ist der Kern? Was wissen wir vom Menschen? Das Terzett aus dem Rosenkavalier – woher nimmt es seinen Zauber, die Ouvertüre zu Violetta oder die Spirituals, die Sklavenlieder – warum rühren sie uns zu Tränen? Alles unklar! Dabei ist das Wesen des Menschen viel erörtert, eigentlich unaufhörlich seit zweitausend Jahren. Krisen gab es auch sehr viele, die einen halten die zur Zeit der Auflösung des Römischen Reiches für die einschneidendste, andere die von heute. Mir ist die Krise ein zu nonchalantes Wort. Du glaubst zu jagen und du wirst verjagt – Dämonen, Schuppenechsen, Eiszeiten, Schwankungen der Erdachse, Organumbildungen – eine lange Reihe von Sonderbarkeiten, unbegreiflich für domestizierte Etagen- und Laubenproblematiker, doch wer mit Radarmethoden trainiert, bekommt eine leichte Achsel, stellt eine Tafel auf seinen Schreibtisch, groß beschriftet: Das ist nicht anders.

Zwiespalte bleiben natürlich nicht aus. Sie sind schlaff und wundhäutig, daß Sie nicht ans Telefon gehen und den Postboten fürchten – und dann kommt eine Frau zu Ihnen, die konnte gestern abend wegen ihr verordneter Pillen nicht genügend essen. Ihr Sohn hatte Jubiläum, fünfundzwanzig Jahre Orthopäde, vier Freunde waren auch da, darunter zwei Ärzte, die spielen immer zusammen, ihr Sohn spielt alles, namentlich Geige, wunderbares Essen, aber sie konnte nicht recht mit. Dann kommt sie auf die Tochter zu sprechen, auch Jubiläum, die singt und spielt Harmonium auf Friedhöfen bei Feierlichkeiten

– noch ein Jubiläum – so einfach kann das Leben sein: Tabletten, Appetitlosigkeit und Jubiläum – nichts von wundhäutig!

Nichts von Dialektik – gradlinig verlaufen die Konturen. Verlaufen auf die Bürgersteige: Der weibliche Teil, Frauen, keine Damen, Geld besitzen sie auch nicht, aber sie heben den Kopf, halten sich gerade, die Männer sehen ihnen nach, sie fühlen das an ihren Hüften, und diese Männer, alle irgendwie belastet, politisch notdürftig arrondiert, stellungslos, aber irgend etwas betreibend, nachts schlafen sie, erheben sich dann am Morgen im wesentlichen beschwingt – immer dies Sicherheben, Mitmachen, Weitermachen zur Osterzeit wie jetzt im Spätherbst – ja und, Moment mal, da kommt eine Dame mit Hut, Donnerwetter, wenn sie stillstünde, würde sich sofort ein Auflauf bilden: Alle Farben der Nelken straff gezogen und obenauf ein Wedel mit Eigenleben unter Verwendung aller Besonderheiten des Wippens – das ist Stille vor dem Sturm: Wenn dieser Stil sich durchsetzt, wogt Melanesien und Timbuktu durch meine Straße!

Natürlich kommen auch Stunden mit Unsicherheit, da möchte man ein Denkmal haben wie Storm, mittelhoher Granitblock, eine Büste mit schwarzem Rock und Bart, Erikakränze am Sockel – dies schöne Immensee, weich gespielt, aber immer noch hörbar – Heide ringsum – alle diese Elisabethgedichte von vielen Autoren – aber man muß es tragen.

Wenn nun einer sagt, was der Mann da am Fenster macht, ist etwas für Fischkutter zum Heringsfangen, Horchlot-Orter, Schwingungserreger, aber nur für Untiefen, so kann ich darauf hinweisen, auch in Zeitschriften und dergleichen finden sich sonderbare Sachen. Ein Diplomat aus dem gesichertsten Land der Erde, kein Deutscher, durch hohe Posten international bekannt, schreibt gutachtlich folgendes: »Bereits war das deutlichste Anzeichen für die völlige und katastrophale Umwandlung der Epoche in jenes letzte Stadium getreten, in welchem plötzlich alle Namen, alle Worte ihren Sinn verloren, die Zeichen, die der Geist errichtet hat in Architektur wie in den Werken der Musik, nicht mehr wahr sind, alles lügt, alles verblaßt, um dann plötzlich ausgelöscht zu werden und völlig zu verschwinden.«

Ungeheuerliche Worte! Hier lotet ein Diplomat! Einer aus berühmter Familie alten Stils, bestes Europa in der Strenge des Hierarchischen und der Weiträumigkeit der Golfsitten, spricht sich mit Einzelheiten über das letzte Stadium der Epoche gutachtlich aus! Also die Epoche kräuselt sich, irgendwo flammt etwas auf und irgendwo erlischt etwas und sinkt hinab in die Asche der Welten; irgendwo eine Nova und irgendwo ein Schatten und irgendwo ein Wasserglas, in dem das Serum sich bewegt. Erst die fünf Bücher der Genesis und dann der Augenblick, wo Sie das Leben nur noch im Gehirn empfinden, die inneren Organe wurden bewußtlos, aber das Bewußtsein wurde bewußter. Erst die Genesis, und dann der Engel mit der fünften Posaune; in diesen Tagen werden die Menschen den Tod suchen und werden ihn nicht finden, denn den Heuschrecken, die aus diesem Rauch herniederfallen, war gesagt worden, sie sollen nicht töten, sondern sie sollen quälen.

Es gelingt ihnen dies Quälen! Qual durch Gedanken, Qual durch Ablegen von Gedanken –: Haben Sie sich schon einmal klargemacht, daß nahezu alles, was die Menschheit heutigen Tages noch denkt, denken nennt, bereits von Maschinen gedacht werden kann, hergestellt von der Kybernetik, der neuen Schöpfungswissenschaft? Und diese Maschinen übertrumpfen gleich den Menschen, die Ventile sind präziser, die Sicherungen stabiler als in unseren zerklafterten Wracks, sie arbeiten Buchstaben in Töne um und liefern Gedächtnisse für acht Stunden, kranke Teile werden herausgeschnitten und durch neue ersetzt. Also das Gedankliche geht in die Roboter, der deckt den Bedarf, was übrigbleibt, sind Rudimente eines vulkanisch Früheren, und wo sie sich zeigen, wirken sie bereits unmenschlich und verkracht. Also wo stehen Sie, an welchem Punkt der Fauna, durch welche Flora stochert noch Ihr Schritt – Sie schürfen durch den Herbsttraum, die Rosen neigen ihr Glas – leer, ein letztes Rinnsal noch an der beschlagenen Wand, die Gärten wispern braun und lila, durchgesichtig in flaches Ferngelände.

Das ist nicht äußerlich, was ich hier rede, auch der Blick nach innen geht still und tief. Erstens: Nimmt man an, daß der Schöpfer im Menschen etwas in der Richtung von Güte und Verzeihen hätte darstellen und entwickeln wollen, müßte man auch annehmen, daß er im Tiger und Leoparden etwas Mörderisches und Blutgier hätte entwickeln wollen, und man muß gleich hinzufügen, daß ihm das auch in vollem Umfang gelungen ist. Also so einfach sind die Substanzen nicht, die die zur Erhabenheit verpflichtenden Seiten des Menschen beweisen sollen, besonders nicht, da diese dem Schöpfer doch nur schwach und stellenweise gelungen sind. Zusammenfassend: Kann man denn überhaupt vermuten, daß die Schöpfung der Vermenschlichung zustrebt, nein, das kann man doch wohl nicht. Zweitens: Sie lernen oder vielmehr Sie bekommen überliefert aus dem Brauchtum, Sprichwörterschatz, Urväterhausrat: Hilf dir selbst, dann hilft dir Gott, oder Goethe, den sie doch so schön gefeiert haben: Allen Gewalten zum Trotz sich erhalten, rufet die Hilfe der Götter herbei – oder Dehmel: »Greif zu und iß, dann dulde« – oder Hebbel: »An die Jünglinge« – oder wie die Tiefenpsychologie sagt: »Nur in der Beherzigung seiner Möglichkeiten kann sich der Mensch zu seiner Eigentlichkeit erheben« – kurz eine Fülle volkhafter, wissenschaftlicher, ästhetischer Ansichten, Verse, Sinngespräche alle in der Richtung, daß Sie sich selbst in Ordnung halten müssen, sich ausprägen, durchgestalten, – in Schulen gelehrt, von der Allgemeinheit hingenommen, die Sie nun als jungen, bildungsfähigen Menschen in diese Wahrheiten hineinstellt – sollen Sie, dürfen Sie das alles ablehnen, dürfen, sollen Sie das Religiöse gegen das natürlich Gewachsene, das Volkhafte in die Schranken führen? Drittens: Ich habe mich sehr genau beobachtet, ich bin mir so nebensächlich, daß ich das kann. Ich habe in mittleren Jahren jemandem Bestimmtes keine Liebe erwidert, nichts Erotisches, etwas Familiäres, habe ihn gequält, von mir abgehalten, zurückgewiesen, er war schwach, er litt, schließlich starb er. Ich habe daraufhin genaue Beobachtungen an mir, in mir angestellt, ob ein Schaden daraus für mich erwüchse. Ich habe diese Beobachtungen durchgeführt bis heute, schonungslos, es gab dunkle Gedanken, aber mehr Trauer als Niederschläge, jedenfalls einen sichtbaren Schaden habe ich innerhalb meines Lebens nicht feststellen können. Auch habe ich Briefe, Anzeigen, Bitten nicht beantwortet, also menschliche Aufgeschlossenheit einfach übersehen, die Sachen langweilten mich, war kein Reiz dabei – also nach dem Moralischen hat sich das alles nicht entwickelt, so daß ich schon manchmal glaube, das Leben hat keine andere Bedeutung, als daß man alle vierundzwanzig Stunden einen Tag älter wird, nachts schläft man und vormittags zwischen zehn und elf verlängert sich der Bart – ach, manchmal glaube ich, selbst die tapferen Zeugen und guten Bewahrer fühlen, daß sie längst auf verlorenem Posten stehen.

Und das Bewußtsein wird bewußter, beginnt die zweite Schöpfungswoche, aber wenn es abends durch den Garten geht, siehe, es ist nicht gut. Kälte und Trauer! Wenn man schon sagt, die Natur trage dschungelhafte Züge, wieviel dunkler ist es noch, den Geist zu beobachten und seine Bewegungen zu verfolgen. Was die Öffentlichkeit darunter versteht, das ist er nicht, wo er wirklich in Erscheinung tritt, erzählt er nichts, macht kein Palaver, da reißt er beispielsweise dem Menschen direkt die Gehirnwindungen heraus, Stücke, graue Substanz und ergänzt das keineswegs, sondern vollendet die Zerstörung. Undurchsichtiges Verfahren: Er spielt mit Richtigem und es fällt falsch zurück, er füllt eine Richtung auf und dabei wird sie kahler, bis sie sich nach vorn legt und dann sackt sie ab. Sie fühlen die Einwände gegen ihn, gegen sich, aber er jagt Sie weiter, er brennt sein Feuer, aber auch seine Asche verstreut er ganz allein. *Heutzutage* realisiert er sich üblicherweise als Gedanke. Ein Gedanke beißt an, ein Zittern durchläuft seinen Körper, die Zähne knirschen, er schüttelt den Stoff, zerreißt ihn – Fetzen und Staub! Die Gedanken laufen durcheinander wie Eidechsen in der Sonne – nun soll es große Gedanken geben, Krokodile, festliegende, aber ich vermisse die Schrift über den häuslichen Charakter der Axiome und die Geographie der Apriori, die klimatische Entschuldigung für so viel Staub. Heutzutage wird er aufgefaßt als Unterhaltung, Wissenschaft, Propädeutik – ach du lieber Gott – *heutzutage! Heutzutage* können Sie in die Lage kommen, gefragt zu werden, wovon Sie leben, von Radardenken können Sie nicht leben. Früher gab es schöne Stellungen – Syndikus: Listige Verträge, Neuemissionen, – oder Facharzt für Hals, Nasen, Ohren: Bißchen Rachenpinseln und nachts werden Sie nicht gerufen, – Vertreter für Suchardschokolade, sehr gefragt, Sie brauchen nur den Hörer abnehmen und die Aufträge notieren – überhaupt wenn Sie den Begriff Arbeit analysieren, kommen Sie zu sonderbaren Resultaten, aber es waren schöne Zeiten und ich halte sie hoch. *Heutzutage* geht eine Stimmung durch die Welt, es soll alles warmgehalten werden: Fußsohlen, Wahrheiten, Kunsttöne – Pulswärmer an die Beine, – Pulswärmer das ist der Hintergrund – ein Pulswärmer als Wimpel an die Kamikaze, den Götterwind, die Todesflieger – Pulswärmer an die Lanzen der apokalyptischen Reiter – sie wollen »wieder« Boden unter den Füßen (als ob sie seit fünfhundert Jahren irgendwo solchen gehabt hätten), »Zurück zu den Klassikern, so kommen wir nicht weiter« (weiter, aber wohin denn, und was heißt »so«?) – »Humus« – also sie wollen ruhig Dreck an den Stiefeln, aber warmen Dreck – – ich persönlich glaube nicht an Restauration, die geistigen Dinge sind irreversibel, sie gehen weiter bis ans Ende, bis ans Ende der Nacht. *Heutzutage, heutzutage* – aber öffentlich trage ich dem

Rechnung, ich sage immer, heutzutage sind wir in Ägypten, also machen Sie ruhig Ihre Bewegungen weiter in Richtung von Lehrstätten und Kontoren, nur halten Sie sich den Kopf frei, darin muß immer ein Hohlraum sein für die Gebilde. Hier konzentriert sich das Reale, modelliert sich, so entstehen die Formen. Sie brauchen auch gar nicht nach der Uhr zu sehen, was wird schon sein – dreiviertel sechs oder dreiviertel sieben – alles Phantome! Aber wir wollen auch nicht zu streng sein, denken Sie das Menschenleben, es zwängt sich durch die Tage, wird magerer, wird dicker, trägt Gamsbarte, trägt Pleureusen, vernäht Dammrisse, sticht Ohrlöcher und nur allzuschnell kommt dann die Stunde, wo sie das Gesicht ins Dunkel halten müssen, in den großen schwarzen Schwamm, und schließlich sind sie doch alle gepilgert und kennen die Blicke auf Antlitze, die sie bestimmt sehr bald verlassen müssen, und das Stimmengewirr von Bahnhöfen, wo ihnen niemand etwas nützt.

Durch viele Millionenstädte fluten die Straßen, tags links ein See, ein Blau aus erster Hand, und nachts das Neonlicht. Riverbridge, Ponte Vecchio, Münsterbrücke – darüber die Fremde, die Ferne, nicht von Ihnen errichtet, nicht für Sie erbaut. Die Peripherie der Metropolen: Rieselanlagen oder Père Lachaise oder Ananasplantagen – aber Unbekannte, die durch die Felder gehen. Lippen der Kinder, Alter der Erde, aber umarmen können Sie das nicht. 1821 ertrank Shelley zwischen Livorno und Lerici – lange vorüber, in einem Gutshaus wohnte Voltaire – lange vorbei. Trauer aus allen Weiten, seelisch belastet aus Epochen, Melancholie aus langer Sicht. Darum lehre ich die kleinen Gebilde – schaffen Sie kleine Gebilde still an Ihrem Fenster: Fliehen Sie die Ferne, fliehen Sie die Dauer, sehen Sie nicht so weit, wenn Sie nämlich in die Ferne sehen, kommt immer wieder die Frage: Wenn es nicht dazu gekommen wäre: Atomzerspaltung, Dynamit, Insulin, entbitterte Lupine – was dann, wie sähe die Sache dann aus, aber erstens wäre dann vermutlich etwas anderes dazugekommen oder es wäre zweitens nichts anderes dazugekommen, doch änderte das etwas an den Grundsätzen der Welt? Nein, fliehen Sie die Ferne, verflechten Sie sich mit Ihren inneren Beständen, nehmen Sie Ihre Bilder von der Wand, seien Sie Alkibiades oder Helena oder Ephialtes, verraten Sie, sonst werden Sie verraten oder allerdings beides ––, das Herzzerreißende, immer dies Herzzerreißende, darin stehen Sie und das müssen Sie tragen. Ebenso der Blick zurück: Drei Jahre, welche unermeßliche Zeit, drei Jahre ohne Inhaftierung oder Prostatakarzinom, welches äonenlange Geschenk der höheren Gewalten, glauben Sie mir, mehr gibt es nicht, kann es gar nicht geben, das ist schon ein Verhalten des Abstiegs und des Endes von unerklärlicher Bedeutung, das könnten die Götter schnell bestrafen! Stehen Sie, bekränzen Sie Ihr Auge mit jedem Abend, schließen Sie jeden Tag ab wie der Chef, der aus dem Büro geht: »Ist noch was?«

Bescheiden Sie sich, es ist genug gedacht, keine weiteren Spitzenleistungen! Betrachten Sie die Heiratsannoncen, da ist auch alles feingeistig und elegant. Die Tiere äußern sich nach allen Richtungen, aber der Mensch ist das verschlossene Wesen, in dem, was er sagt, ist meistens wenig von ihm drin. Wir sind stumm, wir sind ungeeignet, wir sind keine Favoriten, Sie zittern schon vor Ihrer Schreibmaschine, Sie schlagen die Tasten, leere, hohle Röhren, ganz was Trockenes und dann stellt sich etwas zusammen – ein Wort, feucht von Träumen und Dünsten, aus einem Augenblick für eine Weile, tragend wie getragen, etwas Jenseits nahe und etwas Diesseits deutlich – Mischwelt, Kreuzungen – wer weist Ihnen da den Weg? Der Mann im Eigenheim! Vom Schatten aus auf die leuchtenden Bäume und Blumen sehen – dies japanische Gartenprinzip – das bietet Ihnen sein Fenster. Sich im Schatten halten, sich ver-halten – es verhält sich die Welt!

Nun kommen die Tüchtigen und sagen, Ihre Schatten sind stumm, wir wollen aber mähren und zwitschern, *natürlich* sein, Ihre Schatten sind leer – aber das ist es ja gerade: Es gibt keine Leere und es gibt keine Fülle, es gibt nur die Möglichkeit, die Leere zu füllen hier, sofort, am Fenster mittels Lotung und Transformation. Dann kommt die Jugend und spricht, so können wir nicht leben, wir wollen Stoff, wir wollen Handgriffe, wir wollen Ideale – wir wollen, wir wollen, wir wollen ––: also sie wollen Anschluß und Unsterblichkeit, aber wie sieht die aus? Eine Unsterblichkeit von fünfzig Jahren, noch nicht einmal ein Schildkrötenalter, mit Hilfe von Auktionen, Erinnerungsblättern, neuem Gemähre, neuem Gezwitscher – fünfzig Jahre, welche metaphysische Genügsamkeit, welch bescheidener Lebenswille – nein, ich begnüge mich nicht, ich will tot sein, völlig, Asche, Wurm, Lehm, Unkrauterde, ich neige das Haupt und nehme mich mit – einmal und nicht wieder, anders ertrüge ich es nicht, anders kann es auch nicht sein – Einmal im Sturz der Träume und der Bilder.

Diese These des Menschen erträgt die Äonen. Spannungen gewachsen sein, Spannungen binden – ausgleichen, das Geheimnis des Stils! Was Sie Krise nennen, hindert Sie nicht an Gewichtszunahme, blicken Sie doch um sich, Krise – das ist doch noch alles gute, alte Tradition, hin und her, charmantes Spiel der Gegensätze: Unter Tyrannen festigt sich die Freiheit und unter frommen Kaisern entwickelt sich das Vergnügungsleben – ich höre einen anderen Ton aus der großen Posaune, ein Wort, hart aber tröstlich: *Verhängnis!* Geist und Leben – wie war das doch? Darum, meine Freunde, gedenken wir des 2. 12. 1942, als die Zeiger der Meßinstrumente sich zitternd zu bewegen begannen, kleine Klötze von Uran mit angereichertem Uran 235 waren wie Briketts übereinandergeschichtet in der Halle des Sportpalastes der Universität Chikago, die Spaziergänger gingen ahnungslos darüber hin, – also es war soweit, die Meßinstrumente brummten, aber Fermi, der Unerschütterliche, Leiter und Inaugurator des Neutronenbeschusses, der neue Gestalter mit der Erkenntnis von der Veste und dem Licht und dem Unterschied zwischen dem Wasser, Blockwart der zweiten Genesis, sagte die bekannten Worte: »Erst laßt uns essen gehen.«

II

Die vorstehenden Emanationen sollten einen Seelenzustand darstellen, für den es keine sachliche Erklärung und keine individuelle Begründung gibt. Das Gehirn ist rund, weich, dehnungsfähig – seine Funktion ist Realisieren. Der Radardenker sollte sich realisieren, er brachte sprachlich vor, was seine Wirklichkeit in jenen Herbsttagen war. Nun müssen wir ihn aber von außen betrachten und da ergibt sich folgendes:

Ich denke mir einen Dialog. Wie hieß deine Freundin damals, vor zwanzig Jahren? Ellen Lohmeyer. Wie sah sie aus? Wie Frauen aussehen, mittelgroß, Haarschopf oben. Was triebt ihr zusammen? Was man treibt, halb Lust, halb Langeweile. Wie war der Abschied? Wir gingen auseinander – *Beachten Sie:* So verlaufen die Dinge, auch die mit Wirklichkeit beladenen, auch die echten. Mehr ist natürlich auch der Radardenker nicht – Ellen Lohmeyer – etwas allgemeine Gültigkeit mit Zeichen von Situationärem.

Gegen eine Stelle seines Monologs wird man ernstlich Einwände vorbringen müssen. Das Finalistische, das über seinem Wesen liegt, das ist reine Stimmung, persönliches Gewoge. Sie schürfen durch den Herbsttraum – ich will ganz tot sein – das ist Blickbeschränkung, Überbetonung, Apathie. Dagegen ist sein Versuch, in jedem Satz alles zu sagen, ihn ganz solitär zu machen, ihn tragend auszubauen, da es für den inneren Menschen Raum und Zeit und Übergänge nicht gibt, sowie die einzelnen Sätze und Absätze ohne Motivbeziehung hintereinanderzustellen (da es nebeneinander drucktechnisch nicht möglich ist), also blockartig zu verfahren, das ist modern. Aber einem Gedanken hat er nicht genügend Rechnung getragen und dem wollen wir nachgehen, er ist grundsätzlich und hebt ihn nahezu auf.

Die Sache ist kurz folgende. Der Gedanke, dem er nicht genügend Rechnung getragen hat, ist der, der Mensch ist nicht ein Ende, nicht die Krone der Schöpfung, sondern ein Beginn. Was er leidet, was ihn bedrückt, was ihn verfinstert, sind Kinderkrankheiten, Zahnungsmißhelligkeiten, Entwicklungszuckungen – er ist noch nicht eingerenkt in die neue Konstruktion. Es zieht sich nämlich eine systematische Grenze allererster Ordnung zwischen den beiden Gattungen des Anthropoiden und des Sapiens einerseits und der ganzen vorherigen Welt andererseits. Affen, Säuger, Wirbeltiere, überhaupt das Tierreich ist überschritten, hinter sich gelassen, die Emanzipation des Geistigen tastet sich in einen neu sich eröffnenden Raum. Denken wir an den Beginn des Diluviums. Jene Vertreter in China! Die Feuerbeherrschung, die Umweltgestaltung, die Erweiterung des Umweltradius mittels steinzeitlicher Technik. Nicht von ungefähr! Das meiste zum Aufbau des Leibes war beendet. Im Präkambrium Nervengefäße; im Silur das Innenskelett; im Oberdevon der Schritt aufs Festland, Gehfuß; im Perm Jochbogen; im Jura Geburtsakt; im Mesozoikon warmes Blut und so weiter – nun beginnt die »Erst-Bindung« den zweiten Akt.

Ein Blatt, das vom Baum fällt, ein Hirschgeweih, leben zwar auch in einem Rhythmus, aber ihr Abgeworfenwerden ist auch ihr Lebensende. Jetzt verzweigen sich die immateriellen Dinge, werden übertragbar, werden weitergegeben und erhalten sich. Stare, Spötter, Papageien ahmen Vogelgesang anderer Arten nach, aber nun beginnt die objektiv bestehende Sprache. Jahrmillionen dahinter – und nun erst diese kurze Zeit! Die Plastizität des Werdens wendet sich in neue Dimensionen, beschränkt offenbar alle ihre Mächte auf dieses Thema, variiert sich in Entfaltungen – von Ermüdung keine Spur. Das Weitere ist unübersehbar, aber der Mensch wird wahrscheinlich nicht enden. Wenn es die Eiszeiten, die Gürtelfluten, die Mondeinstürze nicht brachten, auch die Atombombe kann ihn nicht bedrohen. Lamentationen! Die Arten erhalten sich und enden aus anderen Gründen, offenbar nach Gesetzen, die über den Neutronen stehen. Wir werden sein, wir sind: Alte animistische Rudimente und die neue technische Realität. Jeder ist einbegriffen – aber niemand kann mehr sein als etwas allgemeine Gültigkeit mit Zeichen von Situationärem. Also Ellen Lohmeyer ganz groß – zu Tisch geführt von Genetik und Paläontologie, die Ouvertüre setzt ein, komponiert in Ultraschall, vorgetragen von Muschelbläsern!

Alfred Reinhold Böttcher
Brot und Suppe

»Im Namen des Volkes!« sagte ich. Der Angeklagte erhob sich. Die Zeugen auf der Bank erhoben sich. Der Justizwachtmeister neben dem Ofen und drei Zuschauer hinter der Schranke erhoben sich. Der Protokollführer zu meiner Rechten und Referendar Fontane als Vertreter der Staatsanwaltschaft zu meiner Linken, sie alle erhoben sich, um meinen Spruch zu hören. Da stand ich nun im Leeren wie vor einem Peloton Betrogener, die mich durchschauten. Die mir den Talar vom Leibe reißen werden. Die auf mich schießen werden. Wie ich habe schießen lassen, damals, als ich noch Kriegsgerichtsrat war mit Litzen aus Silber. Legt an! Gebt Feuer! Dann fiel der Soldat in den Haltestrick, mit dem sie ihn an den Pfahl gebunden hatten. Und dieses dreiundzwanzig Mal. Von mir gerichtet und vom Exekutions-Kommando unter Führung eines Offiziers vollstreckt.

»Im Namen des Volkes!« sagte ich. Ich ließ mir meine Angst nicht merken und nicht den Magenkrampf, an dem ich wieder einmal litt. Ich sprach das Urteil nach gelehrten Regeln und setzte mich. Vier Monate wegen Hehlerei. Der Angeklagte setzte sich. Die Zeugen, die Zuschauer und die Gerichtspersonen, sie setzten sich. Referendar Fontane stieß den Bleistift auf den Tisch, so daß es knallte. Er hatte acht beantragt, nachdem er, blaß und ausgehungert, in dieser quälenden Hauptverhandlung die Einlassungen des Angeklagten Punkt für Punkt widerlegt und nachgewiesen hatte, daß er durch sein Verhalten den Dieb zu immer neuen Straftaten ermuntert hatte.

Als ich saß, wurde mir leichter. Ich zog die Robe fester um den Leib. Mich fror. Es war November, und für den unförmigen Ofen, den sie neben der Zentralheizung aufgemauert hatten, gab es weder Holz noch Kohlen. Ich begründete mein Urteil, indem ich mich mit hohlen Augen und ausgemergelten Wangen als einen Menschen zu erkennen gab, der nichts mehr zu verlieren hat als sein Gewissen. Der in den Sielen stirbt, wenn es das Schicksal will, und der es nicht verdient, von diesem Stuhl gejagt zu werden. Ich kann nicht anders, als hier Recht zu sprechen, gebt mir die Frist, noch dieses in Milde zu vollbringen.

Zur Sache kommend, wiederholte ich den Tatbestand. Ich prüfte dann die Einlassungen des Angeklagten und wies sie zurück, soweit sie nach Ansicht des Gerichtes widerlegt waren. Es folgte dann als Höhepunkt die Feststellung der Schulderkenntnis, die ich nach Würdigung der Gesamtumstände und mit gewohnten Formeln aussprach. Er war daher für schuldig zu befinden. Punkt. Jetzt aber, als es wieder abwärts ging in meiner Rede, als ich zum Strafmaß kam und die Gründe aufzählte, die als mildernd in Betracht gezogen werden mußten, jetzt verwirrte ich den Staatsanwalt durch eine Entladung meines forensischen Geistes. Ohne Herrn Fontane vorwerfen zu wollen, daß er den Zwölfjahrsmethoden nachhänge, gab ich ihm doch zu verstehen, daß wir unsere durch den Autoritätswahn pervertierten Leidenschaften in den Stätten des Rechtes abkühlen müßten, wenn wir den Menschen nicht durch unsere Strafe niederwerfen, sondern ihn aufrichten wollten zu einer neuen Zukunft versöhnlichen Lebens. »Der Angeklagte hat gehehlt«, so rief ich aus, »und mußte dafür nach dem Gesetz bestraft werden. Doch das Gericht konnte ihm den guten Glauben nicht absprechen; es kam daher mangels gegenteiliger Beweise zu der Überzeugung, daß er nur aus Fahrlässigkeit nicht erkannt hat, ob die gehehlten Sachen aus einer strafbaren Handlung stammten oder nicht.« Nach diesem Satz verließ mich meine Kraft. Ein entsetzlicher Magenkrampf verdarb mir die Klarheit der Gedanken. Ich stolperte in den Schluß, in dem ich noch eben die Floskel von der gerechten Sühne unterbringen konnte. Das letzte Wort hatte der Angeklagte. Er nahm die Strafe an. Ich erhob mich, warf dem Protokollführer die Akte hin und verließ den Saal.

Ich begab mich in das Beratungszimmer nebenan und hörte von dort, wie der Justizwachtmeister eine Pause verkündete und die drei Zuschauer entfernte, die hier schon den ganzen Tag die Bänke drückten. Ich setzte mich stöhnend und blickte auf die gelben Regale, die mit Entscheidungen bis zur Decke vollgepfropft waren. Der Staub und die Kälte, die sich in den Papiermassen gespeichert hatten, vermehrten meine Hoffnungslosigkeit. Ich zog aus der Aktentasche eine in alten Wollstrümpfen eingewickelte Bierflasche und trank ein wenig Kaffee. Das kalte, eichelbittere Zeug unterbrach den Aufruhr meiner Magennerven. Ich fühlte Linderung, und ich gedachte eben, die Beine von mir wegzustrecken und den Tisch zu meiner Bequemlichkeit heranzuziehen, als Herr Fontane mich beehrte. Ich hatte gerade noch Zeit, die Bierflasche unter den Talar zu stecken und mich aufrecht hinzusetzen.

Der junge Referendar, der in meinem Gericht als Amtsanwalt eingesetzt war, lehnte sich mit wachsendem Unmut gegen meine Rechtsprechung auf. Er hielt meine Strafurteile für milde, ängstlich und inkonsequent. Schon einmal hatte er heute versucht, nachdem ich gegen einige Diebe, Steuerhinterzieher und ähnliche Fälle erkannt hatte, mich in ein Gespräch zu ziehen. Jetzt schien ihm die Geduld zu reißen. Er trommelte mit dem Bleistift auf seinen Handrücken und sagte aufgebracht: »Man hungert und schuftet und wälzt die Kommentare, aber gegen Sie kommt man nicht an. Was bezwecken Sie mit diesen milden Urteilen, Herr Amtsgerichtsrat?«

»Humanität!« antwortete ich kalt.

Was kümmerten diesen Lehrling meine Zwecke! Wenn ihm die Urteile nicht paßten, mochte er Berufung einlegen und nicht hier herumstehen. Warum verpulverte er seine Zeit mit überflüssigem Geschwätz, anstatt derweilen seine Rechtsmittel auszunutzen! Vielleicht scheute er die Arbeit, die ihm keiner dankte. Er kam ohnehin nicht durch. Noch schlimmer stand es um die Staatsanwälte beim Landgericht. Sie ersoffen in den Akten und warfen die Sachen unter den Tisch, die ihnen mein junger Mann zur Einleitung von Appellationsverfahren überreichte. Er seufzte und sagte: »Ich lasse mich gern belehren. Sie sprechen von Humanität. Ist es nicht Humanität, den Verbrecher das leiden zu lassen, was das Strafgesetz als die Folge des Verbrechens vorschreibt? Begründet nicht ein Mord die Pflicht des Mörders, seinen Kopf herzugeben? Würden Sie gegenüber einem Menschen, der vorsätzlich und mit Überlegung einen anderen tötete, auf Todesstrafe erkennen?«

»Nein!« erwiderte ich. Ich hatte Magenschmerzen und mochte auf keinen Fall mehr reden.

»Verzeihen Sie, Herr Amtsgerichtsrat«, versetzte er mit Leidenschaft, »ich fürchte, Sie werden sich einem notwendigen Todesurteil mit Ihrer üblichen Kasuistik nicht entziehen können, wenn Sie vor dem Gesetz bestehen wollen. Sind Sie Christ?«

»Nein!« erwiderte ich. Ich gedachte nicht, mein Gewissen durchforschen zu lassen wie einen Haufen Müll nach brauchbaren Nägeln, ich gedachte vielmehr, einen Schluck aus meiner Kaffeeflasche zu trinken, und dazu wollte ich allein sein. Ich hatte meine Gründe dafür, die abgehetzte und zerschundene Substanz, als die ich meinen Leib empfand, so lange für mein Richteramt auf den Beinen zu halten, wie mich die Angst quälte, dieses Amt für immer zu verlieren. Was ging es diesen Herrn Fontane an, wenn ich mit meinen erstaunlichen Urteilen das Kreuz erträglicher zu machen suchte, das ich mir als Richter bei der Wehrmacht aufgehalst hatte! Ich gedachte mit Schrecken jener Befugnisse, die ich von Rechts wegen, im Range eines Stabsoffiziers und als Sachbearbeiter bei verschiedenen Generalstäben der Luftwaffe, ausgeübt hatte. Ich wurde die Bilder nicht los, diese Gespenster meiner glänzenden und machtstrotzenden Vergangenheit, die meinen Kopf und meine Nerven überreizten. Ich beendete die Pause und schritt zum nächsten Termin. Die Uhr zeigte fünf, als ich die letzte Hauptverhandlung begann. Ich überhörte den Widerstand des Referendars und des Schreibers, die schon grün vor Hunger waren, und führte die angesetzte Sache gegen einen Betrüger. Ich verurteilte den Mann, nachdem der Referendar ein halbes Jahr Gefängnis beantragt hatte, zu zwei Monaten, und beschloß damit die Sitzungen. Weil es draußen noch nicht recht dunkel war, ging ich auf mein Dienstzimmer, saß dort eine Stunde vor dem Schreibtisch und freute mich der tiefen Ruhe im Gerichtsgebäude. Schließlich setzte ich mir den Hut auf und machte mich scheu auf den Heimweg. Gott sei Dank, der Abend war hereingebrochen, und mich erkannte niemand auf der Straße.

Meine Frau empfing mich, wie üblich, mit einem Gesicht wegen meines späten Kommens. Ich hängte Hut und Mantel an die grün lackierte Kleiderleiste. Sie gehörte mit dem Flurschränkchen, dem Wandspiegel und dem Schirmständer zu einer Garnitur aus grünem Schleiflack, die einmal vierundsiebzig Mark gekostet hatte. Wir hatten uns etwas leisten können. Ich wusch mir die Hände und betrat das Speisezimmer. Ich litt in dieser Wohnung, die wir sowieso würden verkaufen müssen, wenn ich mein Amt verlöre, die wir nicht würden halten können, schon der Miete wegen nicht. Ich litt an dem vierzehnteiligen Armleuchter. Mich ängstigte das Büffet. Es war vier Meter lang und trug Schalen aus Kristall und einen Tafelaufsatz aus der Berliner Porzellanmanufaktur: ein Seestier bäumte sich aus einem wellenschlagenden Delphinenschwanz, und er enthielt die Löcher für die Lichter. Das alles hing an mir, wie ehemals die Kriegsgerichtsratuniform an mir gehangen hatte, und verriet die Hoffnungen, die ich mir mit mir selbst in einem weltumspannenden Reich gemacht hatte. Meine Frau putzte die Sachen täglich und hielt sie mit etlichen Lappen und einem Rest von Bohneröl auf Glanz. Als hätte ich die dreiundzwanzig nie erschießen lassen. Als gäbe es sonst keinen auf der Welt, der mich hier eines Tages aufstöbern würde zwischen dem geleckten Porzellan und dem Viermeterbüffet, und der zu mir sagen würde: »Du wohnst recht hübsch, du Hund, so habe ich mir das vorgestellt!« Und wenn der dagewesen ist, dann werde ich Ruinenschutt in die Loren schippen und werde schuften müssen wie das Pack, das zwischen Leben und Sterben immer krummer wird und für das am Ende jeder Sarg paßt. Den Teppich hatte meine Frau aufgerollt, um ihn für bessere Tage zu schonen, an denen wir wieder Gesellschaften geben und uns von den Vorgesetzten sagen lassen würden, daß man ein paar flotte Stunden bei uns verbracht hatte. Mich ekelten ihre Illusionen.

Ich begrüßte unsere beiden Töchter, die hinter mir hereingekommen waren, um den Tisch zu decken. Nachdem die Suppe und acht Scheiben Brot aufgetragen waren, setzten wir uns. Die Töchter griffen mit gesenkter Stirn und klammen dünnen Fingern zum Löffel, und auch ich begann zu essen. Meine Frau verstand es nicht, unser Familienleben mit Gemüt und Wärme zu versehen, und als sie endlich ihre alltägliche Frage nach meinem Wohlergehen anbrachte, geschah es in der Gier des Essens. Ohne mich bei dieser Frage auch nur anzusehen, schob sie den Löffel dreimal hastig über das vorgestreckte Kinn in den Mund. Diese Art widerte mich an. Trotzdem fand ich mich bereit, ihr über den Stand meiner Krankheit zu berichten, die mir heute mehr zugesetzt hatte als je, indem ich fünf Anfälle hatte ertragen müssen, Magenkrämpfe oder wie das hieß, und einen davon auf dem Höhepunkt der Urteilsverkündung. Ich erzählte ihr, daß mir plötzlich der Kaffee hochgekommen sei und daß ich ihn nur durch den Speichel habe zurückhalten können, der sich mir in phantastischer Menge gebildet hätte, und daß ich demnächst gar nichts mehr essen würde. Ich schluckte den Rest meines Brotes hinunter und gewann einige Befriedigung, als mir Klara einen Tee zu kochen versprach. Die Kinder kratzten die Schüssel aus und trugen das Geschirr in die Küche. Als wir allein waren, blickte sie mich von der Seite an und sagte: »Du hast schlecht geschlafen diese Nacht. Hat er dir wieder auf der Brust gesessen?«

»Wer!« wollte ich wissen.

»Na, der!« erwiderte sie.

»Bitte«, beschwor ich sie, »bleibe gefälligst in den Grenzen!« Ich wußte durchaus, von wem sie sprach, obgleich sie seinen Namen noch nicht kannte. Doch fand ich es unerträglich, daß sie jetzt damit begann, meine nächtlichen Zustände mit mir durchzukauen und damit eine Anwartschaft auf meine inneren Verhältnisse zu betonen, die sie im Grunde genommen einen Dreck angingen. Sie sprach von dem vierundzwanzigsten, der als Opfer meines Richtereides, meiner Gesetzeskenntnis und meiner Befugnisse an den Pfahl verdonnert und dann entkommen war. Diesen Kerl fürchtete ich. Seinetwegen meine Angst, die Krämpfe in den Eingeweiden und die Scheu vor dem Tageslicht. Seinetwegen der Wahnsinn einer Rechtsprechung, indem ich mit milden Urteilen die Augen der Nemesis von mir abzuwenden hoffte – es ging um meine Existenz, um meine Wohnung, um das Büffet und den Tafelaufsatz und die Garnitur aus grünem Schleiflack. Das alles hielt ich fest und suchte es zu retten als wohlgetarnter demokratischer Rechtsapostel, indem ich auf das Glück vertraute, das den Kerl krepieren ließ, auf einer Mine an der schwedischen Grenze, in Rußland, auf hoher See oder sonstwo. Die dreiundzwanzig waren mit großen Löchern in der Brust auf den Haltestrick gefallen, um und dumm, noch toter als die Nägel, die ich mir des Sonnabends von den Zehen schnitt. Sie wurden mir nicht mehr gefährlich. Ich fürchtete den einen. Er hieß Lemmurke.

»Ich will dir helfen«, sagte meine Frau und seufzte.

»Es ist sinnlos«, erwiderte ich, »es ist sinnlos, mit dir zu reden. Du pendelst mit mir in der Weltgeschichte herum, ganz versessen auf den Schrecken. Was starrst du mich so an! Du machst mich krank. Anstatt mit angenehmen Gesprächen meine Nerven abzulenken, damit ich nicht zusammenklappe, peitschst du sie auf. Entsetzlich!« Ich bot ihr gute Nacht und ging zu Bett. Ich war so abgeschlagen, daß ich glaubte wie ein Sack schlafen zu können. Aber je mehr ich die Lider in die Augen preßte, um so sicherer geriet ich in den Zustand einer Maschine, die man vergessen hatte auszuschalten. Es arbeitete in mir. Ich produzierte Wärme und lief heiß. Ich hörte es förmlich. Das steigerte sich durch Stunden bis zur Todesübelkeit, ohne daß ich dahinterkam, an was für Strängen dieses alles vor sich ging, ob an den Adern, an den Nerven oder an den Knochen.

Meine Furcht vor Lemmurke beruhte auf einer höchst simplen Tatsache. Als ich im Jahre 1944 in Oslo das Verfahren gegen ihn eröffnet hatte, das mit seiner Verurteilung enden sollte, stellte sich bei der Befragung zur Person heraus, daß er ganz in meiner Nähe zu Hause war und daß er in der Bahnstraße in einer der ersten Nummern wohnte, ich hatte die Zahl inzwischen vergessen. Da Lemmurke schon damals meine Existenz bedrohte, war mir seine Heimatadresse sofort aufgefallen. Der Umstand unserer Nachbarschaft hatte mich darin bestärkt, diesen Mann als Schandfleck der Nation so bald wie möglich auszulöschen, obwohl ich seinerzeit nicht geahnt hatte, welche Bedeutung dieser Umstand für mich noch einmal gewinnen würde. Heute hatte ich sehr oft Anlaß, darüber nachzudenken, so oft nämlich, wie ich auf der Straße einem Wiedersehen ausgesetzt war. Ich konnte es nicht einmal als mein besonderes Verhängnis werten, daß Lemmurke hier wohnte. Dafür war ja schließlich dieser Arbeitervorort gebaut worden, daß solche Leute sich darin in Massen ansiedelten. Und wenn wir beide uns einmal irgendwo begegnen würden, dann war das kein Zufall und kein Schicksal, dann war das vielmehr die natürlichste Sache von der Welt. Die Bahnstraße lag abseits in einem halbbebauten, von Bretterzäunen zusammengeflickten Viertel zwischen meinem Heim und den Rangiergleisen. Es gab für mich keinen Anlaß, mich da herumzutreiben. Aber auf meinem Wege zum Gericht, das in einer Geschäftsstraße neben einer vielbesuchten Dienststelle der Besatzungsmacht lag, konnte er mir, wie tausend andere auch, täglich in die Arme laufen.

An einem der nächsten Tage, als wir gespeist hatten und die Töchter das Geschirr hinaustrugen, begann Klara ein Gespräch mit den Worten: »Als Nachtisch gönnte ich dir ein Stück von der Kokaschokolade, die du uns eine Zeitlang aus Oslo geschickt hast.«

»Was willst du damit sagen!« stieß ich heraus. Sie hatte meinen Schrecken nicht bemerkt. Sie bewahrte vielmehr ihre Freundlichkeit und fuhr fort: »Ich kann dir nichts Angenehmes schaffen, mir fehlen die Mittel dazu. Aber mit der Erinnerung an stolze Tage läßt sich vielleicht die Hoffnung stützen, daß wir alle einst gesunden werden, wir alle ...«

»Bitte, vergiß dies«, sagte ich sehr rauh. Sie verstand mich nicht. Sie hatte sich etwas vorgenommen und glaubte wunder was zu erreichen, indem sie jene Tage wachrief, an denen ich die

Kokaschokolade nach Hause geschickt hatte und an der Tafel des Kommandierenden Generals zu Gaste gewesen war. Sie ließ nicht ab von der Schokolade. Sie lobte dies und das daran, sie erging sich vor allem über das Ausländische des Geschmacks und die heitere Verpackung mit der Boje auf dem Stanniol, je fünf der runden Täfelchen in einer Hülle. Sie wußte sich auch zu entsinnen, von wem ich sie gekauft hatte: »Leif Björnsen«, sagte sie, »nicht wahr? So hieß er doch?« Was nur insofern stimmte, als ein Norweger der Zuträger gewesen war während der acht Wochen, in denen ich die Schokolade bezogen hatte. Ich zahlte ihm zwanzig Kronen für jede Packung, nachdem er mir versichert hatte, daß er die Schokolade durch Mittelsmänner aus Schweden bezog. Ich weiß nicht, welcher Anlaß mich bewogen hatte, ihm das zu glauben, oder ob ich die schwedische Herkunft überhaupt für wahr genommen hatte.

»Björnsen? Wie kommst du darauf? Er hieß Sörrensen«, erwiderte ich. Und in dem Bestreben, ihr endlich die Gefahr anzuzeigen, in der wir schwebten, fuhr ich fort: »Der trug sie mir nur zu. Er kam wöchentlich zweimal in mein Hotel und brachte jedesmal zwei Packungen.« Ich spazierte unentwegt um den Tisch herum und überlegte, wie ich ihr die Wahrheit sagen sollte, ohne daß sie darüber die Nerven verlor. Klara verschwor sich darauf, daß allein der Duft der Schokolade ihre schwedische Herkunft bewiesen hätte, und daß sie sowas in Deutschland nie zu sehen gekriegt hätte, obgleich sie doch, weiß Gott, sich Süßigkeiten aller Art und jedes Preises seit der Kindheit hatte leisten können.

»Ich werde dir was verraten, Dagobert«, sagte sie, »der Mensch lebt durch den Mund. Und wenn dies auf feine Weise geschieht, mit etwas Musik und einem Buch, dann begreift er die Welt – sonst nicht.« Ich lief immer um den Tisch herum. Ich umkreiste sie und sagte: »Die Schokolade wurde in Deutschland hergestellt, machen wir uns nichts vor, Klara. Ich habe das – gleich zu Beginn – bei einem Essen in der Drammensveien erfahren.«

»Zu Beginn deines Kommandos in Oslo?«

»Zu Beginn meiner Bekanntschaft mit Sörrensen.« Als ich dies sagte, war ich neben ihr stehengeblieben. Ich hatte es gebeugten Leibes mit sehr bedeutungsvoller Stimme herausgebracht. Und dann fügte ich hinzu: »Der General pflegte seine Offiziersabende in der Drammensveien abzuhalten, ich hatte dir davon geschrieben ... Auf dicken Teppichen, mit etwas

Musik, aber gänzlich ohne Bücher. Bücher lasen wir nicht ... Kurios, aber wahr.«

In diesem Augenblick wurde gegen unsere Tür geklopft. Es dröhnte durch die Wohnung. Die Kinder in der Küche hörten auf, mit dem Geschirr zu klappern, und ich riß mich hoch, riß meinen Kopf hinauf, während ich vom Herzen abwärts in eine Empfindung gräßlichen Fallens geriet. Meine Frau ging hinaus und öffnete. Ich hörte, daß sich der Nachbar unter uns mit höflichen Worten gegen das Getrampel wehrte, das ich seit einer Stunde veranstaltete, da er mit seiner Familie jetzt schlafen müsse. Ich atmete auf. Ich fand diese Beschwerde unangebracht. Die Nacht war noch lang! Was hatte der schon durchgemacht! Ich schlief ja auch nicht, und um diese Zeit schon gar nicht! Warum hatte sie auch den Teppich aufgerollt! Wie sinnlos dies alles war. Wie mich das anekelte: Diese Teppichrolle! Dieser polierte Seestier! Dieser Festzug der Vokale, wenn sie zu mir »Dagobert« sagte! Diese Selbstgefälligkeit, mit der sie mich anblickte und mich als das Glanzstück einer Einrichtung taxierte, die sie mit ihrem Öl und ihren Lappen in einem fort auf Ehrsamkeit bohnerte und anderen Leuten zur Bewunderung vorsetzte. Der Faden des Gespräches war abgerissen. Ich ließ sie sitzen, ging zu Bett und wälzte mich Stunde um Stunde dem Morgen entgegen.

Als der Dezember begann, hängte meine Frau einen Adventskranz unter den vierzehnteiligen Leuchter. Ich besah mir das Ding, als ich mich wieder einmal an den Tisch setzte, um Brot und Suppe zu essen. Der Kranz war aus ein paar dünnen Fichtenzweiglein zusammengebunden und baumelte unter dem Riesenkandelaber wie ein Pleitesiegel. Jedenfalls vermochte diese Maskerade nicht, in mir eine Vorweihnachtsstimmung zu erregen, sie verhalf mir vielmehr zu Gedanken, bei denen ich mir der apodiktischen Zufälligkeit meines Lebens bewußt wurde. Ich erkannte plötzlich, daß ich nur deswegen bestand, weil ich von der Ewigkeit des Todes für ein paar Jahre an den irdischen Wandel vermietet worden war. Ich hielt es für überflüssig, die blassen Keime des Gewissens zu pflegen, die nach Kriegsende in mir Wurzel geschlagen hatten. Ich fand, daß ich nicht schlechter war als alle Menschen dieser Erde. Der dauernde Genuß von Brot und Suppe rechtfertigte mehr und mehr die Brutalität jener Macht, die mich mit Befugnissen ausgestattet hatte und der die dreiundzwanzig zum Opfer gefallen waren. Entweder es gaben sich die Menschen auf, oder sie sorgten mit Gier für einen reichen Tisch. Ich haßte die, die besser aßen als ich, und ich wurde mir darüber klar, daß dieser Haß nicht irgendeiner Weltanschauung oder einer falschen Nationalerziehung zuzuschreiben war, sondern daß er zur Summe aller Eigenschaften gehörte, die in mir gewachsen waren durch Millionen Jahre meines Daseins als Fisch und Frosch, als Vogel und niederer Säuger. Ich haßte die Menschen. Die Urteile aber, die ich im Talar aussprach, versah ich mit den Vorzeichen der Humanität und Toleranz. Ich ließ jeden mildernden Umstand gelten und verhängte Strafen, die mir den Beifall der Glückseligkeitsapostel nicht weniger sicherten als die verächtliche Zuneigung meiner Spitzbuben.

Die Dunkelheit in den Straßen nahm zu, und mein Magen wurde besser. Ich gedachte mit Genugtuung der einstigen heroischen Verklärung durch Dolch und Achselstücke und drückte noch heute ein Auge zu über jene braven Männer, die mich mangels besserer Schulung »Herr Major« betitelt hatten statt »Herr Kriegsgerichtsrat«. Ich straffte mein Wesen aus dem Machtbewußtsein jener Jahre und ließ es gelten, daß Klara eines Tages das Gespräch von sich aus da fortsetzte, wo wir durch den polternden Nachbar unterbrochen worden waren. Ich sprach mit ihr, obwohl ich mich zu derlei Unterhaltungen nicht eigentlich genötigt fühlte. Ich redete vielmehr mit einem Anflug von Freiheit und mit Lust an der Erinnerung. Wir hatten uns unter dem Armleuchter und dem niedlichen Adventskranz niedergelassen und aßen Brot und Suppe. Ich mußte der Suppe zusprechen, daß sie in einem höflichen Verhältnis zu meinem Appetit stand; sie schmeckte füllig und duftete nach Gebratenem. Klara freute sich des Lobes. Sie setzte den Löffel ab, den sie an den Mund geführt hatte, sie lächelte und erzählte mir etwas von einer Zwiebel, die sie zerhackt und mit Maismehl gedünstet hatte. Ich sagte: »Die heute noch das Fett auf dem Teller lassen, weil es ihnen zu viel ist, die können eine Lehre daraus ziehen, bis zu welchem Grade von Verwässerung der Mensch es bringen kann: er bleibt trotz alledem ein Mensch. Ob sie im Hunger den gleichen Heroismus aufbringen werden wie wir, stelle ich dahin.« Klara hörte solche Worte gern und antwortete: »Sie werden uns weismachen, daß die Chinesen nicht weniger hungern als wir.«

»Die Chinesen ...«, sagte ich und lächelte und fuhr fort: »Der witzige Stabsintendant Dr. Fabian sagte einmal bei einem Offiziersessen in der Drammensveien: ›Ich liebe die Kühe, die Schafe und die Chinesen.‹«

»Mama, wie sieht ein Chinese aus«, fragte die Jüngste dazwischen.

»Ach, Kind, laß dir von Papa erzählen, wie er aussah, wenn der General ihn zum Essen befohlen hatte«, antwortete Klara. Sie bewies Geschick darin, unseren Gesprächen eine glückliche Wendung zu geben und den familiären Zusammenhalt zu fördern.

In der Tat, die Offiziersabende in der Drammensveien hatten den Ruf kameradschaftlicher Gediegenheit. Wer den Riecher hatte und die Beziehungen zu den IIa-Schreibern, wußte, wann sie zustande kamen. Nachdem die in Frage gestellten Herren mehrfach gesiebt worden waren, hatte ich fast stets die Ehre, auf der sechsten oder siebenten Liste zu den Eingeladenen zu gehören. Dann erfolgten vier Anrufe. Im ersten Anruf wurde ich gefragt, ob ich über den Abend verfügen könne. Im zweiten wurde ich im Namen des Herrn Generals eingeladen. Im dritten wurde der Anzug befohlen, lange Hose, weißer Kragen. Im vierten, der einige Stunden vor dem Essen erfolgte, wurde ich gebeten, den Termin nicht zu versäumen. Obwohl mitunter vierzig Herren an den Veranstaltungen teilnahmen, war ich mir des Vorzugs und der Würde bewußt, im Inferno dieses Krieges einer Sache wegen viermal angerufen zu werden, die mich weiter nichts kostete als einen weißen Kragen, gebügelte Hosen und die Haltung eines Stabsoffiziers. Zu reden brauchte ich nicht an der riesigen runden damastbedeckten Tafel. Ich mußte mich nur frei bewegen und in Ungezwungenheit die Prüfung überstehen, die die Augen des Adjutanten an jedem Teilnehmer veranstalteten. Ich war mir darüber klar, daß diese Zusammenkünfte darauf hinzielten, die Offiziere des Stabes gesellschaftlich zu schleifen, und daß der Adjutant seinen Dienst mit dem gleichen Ernst versah wie ein Unteroffizier auf dem Kasernenhof. Wir gaben uns große Mühe, solange wir mit dem Kommandierenden im Kreise saßen, unsere sonstige Großspurigkeit zu vergessen und einen möglichst gedrillten und homogenen Eindruck zu machen. Hatten wir uns erst erhoben, ging es besser. Wir lösten uns dann in Gruppen auf und bewegten uns aus der Hüfte. Ich hielt mich zumeist in der Nähe des Stabsintendanten Dr. Fabian auf, der mich mit seinen Witzen zu einer aufrechten und gelassenen Freiheit des Wesens ermunterte, indem ich nur zu belachen brauchte, was er etwa Blödes oder Gescheites hervorbrachte.

Hier nun, in der Drammensveien, war mir eines Abends ein Schreck in die Glieder gefahren, der mich gewarnt hätte, wenn mich nicht gleichzeitig der Kreis der Offiziere über die Tölpelhaftigkeit belehrt hätte, über etwas zu erschrecken, was mir zustand. Mir stand Schokolade zu, das erfuhr ich. Nach einigen Mutmaßungen über den Verlauf des Krieges zog der Stabsintendant ein rundes, heiter verpacktes, mit einer Boje geschmücktes Täfelchen aus der Tasche, brach es in Stücke und bot uns zu kosten an mit dem Bemerken, er habe eine Sendung davon auf Geschmack und Güte zu prüfen. Ich kaute mit trokkenem Munde auf der Masse herum und hörte, noch während ich mich mit dem Happen plagte, wie ein kurzgeratener bäuchiger Major dem Stabsintendanten zehn Pfund Rindfleisch anbot; er tat dies mit wohl gedämpfter, doch sachlicher Stimme. Die umstehenden Herren lachten über das Geschäft, da erst vor wenigen Wochen ein Befehl des Oberkommandos der Luftwaffe an die Einheiten ergangen war, welcher Schwarzschlachtungen mit Gefängnis bis zu zwei Jahren ahndete.

»Was lachen Sie!« sagte der Stabsintendant, »das Rindfleisch steht uns zu. Wenn wir es nicht essen, macht sich der Norweger Buletten davon.« Das Gelächter steigerte sich. Jetzt wandte sich der Beamte an mich und fragte: »Wie schmeckt die Schokolade?« Ich würgte noch immer daran herum. Sörrensens Packung sah genauso aus, ich hatte sie wiedererkannt. Einer der Herren sagte: »Ihm bleibt die Spucke weg.« Und ein anderer, ein Leutnant: »Sie wollen sich bei Herrn Kriegsgerichtsrat lieb Kind machen, Herr Stabsintendant.«

»Will ich, will ich«, rief er, ohne sein Gesicht zu verziehen. »Man muß was für sich tun, für den Fall, daß das Zeug mal im Handel auftaucht. Nicht wahr, Herr Kriegsgerichtsrat, Sie werden es dann milde mit mir machen.«

Ich erzählte meiner Frau so viel davon, wie nötig war, um sie in meinen damaligen Lebenswandel einzuführen. Sie sollte wissen, daß ich die Schokolade nicht aus Schweden, sondern aus trüben Quellen bezogen hatte. Und wenn ich auch – vorläufig – mit der eigentlichen Wahrheit hinter dem Berge hielt, so erfuhr sie wenigstens dies, daß es eine Schuld zu bekennen gab, eine

Kollektivschuld gewissermaßen, an der ich wegen der Bojeschokolade beteiligt war, wie alle jene Herren daran beteiligt waren, mit denen ich seiner Zeit die Kameradschaft gepflegt hatte.

»Gott, Schuld!« sagte Klara. »Schuld ist ein tragisches Wort. Wenn du nicht mehr mit dir herumschleppst als das bißchen Schokolade ...«

»Die Schuld ist überdies verjährt«, warf ich ein. Ich atmete auf. Ich hatte meine Angelegenheit ein Stück vorangetrieben. Sie war verjährt, und sie war halb gebeichtet, und – weiß der Teufel – falls Lemmurke inzwischen krepiert war, fragte mich kein Mensch mehr nach der Schokolade und der ganzen verrückten Vergangenheit. Die Menschen krepierten jetzt aller Orten an Hunger und Typhus, warum sollte nicht auch Lemmurke krepiert sein! Ein Gefühl von neuem Werden, von Freiheit und Ruhe hob mich aus dem Elend und der Angst. Die grüne Schleiflackgarnitur war nicht umsonst gekauft. Hatte vierundsiebzig Mark gekostet, was wir uns hatten leisten können. Ach, was war mir wohl und schön im Herzen. Ich fand allen Anlaß, die Vergangenheit wehmütig zu betrachten und die Schuld mit der Bojeschokolade und mit den dreiundzwanzig wie alle meine Schuld in jenes harmlose Bild zu reihen, in welchem ich an fremden Zäunen Kirschen pflückte. Wie lange war das her! Wie gesegnet war die Jugend! Wie schön das Leben! Und erst die Uniform! Gott, wie sie die Knochen vor mir zusammenrissen! Ich erinnere mich ohne Reue. Ich trug Sörrensen auf, mir mehr Schokolade zu beschaffen als bisher. Ich ließ ihn wissen, daß solche Ware mit der Boje möglicherweise in größeren Posten auftauchen würde und daß ich nicht abstehen würde, die doppelte Menge wie bisher zu kaufen. Er versprach sein Bestes. Doch hielt er sein Versprechen nicht. Er brachte jede Woche zweimal zwei Packungen, kassierte vierzig Kronen und empfahl sich freundlich und besonnen.

Das Gespräch mit meiner Frau bestärkte meinen Willen, in der Angelegenheit Lemmurke klare Verhältnisse zu schaffen. Ich mußte mir diesen Stachel aus dem Fleische ziehen, wenn ich wieder ein Mensch werden wollte, wenn ich wieder schlafen und mit Hunger essen und als Richter so hart strafen wollte, wie es das Gesetz mir vorschrieb. Es war Mitte Dezember, als ich die Fahndungsstelle anrief und sie bat, nach Lemmurke zu forschen. Meine Hoffnung, daß ich auf diesem amtlichen Wege seinen Tod erfahren würde, sollte sich nicht erfüllen. Lemmurke lebte. Er war vor einigen Wochen aus russischer Kriegsgefangenschaft zurückgekehrt und hatte sich hier angemeldet, wohnhaft Bahnstraße 8. Ohne Erwerb, angeblich wegen Krankheit. Mir zitterten die Hände, als ich das Formular überflog. Zweiundvierzig Jahre, verheiratet mit soundso, Kind namens soundso ... Er lebte also. Dieser Wahnsinn! Ich empfand die Eigenschaften, die ihn zu einem Menschen machten, als Heimtücke: Daß er sprach, daß er dachte, daß er fühlte und sich erinnerte. Lemmurke lebte. Ich saß und stützte mich auf die kalte Platte des Schreibtisches in meinem Amtszimmer und grübelte. Er war nach seiner Flucht aus der Festung Akershus über die Grenze nach Schweden geflohen, war dort interniert und bei Kriegsende an Rußland ausgeliefert worden. In der Gefangenschaft hatte er sich womöglich als Gesinnungsgenosse ausgezeichnet und war dafür durch einen baldigen Heimtransport belohnt worden. Ich begriff den Kerl als einen Stachel im Herzen unseres Vaterlandes, als ein Stück Kreatur, das in seiner angeborenen Niedrigkeit den letzten Funken Ehre auslöschen würde, den unsereiner als Treuhänder einer höheren Gesittung hütete. Er war ein Mensch, der sein rechtswidriges Dasein nur kraft eines zweiten Verbrechens aufrechterhalten hatte, indem er sich durch Fahnenflucht der Exekution entzogen hatte. Ich mußte seine Rache fürchten, um so mehr, als das Fleisch von Männern meines Schlages jeder Krähe vorgeworfen wurde. Ich mußte ihn fürchten, das war der Schluß aller Überlegungen. Wer denn würde aufstehen und mich vor diesem Burschen schützen? Wer denn in dieser Welt! Das Recht schämte sich seines Namens. Die Scharfrichter vollzogen die Sprüche einer fremden Gewalt. Die aber, die gehenkt sein mußten, brachen ihren Richtern das Genick. Bei Gott, ich mußte handeln und mußte, komme was da wolle, diesen Burschen hochgehn lassen.

An diesem Tage saß ich lange im Gericht. Das Geräusch einer Tür erschreckte mich, die sich in einem Stockwerk des leeren dunklen Baues unversehens öffnete. Und ein Schritt, der sich meinem Flur näherte, beschleunigte meinen unsteten Puls. Ich saß im Mantel und hatte zwei Decken um mich gehüllt. Ich fror. Doch ich machte mir nicht die Arbeit, den Stoß Akten zu verfeuern, den der Heizer neben dem Kanonenofen gestapelt hatte. Zur Rechten sah ich durch das Fenster auf das Wintergerippe der Straßenbäume, die von verdeckten Lampen erleuchtet wurden. Diese Bäume werden mich überdauern. Wahrscheinlich werde ich in dürftiger Weise beerdigt werden. Ich werde rutschen, wenn mich die Zylindermänner in die Grube fahren lassen, weil sie sich keine Mühe mit mir geben werden. Meine Frau und die Töchter werden es hören, wenn ich in dem Papiersarg ins Rutschen komme, und sie werden das Geräusch meiner Leiche als Erinnerung an mich behalten. Ich schlug auf den Schreibtisch, um mich von diesen Gedanken zu befreien. Ich hob das Gesicht und blickte auf die Tür, zu der herein Referendar Fontane und andere Besucher kamen, auch die Beschuldigten und die Gefangenen, die ich zum Verhör bestellt hatte. Durch diese Tür also würde der Amtsgerichtsdirektor treten, um mir zu eröffnen, daß ich als Offiziersbeamter der Zwölfenderdespotie ein Todesurteil gegen einen gewissen Lemmurke gefällt hatte ... »tut mir leid, Herr Kollege, Sie müssen gehn. Der Mann macht geltend, daß Sie ihn in seiner Verteidigung behindert hätten. Das ist bei diesem Strafmaß ein Verbrechen gegen die Menschlichkeit. Nach geltendem Recht haben Sie sich strafbar gemacht. Verlassen Sie sofort das Gericht ...« Verflucht, ich schlug noch einmal auf den Tisch. Ich warf die Dekken von mir, stopfte sie in den Schrank, schloß ab und ging. Doch ging ich nicht nach Hause, sondern zur Bahnstraße, wo ich mich gegenüber der Nummer 8 an den Bretterzaun stellte und auf Lemmurke lauerte. Da stand ich nun im finsteren Kiez und fragte mich, wie er ausgesehen hatte und wie ich ihn erkennen sollte, wenn er vorüberkam. Die Laterne an der Ecke, die sich in dieser Gegend als eine Art Diebesleuchte ausnahm, ließ meinen Teil der Straße im Dunkeln. Ich sah nichts, und was ich hörte außer meinem Herzschlag, war das koddrige Gewäsch der Leute, das durch die Fensterscheiben drang. Mein Magen tat gräßlich weh und vermehrte die Untergangsstimmung. Ich nahm mir vor, mich operieren zu lassen auf Biegen oder Brechen. Als ich annahm, daß Mitternacht heran war, ging ich nach Hause. Doch zeigte die Uhr erst zehn, als mich meine Frau einließ. Ich aß die Suppe, verzichtete wegen der Schmerzen auf das Brot und legte mich zu Bett. Mit der Bettwärme kam die Angst. Diese Angst war nicht im Kopf allein. Sie bewegte sich vielmehr an den inneren Strängen des Körpers entlang und verschlimmerte sich von Nacht zu Nacht. Sie steigerte sich zu Anfällen mit Vernichtungsgefühlen, bei denen das Herz zu rasen begann und binnen wenigen Minuten in einen Flimmerzustand geriet, der jenseits aller menschlichen Erfahrungen liegen mußte. Dann jagte mich die Angst aus dem Bett. Ich fürchtete, gräßlich zu sterben, und rief nach der Mutter, die seit Jahren unter der Erde lag. Ich rettete mich in eine Ecke der Wohnung, fiel dort vor Schwäche nieder und wartete mit Klara, die mir nasse Lappen in den Nacken legte, auf den Stillstand meines Herzens. Nach einigen solchen Nächten lernte ich mit diesen Attacken fertig zu werden, indem ich, wenn ich sie kommen spürte, der Tortur des Abflatterns entrann und einfach auf die Straße flüchtete. Zu jeder Nachtzeit verließ ich dann die Wohnung und fand Ruhe, wenn ich vor dem Hause Nummer 8 dem Menschen auflauerte, der mich verdarb.

Je öfter ich dort stand, desto dreister wurde ich. Nach vierzehn Tagen vergeblichen Wartens verzichtete ich auf jedes Versteckspiel und stellte mich in Lebensgröße vor die Haustür. Und so geschah es, daß ich ihm eines Abends Anfang Januar, als er auf die Straße trat, fast in die Arme lief. Ich erkannte ihn sofort im Schein der Hausflurlampe. Ich tat so, als ob ich in das Haus wollte, und schritt geradewegs an ihm vorbei. Auf diese Weise verlief unsere Begegnung ohne Zwischenfall. Das war er also, es gab kein Deuteln: ein langer verbogener Schlaks, aus dem die Knochen hervortraten wie bei einem Ochsen, er hatte sich nicht verändert. Im Hausflur machte ich kehrt und folgte ihm. Er lief in die Finsternis hinein. Ich hielt mich mit einem Abstand von zwanzig Metern hinter ihm, wobei mir sein langsam schlurfender Schritt die Richtung wies. Ich vermied jedes Geräusch. Er verließ die Straße und schlug sich zwischen Lauben und über unbebaute Flächen zum Rangierbahnhof. Zweimal, dreimal blieb er stehen. Auch ich hielt an und lauschte. Er erreichte einen Bretterzaun und ging an diesem entlang. Meine Schuhe glitten über feuchte festgetretene Erde. Der Zaun nahm kein Ende. Im weiten Umkreis brannte keine Lampe. Ich atmete tief und erregt. Ich lief jetzt schneller, um ihn nicht zu verlieren. Ich hörte nichts und sah nichts. Er war verschwunden. Ich lief zurück und wieder vor und entdeckte dabei eine Lücke im Zaun. Als ich meinen Kopf hindurchsteckte, vernahm ich neben dem säuselnden Geräusch der Luft den Mann. Er trat sehr leise auf. Ich stieg auf die andere Seite. Mir zitterten vor Schwäche die Glieder, und der Schweiß rann mir unter dem Hemd. Ich hörte, wie er sich zwischen den abgestellten Waggons fortbewegte. Ich tastete mich an ihn heran. Ich kroch unter die Puffer zweier Kesselwagen und erkannte, wie er eine Lore auf dem Nachbargleis erstieg, wie er einen Sack unter dem Mantel hervorholte und ihn so leise, daß ihn kein Geräusch verriet, mit Kohlen füllte.

Ich versicherte mich seiner Tat. Ich befand mich dabei in dem Zustand eines Wissenschaftlers, der den letzten Irrtum ausschließt, während er den lange gesuchten Spaltpilz entdeckt. Mit großer Vorsicht trat ich zurück, um nur jetzt ja nichts zu verpatzen. Ich schlich zu dem Zaun, stieg durch die Lücke und stellte mich dahinter auf. Er mußte auf seinem Heimweg hier vorbeikommen. Ich rechnete mir den Preis aus, den ich durch Beharrlichkeit verdient hatte. Die Entdeckung dieses Diebstahls deutete ich als einen Machtspruch der ewig unergründlichen, göttlichen und einzig gerechten Vorsehung. Nach einer Weile vernahm ich seine tappenden Schritte. Ich beugte mich durch die Zaunlücke und hörte jetzt deutlicher, daß er sich auf mich zu bewegte. Jetzt hatte er die Kesselwagen erreicht. Ich zwang mich, mit Vernunft zu handeln, unterdrückte eine grausende Anwandlung und rief so laut, daß mich die eigene Stimme erschreckte, rief in die Nacht: »Was tun Sie hier!« Der Mann hielt augenblicklich an. Eine Zeitlang war es vollkommen still. Mein Herz drückte wie aufgequollen gegen die Brust. Der Mann ließ den Sack zur Erde fallen. Dann wandte er sich um und lief davon, zu den Gleisen hinüber, wo er zwischen den Güterwagen untertauchte. Verdammt, ich hatte ihn zu früh gestellt! Ich rief: »Lemmurke!« Ich hörte, daß er innehielt, und rief noch einmal: »Lemmurke! Sie sind erkannt! Bleiben Sie stehen!« Da gab er seine Sache verloren und kehrte um. Langsam tastete er sich heran. Jetzt hörte ich seinen keuchenden Atem. Als er sich mir auf drei Schritte genähert hatte, sagte er: »Ich bin ein dummes Schwein.«

»Dumm sind Sie«, antwortete ich, »Dummheit ist kein Grund zum Stehlen.«

»Ich hab's mit der Lunge und kriege keine Kohlen. Soll ich verrecken?«

»Sie haben schon mehr auf dem Gewissen als die paar Kohlen«, sagte ich scharf.

»Woher kennst du mich?« fragte er und rückte einen Schritt vor.

»Leute wie Sie werden immer rückfällig«, antwortete ich. Dann wich ich in die Finsternis zurück; denn ich hörte, wie er eine Schachtel mit Streichhölzern hervorzerrte, womöglich, um mir ins Gesicht zu leuchten. Ich ging davon, indem ich einen dröhnenden Schritt versuchte. Mein Selbstbewußtsein sollte ihm eine Vorstellung der kommenden Ereignisse verschaffen. Todesqualen wünschte ich ihm an den Hals.

Am Tage darauf verließ ich Punkt fünf Uhr das Gericht. Als ich nach Hause kam und die Treppen zu meiner Wohnung hinaufschritt, drückte ich mit jeder Stufe, die es höher ging, eine Last nach unten weg. Ein Gefühl von Freiheit bemächtigte sich meiner. Klara wunderte sich über die Veränderung meines Wesens. Sie beschleunigte ihre Küchenarbeit, um nur ja den Schwung zu fördern, der mich erfaßt zu haben schien. Ich wusch mir die Hände und fragte, was es zu essen gebe. Sie sprach von Brot und Suppe. Sie sprach besorgt und leise. Sie fürchtete für meinen Appetit, der ihr in diesen Wochen viel zu schaffen gemacht hatte. Mir war es oftmals beigefallen, ihre Art Kocherei mit den Rezepten zu vergleichen, die in den Zeitungen standen. Großer Gott, was verlangte ich denn weiter für die Zubereitung eines humanen Essens, was denn anderes, als daß sie ab und zu einmal die Zeitung las. Heute ersparte ich ihr jeden Vorwurf und sagte: »Es ist recht, ich habe Hunger.« Wir setzten uns an den Tisch. Ich aß vier Teller Suppe und vier Scheiben Brot und schädigte die dünnen Töchter. Ich kratzte auch die Schüssel aus. Klara verlieh sich einen zaghaften Reiz; sie lächelte vornehm und sagte: »Es geht dir besser.«

»Ich habe einen Fall aufgerollt«, antwortete ich, »der mich seit Jahr und Tag beschäftigt. Es handelt sich um Lemmurke, um jenen Mann, den ich zum Tode verurteilt hatte und der mir dann entflohen war. Ich habe ihn gefaßt.«

»Warst du deswegen so oft unterwegs?«

»Ja.«

»Wirst du ihn jetzt hinrichten lassen?«

Das war eine kindliche Frage. Sie entsprach der Unwissenheit meiner Frau, oder, besser gesagt, ihrer politischen Ignoranz, zu der sie sich seit unserer Niederlage bekannte. Klara war entweder national oder nichts. Sie bewahrte sich die Haltung, die wir alle einmal hatten, als wir noch ein Volk waren. Selbstverständlich würde ich den Mann sofort hinrichten lassen, wenn mir die Strafgewalt gegeben wäre; nicht deswegen, weil ich ihn haßte, sondern weil das Recht aus den Fugen ging, wenn ein Schafottler unter uns Lebenden weilte, der dafür nicht begnadigt war. Diesen Standpunkt würde ich kraft meines Eides vor Gott und jedem Menschen vertreten, einen Standpunkt, den der Ungebildete als obstinat bezeichnen mag: ich nenne ihn deutsch. Die Sache mit Lemmurke hatte sich folgendermaßen entwickelt.

Ich saß eines Tages in meinem Dienstzimmer in dem Betonhaus nahe am Osloer Hafen, in dem das Feldgericht untergebracht war, und machte Pause. Durchsonnter Raum im Mai, Diplomat aus Eiche, roter Teppich, ein paar Blumen auf einem Rauchtischchen, und da saß ich zwischendrin in einem tiefen Sessel, besah mir die abgegriffenen Bilder eines Heftes ›La Parisienne‹ und knabberte den Rest der Schokolade, die Sörrensen zuletzt geliefert hatte. Er war eine Woche lang nicht gekommen, was mich bereits verwundert hatte. Da trat ein Schreiber ein und überreichte mir einige Post. Gleich zuoberst lag ein Tatbericht, den der Chef einer Zweigstelle des Feldluftparks IV verfaßt hatte und in welchem der Obergefreite Lemmurke des Diebstahls beschuldigt wurde. Er war dabei ertappt worden, wie er sogenannte Notpakete aufbrach, die unseren Fliegern, insbesondere den Fernaufklärern, zur ersten Versorgung bei Notwasserungen und Unglücksfällen mitgegeben wurden. Ich erhob mich aus dem Sessel, setzte mich vor den Schreibtisch und las den Tatbericht noch einmal Wort für Wort. Ich vergewisserte mich, daß der Schrecken unbegründet war, der mir beim ersten Lesen durch die Glieder gefahren war und der mich beinahe umgeworfen hatte. Gewiß, die Zeitabstände, die Lemmurke bei der Verübung des fortgesetzten Verbrechens eingehalten hatte, standen in einer verflucht eindeutigen Beziehung zu den Besuchen Sörrensens. Aber was war damit gesagt? Doch nicht etwa dies, daß meine Schokolade aus Lemmurkes Notpaketen stammte? Wäre ich eine Pythia gewesen oder hätte ich aus dem Kaffeegrund lesen können, hätte ich vielleicht herausgekriegt, ob die Brocken gekrampft waren oder nicht, die ich von dem Norweger kaufte. Nein, nein: Als Mann mit wissenschaftlicher Ausbildung hatte ich mich an das Wort zu halten, und dieses Wort, das mich zu einer Selbstverdächtigung ermuntern könnte, stand nicht in dem Tatbericht. Sörrensen zum Beispiel war mit keiner Silbe erwähnt. Ich las es zum drittenmal, was da stand, und das war einfach genug, nämlich: daß Lemmurke innerhalb von acht Wochen aus sechzehn Notpaketen die Fleischbüchsen und die Packungen mit Kokaschokolade entwendet hatte, daß er angeblich die Fleischbüchsen einer Norwegerin geschenkt und daß er die Kokaschokolade Marke »Boje« angeblich einem Norweger für fünf Kronen je Packung veräußert hatte. Angeblich! stand da schwarz auf weiß. Meine Vorgesetzten würden mir Abstraktionsfimmel vorwerfen, wollte ich meine Ansprüche auf moralische Unverletzlichkeit vor mir selber herabsetzen, nur weil mir da eine Bagatellindizie über den Weg gelaufen kam! Lächerlich, mich davon umschmeißen zu lassen, anstatt diesen Zwischenfall mit der gleichen Wurstigkeit hinzunehmen, mit welcher der Stabsintendant die Marke »Boje« reihum anbot oder der Major vor den Augen des Generals seine zehn Pfund Rindfleisch verschob! Es gereichte mir gewiß zur Ehre, daß ich die eigene Person in den Maschen meiner Kasuistik stolpern ließ, ich hatte damit mein hohes Maß von Objektivität bewiesen – nun aber Schluß damit: Ich brauchte einen klaren Kopf, um den Prozeß zu starten. Ich begann ihn damit, daß ich die Schokoladenverpackung aus dem Papierkorb fischte und sie über dem Aschbecher verbrannte. Ich tat dies, um nicht in falschen Verdacht zu kommen. Dann griff ich zum Fernsprecher und verfügte die sofortige Überführung des Inhaftierten in eine Arrestzelle des Feldgerichts. Am späten Nachmittag befahl ich ihn zur ersten Vernehmung. Die Schuld, die ich ihm vorwerfen würde, war nicht Diebstahl, sondern fortgesetzte schwere Sabotage.

Er trat herein, während ich in seine Akte vertieft war. Er blieb an der Türe stehen. Ich winkte ihm mit dem Finger, ohne aufzusehen. Er schlurfte heran und baute sich vor dem Teppich auf. Die Hacken klappten nicht. Ich dachte: lasch.

»Sie heißen?« sagte ich, den Blick noch immer in der Akte.

»Lemmurke.«

»General?«

»Obergefreiter.«

»Das ist hübsch von Ihnen, hübsch bescheiden, wie?« sagte ich und wandte ihm meine Augen zu. Typischer Zivilist. Lang. Knöchern. Verbogen. Stand vor dem Teppich wie ein angefickter Kohlstrunk.

»Heißen?« fragte ich noch einmal. Freundlich.

»Obergefreiter Lemmurke.«

»Sehn Sie, warum nicht gleich. Solange wir Soldaten sind, nicht wahr?«

»Jawoll, Herr Major.«

»Na schön. Rühren Sie.«

Ich liebte die Soldatenspielerei keinesfalls. Ich war im Grunde genommen schon immer dagegen. Aber einmal war ich an gegebene Befehle gebunden, und zweitens suchte ich gerade Lemmurke gegenüber einen Ton der Kameradschaft anzuschlagen, der mir das Vertrauen dieses Mannes sichern sollte. Hart, aber gerecht, so sollte er von mir denken. Ich verhörte ihn und führte gleichzeitig das Protokoll. So kamen wir unter Vermeidung alles Überflüssigen schnell voran. Er stellte sein Verbrechen als einen Fehltritt dar, den er aus Gutmütigkeit begangen haben wollte und den er auch verantworten wollte. Die Not hatte ihn getrieben. Von mir aus, gut, ich schrieb das hin; von mir aus konnte es so weitergehen. Nach dem Verbleib des Diebesgutes zu fragen, hatte sowieso keinen Sinn. Er sprach viel von seinem Motiv und bat mich, seine Braut zu fragen, die er eine Blume aus dem Gudbrandstal nannte. Die Landser taten sich gern dikke mit ihren Bräuten; es war dagegen nichts einzuwenden. Er hatte mit ihr ein Kind gezeugt und sprach davon in einem Ton, als ob ich es ihm zugute halten müßte, daß er es getan und nicht verhindert hatte, daß er für die Geburt aufkam und daß ihn alle diese Umstände mehr Geld kosteten, als er mit seiner Dekade von zweiunddreißig Kronen begleichen konnte. Er stand auf seinen langen Knochen bei drei Meter Abstand, stützte sich mal auf das eine, mal auf das andere Bein und blickte zu Boden, als er seine Aussagen machte. Und alles dieses, besonders aber die Braut mit ihrer Schönheit und dem Kinde, brachte ich mit breiter Belanglosigkeit zu Papier. Wenn er mir nicht mehr zu sagen hatte, sollte er eine gute Meinung von mir gewinnen. Da er selbst die Braut als die Hauptsache betrachtete, kam ich ihm entgegen und brachte ihn durch meine Fragen immer wieder darauf zurück. Zum Schluß zog ich sein Führungszeugnis heran, auf dem eine Vorstrafe von zehn Tagen Haft wegen militärischen Diebstahls vermerkt war. Er hatte, wie er kleinlaut zugab, ein paar Strümpfe mitgenommen, als er bei einer früheren Einheit für zwei Tage aushilfsweise auf der Kleiderkammer beschäftigt gewesen war. Er hatte die Gelegenheit wahrgenommen, weil seine Socken vorne ganz wie ab gewesen seien, und dies im hohen Schnee von Hatfjelldal. Mein Einwand, daß sich Löcher stopfen ließen, brachte ihn aus seinem Trübsinn nicht heraus. Nach einer Stunde beendete ich das Verhör. Ich winkte ihn heran und drückte ihm einen Federhalter in die Hand.

»Sie unterzeichnen jetzt das Vernehmungsprotokoll«, so belehrte ich ihn. »Falls Sie sich zu einem berechtigten Mißtrauen bezüglich seiner Abfassung genötigt fühlen sollten, können Sie es vorher durchlesen.«

»Jawoll, Herr Major. Wird schon stimmen«, sagte er, krakelte seinen Namen auf die Urkunde und nahm Grundstellung ein. Jetzt warf er einen Blick auf mich, und auch ich sah ihn an. Seine Augen waren blau wie meine – kurios, aber wahr.

»Machen Sie sich auf ein hartes Urteil gefaßt«, sagte ich. »Auf Sabotage steht Todesstrafe.«

»Jawoll, Herr Major«, antwortete er. »Ich bitte um ein mildes Urteil.« Darauf ließ ich ihn in seine Zelle führen.

Meine Zuständigkeit in der Sabotagesache war durch Befehl meines Gerichtsherrn, des Kommandierenden Generals, gegeben. Es war mein Ehrgeiz, die Pflichten zu erfüllen, die sich aus meinem Amt ergaben, und hart aber gerecht zu strafen. Bereits am nächsten Vormittag verhörte ich als eigentlichen Belastungszeugen den Feldwebel, der den Täter überrascht und der die Meldung gemacht hatte. Anschließend vernahm ich den Einheitsführer Lemmurkes, der das Ausmaß der Diebstähle bezeugte und die Zahlen der entwendeten Fleischbüchsen und Schokoladenpackungen zu Protokoll gab. Ich verhörte die beiden selbst und diktierte ihre Aussagen der Stabshelferin in die Maschine. Es sollte alles möglichst schnell gehen. Denn ich war für elf Uhr zum Kommandierenden befohlen und wollte ihm bei dieser Gelegenheit die Anklageverfügung zur Unterschrift vorlegen. Falls er sie gleich unterzeichnete, konnte die Hauptverhandlung in acht Tagen steigen. Ich legte die Anklageverfügung in einen Aktendeckel und fuhr nach Smestad hinaus, wo die Dienstvilla des Generals inmitten der Stabsbaracken zwischen zwei kleinen Seen gelegen war. Als mich seine Dame bei ihm gemeldet hatte und ich in sein Zimmer trat – Verandazimmer mit drei Fenstern, Wandkarte von Norwegen, ein Druck der Landschaft mit dem Regenbogen von Caspar David Friedrich, Plüschteppich, Kaffeeduft, und hinter dem Mahagonidiplomaten der General in weißer Bluse –, da machte ich meine Ehrenbezeigung, indem ich meine Akte stramm an die Hosennaht klemmte und mein Kinn in die Kandare nahm: Gehorsamst wie befohlen zur Stelle. Ich wußte nicht, weswegen er mich befohlen hatte, ich wußte aber, was ich von ihm wollte. Der General, ein erkalteter Beamter, der nie einen Flugzeugknüppel in der Hand gehabt hatte, hob seinen Kopf aus einer Unmasse von Papieren und winkte mir, zur Seite seines Tisches

Platz zu nehmen. Ich setzte mich, indem ich den tätigen Gehorsam mit einer Schaustellung meines Selbstbewußtseins verband, setzte mich knapp, aber ansehnlich in den Armstuhl und blickte auf ihn: auch er ein Mensch wie ich, ein Sterblicher, dem wir eine Schwäche nachzusehen hatten: er galt als abenteuerlicher Kaffeetrinker. Er machte mich an Hand einer bereitliegenden Akte mit einem Vorgang bekannt, der soeben zu einem Streit der Zuständigkeiten auszuarten drohte, wie das innerhalb der Wehrmacht zwischen den drei Waffengattungen manchmal geschah. Das Heer hatte Sorgen wegen der Festung Akershus. Es war dies eine historische Zitadelle, die auf einem Felsen errichtet war und die einst den Hafen Oslos flankiert hatte, bevor das Festungsgelände von der wachsenden Stadt eingeschlossen wurde. Der Bau D, der für Zuchthaussträflinge zugerüstet war, sollte seit einiger Zeit mit Wasserklosetts versehen werden. Es hatte sich nämlich herausgestellt, daß die Sträflinge das Halbdunkel in den abgeschiedenen Gängen benutzten, um sich durch die Kalfaktoren mit Kassibern und Zigaretten zu versorgen, wenn diese in dem Bau die Kübel leerten. Dieser Übelstand ließ sich auf keine andere Weise abschaffen als durch die Anlage von Klosetts. Die Luftwaffe hatte sich dem Heer gegenüber bereit erklärt, den Festungskommandanten bei seinem Vorhaben durch Gestellung von Kraftwagen zu unterstützen; doch war dieses Versprechen nicht gehalten worden. Das Heer hatte sich deswegen zu einer Beschwerde veranlaßt gesehen, die dem General als dem Gerichtsherrn zugeleitet worden war. Da ich laut Kriegsstellennachweisung als Sachbearbeiter für das Gefängniswesen fungierte, befragte mich nunmehr der General, was ich in der Angelegenheit veranlaßt hatte. Ich versicherte ihm, daß mir der Vorgang unbekannt war. Tatsächlich stellte es sich auf Grund der Akte heraus, daß das Heer wegen der Fahrzeuge die verschiedensten Stellen, die Intendanten, Fahrbereitschaften und so weiter angegangen hatte, nur nicht mich, den allein zuständigen Sachbearbeiter.

»Erledigen Sie das«, sagte der General.

»Jawohl, Herr General, ich werde noch heute ...«

»Interessiert mich nicht. Mir liegt am Ergebnis, nicht an Ihrer Planung. Heute ist der 31., am 10. Juni erwarte ich von Ihnen Meldung.«

»Jawohl, Herr General.« Er hörte das mit steifem Kopfe, während er sich die Terminnotiz machte. Dabei schlug er mit der Linken auf einen Stapel Papier, der zur Durchsicht vor ihm lag: »Daß ich mich um die Becken kümmern muß! Sonst noch was?« Ich legte ihm die Anklageverfügung vor und hielt kurzen Vortrag über den Fall.

»Schwere Sabotage? Verwechseln Sie das nicht mit Diebstahl?«

»Nein, Herr General. Nach ständiger Rechtsprechung einerseits und der Erheblichkeit des Deliktes andererseits, das den Einsatz unserer Aktiven buchstäblich in Frage stellt und damit unseren Sieg gefährdet, bitte ich die Anklage auf den Sabotageparagraphen zu stützen. Außerdem ist der Mann einschlägig vorbestraft.«

»Na, dann müssen wir ihn um einen Kopf kürzer machen.«

»Jawohl, Herr General.« Er unterschrieb und schob mir die Verfügung zu.

»Ich bitte darum, die Gestellung der Fahrzeuge für Akershus vordringlich zu erledigen.«

»Jawohl, Herr General. Heil, Herr General.«

Am 8. Juni fand die Hauptverhandlung gegen Lemmurke statt. Ich hatte befohlen, den Angeklagten Punkt zehn Uhr in den Sitzungssaal zu führen, wo er nun inmitten des Raumes einsam auf dem Stuhle saß und auf seine Richter wartete. Er starrte wohl nach unten auf seine großen gutgeputzten Schuhe, oder er starrte in die Sonne, die über den erhöhten Richtertisch hinweg ihm gerade ins Gesicht schien. Brächte er den Mut auf, sich die Wand zu seiner Rechten zu betrachen, würde er die Fahne sehen, auf die er den Soldateneid geschworen hatte. Ich befand mich noch in meinem Dienstzimmer und besprach mit dem Gerichtsoffizier, der als Anklagevertreter befohlen war, zum letztenmal die Akte und den Gang der vor uns liegenden Verhandlung. Als uns die Vollzähligkeit des Gerichtes und der Zeugen gemeldet wurde, begaben wir uns in das Beratungszimmer, wo ich mich mit den befohlenen Beisitzern bekannt machte: dem Hauptmann einer Flakbatterie vom Ekkeberg und einem Obergefreiten der Smestader Stabskompanie. Nunmehr betrat ich mit raschen kraftvollen Schritten den Sitzungssaal, wobei mir der Anklagevertreter, die Beisitzer und der Protokollführer auf dem Fuße folgten. Auf einen Wink des Wachthabenden sprang Lemmurke hoch und nahm Grundstellung ein. Schief, blaß und lang stand er vor seinem Stuhl. Ich stellte die Anwesenheit seines Verteidigers fest, eines Rechtsanwalts, der bei mir am Feldgericht im Range eines Unteroffiziers Dienst machte. Im Hintergrund, vor ihrer Bank, hatten sich die Zeugen aufgepflanzt: der Einheitsführer Lemmurkes, dann der Hauptbelastungszeuge und schließlich die sogenannte Braut des Angeklagten, die sich mit ihren Kuhaugen und den roten Haaren als Schönheit aus dem Gudbrandstal erwies. Ich schickte die Zeugen hinaus, nachdem ich sie zur Wahrheit ermahnt hatte, und setzte mich. Das Gericht nahm Platz. Lemmurke beließ ich in seiner Haltung, weil ich es angemessen fand, daß ein Mann wie er, der nun schon über eine Woche in Untersuchungshaft gesessen hatte, mal eine Weile stramm stand. Da er dem Gericht gegenüber den Einwand der Befangenheit nicht erhob, eröffnete ich die Verhandlung mit den Fragen zur Person. Er war verheiratet, hatte ein Kind und wohnte in der Bahnstraße – na schön, dachte ich, das beißt mich nicht mehr, denn dorthin kehrst du nicht mehr zurück, mein Lieber. Ich erwähnte seine Vorstrafe und kam dann zur Sache. Er gestand das Verbrechen erneut mit jener brüderlichen Wurstigkeit, die er bereits bei der ersten Vernehmung an den Tag gelegt hatte, die ich aber jetzt nicht mehr am Platze fand. Nachdem er seine Erzählung von der Braut und dem Kinde und den moralischen Verpflichtungen beendet hatte, rief ich die beiden Belastungszeugen herein. Es ging alles wie am Schnürchen; ihre Aussagen deckten sich mit dem Geständnis Lemmurkes. Die Beisitzer hatten keinen Grund einzugreifen; sie saßen vor ihrem Bogen Papier und ließen sich von der Sonne den Rücken wärmen. Mochten sie nun den Gang der Dinge als einen Zeitvertreib empfinden oder auch als eine Lehre, auf alle Fälle war es mal ein angenehmer Dienst für sie. Jetzt ließ ich die Braut hereinkommen, die Lemmurke als Entlastungszeugin hatte vorladen lassen. Und da ergab sich, daß ich auf der Hut sein mußte.

Das Mädchen schritt von der Tür her etwas gewaltsam auf mich zu, nickte unterwegs dem Angeklagten einen Gruß, klappte dicht vor meiner Akte ihre Murmelaugen auf, was mich zuerst höchlichst amüsierte, und begann in einem Tone, als wollte sie mich zur Rede stellen. Sie trug eine hübsche weiße Kappe und sprach, wie alle diese Bräute, ein üppigeres Deutsch als ihr Soldat. Er hatte ihr das Kind gemacht und wollte das mit seinem Geld bezahlen, alles, was das Sykehus gekostet und was die schwarze Butter gekostet hat, die sie sich aus dem Gudbrandstale hatte schicken lassen. Aber auch die Windeln hatte sie schwarz gekauft für fünfundfünfzig Kronen, denn sie wollte das Kind nicht in Papier wickeln, und auch

Lemmurke wollte das nicht, weil sein Herz so gut war und seine Liebe so groß.

»Er hat das Schlechtes getan«, so verteidigte sie ihn, »für sein Kind, aber nicht für sich. Als der Kaufmann gekommen hat und zu ihm gesagt hat: Du mußt mehr stehlen, ich will es dich vierzig Kronen bezahlen jede Woche, da hat Lemmurke nicht gemacht, wie dieser Mann gewollt hat. Joda, dieser Mann, ich kennen ihn, er heißt Sörr ...«

»Moment mal, Fröken«, fuhr ich jetzt dazwischen, »sprechen Sie von den Fleischbüchsen, die der Angeklagte Ihnen gegeben hat?«

»Mir?« rief sie aus und ließ die bemalten Lippen offenstehen. Sie wandte ihren Kopf nach hinten, zu dem Angeklagten, der in einer wankenden Strammheit einsam vor seinem Stuhle stand.

»Sie wußte nicht«, sagte Lemmurke, »daß ich die Büchsen genommen hab. Nicht wahr Saimi, das wußtest du nicht. Und wegen die Schokolade, das habe ich ihr einen Tag vor meiner Verhaftung erzählt, weil der mich immerfort gequält hat, ich soll jedesmal das Doppelte ...«

»Lemmurke«, unterbrach ich ihn und fand das väterliche Wort, das hier am Platze war: »Sie haben durch Ihr reumütiges Geständnis wie auch durch Ihr Verhalten vor Gericht Ihre Lage nicht unerheblich verbessert. Wollen Sie sich jetzt um die mildernden Umstände bringen, indem Sie Ihre Schuld auf andere abwälzen?«

»Nein, Herr Kriegsgerichtsrat. Ich wollte nur sagen, daß ich jedesmal sturweg zwei Packungen ausgespannt hab, obschonst mir der Sörr ...«

»Zum Donnerwetter! Das glauben wir Ihnen ja unbesehen, und es ist außerdem durch das Zeugnis Ihres Einheitsführers belegt! Wollen Sie denn den ganzen Prozeß noch mal von vorn aufrollen?« Und mich ebenso schnell beruhigend, wie ich losgedonnert hatte, hieß ich den Angeklagten, sich zu setzen, winkte der Zeugin zu schweigen, beugte mich nach rechts zum Offizierbeisitzer und flüsterte, halb zu diesem und halb zu dem Anklagevertreter gewandt: »Ich halte dafür, auf die weitere Vernehmung der Zeugin zu verzichten und gleichzeitig die Einlassungen des Angeklagten als wahr zu unterstellen. Er bringt in seiner Dummheit das Fröken noch in Schwulitäten! Mitwisserschaft ... Hehlerei ... Weiß der Himmel, was da noch bei herauskommt!« Die Herren stimmten mir aufrichtig bei. Auch der Obergefreite zu meiner Linken wußte meinem Vorschlag nichts entgegenzusetzen. Nach kurzer Rücksprache mit dem Verteidiger schickte ich die Zeugin in die Bank und beendete die Beweisaufnahme. Der Ankläger erhob sich und forderte nach einer Zusammenfassung des Tatbestandes wegen fortgesetzter schwerer Sabotage die Todesstrafe und Aberkennung der Wehrwürdigkeit. Er plädierte, trotz der Vorstrafe, in Anbetracht des reumütigen Geständnisses für mildernde Umstände und befürwortete die Vollstreckung durch Erschießen. Dann entledigte sich der Verteidiger seiner Aufgabe, indem er mit den Achseln zuckte und an unsere Gerechtigkeit appellierte. Der Angeklagte hatte das letzte Wort. Er sprang hoch, ein wenig überrascht, wie es mir schien, denn er wußte zuerst nicht, was er sagen sollte, während er, nach vorn gebogen, mit angelegten Händen über seinen Schuhen schaukelte. Er bearbeitete seine Gedanken und brachte schließlich das Folgende heraus: »Ich will die Konsequenzen auf mich nehmen, die ich wegen das Kind begangen habe. Ich bitte um ein mildes Urteil.« Dann zog ich mich mit den Beisitzern zur Beratung zurück. Ich führte die Rechtsbelehrung durch und wies den Hauptmann darauf hin, daß wir nicht nur in der Sache Lemmurke Recht zu sprechen, sondern coram publico zu urteilen hätten. Er stimmte mir vorbehaltlos zu und sagte: »Der deutsche Sieg ist eine Sache der Anständigen, an der dieser Mensch niemals teilhaben darf. Ich werde das Urteil vor meinem Gewissen verantworten.« Dann befragte ich den Obergefreiten nach seiner Meinung um Schuld und Strafmaß. Der Mann, ein einfacher, aber treuer Soldat, nahm sich zusammen und führte aus, daß er für seinen Teil die Schuld den Weibern gebe, besonders aber den rothaarigen. Gegen meine Rechtsfindung hatte er nichts einzuwenden. Daraufhin begaben wir uns zur Urteilsverkündung auf unsere Plätze. Ich erkannte gemäß dem Antrage des Anklägers.

Am Morgen nach der Verhandlung griff ich zum Telefon, um sozusagen aus dem Handgelenk die paar Fahrzeuge ins Rollen zu bringen, die sich der glatzköpfige Festungskommandant – ich kannte ihn! – anscheinend ohne meine Hilfe nicht besorgen konnte. Ich gedachte, am kommenden Tage den Vollzug gehorsamst zu melden und gleichzeitig einige Ehre mit dem Urteil einzulegen, das ich, sauber geschrieben, mit der Bitte um Bestätigung und zur Weiterleitung nach Berlin vorlegen wollte. Ich hatte mich in der letzten Woche nicht entschließen können, irgend etwas zu tun, was nicht mit der Sache Lemmurke zusammenhing. Als ich nun endlich zu telefonieren begann, stellte es sich heraus, daß ich trotz der Furcht, die ich mit diesem Auftrag zu verbreiten gedachte – was heißt Auftrag: es war ein Befehl! –, daß ich trotzdem weder einen Liter Benzin noch einen Gummireifen auftreiben konnte, von einem Lastkraftwagenrudel ganz zu schweigen. Die Abteilung Qu wies mich an den Leitenden Intendanten und dieser wiederum an die Abteilung Qu. Und als ich schließlich die Dienststelle herausgefunden hatte, die unter dem Decknamen »Emma« florierte und bei der man die Autos schwadronenweise sollte anfordern können, da war deren Chef nach Rovaniemi geflogen, was am Bottnischen Meerbusen gelegen ist. Ich erkannte die Kluft, die mich von allen diesen versauerten Hengsten schied, und war froh, von der Fahrbereitschaft des Stabsquartiers ohne jede Beschwörung den einzigen Wagen zu bekommen, der an diesem Tage noch zu vergeben war und der – das wurde mir mit merkwürdiger Willfährigkeit versprochen – sofort nach Akershus in Marsch gesetzt werden sollte.

Die Folgen meiner Nachlässigkeit, oder besser: meiner Abneigung gegen derartige unakademische Engagements sollten mein Schicksal nach Kriegsende entscheiden. Das konnte ich natürlich an jenem 10. Juni nicht ahnen, als ich mich beim Kommandierenden meldete und von ihm auf eine Art begrüßt wurde, die mir meinen Mangel an subalternem Genie gräßlich vor Augen stellte. Meinem Auto nämlich, dem Requisit der Verlegenheit, war eine andere Bestimmung zugedacht worden, als für Akershus Klosetts zu fahren. Es war vielmehr vom Chef des Stabsquartiers auf Abruf angefordert worden, um nach der Landung des Berliner Kurierflugzeuges drei Sack Zwiebeln abzuholen, die sich der General aus Kopenhagen hatte mitbringen lassen. Der Feldwebel der Fahrbereitschaft hatte von den Zwiebeln nichts gewußt. Ihm war befohlen worden, den Wagen für einen Auftrag des Herrn Generals zur Verfügung zu halten, mehr nicht. Mein Anruf hatte daher wie ein Stichwort gewirkt, auf das hin er den Schlitten in Gang setzte, und wenn er bis Narvik hätte zuckeln sollen. Nun, Zwiebeln hin und Zwiebeln her! Das Schlimmste war weniger, daß der General über Gebühr auf sein Gemüse warten mußte, als vielmehr, daß das Fuhrwerk in der Festung nicht zum Einsatz kam, weil wegen unserer ausgebliebenen Zusicherungen der Organisationsplan des Herrn Festungskommandanten noch nicht fertig war. All diese Verknüpfungen erfuhren durch die Fahnenflucht Lemmurkes ihre kaum glaubliche Krönung.

Ein Geheimbefehl vom Jahre 1941 regelte den Verbleib der zum Tode verurteilten Wehrmachtangehörigen Norwegens. Sie waren nach Akershus zu überführen, von wo sie, nach Bestätigung der Urteile, den Exekutionskommandos der Wehrmachtteile ausgeliefert wurden. Ich handelte demnach genau nach Vorschrift, als ich Lemmurke auf die Festung bringen ließ, und die Welt hätte heute Ruhe vor diesem Menschen, wenn nicht der Kommandant einer jener typischen Eisenfresser gewesen wäre, die den Größenwahn zum Maßstab ihrer Entschlüsse erhoben. Sie hatten meistens Glatzen und kurze Hälse. Als dieser Herr, es war Ende Juni, eines Vormittags den Bau D inspizierte, in welchem von den Kalfaktoren unter Bewachung eines Unteroffiziers die Kübel geleert wurden, stieß er sich daran, daß dieser kein Auge von den geöffneten Zellen ließ und infolgedessen keine Meldung machte. Die Folge davon war, daß sich der Herr Kommandant in eine wahre Sudelküche von Insubordinationen versetzt fühlte und daß er seinem Gefühle Ausdruck verlieh: »Was stehen Sie hier herum ... Sie haben die Nase in die Zellen zu stecken ... Tausendmal befohlen ... Arbeitsdienst in Schuhen, nicht in Stiefeln, auch schon tausendmal befohlen ... Legen Sie die Hände an, wenn ich mit Ihnen rede ...!« Kurz und gut, er machte einen Lärm, der auf die Einbildung der Gefangenen geradezu erhitzend wirken mußte. Was hatten sie denn schon zu verlieren, solche Leute, die Tag und Nacht die zwanzig Mündungen vor Augen sahen!

Wie die Untersuchung ergeben hatte, schlug Lemmurke während dieses Auftritts den Kalfaktor nieder, der seine Zelle zu bedienen hatte. Er knebelte ihn, band sich dessen Leinenschürze um, warf die Tür ins Schloß und schritt mit zwei vollen Kübeln an dem tobenden Major vorbei auf den Hof. Hier sammelte sich gerade ein Kommando von Kalfaktoren, die das Essen aus der Küche holen sollten. Der Feldwebel, der die achtzehn Leute in Marschordnung antreten ließ, stand unter der Fernwirkung des Gewitters aus Bau D. Er prüfte nicht lange, wer sich unbefohlen als Neunzehnter eingemischt hatte, sondern er schickte den Hintersten zurück. Dem Trupp öffneten sich die beiden eisernen Tore, und auf diese Weise gelangte

Lemmurke, der in den ersten Reihen zwischen den Großen marschierte, in den Wirtschaftsteil der Festung. Von hier aus hatte er, nach einem Weg von hundert Metern, nur noch den Schlagbaumposten an der Kongensgate zu überwinden, der hauptsächlich für Fahrzeugkontrollen eingesetzt war. Die Flucht wurde offenbar durch das Geschrei eines Kraftfahrers, der vor der Küche Brot ablud und der bei der Arbeit sein Koppel auf den Führersitz gelegt hatte: Das Koppel war weg. Der Feldwebel, der bereits ängstlich nach seinem achtzehnten Mann Umschau gehalten hatte, brachte den Diebstahl sofort in den richtigen Zusammenhang. Aber da war es bereits zu spät. Als ich eine Stunde nach diesen Geschehnissen von dem Festungskommandanten benachrichtigt wurde, konnte auch meine Fahndung nichts mehr nützen. Ich konnte nicht einmal mehr seine Braut verhaften lassen. Wahrscheinlich hatte sie den Fahnenflüchtigen in Zivilsachen gesteckt und war mit ihm verschwunden. Es war ihm ein leichtes, mit Hilfe ihrer Verwandten und deren Anhang aus der Heimatfront über die Grenze zu entkommen.

Die Flucht Lemmurkes setzte mein so sauer erarbeitetes Urteil gänzlich außer Kurs, wobei es unerheblich blieb, daß es der General noch weitergeleitet hatte. Als ich ihm die Flucht meldete, und zwar unter der Rubrik »Besonderes Vorkommnis«, da war ich übel dran. Vor vierzehn Tagen hatte mir wenigstens noch sein Zwiebelauto als dürftiges Zeugnis meiner Dienstauffassung zur Verfügung gestanden. Diesmal kam ich mit furchtbar leeren Händen. Ich hatte nicht einmal eine Akte an die Hosennaht zu klemmen, als ich zwischen dem Mahagonischreibtisch und der Regenbogenlandschaft mit meinem »Melde gehorsamst« das Gespräch einleitete. Das war dem Alten zu viel! Er schenkte es sich, wie es sonst seine Art war und wie er es noch vor vierzehn Tagen getan hatte, allerlei verstiegene Wortgebilde auf dem Beton seines Zornes zu errichten. Vielmehr schaßte er mich: Er machte das mit steifem Halse, wobei ihm jener Befehl vom Sommer 44 zu Hilfe kam, der die abkömmlichen Stabsangehörigen der Jahrgänge 04–06 für die Front freistellte. Ohne jedes Bedauern verließ ich Oslo. Im Gegenteil, ich trennte mich von dem Stabe und den Militaristen mit dem Empfinden innerer Befreiung, insofern, als ich das böse Ende des Krieges voraussah und nichts mehr mit jenen Cliquen zu tun haben wollte, die die Rache einer mißhandelten

Menschheit auf sich zogen. Ich wurde im Westen eingesetzt, geriet als Obergefreiter in Gefangenschaft und entging nach meiner Entlassung dem Schicksal der Militärrichter, in den Untergang der Zwölfenderdiktatur als Verantwortlicher hineingerissen zu werden. In den Fragebogen, die ich für meine Wiedereinstellung auszufüllen hatte, glänzte ich als »Obergefreiter«. Ich besaß mit dieser Rangstufe ein Alibi, wie ich es mir einerseits nicht wunderbarer ausgemalt hatte, das mir aber andererseits zustand auf Grund des Zwanges, dem ich als Rechtswahrer unterstellt gewesen war. Es fiel mir nicht schwer, meine Zukunft auf die Humanität zu bauen, ja, ich mußte sie geradezu für mich in Anspruch nehmen, da ich ihr schon immer nachgestrebt hatte: Ich stellte alle Urteile in ihren Dienst, die ich als demokratischer Richter aussprach.

Ich habe meiner Frau nie etwas von den Vorgängen erzählt, die zu meiner Absetzung geführt hatten. Warum auch! Sie litt ohnehin an der Entwertung des stolzen Bildes, das sie sich stets von mir gemacht hatte und das ich ihr als Flaksoldat nicht mehr bot. Da wir also dieses Thema aus unserem Briefwechsel wegließen, wie etwas, was sich nicht ereignet hatte, erfuhr sie auch nicht die notgedrungenen Folgerungen, die ich aus meinem Abbau zog. Ich aß das Brot aus der Faust und begann, mir ein Weltbild zurechtzuzimmern, das mit unserer militärischen Lage und meiner geflickten Uniform übereinstimmte. Mein Haß gegen die Generale, die uns von Niederlage zu Niederlage führten und die uns zu sterben befahlen, während sie um ihrer Zwiebeln willen schuldlose Männer an die Front verkauften, dieser Haß steigerte sich von Woche zu Woche. Die Mißachtung des Rechtes, durch die sich unsere Führer hervortaten, beschleunigte den Untergang. In einer Fülle von Erscheinungen machte er sich bemerkbar: in der Hinschlachtung des kleinen Mannes, in der Opferung der Städte, in der massierten Aufknüpfung von Soldaten, die in schmutzigen Hemden und geflickten Hosen an den Straßenbäumen baumelten. Es blieb mir keine Wahl, wenn ich nicht auch so baumeln wollte, als schießen und krepieren und dann in irgendeinem Dreckloch faulen. Aus dieser Verfassung schrieb ich damals, als wir in Westfalen kämpften, in meinem letzten Feldpostbrief: »Mein Tod steht mir bevor, und wenn meine Sorge um Dich nicht wäre, liebe Klara, spürte ich das Gelüste, eine verwüstete Welt zu hinterlassen.«

An diesen Satz, den ich in den Fiebern und Nöten der Kapitulationszeit völlig vergessen hatte, erinnerte mich Klara eines Abends nach Tisch; es war am zweiten Tage, nachdem ich Lemmurke bei dem Kohlendiebstahl auf dem Rangiergelände gefaßt hatte.

»Merkwürdig«, so sagte sie, »wie schwer es dir doch gefallen ist, den Anschluß an deine frühere Persönlichkeit herzustellen. Du scheinst dich erst jetzt wieder in deinem Leben zurechtzufinden.«

»Wie kommst du darauf?«

»Weil du sowohl gestern wie auch heute von der Not und der Zukunft des Vaterlandes gesprochen hast, ein Wort, das ich lange nicht mehr von dir gehört habe und das dir eher zu Gesichte steht als das Gelüste, eine verwüstete Welt zu hinterlassen.«

»Ja«, antwortete ich, »du hast recht. Ich bringe es langsam wieder zu einer gewissen Ordnung in meinem Kopf.«

»Hängt das mit dem Fall Lemmurke zusammen?«

»Gott, ich empfinde eine gewisse Genugtuung darüber, diesem Mann den Prozeß zu machen. Mir war damals – in Oslo – dienstlich bekannt geworden, daß er sich mittels versuchten Totschlags befreit hatte, daß er als Fahnenflüchtiger ein Koppel gestohlen hatte undsoweiter undsoweiter. Selbstverständlich freut man sich, ein solches Monstrum von Mensch gewissermaßen aus dem Weg zu räumen.«

»Totschlag? Ach, das war mir neu. Und so einer hat dir auf der Brust gesessen?«

»Auf der Brust gesessen?«

»Du hattest doch oftmals Alpdrücken seinetwegen gehabt.«

»Nicht doch! Nicht doch seinetwegen!! Vielmehr ... Gott, wie soll ich dir das klarmachen ... Mit diesem Menschen personifizieren sich gewissermaßen die haufenweise ungesühnten Verbrechen unserer Zeit. Sowas muß natürlich auf mir als Richter lasten. Versuchter Totschlag ... Diebstahl ... Lieber Himmel, und läuft frei herum! Na, ich habe ihn jetzt und damit ist mir wohler.«

»Ja, Dagobert, so ist es. Über Herz und Magen klagst du auch nicht mehr.«

»Danke, ja, es macht sich besser. Ein paar Pfund Fleisch würden mich vollends auf die Beine stellen. Vielleicht läßt sich mal was Festeres kochen als die ewige Suppe? Ewig Brot und Suppe, Brot und Suppe, es ist die reinste Gefängniskost.«

Jawohl, ich hatte ihn, den Herrn Lemmurke, nicht gerade wie eine Spinne im Netz – pfui, welch ein Bild! –, nein, ich hatte ihn wie die Voraussetzung für einen mathematischen Satz, den es nunmehr zu beweisen galt. Er sollte mir nicht mehr auf der Brust sitzen und Herz und Magen krank machen. Meine erste Regung, ihn auf Grund meiner Zeugenschaft verhaften zu lassen, verwarf ich wieder. Ich mußte mit äußerster Gewissenhaftigkeit vorgehen, wenn die üblen Eigenschaften dieses Burschen als strafverschärfendes Moment Beachtung finden sollten. Ich mußte einen Umweg ausspüren, der mir den Verzicht auf meine Zeugenschaft ermöglichte und trotzdem zum Ziele führte. Jawohl, ich mußte es vermeiden, als Zeuge gegen Lemmurke aufzutreten. Nach den Bestimmungen der Strafprozeßordnung hätte ich dann nicht richten dürfen. Ich hätte einem nichtssagenden ahnungslosen Kollegen das Verfahren überlassen müssen, zu dem es mich mit Schärfe drängte. Ich amtierte hier, und da meine Zuständigkeit durch das Gerichtsverfassungsgesetz gegeben war, mußte ich Lemmurke meinem Spruch unterwerfen.

Am 8. Januar hatte Lemmurke den Kohlendiebstahl begangen. Vier Tage später entschloß ich mich endgültig, das Verfahren einzuleiten. Ich wußte nun, wie ich die Sache anzufassen hatte. Zuerst forderte ich von der Eisenbahnverwaltung einen Bericht über das Ausmaß der Kohlendiebstähle auf dem Rangierbahnhof. Nach zwei Wochen erhielt ich Antwort. Die Menge der entwendeten Kohlen wurde auf zwei bis drei Tonnen angegeben. Nachdem ich den Schriftsatz gelesen hatte, ließ ich mich mit dem Polizeivorsteher von Lemmurkes Bezirk verbinden und bat ihn um eine Unterredung in meinem Amtszimmer. Als er kam, schilderte ich ihm den Sachverhalt, und zwar sowohl meine Beobachtung, die ich als Geschenk des Zufalls hinstellte, wie auch den Bericht der Eisenbahn, der einen raschen Zugriff rechtfertigte. Ich ersuchte den Polizeivorsteher, eine Haussuchung bei Lemmurke durchzuführen, ihn über die Tat zu vernehmen und das Vernehmungsprotokoll nach Tunlichkeit so abzufassen, daß aus dem Geständnis das weitere Verfahren gegen Lemmurke abhängig gemacht werden könnte. Das Protokoll fiel wunschgemäß aus. Inzwischen hatte ich mir Lemmurkes Strafregisterauszug kommen lassen, der außer der zehntägigen Haft die von mir erkannte Strafe enthielt: Tod durch Erschießen. Nachdem ich mich auf diese Weise mit Material versehen hatte, lud ich den Mann zur Vernehmung.

Am 19. Februar gegen neun Uhr, an einem Tage ohne Erbarmen, an dem der kalte Straßenstaub über die Eiskrusten fegte, setzte ich mich in Szene. Von mir aus konnte der Handel beginnen: Ich hatte mir eine Disposition des Verhörs zurechtgelegt; hatte die Jalousie zu meiner Rechten heruntergezogen, so daß nur das Fenster hinter mir Licht ins Zimmer ließ; hatte einen gewandten Schreiber als Protokollführer an die Maschine gesetzt; hatte einen Stuhl mitten in den Raum gestellt, einen gelben gottverlassenen Bürostuhl, der ihn, als erste Stufe der Absonderung, niederdrücken sollte. Der Stuhl stand bei seinen drei Metern weit genug, so daß ich, unterstützt durch die Lichtverhältnisse, mit einem Wiedererkennen nicht unbedingt zu rechnen brauchte. Der Ofen strahlte etwas Wärme aus.

Als Lemmurke anklopfte, diktierte ich gerade die letzten Sätze eines Urteils. Ich diktierte sie zu Ende. Dann steckte ich die Augen in die Akte, rief ihn herein und hieß ihn, ohne daß ich aufsah, Platz zu nehmen. Ich erkannte ihn an seinem schlurfenden Gang. Bei diesem Geräusch trat mir der Schweiß in die Handflächen. Ich ließ ihn eine Weile in der Schwebe und begann darauf mit ruhigen und beschwichtigenden Fragen, die weniger die Tat selbst zum Gegenstande hatten als die Gründe, weswegen er den Diebstahl verübt hatte. Auf diese Weise präjudizierte ich gewissermaßen sein Geständnis, ehe ich es wörtlich faßte. Er war krank, er litt an der Schwindsucht, er hatte gestohlen, um nicht zu sterben, und was er sonst noch vorbrachte. Plötzlich sah ich ihn scharf an und fragte: »Sind Sie vorbestraft?«

»Nein«, antwortete er langsam, »nicht daß ich wüßte.«

»Komische Antwort. Sowas weiß man doch.«

»Nein.«

»Was, nein.«

»Ich bin nicht.«

»So! Ach! Dann muß ich Ihnen sagen, daß wir es besser wissen als Sie.« Ich sonnte mich an seiner Verlegenheit und blätterte den Strafregisterauszug aus der Akte, während er schwieg. »Sie dachten wohl, sowas geht verloren?«

»Na ja, das war beim Barras, wenn Sie das mitrechnen ...«

»Was bilden Sie sich ein! Diebstahl! Schwere Sabotage! Mitrechnen ...! Was haben Sie denn damals angestellt?«

»Ein bißchen Schokolade hab ich mir genommen und zwei alte Strümpfe, das war alles.«

»Nanu!« rief ich, schlug mit der Hand auf den Strafregisterauszug, als ob er Bände spräche, obgleich darin nichts von dem zu lesen war, was ich aus Lemmurke erst herausquetschen wollte. Mir lag daran, sein damals durch mich verhandeltes Delikt eindeutig in dem Protokoll zu verankern. Er saß blaß, knöchern und verbogen in seinem Mantel, der von zwei verschiedenen Knöpfen zugehalten war. Er sprach stockend, womöglich aus Furcht vor dem Papier in meiner Hand, und schilderte seine Vortat, während die Maschine klapperte. Nachdem ich alles beisammen hatte, was mir den Erfolg der Hauptverhandlung sicherte, sagte ich zu ihm: »Sie unterzeichnen jetzt das Vernehmungsprotokoll. Falls Sie sich zu einem berechtigten Mißtrauen bezüglich seiner Abfassung genötigt fühlen sollten, können Sie es vorher durchlesen.« Er erhob sich, blickte aus seinem verzogenen Wurstgesicht zu mir herüber und meinte dann: »Ich kenne Sie doch!« Da war es also heraus. Er stellte sich soeben auf die Hinterbeine, als er es sagte. Doch schien sein Ton mehr aus Frage denn aus Behauptung zu bestehen, und ich schloß daraus auf Unsicherheit in seiner Brust und bange Ahnung. Ich hielt es für ein Unding, daß er in mir seinen einstigen Richter wiedererkannt hatte. Aber aus unserer Begegnung vor der Haustür und am Rangierbahnhof mußte einiges von mir, Gesicht und Stimme, in seinem Gedächtnis haftengeblieben sein. Ich leugnete das auch nicht. Ich ging überhaupt nicht darauf ein. Und zwar hatte ich mich für den Fall, daß diese Wendung eintrat, mit einem Kunstgriff gewappnet, der den Mann sofort von seiner Frage ablenken und ihn auf die Sache zurückführen mußte, weil sonst, wenn er jetzt nicht auf der Hut war, das Protokoll zu einer noch böseren Belastungsurkunde auszuwachsen drohte.

»Sie kennen mich«, erwiderte ich, so recht nebenbei, und kramte in den Papieren.

»Klar kenne ich Sie.«

»Das freut mich, wenn es mich auch nicht ehrt. Warum sind Sie eigentlich damals nicht erschossen worden? Haben Sie obendrein noch Fahnenflucht begangen?«

»Wieso Fahnenflucht. Ich bin geflitzt.« Er trat rasch heran und unterschrieb.

»Also doch Fahnenflucht. Und auf welche Weise?«

»Na, auf die Weise: Der Posten hat mich rausgelassen. Wieso fragen Sie! Wolln Sie mir vielleicht noch erschießen?«

»Ich muß Ihre Vorstrafe berücksichtigen. Das Weitere wird sich finden.«

»Dann darf ich jetzt wohl gehn.«

»Ja, Sie dürfen gehen.«

An einem der nächsten Tage übergab ich Referendar Fontane einen Stoß Arbeit, der auch die Akte Lemmurke enthielt, säuberlich geordnet und mit dem Eröffnungsdatum vom 12. Januar versehen. Ich bat ihn, seine Aufmerksamkeit auf diese Strafsache zu lenken und mir nach dem Studium der Akte Bescheid zu geben. Ich hatte die Absicht, mich dann mit ihm zu besprechen. Ich wollte ihm dabei das Bild eines Mannes bieten, der es sich in dieser Welt der Lüge und der Phrase abgewöhnen würde, die Menschen zu lieben; ich wollte das Bild nicht mit Bestimmtheit bieten (das hing davon ab, ob ich bei Fontane eine Bereitschaft für Weltanschauungen und Standpunktsfragen vorfinden würde), ganz gewiß aber wollte ich ihn in dem Gespräch für ein Zusammenwirken in der Sache Lemmurke gewinnen. Ich mußte aufpassen, daß die Akte nicht mit einem staatsanwaltlichen Hokuspokus in der Versenkung verschwand, oder gar, daß sie auf den Schreibtisch eines anderen Richters wanderte: Der junge Mann sollte die Akte um die Anklageschrift bereichern und sollte sie dann mir zurückreichen, mir, und keinem anderen. Er sollte bei mir die Eröffnung des Hauptverfahrens beantragen. Er sollte das Strafmaß im Einvernehmen mit mir festsetzen und sollte meine Erkenntnis ohne Berufung hinnehmen. Das war der Weg, den ich mir vorgezeichnet hatte.

Herr Fontane war einer von jenen schmalbrüstigen Beamten, die aus ihrem Ehrgeiz kein Geheimnis machen. Er verschmähte es aus Vorsatz, erfahrene Kollegen mit einer Bescheidenheit zu erquicken, zu der er in Ermanglung der zweiten Staatsprüfung verpflichtet gewesen wäre. Vielmehr ging er heftig aus sich heraus und betrieb selbst mit der lächerlichsten Amtshandlung einen Kult, als sei er in einem fort bei der Verkündung prätorischer Edikte begriffen. Das alles machte ihn mir wenig angenehm. Wie erwartet, frisierte er unser verabredetes Gespräch mit dem Öle der Kollegialität, indem er, als er mich in meinem Mantel und mit Hut und Handschuhen in dem eiskalten Amtszimmer sitzen sah, mich in das Innere seines Kalabresers blikken ließ und sich damit wichtig tat, daß dem der Schweiß schon durch den Filz schlug. Von seinem Hut sprang er auf die Kälte und von da auf die Kohlendiebe, die er sich lobte. Donnerwetter ja, die lobte er sich, und meine humane Rechtsprechung war ihm wenigstens in diesem Punkte verständlich. Und dann folgte eine Art Schnaderhüpfl, oder wie das heißt, ein Gewäsch, das er sich offensichtlich eingedrillt hatte und das sich auf »vier Grad plus« und »Celsius« und »harte Nuß« reimte – und bei diesem Schnaderhüpfl schob er mir meine Akte zu, als sei sonst kein Wort darüber zu verlieren. Mir war jede schlechte Kinderstube widerwärtig; ich ersparte mir aber die Mißbilligung, die hier am Platze gewesen wäre, weil es mir nicht um die Manieren dieses Knaben ging, sondern um die Sache Lemmurke. Mit zwei Fingern klappte ich die Akte ein wenig auf und stellte sofort fest, daß eine Anklageschrift nicht eingeheftet war.

»Nun?« fragte ich leichthin, »lohnt sich das für Sie?«

»Kohlendiebstähle sind heute nicht mehr kriminell«, erwiderte er und grub seine Hände in die Manteltaschen. »Auch in diesem Falle scheint sich der Täter auf Notstand hinausreden zu wollen. Nach dem Gesetz müßte also Freispruch erfolgen. Das wollen Sie doch von mir wissen?«

»Das erste Wort hat der Staatsanwalt. Wenn Sie keine Anklage erheben, werde ich mir auch kein Bein ausreißen.«

»Eben, eben. Wir könnten die Sache der Heilsarmee überweisen. Wenn er nur nicht diese koketten Vorstrafen hätte, wie?«

»Das ist der Umstand«, antwortete ich, »zum mindesten stehen sie auf dem Papier. Fragt sich also, was Sie daraus machen.«

»Ich? Sie sind witzig!«

»Die Sache ist es, Herr Kollege, die zum Lächeln herausfordert. Er ist vorbestraft und doch nicht vorbestraft ... Weil er nämlich, soweit ich bei der Vernehmung festgestellt habe, seinen Kopf nicht zwischen den Schultern trägt ...«

»Aber bitte«, fuhr er mir ins Wort, »es läuft so mancher herum, der sich vor seiner Enthauptung gedrückt hat! Maßgeblich ist für mich das Strafregister und nicht die ordinäre Tatsache, daß er seinen Kopf noch oben hat. Außerdem bleibt zu berücksichtigen, daß die Materie, um deretwillen er damals verfolgt wurde, Diebstahl war, und daß es Kommentare gibt, die mir die Anklageerhebung wegen Rückfalldiebstahls ermöglichen, auch wenn die Rechtsverletzung seinerzeit Sabotage hieß.«

»Herr Fontane«, rief ich aus, »machen Sie doch keinen Rückfalldiebstahl aus den paar Kohlen! Der Mann hat die Schwindsucht! Und außerdem ist die kasuistische Ausgestaltung des Rückfallparagraphen recht unglücklich, insofern, als die Diebe, die Räuber und die Hehler in seinem Wortlaut aufgenommen sind, nicht aber die Saboteure!« Ich mußte ihn unbedingt von diesem Wege abbringen, obwohl er für den Delinquenten ins Zuchthaus führen konnte: Die Aburteilung des Rückfalldiebstahls war meiner Zuständigkeit als Einzelrichter vorenthalten. Diesen Lemmurke aber konnte auf der Welt, weiß Gott, nur einer bestrafen, und der war ich. Nur ich besaß den Beweisgrund der Erfahrung. Nur mein Gewissen war durch Angst geschärft. »Ich bitte Sie!« sagte ich noch einmal.

»Er hat Strümpfe gestohlen, Schokolade gestohlen und jetzt die Kohlen, und das soll kein Rückfalldiebstahl sein? Das reimt sich ja sogar.«

»Schon richtig. Aber nein. Bewahren Sie den Mann vor Zuchthaus und uns vor Unglück!«

»Wieso uns?«

»Ja, uns!« Und sehr behutsam fuhr ich fort: »Vergessen Sie nicht, daß diejenigen, die im Dritten Reich als Saboteure bestraft wurden, die gleichen sind, die uns heute regieren. Uns! Diebe sind es, Halunken! Wollen Sie sich der Gefahr aussetzen, von dieser Sorte, die ja auch die Schöffen stellt, vor den Ohren des Angeklagten auf den Platz gewiesen zu werden? Für diese Sorte ist jeder Lausekopf von Saboteur mit einem Heiligenschein umgeben. Machen Sie uns nicht unglücklich!«

»Sie können reden, was Sie wollen, Herr Amtsgerichtsrat. Ich lasse den Mann nicht laufen.«

»Wer spricht davon, ihn laufen zu lassen! Gott soll mich bewahren! Im Gegenteil, ich versichere Ihnen, daß ich die Vorstrafen hoch in Anrechnung bringen werde, sehr hoch, mein Lieber, so hoch wie Sie wollen.«

»Die Kohlendiebstähle arten zu einer Seuche aus, die langsam die öffentliche Versorgung gefährdet. Wir selber sitzen hier und bibbern zwischen unseren Pandekten. Ich meine, mit Rückfalldiebstahl treffen wir den Kern der Sache, er braucht ja deswegen nicht gleich Zuchthaus zu kriegen.«

»Na ja, Zuchthaus, das ist ganz lustig, aber bleiben wir mal in den Grenzen. Ich erachte meinen Weg als den humaneren, auf alle Fälle aber ist er sicherer, indem er uns eine Anfechtung des Urteils aus formalen Gründen erspart. Auf Ihre Weise landet die Sache vor der Berufungsinstanz. Man stellt ihm einen Offizialverteidiger, und Sie wissen ja, was dabei herauskommt. Die Rechtsanwälte bei den Strafkammern kennen die Kommentare besser als wir. Die plädieren mit Schaum auf den Lippen, machen ein Dutzend mildernde Umstände geltend, ziehen Hinz und Kunz heran und erreichen zum Schluß einen glatten Freispruch.«

»Die Möglichkeit besteht. Es sind gerissene Burschen dabei ...«

»Nun ja, forensische Techniker, Ferkelstecher und große Rechtsverachter ...«

»Sagen Sie das nicht«, unterbrach er mich. »Es gibt auch Philosophen unter ihnen. Neulich sagte mal einer zu mir, um die Strafjustiz in den bürokratisierten Staaten zu kennzeichnen: Die Macht des Richters wächst mit der Entmachtung des Rechts, was zu dem Ende führen müßte, daß in der Zukunft nur noch von zwei Instanzen gemeinsam erkannt werden dürfte, vom Richter und vom Gegenrichter.«

»Wenn man sowas hört«, erwiderte ich, »vergeht einem das Lachen. Die Menschheit verwildert. Und wen soll das wundern, solange es darin Kreaturen gibt, die gewissermaßen ohne Befugnis leben. Übrigens liegt Fluchtverdacht vor.«

»Wieso das?«

»Weil er sich auch damals der Vollstreckung entzogen hat.«

»Richtig. Damit wäre die Voraussetzung eines Haftbefehls gegeben. Die Sache geht in Ordnung. Ich werde den Mann in Gewahrsam nehmen und Ihnen dann die Anklageschrift zuleiten.«

»Ich denke, es wird das beste sein. Und was das Strafmaß betrifft, so werden wir schon einen Modus finden. – Hat mich sehr gefreut, Herr Kollege.« Bei diesen Worten streiften wir die Handschuhe ab und verabschiedeten uns über den Schreibtisch hinweg. Versöhnt hob ich meinen Hut vom Kopfe, während er sich angenehm verneigte.

Ich habe einige Tage nach diesem Gespräch darüber nachgedacht, was es mit dem Worte auf sich habe, daß die Macht des Richters mit der Entmachtung des Rechtes wächst. Das klang mir zuerst wie die Knochensäge eines Zynikers, und dann klang es wie die Harfe eines Demokraten, doch schließlich entdeckte ich die Wahrheit dieses Wortes, als ich mich fragte, woher ich gegen Lemmurke mein Gewissen nähme. Ich pfiff doch, wenn ich ihn verurteilte, auf den Rechtsgrundsatz des nemo judex in sua causa. Und zwar pfiff ich darauf, weil mein Arm weiter reichte als Lemmurkes Verstand. Noch keuchte ich aus gesunder Lunge. Ihm aber steckte die Schwindsucht im Halse. Er hatte nichts zu verlieren, außer seinem schon einmal mutwillig verpulverten Leben. Ich aber hatte alles zu verlieren: mein Amt, meine Moral, meine Wohnung, mein Ich, kurz: meine Macht. Alles hatte ich zu verlieren, wenn Lemmurke aufstand und seine verluderte Vergangenheit zu Geld zu machen suchte, indem er sie bei den Aposteln des Pöbels als eine Art Wechsel in Zahlung gab. Sie würden mir den Wisch präsentieren, und ich, verdammt! Ich müßte zahlen. Gab es kein Recht für mich, so gab es doch den Bluff, dies Elend zu verhindern. Ich verteilte die Rollen für die Hauptverhandlung und anberaumte den Termin für den 4. März neun Uhr.

Die Kohlen des Amtsgerichts waren verbraucht, und meine Hoffnung, daß uns die Natur mit etwas Wärme aushelfen würde, sollte sich nicht erfüllen: Ich eröffnete die Hauptverhandlung gegen Lemmurke in einer trockenen, völlig lethargischen Luft, die nahe dem Gefrierpunkt war. Der Angeklagte wurde durch einen Wachtmeister vorgeführt, der einen Kopfschoner unter der grünen Dienstmütze trug. Er selbst hatte seinen Mantel mit den zwei verschiedenen Knöpfen an. Sein Hals war frei, so daß eine riesige unrasierte Gurgel zum Vorschein kam. Im übrigen setzte er das gleiche Wurstgesicht auf wie immer, eine dösige und trübe Ansicht seiner inneren Verfassung. Gelb sah er aus. Ich hieß ihn, auf einem Stuhl Platz zu nehmen, den ich zur Rechten an meinen Tisch hatte heranrücken lassen. Die drei geladenen Zeugen waren erschienen: Ein höherer Eisenbahner, der Polizeivorsteher und Lemmurkes Frau, die so heftig fror, daß die gläserne Brosche zitterte, mit der sie ihren Kattunschal zusammengesteckt hatte. Sie forderte mein Mitleid heraus, indem sie immerfort mit einem bänglichen, ja rührenden Blick auf ihren Mann schaute. Er jedoch in seiner Wurstigkeit, er starrte ins Weite. Ich belehrte die Zeugen über die Folgen eines Meineids, schickte sie auf den Flur und begann mit den Fragen zur Person. Es mußte alles ein bißchen schnell gehen, da uns der Frost bis auf die Knochen drang. Ich schaltete eine kurze Verhandlung über die Vorstrafen ein. Doch kam nichts Neues dabei heraus. Dann verlas ich den Gerichtsbeschluß über die Eröffnung des Hauptverfahrens, der sich auf die Anklage wegen einfachen Diebstahls stützte. An dieser Stelle wandte ich mich an Herrn Fontane, indem ich meinen Kopf zu ihm hinüberneigte und leise sagte, leise in der lethargischen Stille dieses Raumes: »Das Gericht hat in seinem Eröffnungsbeschluß die gesetzlichen Merkmale der Tat als einfachen Diebstahl besonders hervorgehoben. Das schließt natürlich aus, daß wir über die Tat als Rückfalldiebstahl verhandeln.« Der Referendar schüttelte über diese kindische Belehrung sein Haupt und erwiderte aus einem Bedürfnis nach Vergeltung: »Im Rückfalle wird Zuchthaus angedroht, und da Ihr Arm so weit nicht reicht, können wir auch darüber nicht verhandeln.«

»Sehr wohl«, schloß ich den Exkurs, »ich wollte das nur noch einmal klarstellen, damit wir die Verhandlung in der Instanz beenden und nicht mittendrin ohne Entscheidung abzubrechen brauchen.« Und dann mit Schärfe, zu dem Angeklagten: »Sie haben sich schön was eingebrockt. Um ein Haar, und die Sache wäre vor das Schöffengericht gekommen.«

»Wie denn, Zuchthaus wegen die paar Kohlen?« sagte Lemmurke mit spielender Gurgel. Und damit kamen wir zur Sache. Er schilderte die Tat, wie ich sie beobachtet hatte. Er hielt sich breit und unmaßgeblich bei der Krankheit auf und behauptete zum Schluß, nicht mehr Kohlen genommen zu haben als den einen Sack, den er nach dem Diebstahl von den Schultern geworfen hatte. Im übrigen kam nichts zutage, was ihn entlastet hätte.

Als ersten Zeugen vernahm ich den Eisenbahner. Seine Aussage ergab, daß die Kohlen ausschließlich von offenen Loren gestohlen worden waren und daß die Diebstähle seit Lemmurkes Verhaftung nicht nachgelassen hatten. Ich bat den Herrn, sich in die Zeugenbank zu setzen, und ließ den Polizeivorsteher rufen. Die seinerzeit durch mich anberaumte Haussuchung hatte vier Eimer Kohlen ergeben, die der Angeklagte auf dem schwarzen Markt gekauft haben wollte. Diese Einlassung konnte ihm nicht widerlegt werden, obwohl sie unglaubwürdig war. Das Datum des Kaufs war ihm aus dem Gedächtnis entschwunden. Immerhin wußte er sich noch dessen zu entsinnen, daß seine Frau zu Weihnachten die Stube geheizt hatte.

»Von diesen Kohlen?« fragte ich.

»Jawoll, von diesen Kohlen«, antwortete er.

»Die haben aber lange vorgehalten. Die Haussuchung hat am 27. Januar stattgefunden.«

»Weihnachten haben wir geheizt.«

»Wieviel hatten Sie denn gekauft?«

»Zwei Zentner.«

»Im Dezember haben Sie die gekauft?«

»So muß es wohl gewesen sein.«

»Das müssen Sie doch wissen, wenn Sie Weihnachten davon geheizt haben?«

»Jawoll, im Dezember.« Mir war es recht, und auch der Referendar hatte nichts dazu zu fragen. Der Zeuge nahm Platz, und Frau Lemmurke trat durch die Tür. Ich bat sie, nach vorn zu kommen, und begann mit meinen Erhebungen. Sie lobte das Leben des Mannes und seinen Charakter; sie sprach von seiner Krankheit und von der Not, die sie nicht abzuwenden wußten. Ihre Worte rieselten aus den schlotternden Kiefern wie Schutt aus einer Ruine – mich erschreckte diese Sprache.

»Glauben Sie man, Herr Amtsgerichtsrat, er hat aus Not gestohlen.«

»Wie sollen wir Ihnen das glauben«, widerlegte ich ihr, »da Sie doch bei der Haussuchung noch vier Eimer Kohlen hatten.«

»Aber wo er sie holen ging, hatten wir keine.«

»Woher hatten Sie denn die vier Eimer?«

»Hat er gekauft.«

»Von wem?«

»Na ... Schwarz.«

»Wie lange haben die zwei Zentner gereicht?« wollte ich jetzt wissen.

»Eine ganze Weile werden sie wohl gereicht haben.«

»Demnach haben Sie doch Kohlen besessen, als Ihr Mann zum Rangierbahnhof ging.«

»Nein, da haben wir keine Kohlen besessen, das kann ich beschwören.«

»Haben Sie Weihnachten geheizt?«

»Weihnachten? Ja.«

»Von den zwei Zentnern?«

»Ja, davon.«

»Wann hat er die gekauft?«

»Na, die wird er dann wohl vorher gekauft haben.«

»Im Dezember oder im November?«

»Im Dezember, wie es mir so ist. So genau kann das keiner behalten.«

»Die zwei Zentner«, sagte ich zu Lemmurke, »waren alle, als Sie am 8. Januar durch den Zaun gestiegen sind. So, jedenfalls, sagt Ihre Frau aus, die ich auf die Bedeutung des Eides hingewiesen habe. Folglich waren die vier Eimer, die bei der Haussuchung sichergestellt wurden, Diebesgut. Haben Sie diese Kohlen, die wir sichergestellt haben, auf dem Rangierbahnhof gestohlen oder anderswo?« Und, da er schwieg: »Nun reden Sie schon, Lemmurke! Ich sehe ein, Sie sind ein kranker Mann, aber deswegen können Sie doch Ihr Gewissen erleichtern.« Er schwieg auch weiterhin. Da ließ ich es mit dem Indizium bewenden. Auch der Staatsanwalt hatte keine Fragen mehr zu stellen. Ich verzichtete auf die Vereidigung der Zeugin, schickte sie in die Bank und beendete die Beweisaufnahme. Referendar Fontane erhob sich, zog die Hände aus den Manteltaschen und faßte den Tatbestand in einigen stämmigen Sätzen zusammen. Dann ging er auf die Vorstrafen ein und bedauerte, daß ihn ausschließlich die formale Auslegung des Gesetzes gehindert habe, seine Anklage auf das Delikt des Rückfalldiebstahls zu stützen und demgemäß ein Schöffengericht anzurufen. Für ihn sei die sachliche Zuständigkeit des Amtsgerichts ein modus vivendi, mit dem er sich nur durch eine harte Bestrafung des Angeklagten versöhnen werde. Nach Erwähnung der Krankheit als mildernden Umstand forderte er sechs Monate Gefängnis. Er setzte sich. Das letzte Wort hatte der Angeklagte. Schwerfällig stand Lemmurke auf. Sein Auge hing an der Dekke. Die Gurgel trat wie ein zyklopischer Knochen aus dem Halse und zeigte das Maß der Verwitterung an diesem Menschen. Er sagte: »Ich bin mich keine Schuld bewußt. Ich bitte um Freispruch.« Während er sich setzte, winkte ich dem Protokollführer und begab mich mit ihm in das Beratungszimmer. Ich rauchte dort eine Zigarette und rief mir noch einmal den Wortlaut der Urteilsbegründung ins Gedächtnis. Die Uhr ging auf halb zehn, als ich mich zur Verkündung anschickte.

»Im Namen des Volkes!« sagte ich. Der Angeklagte erhob sich. Die Zeugen auf der Bank erhoben sich. Der Wachtmeister neben dem kalten Ofen und der Zuschauer hinter der Schranke erhoben sich. Der Protokollführer zu meiner Rechten und Referendar Fontane zu meiner Linken, sie alle erhoben sich, um meinen Spruch zu hören. Da stand ich nun, der Richter, der Unabhängige, vor ihnen allen, als ein Mann, der sich die Genugtuung nicht anmerken ließ, die er sich durch Scharfsinn und Beharrlichkeit verdient hatte. Ernst waren meine Züge, ja feierlich, als ich das Papier mit beiden Händen an den Talar hielt und die Urteilsformel mit dem tenor iudicii verlas: Ein Jahr

Gefängnis wegen fortgesetzten Diebstahls. Ich setzte mich. Mehr als ein Jahr zu geben war mir nicht verstattet. Der Angeklagte, die Gerichtspersonen, die Zeugen, seine Frau mit der Glasbrosche und der Zuschauer, sie setzten sich. Ich begründete das Urteil durch Wiederholung des Tatbestandes und entwickelte den Beweis aus der Vollmacht meines Amtes. Er war daher für schuldig zu befinden. Punkt. Welcher Richter, unberufen, sprach den Satz so tönend, so geschickt und mit solcher Unnachgiebigkeit wie ich? Ohne jene andere Sentenz, die ich gern gebrauchte: Nach Ansicht des Gerichts kann den Angeklagten nur eine empfindliche Strafe auf den Weg der Besserung führen. Diese sachliche Verhaltenheit: nach Ansicht des Gerichts! Und dann: der Weg der Besserung! der auch den Hartgesottenen mit Hoffnung füllen mußte. Besonders eindrucksvoll, als ich im Anschluß an den Weg der Besserung den Rückfallparagraphen wie ein Ungewitter aufziehen ließ und es ebenso schnell wieder zum Verschwinden brachte als ein unerfreuliches Kapitel strafrechtlicher Scholastik – o nein, ich wußte, wie ich es zu sagen hatte: groß, tönend und mit Kinn. Meine Würde war mir durch die Macht gegeben, und dennoch, trotz dieses heroischen Betreffs, erwies ich mich als Feind der Aufgeblasenheit. Lemmurke mußte das Ende der Verkündung überhört haben. Denn er saß noch immer und blickte aus seinem gelben Gesicht in die Weite, nachdem ich bereits dem Protokollführer die Akte zugeworfen hatte. Indem ich meinen Stuhl zurückschob, wandte ich mich an ihn und belehrte ihn, daß er durch eine Erklärung das Urteil annehmen oder innerhalb von einer Woche dagegen Berufung einlegen könne. Seine Einsicht, oder war es Angst, ließ ihn das Richtige tun. Er nahm die Strafe an. Dann machte er sich auf. Er drückte im Vorübergehen seiner Frau die Hand und folgte dem Wachtmeister, nachdem sich dieser die Mütze auf den Kopfschoner gesetzt hatte. Frau Lemmurke biß sich in die Lippen vor Schmerz. Sie weinte.

Klara empfing mich an diesem Tage ohne das glückstrahlende Gesicht, das ich mir gern ausgebeten hätte. Sie hatte den Vormittag über vergeblich vor dem Schlächterladen gestanden, um das Fleisch zu kaufen, das uns zustand. Durchgefroren trat sie mir in der Diele entgegen und jammerte und verstand es dennoch nicht, die Neugier hinter ihren Redensarten zu verbergen. Was mußt du hungrig sein, du Armer, und kein Fleisch im Hause, und immer wieder Brot und Suppe, war der Tag denn auszuhalten, dieser Tag? Die dünnen Töchter lehnten in der Küchentür. Alle drei zusammen blickten mich an, als hätte ich etwas mitgebracht. Ich nahm den Zopf der Jüngsten und kitzelte ihr damit die Nase, während ich der Älteren meinen Hut auf den Kopf setzte. Da lachten die Töchter, und meine Frau rieb sich die Hände vor Erwartung. Breitspurig betrat ich das Speisezimmer. Die Kinder zerrten an meinem Hut und folgten mir mit Klara. Ich nahm ihnen den Hut aus den Fingern und stülpte ihn auf den Tafelaufsatz, so daß der Wasserstier verschwand und nur noch der Delphinenschwanz zu sehen war. Da lachten sie alle drei. Klara lachte, als stieße sich ein Vogel von der Klippe.

»Hast du es geschafft?« fragte sie, und alle sahen mich stumm, mit offenen Mündern an.

»Was fragst du mich!« erwiderte ich und nahm an dem gedeckten Tische Platz. »Frag ihn! Übers Jahr! Gibt es nicht ein Lied: Übers Jahr, lieber Schatz, übers Jahr?«

»Übers Jahr? Großer Gott . . .«

»Und was macht sich sonst Neues?«

»Gar nichts Neues, Dagobert. Großer Gott, gar nichts Neues . . . Brot und Suppe.«

»Pfui Teufel! Und dies heute!«

»Ich habe den ganzen Vormittag nach Fleisch gestanden.« Sie schickte die Töchter hinaus und gab ihnen auf, das Essen zu holen. Dann setzte sie sich, zog das Mundtuch aus dem Ring und blickte voller Stolz und Innigkeit zu mir herüber.

Wolfdietrich Schnurre

Man sollte dagegen sein

An der Wand, überm Geschworenentisch ist n weißer Fleck. Hing wohl mal n Führerbild. Damals.

Draußen dämmert's. Schummrig hier drin. Richtig gemütlich. Nur: man müßt nicht auf der Anklagebank sitzen.

Der Saal ist voll. Sogar in den Gängen stehn sie.

Der Schreiber kaut am Kopierstift; schon ganz violett unterm Bart.

Hätt mir n andern Verteidiger nehmen solln; so n durchsichtiges Hämchen, wie der ist.

»Ganz recht; und gewürgt«, sagt der Anklagevertreter.

Der Richter und die Geschworenen sehn mich mißbilligend an.

Der Gasmann in seiner blauen Uniform mit den silbernen Knöpfen dran hält sich den Kopf. Ist n Verband drum. Armer Kerl; jetzt tut er mir leid.

Wo bloß die Leute alle herkommen; komisch. Doch nichts Besondres, daß einer die Faust auf n Deetz kriegt. Gibt's doch ganz andre Sachen.

Der Richter setzt seinen Hut wieder auf. »Ahem«, macht er.

Die Zuschauer ruckeln sich zurecht. Menge Bekannte bei, seh ich.

Sagt der Richter: »Schildern Sie den Tatbestand, Kläger.«

Der Gasmann steht auf. Er zittert. »Ich komm rein«, sagt er.

»Wo rein?« fragt mein Verteidiger.

»Unterbrechen Se nich«, sagt der Richter.

»Ich komm rein«, sagt der Gasmann, »und will kassiern. Liegt er im Bett.«

»Wer«, fragt der Anklagevertreter.

»Er«, sagt der Gasmann und deutet auf mich.

»Und?«

»Nichts und. Er schlief.«

»Ich denk, er hat Sie –«

»Ja«, sagt der Gasmann; »immer rin ins Gesicht. Und gewürgt. Aber zuerst –«

»Zuerst –?« fragt der Richter.

»Zuerst schlief er.«

»Und dann«, fragt der Anklagevertreter.

»Hab ich mich geräuspert. So.« Der Gasmann macht's vor.

»Sehr interessant«, sagt der Richter; »und dann.«

»Fuhr er im Bett hoch.«

»Aha. Und?«

»Raus und mir an die Gurgel.«

»Und Sie?«

»Ich?«

»Ja.«

»Fiel hin.«

»Und er?«

»Er?«

»Ja.«

»Schlug zu.«

»Gesprochen dabei?« fragt der Anklagevertreter.

»Wer.«

»Der Angeklagte«, sagt der Richter.

»Er schrie«, sagt der Gasmann.

»Und was?«

»Kriegsknecht, verfluchter«, sagt der Gasmann; »Uniformscheuche; Menschenschinder; Blutsauger.«

Der Richter zieht die Brauen zusammen. »Stimmt das, Angeklagter.«

»Im Spucknapf is ne Maus ertrunken«, sag ich.

Der Gerichtsdiener bückt sich. »Igitt, wahrhaftig.«

»Rausbringen«, sagt der Richter.

»Stimmt«, sag ich; »haarscharf.«

Der Gerichtsdiener nimmt den Spucknapf und stellt n vor die Tür.

»Befehl ausgeführt«, sagt er und klappt die Hacken zusammen.

Der Richter hüstelt. »Gut«, sagt er; »rührn.« Und zu mir: »Noch was vorzubringen, Angeklagter?«

»Ganze Menge sogar«, sag ich; »hab's aufgeschrieben.«

Die Zuschauer murmeln. Die Presse-Stenographen spitzen die Bleistifte neu.

Ist dunkler geworden. Erkenn in der ersten Reihe eben noch Grete und die Kinder. Schorsch und die anderen vom WELTFRIEDEN sitzen im Dunkeln.

»Mal Licht«, sagt der Richter.

»Knack«, macht es.

»Stromsperre.« Der Gerichtsdiener klappt die Hacken zusammen.

»Rührn«, sagt der Richter. »Kerze aufstelln.«

»Kerze, jawoll.« Der Gerichtsdiener reißt n Streichholz an.

Draußen haut der Wind an die Scheiben. Die Kerze flackert.

Die Schatten der Geschworenen flattern wie zuckerhütige Ku-Klux-Klan-Männer über die Wand.

Der Ankläger putzt sich die Fingernägel.

»Na?« sagt der Richter. Seine Brillengläser funkeln. Tret vor ihn hin und zieh das Manuskript aus der Tasche.

»Sozusagen Gefängnisaufzeichnungen», sag ich. »Hatt ja Zeit während der Untersuchungshaft, nich?«

Mein Verteidiger gähnt.

»Also«, sag ich. Und ich les vor:

ACHT STUNDEN VOR MEINEM TOD

Eben war der Pfarrer hier. Netter Mann; weinerlich, grau schon. Konnt ihm nicht gram sein.

Ob ich noch n Wunsch hätt vor meiner – hm.

»Nee«, hab ich gesagt.

Na, aber ob ich denn nicht vielleicht wenigstens die Bibel –

»Kann mich jetz nich auf Märchen konzentriern«, hab ich gesagt.

Na, aber da wär doch auch Trost drin.

»Trost –?« hab ich gesagt; »is n *das*?«

Hat er sich bekreuzigt und ist zur Tür gegangen; rückwärts. Irgendwie tat er mir leid.

»Keine Angst«, hab ich gesagt, »*ich* mach keinen tot.«

»Gott mit Ihnen«, hat er gesagt.

»Kaum«, hab ich gesagt.

»Rumms.« Zu, die Tür.

So. Bin ich allein.

s dämmert. Die Nacht will kommen.

Soll sie. Wegen mir –

Vom Gang her fällt Licht rein. In der Ecke liegt der Freßnapf; umgeschmissen, zerbeult. ne Lache Graupensuppe drum rum. Kann der Wärter sich sonstwohin kippen.

Tja, Hanne –: und nu –?

Nu?

Ja.

Nu sitzte hier rum und wartst drauf, daß die kaltgemacht wirst.

Mußt nich sentimental werden, Junge. Weiß ich was Beßres.

Was n.

Hast dir doch n Blei und Papier geben lassen.
Für n paar Zeilen an Grete.
Die laß mal beiseite.
Was denn, du meinst –
Aufschreiben, das Ganze: genau.
Den ganzen Klimbim –?
Von A bis Z.
Nu ja –. Besser als grübeln. Fängt man sich ja doch nischt bei ein.
Und ich fang an.
Also, schreib ich:

Nacht im Wald gewesen. Früh mit m ersten Zug wieder retour. Sack voll Holz neben mir; wird Grete sich freun.

Die S-Bahn ist halbleer. Morgenzeitung hat keiner; zu früh noch.

Durch die verquollnen Fensterpappen zieht's rein. Klapp n Kragen hoch.

Elend dreckig hier drin. Mal Zwoter Klasse gewesen. Lang her; als man sich noch keine Stiebel aus den Sitzbezügen gemacht hat.

Links, am einzigen heilen Fenster, n Kind. Malt Soldaten an die Scheibe. Wenn's meins wär, gäb's Keile. Neben ihm ne alte Frau mit m Kropf; schnarcht.

Der Eisenbahner drüben ist im Schlaf wie ne vertrocknete Gurke zusammengeschnurrt. Der Dicke mit der grobporigen Nase ihm gegenüber fummelt an seiner Uhrkette rum.

Der Einbeinige dreht sich ne Zigarette. Tadellos, wie er das hinkriegt mit seiner zerschossenen Hand.

Das Mädchen pudert sich. Wenn's nicht ne Nutte ist.

Der junge Mann blättert in nem Ami-Magazin. Die Linke hält er zwischen den Knien. Tüchtiger Junge; hat sich n paar nagelneue Schuhe erschoben.

Die Trümmerfrau starrt tot vor sich hin, der dauernde Umgang mit Steinen hat nu auch aus *ihr* ne Ruine gemacht.

Neben ihr, mit Kranz, ne Dame in Schwarz. Ihr Gesicht ist hinter nem fleckigen Schleier verborgen. Ganz schön geheult; sicher der Sohn.

Weiter vorn sitzt der fremde Offizier. Hat sein Köfferchen auf m Schoß und blinzelt kauend in ne Büchse Cornedbeef rein. Der blasse Bebrillte ihm gegenüber schluckt; tut so, als kuckte er raus.

»Seit vier Uhr schon«, sagt da der Junge.

»Was n«, fragt das Mädchen. Sie klappt die Puderdose zu, daß ne rosa Wolke aufsteigt um sie.

»Marschmusik. *Hohenfriedberger. Alte Kameraden.* Alles die zackigen Sachen.«

»Ach nee.« Der blasse Bebrillte vorn dreht sich um.

»Doch«, sagt der Junge.

»Wo n«, frag ich.

»Radio«, sagt der Junge und streicht sich ne Schmantlocke weg; »beide Wellen.«

»Ku ma, Mammi«, sagt das Kind; »dis hier, dis soll n General sein.«

»Stimmt ja.« Die Alte mit m Kropf reckt sich. »Is doch ne Sondermeldung durchgekommn.« Sie zwinkert zu dem fremden Offizier hin und flüstert dem Dicken was zu.

»Nee –?!« ruft der.

Die Alte zuckt die Schultern.

»Was n«, fragt das Mädchen.

Die Stimme des Dicken bibbert. »Wir ham wieder eine.«

»*Was:* eine.« Der Eisenbahner linst mit seinen entzündeten Augen ins Licht und reißt gähnend den Mund auf.

»ne *Wehrmacht – ?!*« krächzt der Einbeinige selig.

»Simmt«, sagt die mit m Kropf.

Die Dame in Schwarz seufzt.

»Quatscht nich so n blödes Zeug«, sag ich. »Seid froh, daß wir die *alte* los sind.«

»Froh?!« sagt der Einbeinige; »Mann, ich würd, so wie ich bin, wieder mitmachen.«

»So is richtig«, prustet der Dicke; »so wolln wir unsre Jungs.«

Der fremde Offizier fährt sich mit m Handrücken übers Kinn; hat ihm geschmeckt.

»Ku ma, Mammi«, sagt das Kind, »dis hier, dis is n Panzer. Und dis hier, dis sin alles schon Tote.«

»Warn *Sie* das eben?« fragt der blasse Bebrillte und kommt auf mich zu.

»Was.«

»Das mit dem Frohsein.«

»Ja«, sag ich.

Sagt der: »Rat Ihnen, vorsichtiger zu sein. War Leutnant.«

Mir kribbeln die Hände. »Schön«, sag ich; »und –?«

Die andern lachen.

Der Zug hält.

Die einsteigen, haben nu auch die ersten Zeitungen mit.
»Schon gehört?!« schrein sie; »schon gehört, Leute?!«
»Stimmt's?« fragen die andern und drängen sich um sie.
»Vorlesen!« schrein die hinteren.
»Ruhe!« brüllt einer. Liest: »*Vertrauensgeschenk der Alliierten. Zur Wahrung der nationalen Belange und zur würdigen Repräsentation der Volksehre hat das Parlament heute nacht, in Übereinstimmung mit den Alliierten Behörden, einstimmig die sofortige Wiedereinführung der allgemeinen Wehrpflicht beschlossen.*«
Mir sacken die Knie weg.
»Hurra!« kreischt das Mädchen.
»Hurra!« schrein die andern und umarmen sich und schlagen sich gegenseitig auf die Schultern.
Der fremde Offizier lächelt.
»Weiterlesen!« ruft der Bebrillte.
Der Zug ruckt an.
Hab den Fuß in den Türspalt geklemmt und starr raus. Sonne; strahlender Himmel. Der Bahnsteig ist leer. Bis auf die Dame in Schwarz. Gar nicht gemerkt, daß sie ausstieg.
»*... und wurde der Pro-forma-Antrag auf Ratifizierung des Gesetzesvorschlags zur Wehrdienstverweigerung als Diskreditierung der Manneszucht einstimmig verworfen*«, sagt der Vorleser.
Draußen sausen Laubenkolonien mit Sonnenblumen, Hühnern und spielenden Kindern vorbei. Die ersten Mietskasernen tauchen auf.
Dreh mich um.
Das Gesicht der Trümmerfrau ist nicht wiederzuerkennen; es glüht.
»Ein Lied!« japst der Dicke. Tränen laufen ihm die Backen runter vor Begeisterung.
»Bravo!« jubeln die andern.
»*Graue Kolonnen!*« schreit der Einbeinige.
»*Tapfre kleine Soldatenfrau!*« kreischt das Mädchen.
»Aus!« brüllt der blasse Bebrillte; »aus! *Es zittern die morschen Knochen* –: das wird gesungen! – Ton!«
Die Frauen stimmen an.
»Drei –!« brüllt der Bebrillte, »vier!«
Sie singen.
Der Einbeinige ist auf die Bank geklettert. Er hält sich am Gepäcknetz fest und schlägt mit der Krücke den Takt.

Seh zu dem fremden Offizier rüber; der lächelt.

Die nächste Station wird's voller. Die Neueingestiegenen schwenken Extrablätter; sie lachen, umarmen sich und stimmen mit ein.

Der ganze Zug singt.

Ich schließ die Augen und halt mir die Ohren zu.

Hilft nichts. Wie ich aufseh, ist alles noch da.

»Spuk!« schrei ich; »Spuk!«

Sinnlos.

Nur der fremde Offizier hat n bißchen die Brauen gehoben.

Dann bin ich da. Bloß raus.

Den Sack schleif ich hinter mir her; keine Kraft mehr, n auf die Schulter zu heben.

Wisch mir n Schweiß ab. Fall auf ne Bank.

Kommt der fremde Offizier an. Hebt fragend die Camel.

Halt ihm mein Feuerzeug hin.

Pafft er.

Komisch; nie gebrannt sonst, das Ding.

Taumle hinter ihm durch die Sperre.

Der Knipser hat n Militärorden angesteckt. »Könnten ruhig grüßen!« schreit er mir nach.

Die Straßen sind verstopft mit singenden Kolonnen; Zivilisten; Wachstuchkoffer und Margarinekartons unterm Arm. Frauen winken ihnen zu. Straßenbahnen und Autos warten hupend und klingelnd, bis sie vorbei sind.

Die Hausfassaden sind mit Luftschlangen und Papiergirlanden geschmückt. Auf den Höfen stehn Leierkastenmänner und dudeln Militärmärsche runter.

»He, Sie!« schreit hinter mir jemand.

»Was n los«, frag ich.

Zwei Schaftstiefel stelzen heran; weiter oben: Armbinde und Offizierskoppel; Jägerhut drüber.

»Soldat gewesen?«

»Sechseinhalb Jahre«, sag ich; »wieso.«

»Säuisch, Ihr militärisches Benehmen. Schon gemeldet?«

»Nee.«

»Na, dann aber dalli.«

Stakt der Jägerhut ab.

Der fremde Offizier ist stehngeblieben. Jetzt schlendert er weiter, pfeift.

Über der Straße hängt n Transparent: UNSRE EHR MANNES

Wehr. Kinder spielen drunter. »Wenn ich schieß«, schreit eins, »wird krepiert, klar?«

Die andern nicken.

Nächste Ecke n paar fremde Soldaten. Tadelloser Laune, die Jungs; Hände in den Taschen und trampeln zu so ner Marschmusike den Takt.

Der fremde Offizier geht ihnen summend entgegen.

Bin weitergetorkelt mit meinem Sack auf m Puckel. Kommt ne Horde Besoffner an. Blumen im Knopfloch. Gasmasken um. Erkenn sie. Richard, Franz, Karl. Noch n paar.

»Mensch, Hanne!« schrein sie.

»Ja«, sag ich.

»Kommste mit?«

»Wohin n?«

»Na, Kaserne, Mensch! Bißchen Griffe kloppen mal wieder.«

»Seid ihr verrückt?« frag ich.

»Verrückt –?«

»Ja«, sag ich.

»Wieso.«

»Wieso –? Habt sechs Jahre im Dreck gelegen und jetz fangt ihr wieder an?«

»Wieder?« sagt Richard; »wie kommst n auf wieder? Bißchen Manöverzauber. Doch mit Schädeleinschlagen nischt zu tun.«

»Nee –?« sag ich.

»Dußlig geworden«, sagt Franz.

»Miesmacher.«

»Der spinnt.«

»Servus«, sagt Karl.

»Servus«, sag ich.

Haun sie ab; grölend.

Bieg in die Wörthstraße ein; Nummer vier wohn ich.

Kommt der Milchmann übern Damm. »Nu denken Se sich, Herr Hase, mein Ältester, nich –«

»Fein«, sag ich; »hat er's geschafft in Latein?«

»Latein –?« sagte der Milchmann; »wieso denn Latein? Angenommn auf der Unteroffiziersschule ham se n.«

Ich klingle.

Die Nachbarn haben Blumen an die Fenster gestellt. Auch Fahnen hängen raus.

Meine Fenster sind kahl.

»Schön, daß de kommst«, sagt Grete.

Stell den Sack ab. »Was los?«

»Hier.«

n Brief. Grau. Dienstsiegel.

Hase, Hans, Wörthstraße 4.

»Is gut, Grete.«

»Werd's Essen machen.«

»Ja«, sag ich; »tu das.«

»Die Kinder sind unten.«

»Schön«, sag ich.

Sie steht an der Tür und wischt mit der Schürze die Bleikristallvase auf der Anrichte blank.

»Is noch was –?«

»Nee.«

Sie geht schon.

Der Brief, denk ich.

Leg den Kopf auf n Tisch und schließ n Momentchen die Augen.

In der Küche klappert Grete mit m Geschirr.

Einprägen, so n Geräusch; hörste vielleicht nich mehr lang.

Hase, Hans, denk ich. Den *Herrn* haben se schon geschluckt. Als nächstes kommt der Vorname dran. Dann der Familienname. Zuletzt bleibt ne halbierte Blechmarke übrig mit ner Nummer drauf.

Reiß das Kuvert auf.

Na, bitte: ... *haben Sie sich umgehend, binnen vierundzwanzig Stunden, bei Ihrem zuständigen Bezirkskommando zu melden.* Tusch.

Weiter: ... *unterliegen Sie mit sofortiger Wirkung den Militärgesetzen und haben Sie sich bei Nichtbefolgung dieses Befehls vor einem Standgericht zu verantworten.*

Aha; *so* ist das also. Richtig, jetzt entsinn ich mich wieder.

Bin ganz ruhig. Krieg beinah Angst vor soviel Ruhe.

Mal überlegen, Hanne. Was haste dauernd gepredigt? Vaterland –? haste gesagt; ihr wohnt in der *Welt.* Sagt, sie solln euch n Puckel raufsteigen, wenn sie wiederkommen mit ihrn nationalistischen Sprüchen. Bleibt zu Hause, haste gesagt; laßt se sich selber anbrülln auf ihrn leeren Kasernenhöfen.

Leer –? Mensch, die Kasernen sind voll.

Na, und –? Sagt n das schon. Gibt doch Hunderte, gibt Tausende, die so denken wie ich.

Los, zeig mir mal einen von denen.

Einen? n *Heer* werd ich dir zeigen.

Klingelt's.

Grete macht auf.

»Ja«, sagt sie; »is da.«

Schorsch. Nee –: Emil.

»Tag, Emil«, sag ich.

Emil ist mein Freund. Nicht so dicke wie Schorsch, nee; Schorsch ist wie n Bruder. Aber mit Emil war ich zusammen in der Strafkompanie.

»Tag«, sagt er; »na –?«

»Tja«, sag ich.

Grete rückt n Bild grade.

»Auch schon gemeldet?« fragt er.

»Auch –?« sag ich; *»auch!?«*

»Na, dachtest n du? Meinste, bin wieder so dußlig wie damals und mach auf Friedensapostel? Nee, is nich. Diesmal wird zwischengehalten.«

»Moment mal«, sag ich; »du willst –«

»Ja«, sagt er; »bißchen sabotiern. Doch *die* Chance jetzt.«

Draußen wummert ne Militärkapelle.

»Hurra!« schreit es. »Hurra!«

Hüte fliegen vorm Fenster hoch. Luftschlangen werden geschmissen.

Sag ich: »Aber sie geben dir doch n Gewehr!«

»Eben.«

»Und wenn de schießen sollst?«

»Schieß ich.«

»Ich geh in die Küche«, sagte Grete.

»Is gut«, sag ich.

»Dacht, du machst mit«, sagt Emil.

»Nee.«

»Und wenn se dich einsperrn?«

»Kann man nichts machen.«

»Und wenn se dich an die Wand stelln?«

»Stelln se mich an die Wand.«

»Hurra!« schreit es draußen. »Hurra!«

»Find ich albern«, sagt Emil. Geht zur Tür.

»Ich will Frieden«, sag ich.

»Ich auch«, sagt Emil.

»Frieden mit Blut is Krieg«, sag ich.

»Und Frieden mit Daumendrehn Feigheit.«

»Rumms.« Zu, die Tür.

Weg ist er.

»Hurra!« schreit es.

»Die Suppe«, sagt Grete.

»Is gut«, sag ich.

Nach m Essen mach ich mich auf n Weg zu Schorsch. Schorsch ist Chefredakteur vom WELTFRIEDEN. Muß mal wieder n Menschen sehn.

Auf n Straßen wimmelt's von Uniformfetzen. Lackkoppel, Helme, auf Zivil genähte Dienstrangabzeichen. Ehrenbezeigungen werden erwiesen. Jeder grüßt jeden.

In ner Kinderschar, die n Parademarsch kloppt, marschiern Fritze und Friedolin mit; Fritze n Holzsäbel um, Friedolin unterm Papierhelm. *Meine* Söhne ... Vorm Rathaus säuselt ne Schalmeienkapelle. WEHRBEZIRKSKOMMANDO steht überm Eingang. ne endlose Menschenschlange krümmt sich davor. Der Platz ist mit Konfetti und bunten Wattekugeln bestreut. Spruchbänder rings an den Bäumen. Fahnen sind aufgepflanzt. An den Mauern kleben Plakate: *Macht sie dingfest, die Militärdienstverweigerer! Meldet sie euren Kommandostellen, die Vaterlandsverräter!*

Feldgendarmeriestreifen mit Stahlhelmen und Karabinern schieben sich durchs Gedränge.

Ich tret in nen Hausflur und änder das Datum auf meinem Gestellungsbefehl.

Komm ich raus, hat sich n paar Schritte weiter n Menschenauflauf gebildet. Gummiknüppel klatschen.

»Hunde!« gellt ne überschnappende Stimme.

Saus hin.

»Is n los?« frag ich und drängel mich durch.

»n Drückeberger«, sagt einer.

»Schinder!« keucht die Stimme; »Uniformknechte!« Sie kippt um.

»Klatsch«, macht es; »klatsch, klatsch.«

Puff mich nach vorn.

Feldblusen; Stahlhelme.

Auf der Erde liegt einer: blutig. Hände ins Pflaster gekrallt. Wehrlos.

Jetzt, denk ich.

»Brüder!« schrei ich. »Brüder!«

Die um mich rum weichen zurück. Der Verwundete hebt den Kopf.

Neben mir steht n pickelgesichtiger Zwanzigjähriger mit Offiziersrangabzeichen.

»Kuckt her!« schrei ich und zeig auf ihn; »so sehn sie aus, die Vertreter der Volksehre! So sehn sie aus, die Helden des Vaterlands! Laßt euch doch nich besoffen machen von denen! Abenteurer sind's, Knutenschwinger! Verbrecher, die eure Kinder verführn!«

Der Picklige rückt sich den Helm aus der Stirn.

n Murren steigt auf.

Der Verwundete sackt wieder zusammen.

»Auch so einer«, hör ich's. »Abschießen, die Blase.«

Dreh mich um.

ne Wand von Gesichtern. Eisig. Gefrorner Hohn. Haß.

Nee, denk ich. Muß n Irrtum sein, Hanne. Doch Menschen. Menschen wie du!

»Hier!« schrei ich, »seht her: Blut! Euer Blut! Das Blut der Freiheit! Das Blut –«

»Schnauze, Quatschkopp!« schreit einer.

»Laßt n nich durch!« brüllt n andrer.

Der Zwanzigjährige nickt mit seinem Pickelgesicht zu mir hin. Hand auf n Pistolentaschen, schieben die Uniformierten sich ran.

Spür die Blicke der andern im Nacken; feindselig, angewidert; weiß plötzlich: Hier bin ich allein.

Da brech ich aus. Reiß die Nächststehenden um.

Hetz über die Straße.

n Pistolenschuß kracht.

»Haltet ihn!« brüllt's. »Los, hinterher!«

Rein in n Hausflur.

Treppe rauf.

Zur Dachluke raus.

Sprung.

Regenrohr runter.

n Hof.

Schlappe Unterhosen baumeln im Wind. Neben dem Mülleimer Kehrricht. Kinder stochern drin rum. Dahinter n Zaun.

Schleich durchs Tor auf n Bürgersteig raus.

Zwo Straßen weiter ist s Druckhaus. Zwo Straßen weiter ist Schorsch.

»Ihre Papiere.«

Verflucht; Streife. Vier Mann; Armbinden um; Gummiknüppel und Pistolen am Koppel. Einer, Monokel im Auge: Majorsschulterklappen auf m Jackett.

»Gefälligst Haltung an!« krächzt er.

»Hier.« Zeig ihm den Gestellungsbefehl.

Hinten kommt schon die Meute an jetzt; die Uniformierten vornweg.

»Heil dir im Siegerkranz!« dudelt n Leierkasten da los.

»Radiert.« Das Monokel fixiert mich. »Festnehmen, den Kerl.«

An der Sonne zieht blitzend ne Flugzeugstaffel vorbei.

»Eigne –?« frag ich.

Die vier starren nach oben.

Nu los, Hanne.

Reiß dem Major den Gestellungsbefehl aus der Hand und ramm ihm den Kopf in n Bauch.

»Wumms«, liegt er da.

Ab schwirr ich; Richtung Druckhaus.

»Da is er ja!« schrein hinter mir welche.

Überall kommen sie aus den Hausfluren und an die Fenster gerannt.

»Wer?!« rufen sie; »wer?!«

»Anhalten!« brüllt's mir im Rücken; »anhalten, das Schwein!«

Schlag n Haken. Noch einen.

Überholt mich n Auto. Hält. Das Monokel: Pistole im Anschlag.

Schmeiß mich hin.

Schuß.

»Hilfe!« kreischt ne Frau.

Wälz mich in n Kellerloch rein. Glas splittert.

Schuß.

Mist. Mein Arm –

Dunkel ringsum.

Geht ne Tür auf.

Waschküchendampf.

»Der blutet«, sagt jemand.

Nebenan plumpst einer ins Kellerloch rein. Noch einer.

»Geht's n hier raus«, keuch ich.

»Da –.«

Stufen. Renn rauf.

Licht. Diese Scheißsonne schon wieder. ne Mauer mit Kreuzen dahinter; Stahlhelme drauf. Überm Eingang n Schild: UND IHR SEID NICHT UMSONST GEFALLEN.

Posten davor.

Schwing mich über die Mauer.

»Halt!« schreit der Posten.

Ras ich los.

Hügel brechen ein. Kreuze zersplittern.

Schuß.

»Flit«, macht die Kugel.

Hinten liegt's Druckhaus.

DER WELTFRIEDEN BRINGT WIEDER KLEINANZEIGEN steht an der Brandmauer dran.

Schuß.

»Flit.«

Diesmal von rechts.

Da kommen sie über die Gräber.

Elend nah schon; halbe Friedhof ist voll.

»Haltet ihn!« schrein sie; »haltet den Hund!«

Zum Druckhaus hin stößt der Friedhof an Laubenparzellen. Die ersten Zäune sind hoch. Aber dann geht's.

Querbeet renn ich jetzt.

n Spitz schnappt nach mir. Hühner stieben auseinander.

»Dieb!« schrein die Laubenbesitzer.

»Saboteur!« heult die Menge.

n Bach. Matratzen drin, Ölflecke drauf.

Sprung.

Schüsse.

»Flit. Flit.«

Alle zu hoch.

Tumult hinter mir. Schreie:

»Raus aus mein' Garten!«

»Gangstermaniern!«

Sie prügeln sich schon.

Weiter.

Rechts jetzt die Straße.

Hopp!

Übern Zaun.

So –:

Drüben steht s Druckhaus; vierundzwanzig Etagen, ne Burg.

»Dringend«, sag ich zum Pförtner.
Der telefoniert.
Komisch. Sonst konnt ich durch.
»Weltfrieden«, sagt ne Stimme am andern Ende; bißchen verzerrt.
Endlich.
»Setzerei«, sagt der Pförtner.
Paternoster erinnert zu sehr an Zelle. Lieber zu Fuß. Elf Etagen.
Glimmer in den Steinstufen drin. Volontäre mit Druckfahnen sausen an mir vorbei. Setzer balancieren Schüsseln voll schwappender Erbsensuppe nach oben.
Riecht nach Druckerschwärze, Kantine und feuchtem Papier.
Geh durch die Glastür zur Setzerei.
Am Drahthaken hängen die letzten Bürstenabzüge. Noch feucht. DER WELTFRIEDEN steht drüber. Heutiges Datum.
Reiß sie ab. Setz mich.
»Tag, Herr Hase«, sagt n Setzer.
»Tag«, sag ich. Les.
Schlagzeile, ganzseitig: WEHRPFLICHT GARANT DES WELTFRIEDENS.
Nanu. Falsche Zeitung anscheinend.
Nee, stimmt: DER WELTFRIEDEN, *Pazifistische Tageszeitung* steht drüber.
Hechle die Seiten durch: *Nationale Ehre rehabilitiert. – Berufssoldat die Chance der Zukunft. – Orden heraus! ... hat der Magistrat großzügige Räumung von Wohnblocks zwecks Kasernierung von Freiwilligen verfügt. – Kriegerverein stiftet Schießpreis. – Wer liefert die Waffen? Nur jeder zweite Soldat ein Gewehr!*
Erheb mich zerschlagen.
Schorsch ... Schorsch is verhaftet, paß auf.
Kommt n Setzerstift an.
»Is n der Chef.«
Nickt er zur Korrektionsklause hin. »Da sitzt er doch drin.«
»Nanu.«
Tatsache. Gar nicht gesehn.
Klink den Glasverschlag auf, schieb mich rein.
Links hocken die Korrektoren. Bleistift hinter n Ohren, prosten sich zu. Auf den Korrekturseiten stehn Schnapsflaschen.
Rechts, weißer Kittel, Schaftstiefel: Schorsch.
Neben ihm der Umbruchredakteur. Haufen Volontärinnen

drum rum um die beiden. Schnapsgläserfußstapfen rings auf n Pulten. Ami-Zigarettenrauch in der Luft.

»Schorsch –«, sag ich und halt die Abzüge hoch.

Schubst er sich die Volontärin vom Schoß; schluckt.

»Hanne, Mensch! Tag, alter Junge.«

Reich ihm die Abzüge hin. Ahn schon, was kommt. Ganz ruhig bin ich wieder.

»Mußte mir mal erklärn«, sag ich.

»Was n«, fragt er.

»*Das* hier.«

Er blinzelt.

Draußen drücken die Setzer sich die Nasen platt an den Scheiben. Starren auf meinen Arm. Blutet und blutet, das Ding.

»Schorsch«, sag ich. »Ham wir nich dauernd gesagt: Hütet euch vor ner neuen Wehrpflicht –? Denkt dran, wo euch die letzte hingeführt hat –? Faßt keine Knarre mehr an –? Scheißt auf alle Uniformen –?«

Die Volontärinnen kichern.

Schorsch tritt dicht vor mich hin. »Leise! Nich doch so laut!« Nimmt mich beseite: »Hanne, Alter; nu hör doch mal zu.«

»Ich hör«, sag ich; »ich hör tadellos.«

»Doch n Unding, was de da willst.«

»n Unding –? Wieso.«

»Na, zu gefährlich; doch logisch.«

»So –«, sag ich; »aha.«

Er druckst. »Mein, im Grund hat sich natürlich nichts geändert. Bloß –«

»Prost«, rülpst der Umbruchredakteur und stößt mit den Volontärinnen an.

»Bloß –?«

»Bloß –« Schorsch hüstelt. »Sieh mal: zuerst, da – da muß man eben mitmachen, stimmt's. Später, so allmählich, da kann man ja dann wieder umschwenken, nich.«

»Umschwenken«, sag ich; »ja, ja; kann man. Kann man ausgezeichnet.«

Kotzübel ist mir.

»Mensch, sag mal: schämst n dich nich?«

»Psst!« macht er. »Hanne, Junge: versteh doch. Wär doch Wahnsinn jetz; wär doch glatter Selbstmord. Ich mein –: Is ja bloß, bis sich so der erste Trubel gelegt hat. Nachher dann – na, da sollste mal sehn.«

»Ja«, sag ich; »ja, ja.« Fall auf n Stuhl.

Klingelt s Telefon.

Schorsch ran. Tupft sich n Schweiß von der Stirn.

»Noch mal: Ob hier *was* –?« Er schluckt. »Seid mal ruhig.«

»Prost«, sagt der Umbruchredakteur.

»*Wo* –?« fragt Schorsch; »hier, bei uns –? Ausgeschlossen, Herr Major. Bitte –? Versteh nich. Schußwunde linker Arm? – Schön. Werd mich mal umsehn.«

Er legt auf.

»Iiiiiiii!« schreit da von den Volontärinnen eine.

»Was n?« fragt der Umbruchredakteur.

»Er blutet.«

»Wer.«

»Er.«

Ich steh auf. »Sind se da?« sag ich. »Sind se endlich da, die vollgeschissenen Uniformsäcke, ja –?«

Schorsch zuckt zusammen. Er räuspert sich.

»Wahnsinnig peinlich, Hanne; wirklich. Aber – aber in meiner Stellung als – äh –«

»Mal herhörn!« überbrüllt da draußen einer die Maschinen.

Kuck raus.

Zivilisten und Uniformierte; die Meute vom Friedhof. Mittendrin: das Monokel.

An der Glastür Passanten. Paar Polizisten halten sie mühsam in Schach.

Die Setzer stellen die Maschinen ab.

»Was n *nu* kaputt?« fragt der Umbruchredakteur.

Schorsch klinkt die Tür auf. Rückt sich die Krawatte zurecht.

»Melde gehorsamst: Ham ihn, Herr Major.«

Der tippt an die Mütze. »Verbindlichsten Dank. Famosen Dienst geleistet, mein Lieber. Lassen Sie weitermachen.«

»Weitermachen, tjawoll.«

Die Setzer zerstreuen sich. Die Maschinen fangen wieder an zu laufen.

»Prost«, rülpst der Umbruchredakteur.

»Abführn, das Subjekt.« Das Kinn des Majors hackt zu mir hin.

Geh ihm entgegen. »Schon gut«, sag ich; »strengt euch nich an.«

Mein Arm blutet; hört gar nicht mehr auf.

Einer stößt mir n Kolben ins Kreuz. »Los, Pazifist.«

Schorsch kaut; seine Kinnbacken mahlen.

»Hanne, Mensch! Kapier bloß! So schwer zu erklärn alles. Aber ich sag ja: Im Interesse der Aufrechterhaltung einer – einer gewissen –«

»Ja«, sag ich; »ja, ja, Schorsch –; das Gewissen – –«

»Fresse, Kerl!«

Wieder krieg ich n Kolben ins Kreuz.

Geh in die Knie.

Egal. Erst mal hier raus.

Die schleifen mich weg.

Am Ausgang n Schild; vorhin gar nicht gesehn: *Kriegervereinsgruppe* WELTFRIEDEN *lädt ein zum Betriebsfest!* Eichenlaubgirlanden drum rum.

Der Mob vor der Tür rast. Glaub, die stehn bis zur Straße runter.

»Aufhängen!« hör ich's. »Fertigmachen!«

»Feigling!« – »Volksverräter!« brüllt's durcheinander.

Der reine Spießrutenlauf.

Auf der Straße kracht mir n Stein an den Schädel.

Dreh ich mich um.

Tobt, die Menge.

Grete, denk ich.

Dann sack ich zusammen.

Müssen mich weitergeschleift haben.

Wie ich wieder zu mir komme, sind wir schon an der Schlieffenkaserne.

Die Menge vorm Eingang hat n Sprechchor gebildet:

»Drücke-ber-ger müs-sen hän-gen! Drücke-ber-ger müs-sen hän-gen!«

Auf m Kasernenhof wird exerziert. Der Feldwebel und die Korporale haben Uniform an. Die Rekruten sind in Zivil.

»Hinlegen!« hör ich's. »Auf, marsch-marsch! Achtung!«

Liebe alte Befehle.

Der schmalbrüstige Kasernenkomplex bildet n Hufeisen. Parallel zum Hauptblock läuft ne Doppelreihe Latrinen.

Ordonnanzen flitzen herum.

In den Kasinos knallen die Sektkorken.

»Im – Gleichschritt!« kommandiert das Monokel. Die Uniformierten nehmen Schritt auf.

»Abteilung –« kommandiert das Monokel.

Die Uniformierten treten kurz.

»– halt!« kommandiert das Monokel.

Tret natürlich dem Vordermann prompt in die Hacken. Hab ich noch nie gekonnt: auf m richtigen Fuß halten.

»Weggetreten!« kommandiert der Major. Behaucht das Monokel.

»Idiot!« Mein Vordermann haut mir n Kolben vor n Magen.

Fall hin; der Arm blutet wieder.

»Na, na!« sagt das Monokel.

Rappel mich auf.

Ruhig, Hanne; bloß nich durchdrehn jetz.

Vorn exerziern sie. Grundstellung.

»Die Füße«, schmettert der Korporal, »bilden nicht ganz einen rechten Winkel. Knie sind durchgedrückt, Arschbacken leicht zusammengekniffen. Das übrige hängt zwanglos herunter.«

Die Rekruten strahlen.

Ist die Schreibstube, auf die man mich schleppt.

An den Wänden hängen Aktfotos und Dienstvorschriften. Riecht nach Schweiß, Karbolineum und kalter Zigarre. Kasernenparfüm.

Muß meine Personalien angeben.

Schein schon bekannt zu sein hier. Die Schreiber sehn mich mit runtergezogenen Mundwinkeln an. »Abführn«, sagt der Major. Reißt die Augen auf, um s Monokel einklemmen zu können; braucht er, um mir hinterherzustarren jetzt.

Mal wieder ne Zelle, in die man mich führt.

»Hosenträger«, sagt der Wärter.

Kann er kriegen; hab für so n Fall immer n Double parat.

»Klack.« Zugeschlossen, die Tür.

So, Hanne. Das wär deine Friedenslaufbahn gewesen.

Irgendwann klappert s Schlüsselbund wieder.

Der Wärter noch mal.

Krieg Handschellen um.

Draußen stehn zwei. Uniformierte. Fäuste auf n Pistolentaschen.

Werd ne Treppe runtergeführt. Die Stufen sind muldig und ausgelatscht. An den Wänden gehn Fotos von Roon, Moltke und Hindenburg mit.

»Stop.«

PERMANENT TAGENDES STANDGERICHT steht auf ner Tür. Gegenüber n Fenster. Milchglas gewesen; jetzt vor Fliegenkacke fast schwarz.

Der Wärter nimmt Haltung an; klopft.

»Herein!« knarrt ne Stimme.

Der Wärter klinkt auf; salutiert. »Befehl, Nummer Siebenhundertsiebenundvierzig herzuholn, ausgeführt!«

»Rankommn!« schnarrt es.

Tret ein.

Art Hörsaal mit Bänken. Stapel von Akten vorn auf m Pult. Drunter n Tisch. Drum rum: n General, n Oberst, n Kriegsgerichtsrat, n Leutnant, der Schreiber.

Links die Beisitzer; Mannschaftsstand. Über ihnen ne kaputte Justitia: Der Arm, der die Waage hielt, fehlt; sie stützt sich nur noch aufs Schwert.

ne Glühbirne flackert. Die Luft ist verbraucht.

Steht der Kriegsgerichtsrat auf. Tritt hinters Pult. Leiert: *»Arrestant Siebenhundertsiebenundvierzig. Aktenzeichen Berta Dora Zeppelin römisch zwölf, Schrägstrich arabisch zweihundertdreiundzwanzig. Anklagepunkte:«*

Er hebt n bißchen die Stimme. *»Kriegs- und Militärdienstverweigerung. Pazifistische Umtriebe. Untergrabung der Manneszucht. Zersetzung der Wehrkraft. Beleidigung der Offiziersehre. Besudelung soldatischen Erbes. Mißachtung beziehungsweise Nichtausführung gegebener militärischer Befehle. Urkundenfälschung. Widerstand gegen die Staatsgewalt. Angeklagter wird in allen Punkten für schuldig befunden.«*

Kommt zurück, setzt sich.

Schießt der Leutnant hoch; ran ans Pult, rasselt:

»Mit sofortiger Wirkung hat bei allen Militärtribunalen das heute früh um drei Uhr vom Parlament ratifizierte Gesetz, welches für sämtliche eben verlesenen Vergehen, soweit sich dieselben auf den militärischen Sektor beziehen, die Todesstrafe vorsieht, Anwendung zu finden.«

Tusch.

Der Leutnant tritt ab.

Fragt der Kriegsgerichtsrat: »Noch ne Bemerkung, der Angeklagte?«

»Die Bemerkung, der Angeklagte«, hör ich mich sagen, »daß n Mörder umgebracht wird, weil er n Mörder is; und daß der Angeklagte umgebracht werden soll, weil er *kein* Mörder sein will.«

Der Oberst schnippt sich n Stäubchen vom Ärmel. »Sein Se doch nett, junger Mann«, säuselt der General. »Tun Se Dienst, und Se kommn mit ner Freiheitsstrafe weg. Na –?«

»Sie verstehn mich nich richtig«, sag ich. »Ich will kein' Kompromiß, ich will Gerechtigkeit.«

»Also«, sagt der General: »*Sie* tun Dienst, und *wir* erlassen Ihnen die Todesstrafe. Doch *mehr* als gerecht, wie?«

Bin still. Soll ich n denen hier schon erzählen.

»Na –?« fragt der General; »is das nu mit uns, junger Mann: Nich *doch* Lust gekriegt?«

»Nee«, sag ich. »Sechseinhalb Jahre den Wahnsinn mitgemacht; nu is Schluß. Aus. Bin bedient.«

»Märtyrer sozusagen.« Der Oberst stochert sich in den Zähnen.

»Schön«, seufzt der Kriegsgerichtsrat; »erledigt, der Fall. Der nächste, Herr General?«

Der nickt.

Seh zu den Beisitzern rüber.

Na, Jungs? Nich vielleicht *doch* n Wörtchen für mich riskiern?

Die rührn sich nicht, nee.

»Marsch«, sagt der Wärter.

Zwischen den beiden Uniformierten geht's zurück in die Zelle.

Der Wärter ist n bißchen umgänglicher nu; als Todeskandidat wird man hier wieder n Mensch.

»Noch n Wunsch –?«

»Blei und Papier.«

Er bringt's und schließt ab. Grient noch mal herzlich durch n Spion.

Winzigkeit später kommt er mit m Blechnapf voll Essen. Graupen; wie Kinderkotze, so grün.

Wart, bis er weg ist; dann kipp ich den Fraß in die Ecke.

So; und was nu –?

Lauf hin und her.

Quatsch, denk ich; geht ja gar nich: einfach so n Kopp ab. Doch unmöglich. Muß ja Grete ernährn und die Kinder. Tot –: doch n Wahnsinn, so was. Wachste ja nie mehr auf hinterher. *Nie* mehr; stell dir das doch bloß mal n Augenblick vor!

Aber dann klappert *doch* noch mal s Schlüsselbund draußen.

Der Wärter schiebt einen rein: n Pfarrer.

Da weiß ich Bescheid:

Ist Ernst; die bringen mich um.

Falt die Blätter wieder zusammen; steck sie ein.

»Schluß«, sag ich. »Alles. Rest muß ich erzähln.«

Die Zuschauer im Gerichtssaal starren mich an. Nur einer sieht weg: Schorsch.

Die Kerze ist runtergebrannt. Mein Atem streift sie; sie rußt.

Grete wischt sich die Augen.

Der Verteidiger schläft.

»Hab ich geschrieben«, sag sich, »als der Pfarrer dann weg war. Das heißt, genauer gesprochen: während der Untersuchungshaft jetz.«

»Nanu«, sagt der Anklagevertreter; »aber wir haben Ihnen doch gar keinen Pfarrer geschickt.«

»Von Ihnen«, sag ich, »is ja auch gar keiner gekommen.«

Die Zuschauer murren.

»Ruhe«, sagt der Richter. »Was war, als der Pfarrer dann ging.«

»Ich sag doch: ich schrieb.«

»Was.«

»Na, was ich vorgelesen hab eben.«

»Und dann.«

»Dann konnt ich nich mehr.«

Der Anklagevertreter behaucht sich die Nägel.

»Wieso.«

»Zu unruhig. Bei jedem Schritt auf m Gang fuhr ich hoch. Zitterte. Stemmte mich gegen die Tür. Schrie. Schlug um mich. Lag auf der Lauer schließlich wie n Tier.

Klopft's plötzlich. Draußen. An der verschlossenen Tür!

Halt die Luft an.

Duck mich.

Geht die Tür auf, s räuspert sich einer.

»Morgen, Herr Hase.«

Auch noch höhnisch, der Hund.

Da steht er: blaue Uniform an mit silbernen Knöpfen.

Na, warte.

n Sprung, und ich hab n am Hals.

Würg ihn. Fall mit ihm hin.

»Kriegsknecht, verfluchter!« schrei ich; »Uniformscheuche! Menschenschinder! Blutsauger!«

»Klatsch, klatsch.« Immer rein in die Fassade.

Er wehrt sich; strampelt.

Hilft aber nichts.

Dreh ihm die Luft weg.

Dem werd ich's zeigen: anständigen Leuten die Birne abhacken!

Er röchelt.

Seine Mütze ist runtergefallen. ne schöne dunkelblaue Dienstmütze mit m tiefschwarzen Samtband drum rum. Vorn steht was drauf.

Eben hol ich aus, um ihm n Rest zu geben, da les ich's: GASAG steht da, STÄDTISCHE GASWERKE.«

Seufzend bewegt der Gasmann den dick verbundenen Kopf. Scheint ne Art Nicken gewesen zu sein.

n Augenblick lang herrscht Stille im Saal.

Dann setzt so ne komische Unruhe ein.

Schuhe schurren. Bänke ächzen.

»Verräter«, sagt einer.

»Ruhe!« schreit der Richter.

»Tja –« Der Anklagevertreter hat sich die Nägel jetzt fertig gesäubert. »Wie Sie da den Kläger beschimpft haben: entspricht das Ihrer *wahren* Auffassung vom Militär?«

Ich nicke. »Genau.«

»Unerhört!« schreit ne Stimme im Saal.

»Pazifist!« geifert ne andre. »Unsre Ehre beflecken!«

»Da haste was für!«

n fauler Apfel zerplatzt hinter mir.

»Ruhe!« brüllt der Richter. Klingelt.

Aber das nützt jetzt nichts mehr. Wie n Hexenkessel kocht auf einmal der Saal.

»Hundsfott!«

»Feigling!«

»Dreckskerl, vaterlandsloser!«

Stuhlbeine kommen geflogen. n Knallfrosch kracht los.

»Ruhe!« brüllt der Richter noch mal.

»Plopp –:« schließt ihm ne Tomate den Mund.

»Den Saal räumen!« kreischt der Anklagevertreter hinter seinem Aktendeckelberg vor.

Die Alarmklingel gellt.

Da stürzen auch schon die Gerichtsdiener rein und drängen die Tobenden raus.

Kaum sind wir für uns, geht auch s Elektrischlicht wieder an.

n Schlachtfeld, der Saal.

Der Gasmann blinzelt geblendet.

Die Geschworenen kommen unter den Bänken hervor; klopfen sich ab gegenseitig, setzen sich wieder.

»Wie sieht's aus«, frag ich; »würd ja nu, offengestanden, ganz gern –«

»Ruhig mal –!« Der Anklagevertreter hebt n Zeigefinger und lauscht.

Hunderte von Stimmen brüllen weit weg was im Chor. Wenn man sich anstrengt, kann man's verstehn:

»Pa-zi-fis-ten müs-sen hän-gen! Pa-zi-fis-ten müs-sen hängen!«

Die Geschworenen sehn mich aufmerksam an.

»Also, was is nu«, frag ich; »kann ich jetz gehn?«

Der Richter hört auf, sich n Mund zu betupfen.

»Weiß nich so recht«, sagt er gedehnt. »Denk, s Beste dürft sein, man behält Sie erst mal in Schutzhaft.«

Hans Erich Nossack
Bericht eines fremden Wesens über die Menschen

Den erhaltenen Anweisungen gemäß habe ich mich nicht zu erkennen gegeben, sondern mit ihnen verkehrt, als wäre ich einer der ihren. Es hätte aber solcher Vorsicht gar nicht bedurft, denn diesen Wesen ist die Fähigkeit des gläubigen Staunens versagt. Doch sie müssen sie genauso wie wir einmal besessen haben, wie ich aus den Trümmern ihrer Werke und den Seufzern alter Leute zu schließen wage.

Wollet bitte, was ich Euch hier sage, nur als eine Nachricht aufnehmen, daß ich daran gegangen bin, die Lage dieser Wesen zu erkunden, und nehmt dies nicht etwa als einen endgültigen Bericht, den ich Eurer Weisheit unterbreite, damit Ihr danach Eure Entschlüsse fassen möget. Stolz darüber, daß Ihr mich dieser Sendung für würdig erachtet, bin ich mir erst jetzt der Verantwortung bewußt geworden, die mit dieser Aufgabe verbunden ist. Ich sehe so viel Unglaubhaftes, daß ich zögere, eine Meinung darüber auszusprechen. Meine Anwesenheit hier ist vorläufig nur ein lauschendes Tasten im Nebel. Habt deshalb Geduld.

Denn hier ist nichts so greifbar und wirklich, daß einer sagen könnte: So ist es! Oder: So wollen sie es! Vor allem sind diese Wesen ihrer selbst nicht sicher, und das unterscheidet sie von allem Bekannten. Es ist ein Irrtum, wenn wir als ein Selbstverständliches von ihnen annahmen, daß Menschen zu sein ihnen eine ehrende und endgültige Form des Daseins bedeute. Mit Schaudern empfindet jeder, der mit ihnen umgeht, daß sie sich gleichsam dafür zu verachten scheinen, wachsen zu müssen, zu blühen und Frucht zu tragen, wie es doch allem Lebendigen notwendig ist, um seine Art zu erhalten. Sie aber haben maßlose Wünsche, und indem sie dem Notwendigen auszuweichen trachten, versäumen sie ihre Möglichkeit. Doch was sie zu werden begehren, wenn es ihnen gelänge, ihre Form zu zerbrechen und den Namen Mensch von sich tun, das konnte mir niemand angeben. Dabei kann man nicht sagen, daß sie noch der kindliche Halbschlaf einer Morgendämmerung umfängt. Der Tag liegt schon hinter ihnen, und das Wissen, daß es umsonst hell war, läßt sie an allem zweifeln. Wie aber darf man von Wesen, die nicht an sich selber glauben, erwarten, daß sie das Dunkel bestehen werden?

Wundert Euch nicht, daß ich von solchen Dingen spreche, denn ich vermute hierin den wahren Ursprung ihres leiblichen Elends. Ja, die Kunde, die davon zu uns drang, hat nicht übertrieben. Sie hausen, wie es ihnen nicht angemessen ist. Sie haben nichts, sich zu wärmen und zu kleiden. Sie ernähren sich von giftigem Abfall. Ihre Körper sind mit Schwären bedeckt, sie taumeln vor Schwäche, und unzählige vergehen vor Hunger. Kein Wesen, das ihre Leiden sieht, kann sich des Erbarmens enthalten. Beobachtete ich doch, wie sich selbst ein Baum ächzend über Flüchtende beugte, um sie vor ihrer Not zu verbergen.

Wie aber, wenn Eure Weisheit sich dazu entscheiden sollte, ihnen sofort durch Nahrung und Kleidung zu helfen? Würde dies nicht, so muß ich fragen, nur bewirken, daß die Menschen mit neuer Kraft anhüben, sich selbst zu zerstören? Denn sie haben ja früher von allem im Überfluß gehabt, doch sie konnten ihn nicht meistern, und wer genug hatte, gönnte das, was er nicht brauchte, keinem andern. Lieber erkrankte er am Zu-Vielen.

So haben sie es sich selbst zugefügt, daß all ihre Gewohnheiten, die ihnen lieb und gesund waren, in Trümmern liegen. Doch das vermögen sie nicht einzusehen. Wenn man davon zu ihnen spricht, dann geben sie einander rätselhafte Antworten. Dir ward es bestimmt, so sagen sie, mich zu besiegen, und mir, dies von Dir zu erleiden. Dabei lebt der Sieger so kläglich wie der Besiegte, und beide stöhnen, daß sie so handelten, wie sie es taten. Was sie aber mit diesem Dritten meinen, durch welches sie angetrieben wurden, sich zu zerfleischen, habe ich vergeblich zu erforschen versucht. Die alten Leute sprechen von einem Wesen, das sie Gott nennen. Doch dies Wort hat so wenig Klang in ihrem Munde, daß es mir nicht zur Gestalt wurde. Vielleicht war, was sie so nennen, nur ein Bild ihrer Wünsche, und es ist ihnen zerbrochen wie alles andere; denn wir müßten doch auch von einem solchen Wesen erfahren haben. Die Jüngeren aber kennen dies Wort nicht mehr, und, da sie nicht wissen, an wem sie sich für ihr Unglück rächen sollen, knirschen sie mit den Zähnen gegen sich selbst.

Wollet doch bitte erwägen, ob es nicht gut wäre, ihnen die Erinnerung an ihre Vergangenheit zu nehmen, denn sie liegt wie ein verwesender Leichnam über ihnen und verdirbt ihren Atem.

Auch kriechen überall Maden umher. Solche, die sich am Gestorbenen mästeten und nun in Schlupfwinkel eilen, um dort auf eine Auferstehung zu warten. Und solche, die sich erst jetzt aus ihren Schlupfwinkeln neidvoll herandrängen, weil sie bisher an der Mahlzeit nicht teilnehmen durften. Und während sie vom Aas fett zu werden suchen, rühmen sie sich laut: Seht, wir vertilgen den verfluchten Leichnam. Die Menschen aber gleiten auf diesen Maden aus, und so werden ihre Bewegungen mißtrauisch und mutlos.

Doch gibt es auch einige unter ihnen, die sich nicht unangemessenen Wünschen hingeben. Ihren Ärzten habe ich zugesehen und fand sie uns ähnlich, denn obwohl es ihnen an Mitteln fehlt, die Krankheiten zu heilen, tun sie in freundlicher Weise das Mögliche als das Notwendige. Und so mag es auch noch viele unter ihnen geben, die zu durchschauen mir versagt ist, weil sie ihre echte Gesinnung schüchtern verbergen. So darf ich besonders die Frauen nicht zu erwähnen vergessen. Stärker sind sie im Ertragen der Leiden, die ihnen die Männer verursachten, und fragen nicht wie diese bei jedem Schritt: Wozu? Daher ich gern mit ihnen zusammen bin und in ihren Augen nach der Wahrheit forsche. Anders aber und unbegreiflich ist ihre Art, wie sie nach Umarmung trachten, denn ihr Streben ist nicht einfach darauf gerichtet, ein Junges zu erzeugen, wenn ihr Leib dazu reif ist, sondern sie begehren etwas, was sie Liebe nennen. Auch dies ist, so will es mir scheinen, ein Wunsch, sich selbst zu entfliehen. Doch sehe ich, daß sie davon schöner werden, und so mag es auch nur ein anderes Wort für Blühen sein.

Oder sollte man ihnen besser gar nicht zu helfen versuchen? Denn bedenket wohl, daß über andere Wesen Unordnung und Verzweiflung kommen könnte, wenn sie von dieser Sucht der Menschen angesteckt würden, sich selbst zu entwachsen, ohne doch die Kraft zur Verwandlung zu besitzen. Nur ungern frage ich dies, und das Herz bebt mir dabei. Muß es nicht jeden mit Bewunderung erfüllen, daß sie immer noch ausharren und da sind, obgleich sie nicht sein wollen, was sie sind? Welches andere Wesen ertrüge das wohl? Und doch muß ich Euch diese Frage unterbreiten, denn es darf nicht sein, daß alles Lebendige durch die Menschen in Gefahr gebracht werde.

So lebe ich denn unter ihnen und suche sie zu ergründen. Vielleicht werde ich Euch in meinem nächsten Berichte bitten, daß Ihr noch andre auf Kundschaft aussendet. Wählet dann nur solche aus, von denen Ihr sicher seid, daß sie nicht zu vorzeitigem Erbarmen neigen, sondern in nüchterner Güte zu beharren wissen. Denn stark ist trotz allem der Zauber, den die Menschen ausüben, und Eure Weisheit mag aus meiner undeutlichen Erzählung erkennen, daß ich bereits davon befallen bin. Ja, manches Mal schon, wenn ich sie weinen sah, fühlte ich, der ich doch einer von Euch bin, wie ich mich sehnte, mir untreu zu werden und zu sein wie sie.

Kurt Kusenberg
Der Große Wind

Die Insel mitten im Fluß samt dem stattlichen Haus, welches man in der Gegend »das Schloß« nannte, und den reichen Gärten war mein Erbe. Ich hatte lediglich eine Familie hinzugebracht, die Frau und drei Kinder. Mehrten oder verzehrten wir den Besitz? Ich glaube, wir erhielten ihn – falls er sich nicht selbst erhielt, denn er war gleichermaßen schön und nützlich angelegt, ein rechtes Mustergut, das sich nur mit Gewalt herunterwirtschaften ließ.

An den steilen Hängen des Flußtales wuchsen Reben. Was dort je besonders wohlgeraten war, hatten meine Vorväter in die Weinkeller eingelagert, die sich unter der ganzen Insel hinzogen. Selbst wenn ich gesoffen hätte wie ein Bürstenbinder, wäre ich des ungeheuren Bestandes zeitlebens nicht Herr geworden. Das gab mir Rückhalt, denn ich trinke gern; der Reichste konnte sich nicht sicherer dünken als ich.

Um die Zeit, die alles so jäh veränderte, sprach und schrieb man viel über einen neuen, furchtbaren Wind. Von anderen Winden weiß man, wie sie entstehen, wessen sie fähig sind und wohin ungefähr sie sich wenden; von diesem wußte man es nicht. Viele nannten ihn den Weltwind, um auszudrücken, wie unheimlich er ihnen sei. In Asien hieß er Kadharta, in Amerika Sizzon, in Afrika Turdusi. Wir Europäer gaben ihm so viele Namen, wie wir Sprachen haben. Es verlautete, er sei eisig und von tödlicher Gewalt; nichts widerstehe ihm, alles zerstöre er oder reiße es mit sich fort, nur Trümmer lasse er zurück. Das Arge war, daß man ihn immer und überall fürchten mußte. Er kam auf, er sprang um, wie es ihm beliebte. Hatte er gestern in Korea gewütet, so fegte er heute durch Spanien; er reiste geschwinder als jeder andere Wind. Die Berichte waren voller Widerspruch. Manche meldeten, er verdunkle das Firmament und dröhne tief wie eine Orgel; andere behaupteten, ihn begleite ein hoher, pfeifender Ton. Nun, ich sollte ihn gründlich kennenlernen.

An einem freundlichen Maitag war ich in die Kellereien hinabgestiegen, um nach dem Rechten zu sehen. Als ich eben ergründen wollte, welchem von zwei trefflichen Weinen der Vorrang gebühre, vernahm ich ein Sirren, das schrill anschwoll und in den Ohren schmerzte; zugleich fiel die Kellertür zu. Obwohl die Gewölbe tief unter der Erde lagen, zitterten sie, als schreite ein Heer von Riesen darüber hin. Wo immer ein Schacht oder Spalt aus dem Keller nach oben führte, ward Luft hineingepreßt, in kurzen, bösen Stößen. Da wußte ich, daß der Große Wind in unser Flußtal gekommen war.

Ich versuchte, hinauszugelangen, doch der Wind litt es nicht; fest hielt er die Tür verschlossen. Ich schickte mich ins Warten und stellte mir unter Qualen vor, welcher Anblick auf mich harre, sobald der Orkan vorüber sei.

Mit dem Schlimmsten glaubte ich gerechnet zu haben. Ach, wie weit blieb es hinter dem Schlimmeren zurück! Man glaube mir: von allem, was mein Leben, meine Freude und meinen Besitz ausgemacht hatte, bestand nichts mehr – nichts. Das Haus mit der Frau und den Kindern, die Gärten, die Bäume, die Reben an den Berghängen waren verschwunden. Die Gegend sah aus, als habe man ihr die Haut abgezogen. Mußte ich nicht wahnsinnig werden?

Vermutlich wurde ich es deshalb nicht, weil ich das Ausmaß meines Unglücks nicht zu fassen vermochte. »Seltsame Gegend!« murmelte ich vor mich hin. »Hier bin ich noch nie gewesen«, und das war so töricht nicht, denn ich stand unverändert inmitten einer veränderten Welt. Kopfschüttelnd, mit blödem Blick, tappte ich in den Keller zurück, zur einzigen Zuflucht, die mir geblieben war, und trank so lange, bis ich zu Boden sank.

Wir Menschen sind Ameisen. Was uns zerstört wird, richten wir sogleich wieder auf; das Aufrichten richtet uns auf. Nachdem die ersten schlimmen Tage vergangen waren, Tage der Lähmung, der Trauer und des Hungers, erwies es sich, daß gleich mir ein junges Mädchen mit dem Leben davongekommen war. Die Jungfer stammte aus einem nahen Winzerdorf und hatte sich, als das Unheil hereinbrach, ebenfalls in einem unterirdischen Weinkeller befunden. Da das Tal verödet war und kein Mann sie mir streitig machte, wurde sie meine Frau – meine zweite Frau. Wir plagten uns redlich, ein Häuschen zu bauen, und zogen aus der mißhandelten Erde ein wenig Gemüse. Ins Bescheidene zurückgeworfen, hatten wir viel Freude an kleinen Erfolgen; ich fürchte fast, daß der erste Salat uns mehr erregte als die Flitterwochen.

Unser Beispiel zog andere nach. Zwei Jahre später sah es ringsum schon ganz leidlich aus. Häuser und Hütten streuten sich in das Tal, und den Boden überzog allenthalben grüner Wuchs; sogar Rebstöcke wurden wieder gepflanzt.

Als man eben Hoffnung schöpfte, fiel der Große Wind aufs neue bei uns ein und riß alles Gedeihende mit sich fort. Abermals bewahrte mich der Weinkeller vor dem Schicksal, das alle Übrigen traf; abermals war ich zum Witwer geworden.

Doch es gefiel dem Winde, sich bei seinem zweiten Besuch von einer neuen Seite zu zeigen: er nahm nicht nur, er gab auch. Als ich – nach einem gehörigen Trauertrunk, der drei Tage währte – auf meiner Insel Umschau hielt, fand ich in all der Verwüstung einiges Zugebrachte an: sechs Negerinnen, zwei australische Schafe, ein Ruderboot und einen Schrank mit hübschen Frauenkleidern. »Immerhin!« dachte ich bei mir. »Besser als nichts und kein übler Anfang.«

Freilich waren die Gaben des Großen Windes von zufälliger, fast unsinniger Natur – hingestreute Almosen, die man nur aufgriff, weil einem keine Wahl blieb. Hätte ich sie verachten sollen? Ach, Freunde, wer zweimal eine sinnvolle Umwelt eingebüßt hat, fragt nicht mehr danach, ob die dritte sinnvoll sei oder nicht. Er nimmt, was er findet, und richtet sich ein, so gut es geht; stärker als das Verlangen nach Sinn ist die Lust am Leben. So kam es, daß ich hinfort australische Schafe züchtete, Fischerei betrieb und sechs schwarze Frauen mein eigen nannte. Nackt waren sie aus der Luft gefallen, doch ich vermochte sie – je nach meiner Gunst – prächtig zu kleiden. Das war gut und war schlecht zugleich, denn ich kam nie dahinter, wen sie eigentlich begehrten: mich oder die schönen Gewänder.

Von nun an brauste der Große Wind alljährlich, meist im Herbst, durch unser Tal; die Gegend hatte es ihm wohl angetan. Von allen, die zeitweilig mit mir auf der Insel lebten, witterte ich allein die nahende Gefahr, jedoch erst im letzten Augenblick, so daß ich niemanden rechtzeitig warnen oder gar retten konnte. Immer langte ich mit knapper Not im Weinkeller an – falls ich mich nicht schon ohnehin dort befand.

Man wird mich fragen, warum ich damals das Tal nicht verließ. Nun, es war meine Heimat, ich liebte die Insel, den Fluß und die Berghänge, auch als ihre Schönheit zergangen war; nicht ihre Schönheit hatte ich geliebt, ich liebte sie selbst. Zudem war es dahin gekommen, daß ich an meinem unbeständigen Dasein eine Art von Lust empfand. Die erste Vernichtung hatte meinen Augen alle Tränen abgepreßt und in meinem Kopfe das Wort Besitz gelöscht; um die zweite Frau vermochte ich nicht mehr zu weinen. Sie und alle, die nach ihr kamen, sah ich für Durchreisende an, für flüchtige Gefährten, ja, für Gespenster. Obwohl ich selber unbeweglich blieb und die anderen an mir vorüberzogen, kam es mir vor, als befinde ich mich auf Reisen. Meine Lust war Reiselust und Neugier darauf, was der nächste Wechsel bringen werde.

Die mit mir auf der Insel oder im Tale lebten, waren entweder hergeweht worden oder ließen sich dort nieder, weil sie meinten, der Große Wind werde endlich von dem geschundenen Landstrich ablassen. Sie glichen dem Manne, der auf einen Sohn hoffte und darüber vierzehn Töchter bekam – buchstäblich, denn nicht weniger als vierzehnmal suchte das Verderben uns heim; schon nannte man uns das »Tal des Großen Windes«. Mir war es recht, daß die Narren blieben, denn so hatte ich wenigstens Nachbarn, wenn auch nur für kurze Zeit.

Mit dem Umstand, daß unser Tal eng und steil ist, mag es zusammenhängen, daß der Wind dort so viel zurückließ; ins Schmale gepreßt, entleerte er seine Taschen. Ich war recht froh darüber, denn anderenorts tat er das nicht, und ohne die Windgeschenke wäre mein Leben viel eintöniger verlaufen. Nicht alles, was der Große Wind brachte, war unversehrt oder brauchbar; manchen Leichnam mußte ich einscharren, manch zerfetzten Gegenstand in den Fluß werfen. Gelegentlich kehrte Verlorenes wieder. Beispielsweise fand sich nach der neunten Katastrophe meine erste Frau an, ein wenig gealtert und ohne die Kinder. Ich müßte lügen, wenn ich sagte, ihre Wiederkunft habe mich erfreut. Zu sehr war ich das Unbeständige gewohnt, als daß ich einen alten Bund erneuern mochte. Auch kam die Brave ungelegen, nämlich gleichzeitig mit einer jungen Araberin, der ich durchaus den Vorzug gab. Wir verbrachten ein peinvolles Jahr, bis der Große Wind beide Frauen davonwirbelte. Gegen Ende der Zeit, von der ich berichte, setzte der Wind bisweilen junge Menschen ab, die ich als meine Kinder erkannte oder die vorgaben, meine Kinder zu sein. Sie waren mir – falls man das sagen kann – ebenso lieb wie gleichgültig: Zufallskinder, die der Spender beim nächsten Besuch wieder mitnahm.

So wäre es, mir zur Abwechslung, Jahr um Jahr fortgegangen, wenn der Große Wind sich nicht plötzlich von unserem Tal abgewandt hätte. Vier Jahre lang ist er seither ausgeblieben, und ich weiß nun ganz gewiß, daß er nie wiederkehren wird. Konnte er nicht noch ein letztes, ein fünfzehntes Mal die Drehscheibe wirbeln lassen? Ich habe es nämlich schlecht getroffen.

Als ich die fette Mexikanerin zu mir nahm, das Blockhaus zimmerte und Rosenkohl pflanzte, hatte ich keinerlei Dauer im Sinn; nicht einmal den Rosenkohl gedachte ich abzuernten. Doch nun ist mir das alles geblieben, für immer geblieben, und lastet schwer auf mir.

Großer Wind, warum hast Du mich nicht gewarnt, bevor Du mir Deine Feindschaft entzogst? Was Du nicht vermocht hast, wird die Flaute vollbringen: sie wird mich töten.

Ernst Schnabel
Um diese Zeit

Als aus der Ob-Niederung und vom Samojedenland her das erste Licht gegen die Schneelehnen des Khai-udypaj wehte, senkte sich die Nacht. Der große, weiche Schatten der Erde zerfiel, spaltete sich auf in die langen, blauen Schatten der Grate, Pässe und Felskuppen. In den Eisgründen entstand eine frostige Helligkeit, am Horizont ein grünliches Licht, darüber ein violetter Schein, und von da ab bis nahe an den Zenit hinan gelbe und rosa Streifen. Sie kamen von der Sonne her, der sich die Erde entgegenwälzt.

Um diese Zeit donnerte der Nachtschnellzug nach Paris über eine Rheinbrücke, und am Capo da Roca war es eine Stunde nach Mitternacht. In den großen Straßen von Lissabon brannten die Bogenlampen, Menschen gingen, Autos surrten, hin und wieder erklang Musik aus den Bars. Die kleinen Straßen aber waren dunkel. In den Häusern standen die Fenster offen. Eine kurze weiße Gardine wehte heraus. Ein Mann sang, ein Kind weinte. Liebesworte wurden gehört. Es war Anfang April, und das alles verstummte nur langsam.

Nach einer Stunde ging über Kasan die Sonne auf. Eine Kolonne von vier Lastwagen hatte über die Wolga gesetzt und fuhr, einer hinter dem anderen, in Abständen von hundert Metern, die Straße durch die weiße Steppe nach Simbirsk hinab. In der Nacht hatte es noch einmal geschneit, aber jetzt war der Himmel klar. Beim elften Kilometer verlor der zweite Wagen der Kolonne eine Schneekette. Sie schlug gegen den Kotflügel und blieb auf der Straße liegen. Der Wagen stoppte bald darauf, der dritte fuhr heran und stoppte auch. Der vierte rollte bis zu der im Schnee liegenden Kette und hielt. Der Fahrer stieg aus und hob sie auf und trottete nach vorn, von wo ihm der Fahrer des zweiten Wagens entgegenkam. Aus der Entfernung gesehen, sah einer aus wie der andere. Sie hatten Fellkappen auf den Köpfen und Pelzmäntel an, das Leder nach außen gekehrt. Ein Gurt kerbte sie ein. Von ihren Filzstiefeln stob der Pulverschnee in die Höhe. Der Fahrer des vierten Wagens gab dem anderen die Kette. Sie standen einen Augenblick beieinander, aber aus der Entfernung hörte man kein Wort. Dann nickten sie und trennten sich und trotteten wieder zu ihren Wagen zurück.

Die Motoren heulten ein paarmal kurz auf. Die Autos fuhren an. Der erste Wagen hatte nichts gemerkt und war weitergefahren. Er hatte jetzt einen Vorsprung von zwei Kilometern, und als bald darauf eine Bö einsetzte, sah man von ihm nur noch die weiße Schneefahne, die sich unter seinen Rädern emporwühlte und schräg gegen den westlichen Horizont hin verwehte.

Nun schlug eine Turmuhr drei, Big-Ben fiel ein, dann die anderen Uhren von London. Auf der Themse herrschte Flut, und bei Gravesend begann der Strom zu kentern. Das südlichste Schleusentor der West-India-Docks schob sich auf in der Dunkelheit, und der Dampfer am Kai warf los und glitt geräuschlos voran. Erst als er in Fahrt war, erhob sich eine Welle vor seinem Bug und fiel leis klirrend beiseite. Wie sich der Dampfer vorbeischob, hörte man das dumpfe Gestampf seiner Maschine und später den Flügelschlag seiner Schraube.

Auf dem Schleusentor stand ein Mann. Als die grüne Lampe an der Brücke des Schiffes ihn passierte, rief er: Name?

Zurück scholl eine Stimme: FLORENCE, Boston.

Der Mann rief: Wohin?

Zurück die Stimme: Surinam.

Über London stand eine mächtige Wolke aus Rauch und düsterrotem Widerschein. Kein Stern. Auf der Landspitze von Greenwich-Marsh brannten eine Anzahl Lichter. Nun lief der Strom ab, der Dampfer glitt schnell vorüber, an ein paar Ankerliegern auf Woolwich-Reede vorbei. Hinter ihm kreuzte die Fähre nach North-Woolwich mit hellerleuchteten Decks und Bullaugen das Fahrwasser. Auf ihrem Achterdeck standen zwei Autos und ein Halbdutzend Männer, die dem davonrauschenden Schiff nachschauten. Bald konnten sie in der Dunkelheit nur noch sein gelbliches Hecklicht erkennen.

Die Schoner am Kai von Brindisi aber lagen in tiefer Stille. Kein Mensch auf den Decks, kein Licht. Hier stand am wolkenlosen Himmel im Westen der Mond. Er war fast voll und löschte mit seiner Helligkeit viele Sterne aus.

Auf den Verladegleisen am Hafen von Gdingen rangierte ein Güterzug. Etwas Schnee lag noch zwischen den Schienen, aber es taute. Die Lokomotive pfiff, als sie sich einer Weiche näherte, und der Zug hielt an. Vom ersten Waggon sprang ein Rangierarbeiter ab; eine Petroleumlampe in der Hand, trottete er nach vorn. In der Dampfwolke, die unter der Lokomotive hervorzischte, verschwand er ganz. Nur die Laterne blieb sichtbar. Die ganze Wolke leuchtete auf. Dann sah man ihn weiter vorn wieder, wie er den Hebel der Weiche umwarf und pfiff. Die Lokomotive antwortete, der Zug rollte weiter. Der Mann wartete, bis der erste Waggon heran war, dann sprang er auf.

Bald schlug es in Madrid fünf Uhr, aber in Athen ging es auf sieben, und hier war es Tag.

In Konstantinopel waren in dieser Nacht elf Menschen gestorben, in Neapel acht Kinder geboren worden.

In den Sogne-Fjord kehrten vier Fischkutter zurück. Sie waren eine halbe Woche draußen gewesen, hatten aber nur wenig gefangen.

In Rom landete ein Flugzeug aus Antwerpen, und in Stockholm stieg eines auf und verschwand im Südwesten.

Bei Debreczin säte ein Bauer Korn.

Auf der Chaussee von Cherbourg nach Caen in der Normandie fand man einen toten Mann von ungefähr vierzig Jahren. Er war ordentlich gekleidet, hatte aber keinen Mantel an. Das Postauto, das ihn gefunden hatte, nahm ihn mit bis ins nächste Dorf, wo niemand ihn kannte, dort wurde die Gendarmerie alarmiert. Es waren aber weder Papiere bei ihm noch die Spuren eines Verbrechens an seinem Körper zu finden.

Und in Turin lag ein Liebespaar im Bett. Es hatte Gift genommen. Zwischen den grünen Jalousien hindurch fiel die Sonne auf den Boden, kroch sehr langsam weiter, wie der Vormittag hinging, kroch sacht die Bettpfosten in die Höhe, verlosch aber dann. Der Schatten des Nebenhauses überdeckte das Fenster, und die grüngestrichenen Jalousien sahen plötzlich grau und staubig aus.

Der Mittag flog über Europa hin. Auf dem Breitengrad von Prag hatte er eine Geschwindigkeit von achtzehn Kilometern in der Minute. Er erreichte jetzt Leningrad und das Donaudelta. Er flog über Steppen hin, die noch immer unter dem Schnee lagen, über Gebirge, über weite Ebenen grüner Wiesen. Über Meere und Dörfer und Kinder und Fabriken, über Verliebte und Mörder und den Isthmus von Korinth und bald darauf über die Straße von Messina und die vom Krieg zerstörten Städte, über Schafherden und Schiffe, Eisenbahnlinien und Staatsgrenzen, über große Ströme hinweg.

Als er vorüber war, ließ der Mann mit der grünen Jacke in Berlin, der mit anderen Männern in braunen, grauen und dunkelblauen Jacken in einer Reihe stand und aus dem Schutt eines niedergebrochenen Wohnblocks Ziegelsteine auf einen Lastwagen mannte, den Stein sinken, der ihm gerade zugeworfen war, und schaute auf. Auch die anderen Männer hoben die Köpfe. Gemeinsam schauten sie über das Trümmerfeld zum Bahndamm hinüber, auf dem ein Schnellzug vorüberklirrte.

Räder rannten gegen Schienenstöße. Die Maschine vor dem Zug fauchte. Ein weißer Dampfwulst quoll aus ihrem Schornstein, blähte sich in der Luft und sank zu Boden. Dicht über der Erde wälzte er sich auf die Männer zu. – Sie redeten nicht und schauten nur hinüber. Es war ein schöner Zug mit zwei Schlafwagen und einem Speisewagen. In den Fenstern sah man die Gesichter von Reisenden. So rollte der Zug vorbei.

Der Mann in der grünen Jacke war noch niemals in seinen dreißig Jahren in einem solchen besonderen Zuge gefahren, noch nie in einem Schlafwagen oder einem Speisewagen, aber er sagte es nicht, weil er fürchtete, daß die anderen Männer ihn auslachen würden. Die Schnellzüge, mit denen er gefahren war, in Frankreich, als sie in Frankreich standen, in Rußland, als sie in Rußland standen, diese Schnellzüge des Krieges waren keine besonderen Züge gewesen. Nicht einmal alle hatten diese schwarzen Harmonikadurchgänge gehabt, durch die man sich von einem Waggon zum anderen vortasten konnte. In diesem Durchgang war ihm einmal, gerade als er von der einen Bodenplatte auf die andere treten wollte, die sich zwischen den Wagen aneinander wetzen, eine Französin begegnet. Das war im Sommer gewesen, in Frankreich. Eine junge Französin. Sie hatte ihn gestreift, denn sie war schnell gegangen und im Durchgang ein wenig ins Wanken geraten, so daß sie sich an der Harmonikawand festhalten mußte, als sie ihn passierte.

Der Vorarbeiter auf dem Lastwagen rief: Weiter!

Und gleich darauf eine Stimme neben dem Mann in der grünen Jacke: Paß auf!

Da ließ er den Ziegelstein fallen, den er in den Händen hielt, und fing den anderen auf, der auf ihn zuflog, und gab ihn weiter.

Um diese Zeit holten die drei Lastwagen, die von Kasan nach Simbirsk unterwegs waren, den vierten Wagen ein, der zwei Kilometer Vorsprung vor ihnen gehabt hatte. Er steckte fest in einer Schneewehe, und die Fahrer schaufelten ihn gemeinsam frei. Hinter ihnen wehte der Ostwind die Spuren wieder zu.

Jetzt schlug es in Paris zwölf Uhr, und eine Klasse von Schulkindern trippelte über die Pont Louis Philippe und bog in die Rue Vicille ein. Die Lehrerin ging am Ende.

In Berlin war es ein Uhr, und die Männer auf dem Trümmerfeld machten Mittagspause. Der Lastwagen war voll geladen und fortgefahren. Der Mann in der grünen Jacke setzte sich auf einen Ziegelhaufen, holte sein Brot aus der Tasche, vier trockene Schnitten, und aß. Während des Essens strich er das Zeitungspapier über dem Knie glatt, in das sie eingewickelt gewesen waren, und begann zu lesen, aber das Papier war zerfetzt. Durch die Mitte der Spalten liefen die Risse, so daß er keine Zeile bis zum Ende lesen konnte, ohne den nächsten Fetzen dagegenhalten zu müssen. Er warf das Papier weg und schaute wieder zum Bahndamm hinüber, wo jetzt kein Zug zu sehen war. Der Wind griff das Zeitungspapier auf und trieb es über das Schuttfeld.

Es begann zu regnen. Eine Regenfront schob sich über Mitteleuropa nach Osten hin. Sie hatte Berlin erreicht. Im Süden aber war noch immer keine Wolke am Himmel. Die Sonne brannte von Saloniki bis Gibraltar. Auch in Kasan war sie zu sehen, hier sank sie sacht gegen den Westen hin, und ehe sie drei Stunden später unterging, wurde sie rot und wie vergrößert von dem Schneedunst, den der Wind über die Ebene trieb.

Und dann begann etwas, lautlos und unbemerkt: die Schatten der Häuser, der Bäume, der Berge, der Schneehügel wuchsen zusammen, verwoben ineinander, wurden dicht und hoben sich von der Erde, auch die Schatten der vier Lastwagen auf der Straße nach Simbirsk. Alle Schatten hoben sich von der Erde, eine ungeheure Dämmerung, und hoben sich gegen den Himmel hin und wuchsen noch dichter zusammen, und mit der Zeit wurden sie Nacht. Und die Dämmerung und die Nacht hinter ihr her flogen so schnell nach Westen über Europa hin wie die Dämmerung am Morgen und die Sonne am Mittag und hatten bald Moskau erreicht, und dann Warschau, dann Berlin und zugleich die Insel Malta und die Lofoten und dann Paris und Land's End und Cap Finisterre. Es wird schnell dunkel, Anfang April. Dann fließen Ebro, Loire, Donau und Wolga in die Nacht hinein, und in den Großstädten brennen die Bogenlampen, die Lichtreklamen und Autoscheinwerfer und eine Million heller Fenster, und in den zerstörten Städten ist der Wind dunkel und saust in den Fensterhöhlen der ausgebrannten Häuser.

Und als es in Parma acht Uhr schlug, war es in Konstanza neun und in Kasan zehn. Die Lastwagen hatten dreiviertel ihres Weges nach Simbirsk hinter sich, und die Straße wurde besser. Soweit ihre Scheinwerfer vorausstießen, war keine Schneewehe mehr zu sehen.

Die Rinderherden in der Pußta hatten sich gelagert, und auch in Lissabon wurde es dunkel. Die Straßenbeleuchtung wurde eingeschaltet, Schlag auf Schlag, jedesmal ein ganzes Stadtviertel.

Auch über Capo da Roca gingen die Schattenwand und die Nacht hin, und als das letzte Licht blaugrün über den Atlantik floh, war es am Berg Khai-udy-paj über dem Samojedenland schon fast Mitternacht.

Um diese Zeit hatte der Mann in der grünen Jacke Berlin schon verlassen. Drei Stunden hatte es gedauert, bis er die letzten Trümmer, Häuser und Gärten hinter sich gebracht hatte und zu den Wiesen kam. Er schritt schnell aus, obgleich er müde und hungrig war, fast hastig. Im Gehen war es ihm, als zirpte etwas in der Luft. Vielleicht Lerchen. Früher, als er noch klein war und sein Vater noch lebte, waren sie manchmal hier draußen gegangen, im Frühjahr, wenn der Schnee schmolz, aber auch im Sommer und im Herbst. Damals hatte es Lerchen gegeben, doch er konnte sich nicht mehr erinnern, zu welcher Jahreszeit es gewesen war, daß sie in der Luft zirpten, so hoch in der Luft, daß man sie mit bloßem Auge nur durch Zufall entdecken konnte, wenn man hinaufschaute, und immer war es Tag gewesen, jetzt war es Nacht. So blieb es ungewiß, ob es wirklich Lerchen waren, was er in der Luft hörte.

Einmal fragte er sich, ob er umdrehen und zurückkehren sollte, aber er beschwichtigte sich, denn er wußte sich keine Antwort, und schritt weiter. Auch war ihm unbekannt, in welcher Richtung er ging, nach Norden oder nach Osten. Es half ihm nichts, als er zwischen den Wolken Sterne sah. Er konnte die Richtung aus den Sternen nicht lesen, er kannte die Sterne nicht. So schritt er hungrig und müde, aber schnell, fast hastig über die Erde, die ihm nicht gehörte.

Der 8. Mai 1945 heißt in unseren Lese- und Geschichtsbüchern gewöhnlich »Die Stunde Null«. Manchmal soll gar die ganze Nachkriegszeit bis 1949 eine Art Nullpunkt gewesen sein; ein kürzlich erschienenes Buch faßt jedenfalls unter dem Titel ›Die Stunde Null‹ die Jahre vor der Gründung der beiden deutschen Staaten zusammen. Auf den ersten Blick ein stimmiges Bild: Auf Null schien Hitlers Reich gebracht, von Null schien ein neues Deutschland beginnen zu müssen. Man stand vor dem Nichts, und selbst die Philosophen begannen sich für das Nichts zu interessieren. Im Vorspiel zu Borcherts ›Draußen vor der Tür‹ muß sogar Gott bekennen, nicht mehr weiter zu wissen. Auch im Himmel schien die Stunde Null geschlagen zu haben.

Erst die Kontroversen der letzten Zeit über die Nachkriegsliteratur haben das Zweifelhafte dieser Formel sichtbar gemacht. Heinrich Böll, gewiß ein Kronzeuge zu diesem Thema, nennt sie heute eine »irreführende Bezeichnung« und möchte die Stunde Null im Rückblick lieber auf das Jahr 1933 oder 1943, die Niederlage von Stalingrad, datieren. Er erinnert sich, die Wende von 1945 eher als »Impetus der Befreiung« erlebt zu haben, »da habe ich sofort angefangen zu schreiben«. Wie ihm ist es offenbar vielen Autoren der Zeit gegangen, die sich seitdem in ihren Erinnerungen oder in Diskussionen über Nachkriegsliteratur ähnlich geäußert haben.

Man muß nur die inzwischen verblichenen Titelblätter jener Zeitschriften zur Hand nehmen, in denen diese Autoren ihre ersten Nachkriegstexte veröffentlichten, um ihnen recht zu geben: »Dornröschen, erwache!« überschrieb der Berliner ›Ulenspiegel‹ sein erstes Titelblatt 1945, und auch die Zeitschrift, deren Mitarbeiter sich später zur Gruppe 47 zusammenschlossen, hieß eben nicht selbstquälerisch ›Der Schrei‹, sondern – nach vorn gewandt – ›Der Ruf‹. Im ›Ulenspiegel‹ schloß Wolfgang Weyrauch, der später das ebenfalls mißverstandene Wort von der *Literatur des Kahlschlags* geprägt hat, 1946 einen Bericht aus Berlin: »Es gibt Leute, die sagen: Berlin, das ist nicht mehr. Sie haben recht. Das alte Berlin ist auch nicht mehr, die Bomben haben es weggeblasen, und die Sünden seiner Bewohner, die aber nicht größer sind als die Sünden der Bewohner anderer Städte (und liegen sie auch an der Donau), haben es entehrt. Dafür aber kommt ein neues, es kommt, es kommt, verlaßt euch drauf. Und es ist ja auch schon da. Seht euch nur um. Und wäre es auch nur vorläufig in unseren reuigen Herzen.«

Vielleicht trifft es diese vorsichtige Nuance am besten, denn natürlich kam all das in dieser vermeintlichen Stunde Null zusammen: Weltuntergangsstimmung und Neubeginn, Verzweiflung und neue Hoffnung, Abriß und Aufbau; und übrigens nicht nur reuige, sondern auch verzweifelte und verstockte Herzen. Daß Weyrauch sie in diesem Moment übersah, spricht für den Optimismus dieser Stunde Eins, dem nicht nur er allein damals erlegen ist. Luise Rinser – unsere Erzählung ›Die rote Katze‹ erschien zuerst in Weyrauchs Kahlschlag-Anthologie ›Tausend Gramm‹ – hat sich dies sogar erst nach dreieinhalb Jahrzehnten eingestanden. »Ich ließ mich lange willig täuschen von meiner Erinnerung an die ersten Nachkriegsjahre«, schreibt sie in ihrer Autobiographie. »Ich sagte mir vor, daß mit dem 8. Mai 1945, dem Tag der deutschen Kapitulation, die neue Zeit anbrach. Ich wollte glauben, daß, wie es in Goethes ›Hermann und Dorothea‹ steht, wir uns auf den Trümmern der Zeit wiederfinden als Gewandelte, Bessere. Ich hielt mich an meiner eigenen Wandlung fest.«

Luise Rinser fügt hinzu: »Jedoch: So geht es nicht. Denn so war es nicht.« Das neue Deutschland der reuigen Herzen ist ausgeblieben. Auch die Herausgeber dieser Anthologie entsinnen sich nicht, in einem solchen Land aufgewachsen zu sein. Als sie begannen Zeitungen zu lesen, war Hans Globke schon wieder Staatssekretär; als sie wählen durften, hatte sich die NPD gerade in den Landtagen etabliert; und während sie dieses Buch herausgeben, kämpft die junge Generation noch immer oder schon wieder um die unerfüllten Hoffnungen jener ersten Nachkriegsjahre: Um einen Frieden ohne Waffen, wie Wolfdietrich Schnurre 1947; um kulturelle Autonomie, wie Ernst Wiechert 1946; um eine Lebenschance gegen die erneute Übermacht all dessen, was Marie Luise Kaschnitz in ihrem Essay ›Von der Verwandlung‹ 1945 schon vergangen hoffte, in der Überzeugung, »daß alles, was auf die alte Weise begonnen wird, wieder zu demselben schauerlichen Ende führen muß«. Es ist beklemmend aktuell, wenn sie dabei das ganze vergangene und wiedererstandene technische Inventar unserer Gesellschaft – Kaufhäuser, Lichtreklamen, Schnellzüge, Autobahnen – aufzählt, »bis am Ende alles wieder übergeht in das Trommelfeuer tödlicher Waffen, bis in der apokalyptischen Wut der Vernichtung alles aufs neue versinkt«.

Mag sein, daß viele Leser in diesem Essay sogar ein frühes »grünes« Manifest sehen werden; auch dergleichen hat es in der Stunde Eins gegeben, noch viel ausdrücklicher und doppelgesichtiger in Friedrich Georg Jüngers Essay ›Die Perfektion der Technik‹, der hier nur aus Platzgründen fehlt.

Es entspricht im übrigen unserem Begriff von Literatur, daß wir die Auswahl dieses Bandes nicht auf belletristische Texte beschränkt haben, sondern in gewissem Umfang Reportage- und Dokumentarliteratur mit einbezogen haben. Wer nicht bloß Trümmerpoesie und -nostalgie erwartet hat, wird rasch erkannt haben, was das eine mit dem anderen zu tun hat.

Berlin, April 1982 *Hannes Schwenger*

Autoren
Bio-bibliographische Hinweise

HILDEGARD AHEMM (Hildegard Meschke): Geb. 1908 in Berlin, Ausbildung als Tanz- und Gymnastiklehrerin, wegen drohender Dienstverpflichtung während des Zweiten Weltkriegs als Angestellte in einem Ladengeschäft tätig, vor der Gestapo in einem Krankenhaus untergetaucht, 1948 Übersiedlung nach Stuttgart, schreibt heute vor allem Literaturkritiken.

Veröffentlichungen u. a.: ›Kleine Strophe im ewigen Lied‹, Novelle (1939); ›Begegnung zwischen Traum und Tag‹, Erzählungen (1940); ›Die hungrigen Augen‹, Novelle (1946); ›Florian‹, Roman (1947); ›Das verschwenderische Herz‹, Roman (1952); ›Tates Wahltochter‹, Erzählung (1976).

Die Erzählung ›Am Rande der Stadt und der Zeit‹ wurde erstmals veröffentlicht im ›Berliner Almanach 1947‹. Der Abdruck erfolgt mit freundlicher Genehmigung der Autorin.

WALTER BAUER: Geb. 1904 in Merseburg/Saale, war von 1929 bis 1939 als Volksschullehrer in Halle/Saale und anderen mitteldeutschen Orten tätig, während des Krieges ein Jahr in britischer Kriegsgefangenschaft, später freier Schriftsteller in Stuttgart. 1952 wanderte er nach Kanada aus und starb 1976 in Toronto.

Veröffentlichungen u. a.: ›Kameraden, zu euch spreche ich‹, Gedichte (1929); ›Stimme aus dem Leunawerk‹, Verse und Prosa (1930); ›Ein Mann zog in die Stadt‹, Roman (1931); ›Das Herz der Erde‹, Roman (1933); ›Das Lied der Freiheit‹, Erzählungen (1948); ›Die Tränen eines Mannes‹, Erzählungen (1958); ›Briefe aus Kanada‹ (1980).

Die Tagebuchaufzeichnungen ›Das Lied von Povoletto‹ wurden erstmals veröffentlicht in der Zeitschrift ›Der Ruf‹, Nr. 17/1947. Der Abdruck erfolgt mit freundlicher Genehmigung von Herrn Professor Henry Beissel, Kanada.

GOTTFRIED BENN: Geb. 1886 in Mansfeld/Westprignitz, studierte Theologie, Philologie und Medizin in Marburg und Berlin, war Facharzt für Haut- und Geschlechtskrankheiten in Berlin, während der beiden Weltkriege Militärarzt und betrieb später wiederum eine Privatpraxis in Berlin, wo er 1956 starb.

Veröffentlichungen u. a.: ›Morgue‹, Gedichte (1912); ›Kunst und Macht‹, Essays (1934); ›Statische Gedichte‹ (1948); ›Der Ptolemäer‹, Erzählungen (1949); ›Destillationen‹, Gedichte (1953).

Die 1949 entstandene Erzählung ›Der Radardenker‹ aus dem Nachlaß Gottfried Benns wurde dem dritten Band von ›Das Hauptwerk‹, Wiesbaden und München 1959, 1962, 1965, 1978, 1980 entnommen.

Der Abdruck erfolgt mit freundlicher Genehmigung der Verlagsgemeinschaft Ernst Klett – J. G. Cotta'sche Buchhandlung Nachfolger GmbH, Stuttgart.

HEINRICH BÖLL: Geb. 1917 in Köln, nach dem Abitur Lehrling im Buchhandel, von 1939 bis 1945 Soldat, danach Studium der Germanistik, seit 1951 freier Schriftsteller, lebt heute in der Eifel.

Veröffentlichungen u. a.: ›Der Zug war pünktlich‹, Erzählungen (1949); ›Wanderer, kommst du nach Spa. . .‹, Erzählungen (1950); ›Wo warst du, Adam?‹, Roman (1951); ›Haus ohne Hüter‹, Roman (1954); ›Irisches Tagebuch‹ (1957); ›Ansichten eines Clowns‹, Roman (1963); ›Gruppenbild mit Dame‹, Roman (1971); ›Die verlorene Ehre der Katharina Blum‹, Erzählung (1974); ›Fürsorgliche Belagerung‹, Roman (1979).

Die Erzählung ›Der Mann mit den Messern‹ wurde erstmals veröffentlicht in der Zeitschrift ›Das Karussell‹, Nr. 22/1948. Der Abdruck erfolgt mit freundlicher Genehmigung des Gertraud Middelhauve Verlags, Köln. (Aus: ›Heinrich Böll 1947 bis 1951. Wo warst du, Adam? und Erzählungen‹, Köln 1973/V.)

ALFRED REINHOLD BÖTTCHER: Geb. 1903 in Prenzlau-Uckermark, war als Werbeleiter in Berlin-Altglienicke tätig. Er starb 1972 in Barth.

Veröffentlichungen u. a.: ›Sprung ins Kattegat‹, Erzählung (1941); ›Mensch ohne Maske‹, Erzählungen (1948); ›Strandhafer‹, Erzählung (1960).

Die Erzählung ›Brot und Suppe‹ wurde dem Band ›Mensch ohne Maske‹, Frankfurt 1948, entnommen. Trotz intensiver Nachforschungen ist es uns nicht gelungen, einen Rechte-Inhaber ausfindig zu machen.

WOLFGANG BORCHERT: Geb. 1921 in Hamburg, war zunächst Buchhandelslehrling, dann Schauspieler, ab 1941 Soldat, kam aus politischen Gründen mehrfach ins Gefängnis, war nach 1945 vorübergehend als Regieassistent tätig, starb 1947 während eines Kuraufenthaltes in Basel.

Veröffentlichungen u. a.: ›Die Hundeblume‹, Erzählungen (1947); ›Draußen vor der Tür‹, Hörspiel und Drama (1947); ›Das Gesamtwerk‹ (1948); ›Die traurigen Geranien und andere Geschichten aus dem Nachlaß‹ (1962).

Der Abdruck der Kurzgeschichte ›Im Mai, im Mai schrie der Kuckuck‹ erfolgt mit freundlicher Genehmigung des Rowohlt Verlags, Hamburg. (Aus: Wolfgang Borchert, ›Das Gesamtwerk‹. © 1949 Rowohlt Verlag GmbH, Hamburg.)

ISAAC DEUTSCHER: Geb. 1907 in Chrzanów bei Krakau, war als Redakteur und Chefredakteur kommunistischer Zeitungen tätig, 1932 Ausschluß aus der Kommunistischen Partei Polens wegen »Übertreibung der Gefahr des Faschismus«, Führer der antistalinistischen Opposition, 1932 bis 1939 Mitglied linksgerichteter polnischer Organisationen in Warschau, 1939 Emigration nach England, 1940 bis 1942 Kriegsteilnehmer in der polnischen Armee, 1942 bis 1947 Redaktionsmitglied des ›Economist‹ und des ›Observer‹ in London, seitdem freier Schriftsteller und Journalist in London. Er starb 1967 in Rom.

Veröffentlichungen u. a.: ›Stalin‹, Biographie (dt. 1951); ›Trotzki‹, Biographie (dt. 1962–1963); ›Reportagen aus Nachkriegsdeutschland‹ (1980).

Die Reportage ›Bayerische Landstraßen‹ wurde erstmals veröffentlicht am 23. Juni 1945 in ›The Economist‹ und in der Übersetzung von Harry Maor in ›Reportagen aus Nachkriegsdeutschland‹, Hamburg 1980. Der Abdruck erfolgt mit freundlicher Genehmigung des Junius Verlags, Hamburg.

Günter Eich: Geb. 1907 in Lebus/Oder, wuchs in der Mark Brandenburg und in Berlin auf, studierte Jura und Sinologie in Leipzig, Berlin und Paris, arbeitete ab 1932 als freier Schriftsteller, war von 1939 bis 1945 Soldat und siedelte sich nach der Entlassung aus amerikanischer Gefangenschaft in Oberbayern an. Er starb 1972 in Salzburg.

Veröffentlichungen u. a.: ›Gedichte‹ (1930); ›Abgelegene Gehöfte‹, Gedichte (1948); ›Träume‹, Hörspiele (1953); ›Botschaften des Regens‹, Gedichte (1955); ›Stimmen‹, Hörspiele (1958); ›Ein Tibeter in meinem Büro‹, Prosa (1970).

Der Abdruck der 1947 entstandenen Erzählung ›Züge im Nebel‹ erfolgt mit freundlicher Genehmigung des Suhrkamp Verlags, Frankfurt am Main. (Aus: Günter Eich, ›Gesammelte Werke‹, Band IV, Frankfurt am Main 1973.)

Kurt Joachim Fischer: Geb. 1911 in Konstanz, studierte in Heidelberg Philologie, arbeitete als Journalist zuletzt in Stuttgart.

Veröffentlichungen u. a.: ›So lebten wir‹, Essays und Reportagen (1947); ›Der Gefangene von Stalingrad. Bericht eines Heimgekehrten‹ (1948); ›Niehans, Arzt des Papstes‹ (1956).

Die Reportage ›US-Zone 1947‹ wurde – leicht gekürzt – dem Almanach ›So lebten wir‹, hrsg. von Hans A. Rümelin, Willsbach 1948, entnommen. Trotz intensiver Nachforschungen ist es uns nicht gelungen, den Rechte-Inhaber ausfindig zu machen.

Georg Hensel: Geb. 1923 in Darmstadt, Abitur, von 1945 bis 1974 Redakteur und Feuilletonchef beim ›Darmstädter Echo‹, seit 1975 Theaterkritiker der ›Frankfurter Allgemeinen Zeitung‹, lebt in Darmstadt.

Veröffentlichungen u. a.: ›Nachtfahrt‹, Erzählung (1949); ›Etappen‹, Erzählungen (1956); ›Theater der Zeitgenossen‹ (1972); ›Das Theater der siebziger Jahre‹ (1980).

Die Erzählung ›Begegnung – tief unten‹ wurde erstmals als Vorabdruck veröffentlicht in ›Das Goldene Tor‹, Nr. 7/1947. In unsere Anthologie konnte sie mit freundlicher Genehmigung des Autors aufgenommen werden.

Claus Hubalek: Geb. 1926 in Berlin, Soldat im Zweiten Weltkrieg, Kriegsgefangenschaft, Studium der Philologie, dann Lehrer, Redakteur und Dramaturg u. a. bei Brecht am Berliner Ensemble, seit 1952 freier Schriftsteller in Berlin, von 1963 bis 1966 Chefdramaturg beim Fernsehen des Norddeutschen Rundfunks, ab 1968 am Schauspielhaus Hamburg, jetzt beim Zweiten Deutschen Fernsehen.

Veröffentlichungen u. a.: ›Unsre jungen Jahre‹, Tagebuch (1947); ›Die Stunde der Antigone‹, Drama (1961); ›Der 21. Juli‹, Fernsehspiel (1972); ›Ein deutsches Attentat‹, Fernsehspiel (1975).

Der Tagebuchauszug ›Unsre jungen Jahre‹ (aus dem gleichnamigen Band, Berlin 1947) wurde mit freundlicher Genehmigung des Autors abgedruckt.

Kurt Huhn: Geb. 1902 in Elbing/Westpreußen, nach Abschluß der Schlosserlehre in verschiedenen Berufen tätig, seit 1930 freier Schriftsteller, 1938 bis 1940 KZ-Haft, nach 1945 kulturpolitische und journalistische Arbeit, ab 1957 Chefredakteur der Zeitschrift ›Schatulle‹. Er starb 1976 in Ostberlin.

Veröffentlichungen u. a.: ›Rhythmus der Zeit‹, Gedichte (1923); ›Das tägliche Brot‹, Erzählung (1946); ›Flügelschlag der Epochen‹, Erzählungen und Reportagen (1948); ›Peter gibt nicht auf‹, Roman (1962); ›22 Erzählungen‹ (1973).

Der Abdruck der 1947 entstandenen Erzählung ›Protokoll einer Straße‹ erfolgt mit freundlicher Genehmigung von Frau Irmgard Huhn und dem Mitteldeutschen Verlag, Halle/Saale. (Aus: Kurt Huhn, ›22 Erzählungen‹. © 1973 Mitteldeutscher Verlag, Halle/Saale.)

Marie Luise Kaschnitz: Geb. 1901 in Karlsruhe, Offizierstochter, wuchs in Potsdam und Berlin auf, von 1922 bis 1924 Buchhandelslehre in Weimar und München, anschließend in einem Antiquariat in Rom tätig, lebte viele Jahre in Rom, Königsberg, Marburg und Frankfurt. Sie starb 1974 in Rom.

Veröffentlichungen u. a.: ›Menschen und Dinge 1945‹, Essays (1946); ›Gedichte‹ (1947); ›Das dicke Kind‹, Erzählungen (1952); ›Lange Schatten‹, Erzählungen (1960); ›Zwischen Immer und Nie‹, Essays (1972); ›Der alte Garten. Ein Märchen‹ (1975).

Der Essay ›Von der Verwandlung‹ wurde erstmals veröffentlicht in dem Band ›Menschen und Dinge 1945‹, Heidelberg 1946. Der Abdruck erfolgt mit freundlicher Genehmigung des Insel Verlags, Frankfurt am Main. (Aus: Marie Luise Kaschnitz, ›Gesammelte Werke in 8 Bänden‹. © Insel Verlag, Frankfurt am Main.)

Kurt Kusenberg: Geb. 1904 in Göteborg/Schweden, wuchs in Lissabon auf, studierte Kunstgeschichte in München, Berlin und Freiburg im Breisgau, war Kunstkritiker, von 1935 bis 1943 stellvertretender Chefredakteur der Zeitschrift ›Koralle‹ in Berlin, seit 1947 freier Schriftsteller und Lektor in München und Hamburg.

Veröffentlichungen u. a.: ›La Botella‹, Erzählungen (1940); ›Der blaue Traum‹, Erzählung (1942); ›Die Sonnenblumen‹, Erzählung (1951); ›Wein auf Lebenszeit‹, Erzählungen (1955); ›Im falschen Zug‹, Erzählungen (1960); ›Zwischen unten und oben‹, Erzählungen (1964); ›Gespräche ins Blaue‹, Stegreifstücke (1969). ›Heiter bis tückisch‹, Erzählungen (1974).

Die Erzählung ›Der Große Wind‹ wurde erstmals veröffentlicht in ›Die Neue Zeitung‹ vom 18. Oktober 1948. Der Abdruck erfolgt mit freundlicher Genehmigung des Rowohlt Verlags, Reinbek bei Hamburg. (Aus: Kurt Kusenberg, ›Gesammelte Erzählungen‹. © 1969 Rowohlt Verlag GmbH, Reinbek bei Hamburg.)

Bastian Müller: Geb. 1912 in Leverkusen, nach Besuch einer Siedlerschule Maurerlehre, seit 1934 freier Schriftsteller, während des Krieges aus gesundheitlichen Gründen zunächst arbeitsverwendungsunfähig, später u. a. Transportbegleiter, 1943 Freistellung vom Wehrdienst, Dramaturg in Berlin, Architekt, von 1948 bis 1968 freier Mitarbeiter beim Westdeutschen Rundfunk in Köln, dann Redakteur beim Bayerischen Rundfunk in München.

Veröffentlichungen u. a.: ›Die grünen Eidechsen‹, Novelle (1935); ›Die Eulen‹, Novelle (1939); ›Leben ohne Traum‹, Roman (1940); ›Katharina‹, Roman (1941); ›Ach, wie ist's möglich dann‹, Liebesgeschichten (1943); ›Bruder, geh und läut die Glocke‹, Roman (1948).

›Fangen wir an‹ ist ein Auszug aus dem Roman ›Hinter Gottes Rükken‹, Hamburg 1947. Der Abdruck erfolgt mit freundlicher Genehmigung des Autors.

Hans Erich Nossack: Geb. 1901 in Hamburg, studierte Philologie und Jura in Jena, übte verschiedene Berufe aus, war von 1933 bis 1956 selbständiger Kaufmann in der Firma seines Vaters, dann freier Schriftsteller. Er starb 1977 in Hamburg.

Veröffentlichungen u. a.: ›Nekyia‹, Erzählung (1947); ›Interview mit dem Tode‹, Erzählungen (1948); ›Spirale‹, Roman (1956); ›Der jüngere Bruder‹, Roman (1958); ›Die gestohlene Melodie‹, Roman (1972); ›Ein glücklicher Mensch‹, Roman (1975).

Der Abdruck der Erzählung ›Bericht eines fremden Wesens über die Menschen‹ erfolgt mit freundlicher Genehmigung des Suhrkamp Verlags, Frankfurt am Main. (Aus: Hans Erich Nossack, ›Interview mit dem Tode‹, Hamburg 1948, Frankfurt am Main 1964).

Luise Rinser: Geb. 1911 in Pitzling/Obb., Studium der Psychologie und Pädagogik in München, von 1934 bis 1939 Lehrerin, dann freie Schriftstellerin, 1941 Schreibverbot, 1944 Verhaftung, von 1945 bis

1953 Mitarbeiterin der ›Neuen Zeitung‹ in München, lebt heute bei Rom.

Veröffentlichungen u.a.: ›Die gläsernen Ringe‹, Erzählung (1941); ›Gefängnis-Tagebuch‹ (1946); ›Jan Lobel aus Warschau‹, Erzählung (1948); ›Mitte des Lebens‹, Roman (1950); ›Daniela‹, Roman (1953); ›Den Wolf umarmen‹, Autobiographie (1981).

Die Erzählung ›Die rote Katze‹ wurde erstmals veröffentlicht in der Anthologie ›Tausend Gramm‹, hrsg. von Wolfgang Weyrauch, Hamburg 1949. Der Abdruck erfolgt mit freundlicher Genehmigung des S. Fischer Verlags, Frankfurt am Main. (Aus: Luise Rinser, ›Ein Bündel weißer Narzissen‹. © 1956 S. Fischer Verlag GmbH, Frankfurt am Main.)

Ernst Schnabel: Geb. 1913 in Zittau, war von 1931 bis 1945 bei der Handels- und Kriegsmarine, von 1946 bis 1949 Chefdramaturg und von 1951 bis 1955 Intendant des Nordwestdeutschen Rundfunks in Hamburg, seitdem freier Schriftsteller in Berlin.

Veröffentlichungen u.a.: ›Die Reise nach Savannah‹, Roman (1939); ›Nachtwind‹, Roman (1941); ›Sie sehen den Marmor nicht‹, Erzählungen (1949); ›Interview mit einem Stern‹, Roman (1951); ›Die Erde hat viele Namen‹, Reiseberichte (1955); ›Der sechste Gesang‹, Roman (1956); ›Fremde ohne Souvenir‹, Erzählungen (1961); ›Auf der Höhe der Messingstadt‹, Erzählungen (1979).

Der Abdruck der 1947 entstandenen Erzählung ›Um diese Zeit‹ erfolgt mit freundlicher Genehmigung des Autors. (Aus: Ernst Schnabel, ›Sie sehen den Marmor nicht‹, Frankfurt 1963.)

Wolfdietrich Schnurre: Geb. 1920 in Frankfurt am Main, aufgewachsen in Berlin, von 1939 bis 1945 Soldat, dann Film- und Theaterkritiker, seit 1950 freier Schriftsteller in Berlin.

Veröffentlichungen u.a.: ›Die Rohrdommel ruft jeden Tag‹, Erzählungen (1950); ›Protest im Parterre‹, Fabeln (1957); ›Das Los unserer Stadt‹, Chronik (1959); ›Man sollte dagegen sein‹, Geschichten (1960); ›Richard kehrt zurück‹, Roman (1970); ›Der Schattenfotograf‹, Aufzeichnungen (1978); ›Ein Unglücksfall‹, Roman (1981).

Die 1947 entstandene Erzählung ›Man sollte dagegen sein‹ wurde dem Geschichten-Band gleichen Titels (Olten und Freiburg im Breisgau 1960) entnommen. Der Abdruck erfolgt mit freundlicher Genehmigung des Autors und des Paul List Verlags, München.

Wolfgang Weyrauch: Geb. 1907 in Königsberg, besuchte Gymnasium und Schauspielschule in Frankfurt am Main, studierte Germanistik, Romanistik und Geschichte in Berlin, war von 1940 bis 1945 Soldat, nach Rückkehr aus sowjetischer Kriegsgefangenschaft Redakteur und Lektor, seit 1959 freier Schriftsteller. Er starb 1980 in Darmstadt.

Veröffentlichungen u.a.: ›Der Main. Eine Legende‹ (1934); ›Die Liebenden‹, Erzählung (1947); ›Lerche und Sperber‹, Gedichte (1948); ›Mein Schiff, das heißt Taifun‹, Erzählungen (1959); ›Mit dem Kopf durch die Wand. Geschichten, Gedichte, Essays und ein Hörspiel. 1929–1977‹ (1977).

Der Abdruck der Erzählung ›Die Davidsbündler‹ (unter dem gleichnamigen Titel 1948 erschienen) erfolgt mit freundlicher Genehmigung von Frau Margot Weyrauch und dem Athenäum Verlag, Königstein/Taunus.

Ernst Wiechert: Geb. 1887 in Kleinort Krs. Sensburg/Ostpreußen, studierte Naturwissenschaften, Philologie und Philosophie in Königsberg, war ab 1911 im höheren Schuldienst tätig, im Ersten Weltkrieg als Leutnant verwundet, bis 1933 wieder Studienrat in Königsberg, dann freier Schriftsteller in Oberbayern, 1938 wegen Widerstands gegen den Nationalsozialismus zwei Monate im KZ Buchenwald inhaftiert, nach 1945 Vortragsreisen im Ausland. Er starb 1950 in Uerikon am Zürichsee.

Veröffentlichungen u. a.: ›Die blauen Schwingen‹, Roman (1925); ›Die Magd des Jürgen Doskocil‹, Roman (1932); ›Die Majorin‹, Roman (1934); ›Hirtennovelle‹ (1935); ›Der Totenwald‹, Bericht (1946); ›Die Jerominkinder‹, Roman (1945–1947); ›Missa sine nomine‹, Roman (1950).

Der Essay ›Über Kunst und Künstler‹ ist erstmals erschienen in ›Das Gedicht. Blätter für die Dichtung‹, Hamburg 1946. Der Abdruck erfolgt mit freundlicher Genehmigung des Verlags Georg Langen – Albert Müller, München.

Der Abdruck des Schulaufsatzes auf Seite 7 erfolgt mit freundlicher Genehmigung des Prometh Verlags, Köln. (Aus: ›Als ich 9 Jahre alt war, kam der Krieg. Schüleraufsätze 1946‹, hrsg. von Hannes Heer, Köln 1980.)

Heinrich Böll

»Mir scheint, daß seine Sprache, auch seine Erzählweise, die reinste, sauberste und eindrücklichste in der neueren deutschen Literatur ist.«
(Carl Zuckmayer)

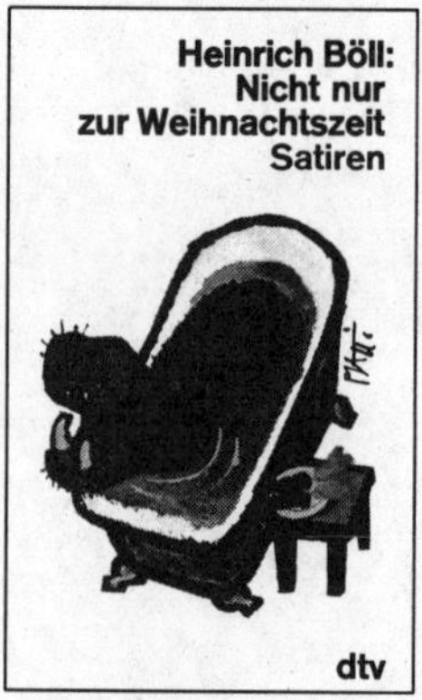

Der Zug war pünktlich
dtv 818

Wanderer,
kommst du nach Spa...
dtv 437

Das Brot der frühen Jahre
dtv 1374

Irisches Tagebuch
dtv 1

Nicht nur zur Weihnachtszeit
dtv 350

Als der Krieg ausbrach
dtv 339

Ende einer Dienstfahrt
dtv 566

Die verlorene Ehre der Katharina Blum
dtv 1150

dtv

Heinrich Böll

»Ohne daß er es wollte, verkörpert er heute die deutsche Literatur und mehr als die Literatur.«
(Marcel Reich-Ranicki)

dtv 856

dtv 1518

dtv 1631

dtv 991

dtv 400

dtv 959

Heinrich Böll

»Was läßt die Leser zu ihrem Böll greifen? Vielleicht das völlige Fehlen dessen, was sonst unser Leben ausmacht: die Herrschaft der Heuchelei.« (Gerhard Zwerenz)

dtv 200

dtv 1439

dtv 1536

dtv 2501

dtv 2526

dtv 2537